6

SOBRE SEXO

JUSTIN RICHARDSON
MARK A. SCHUSTER

TUDO O QUE VOCE TEME QUE SEUS FILHOS PERGUNTEM, MAS PRECISA INFORMAR

SOBRE SEXO

Tradução
Saulo Krieger e Marina Mariz

EDITORA DE CULTURA
EDITORA MM

Título original
*Everything You Never Wanted Your Kids to Know
About Sex (But Were Afraid They'd Ask)*

2010 © Editora de Cultura

Publicado mediante contrato com
Crown Publishers, divisão de Random House, Inc.
em co-edição com Editora MM

Direitos desta edição reservados a

EDITORA DE CULTURA	EDITORA MM
Rua Pimenta Bueno, 324	Rua Napoleão de Barros, 920 cj. 81
03066-000 – São Paulo – SP	04024-002 - São Paulo - SP
Fone: (11) 2894-5100	Fone: (11) 5083-1011
Fax: (11) 2894-5099	
sac@editoradecultura.com.br	
www.editoradecultura.com.br	

*Partes deste livro poderão ser reproduzidas, nos limites
previstos pelas leis de proteção aos direitos de autor e outras
aplicáveis. Para citações extensas, solicitar prévia autorização
por escrito da Editora. Além de gerar sanções civis, a violação
dos direitos intelectuais e patrimoniais do autor caracteriza crime.*

*Primeira edição: Agosto de 2010
Impressão: 5ª 4ª 3ª 2ª 1ª
Ano: 14   13   12   11   10*

Dados Internacionais de Catalogação na Publicação (CIP)
(Elaboração Aglaé de Lima Fierli CRB-9 nº 412)

R389s   Richardson, Justin
    Sobre sexo: tudo o que você teme que seus filhos perguntem, mas precisa informar = Everything you never wanted your kids to know about sex (but were afraid they'd ask) / Justin Richardson, Mark A. Schuster; tradução de Saulo Krieger e Marina Mariz. -- São Paulo: Editora de Cultura, 2010.
    352p. : 17x24 cm.

    ISBN: 978-85-293-0139-6
    Anexos: Métodos contraceptivos, Doenças sexualmente transmissíveis
    Apêndice: Comportamento sexual do brasileiro

    1. Orientação sexual. 2. Educação sexual para crianças. 3. Educação sexual para adolescentes. 3. Comunicação entre pais e filhos. 4. Métodos contraceptivos. 5. Doenças sexualmente transmissíveis. I. Schuster, Mark A. II. Título.

Índice para Catálogo Sistemático

Desenvolvimento sexual: orientação : adolescentes	613.95
Desenvolvimento sexual: orientação : crianças	372.372
Orientação sexual: Comunicação : Pais e Filhos	613.9071
Doenças sexualmente transmissíveis : Orientação	613.9
Métodos contraceptivos : Orientação	613.95

Para meus pais
Mary Ann Richardson
John J. Richardson
J.R.

Para minha avó
Irene F. Schulman

M.A.S.

Sumário

Introdução ... 10

PARTE I NATUREZA E EDUCAÇÃO SEXUAL

Capítulo 1 História natural da sexualidade de filhos e filhas ... 20
- Bebês (de zero a 2 anos) ... 23
- Primeira infância (de 2 a 6 anos) ... 24
- Segunda infância (de 6 a 10 anos) ... 25
- Pré-adolescência e puberdade (de 9 a 12 anos) ... 28
- Adolescência (de 13 a 21 anos) ... 30

Capítulo 2 Falar de sexo, um problema ... 33

PARTE II O DESENVOLVIMENTO SEXUAL DE SEU FILHO

Capítulo 3 Nudez, inibição e sexualidade no lar ... 72
Capítulo 4 Comportamento sexual de crianças pequenas ... 95
Capítulo 5 Filho, filha e orientação sexual ... 121
Capítulo 6 Mudanças físicas da puberdade ... 144
Capítulo 7 O primeiro amor ... 175
Capítulo 8 Prontos para transar? ... 203
Capítulo 9 Orientando para o sexo seguro ... 234
Capítulo 10 A iniciação sexual ... 255

PARTE III RISCOS

Capítulo 11 Doenças sexualmente transmissíveis ... 276
- Anexo DSTs, sintomas e tratamentos ... 285

Capítulo 12 Grávida ... 301
- Anexo Métodos contraceptivos ... 318

Apêndice Comportamento sexual do brasileiro ... 339

Agradecimentos ... 345

Sobre os autores ... 349

Introdução

Digamos que você seja pai ou mãe. E digamos que, como a maioria dos pais de hoje, você tenha chegado à idade adulta depois de 1960. Seria uma temeridade fixar as características de um grupo tão diverso, mas estamos dispostos a arriscar uma generalização sobre pais como você.

Nosso palpite é que, quando completou o primeiro ano da faculdade, você tinha a impressão de que sabia mais sobre sexo do que seus pais. Falava mais sobre sexo do que eles. E acreditava que, com um pouquinho de sorte, teria mais atividade sexual do que eles. Na verdade, de todas as diferenças entre a sua geração e a de seus pais, a sexualidade era a mais evidente. No quesito sexo, moços e moças da sua geração eram muito mais "descolados".

Então, você teve um filho, uma filha.

E chega o belo dia em que sua filha, 16 anos recém-completados, pergunta se pode trazer o namorado para passar a noite de sexta-feira em sua casa. Você dá a entender que ele dormirá no quarto de hóspedes, mas ela responde, intransigente: "Nada disso, no *meu* quarto!". Então, você retruca: "O que vocês pensam que vão fazer no seu quarto, mocinha?". Convenhamos que você já não se sente tão à vontade.

O que aconteceu com você?

Pois é, como dizíamos, você teve filhos. E é evidente que o despertar sexual dos adolescentes de hoje parece um tanto diferente quando visto do outro lado do balcão, mesmo por alguém que dançou *rock*, viajou de carona, vestiu *jeans* desbotados e mentiu que tinha 18 anos para poder ver filmes eróticos.

É, o mundo de seus pais era mais fácil. Quando pegavam um filho acariciando o sexo na cadeirinha de bebê ou a filha brincando pelada com outra criança, eles tinham uma resposta pronta. Seus pais e os pais dos seus pais usavam um método universal para tratar da vida sexual de toda e qualquer criança: fingiam que não estava acontecendo nada. Se isso falhasse, bastava dizer: "Isso é errado" ou "Faça essa criança parar com isso" ou "Passe a salada, por favor".

No entanto, esse método expirou e você – pai ou mãe – está diante de uma encrenca maior do que imaginava. Para seus pais, a sexualidade dos filhos era um choque. Por seu lado, você pensou que tudo seria diferente quando chegasse sua vez de ser pai ou mãe. Mas o fato é que a sexualidade dos seus filhos causa constrangimentos, embora você e sua geração vissem o sexo como coisa boa. E agora é você, pai, você, mãe, que não consegue encarar com tranquilidade e achar "naturais" os primeiros vislumbres de desejo ou de prazer no rosto angelical de seus filhinhos.

Você supunha que, ao pegar sua pimpolha de 3 anos se esfregando no ursinho de pelúcia, sua atitude deveria ser... *positiva*. E isso, amigo, amiga, soaria como *estímulo* – um disparate que seus nobres pais, por mais devotados que fossem, jamais aceitariam.

Então, eis a questão. Se você não quer fazer como eles e não quer mandar sua filha parar, mas no íntimo gostaria *muuuito* que ela parasse e parasse *imediatamente*, como vai ser?

Um pai de 45 anos me fez uma pergunta e, enquanto ele falava, tive a sensação de ouvir o porta-voz de sua geração. Ele me disse com a maior sinceridade: "Como educar minha filha para ter uma atitude saudável em relação a sexo, mas *evitar* que ela faça sexo?".

Se você não estranha o dilema desse pai, este livro foi feito para você.

Nós ouvimos você

É impressionante como os pais procuram ajuda para aprender a direcionar o desenvolvimento sexual de seus filhos. Isso é visível na quantidade de cartas enviadas a revistas especializadas, no número de entrevistas e programas sobre o assunto em rádios e TVs, na variedade de pesquisas publicadas.

O mesmo interesse aparece nos debates sobre Educação Sexual realizado nas escolas, na mídia, na internet. A única coisa que os pais parecem ter em comum é que eles querem participar do desenvolvimento sexual de seus filhos. Mas não sabem ao certo como fazer isso.

Quando se anuncia que um médico que vai dar palestra sobre sexo, não são apenas aqueles dez ou quinze gatos pintados de sempre que aparecem, mas dezenas, uma centena de pais com pilhas de perguntas e disposição para ficar no local a noite inteira, até a última resposta.

Mesmo em churrascos há quem nos chame de lado e, desculpando-se pela indiscrição, abrem o coração. "O que eu digo quando ele me perguntar como os bebês são feitos?", "E quando ela quiser saber se pode casar com o papai?", "E quando ele diz que quer fazer sexo pela primeira vez no seu quarto, lá em casa?". E as perguntas vão mais longe. "Meu filho anda baixando pornografia pela internet e minha filha quer começar a tomar a pílula", "Sei que vocês nunca ouviram isso antes, mas meu filhinho de 2 anos está 'montando' em nosso cachorro. O que é que eu faço?".

Ouvimos os pais na clínica, no trabalho e nos auditórios das escolas. Ouvimos todos os tipos de perguntas, mas uma se tornou recorrente: "Existe algum livro que esclareça de fato sobre esses assuntos?". E foi assim que decidimos escrever este livro.

O ataque dos adolescentes gigantes

Será necessário ressaltar que existem milhares, milhões de adolescentes de todos os tipos e formatos? Claro que não. Esses jovens estão marcando presença na sociedade de maneira tão vigorosa que um jornal norte-americano recentemente batizou o fenômeno com um título de ficção-científica: "O ataque dos adolescentes gigantes". E, *pari passu* com a explosão dessa Geração de Adolescentes Gigantes, temos a explosão de uma Geração de Pais como Você, ávidos por fazer a coisa certa, mas inseguros quanto à correção do que estão fazendo.

Muito do que deixa você perplexo – principalmente se você tiver um adolescente em casa – tem a ver com sexo. Talvez você pense que seu adolescente não está pronto para isso, mas, se ele decidir fazer sexo agora, você preferiria que fosse sexo seguro, certo? Então, talvez seja o caso de lhe oferecer uma caixa de preservativos. Automaticamente, surgirão as perguntas: "Fazendo isso, não estarei incentivando o garoto a fazer sexo antes da hora?" "Quando exatamente será a hora certa?" "Até que ponto as camisinhas são confiáveis?".

À medida que os estudos sobre a sexualidade adolescente se expandem, torna-se a um só tempo mais importante e mais difícil para pais e mães como você se manter atualizados. Foi por isso que procuramos reunir aqui o máximo do conhecimento de ponta sobre o assunto.

Pronto, começou!

Se informação bastasse, a coisa seria muito mais simples.
Mãe, imagine que já faz meia hora que sua filha de 6 anos e a amiguinha dela, Cecile, subiram para brincar e, desde então, você não ouviu um pio vindo de lá. Você sobe para oferecer um suco. Abre a porta e...

No jardim da casinha de bonecas, sob o comando da amiguinha, estão duas Barbies, de salto agulha e trajes de banho baixados até a cintura. Sua filha segura um dos bonecos de super-herói do irmão, que, sobrevoando o cenário, grita com voz infantil: "Tira a roupa! Tira tudo! Tira! Tira!".

Você diria... O que diria mesmo?

Ou, então, o vestiário feminino do clube está cheio, mas você encontra um cantinho no banco para seu menino de 4 anos. Ele fica ali, quietinho, enquanto você tira o maiô.

"Mãe," ele pergunta com doçura, "posso pegar?"

"Pegar o que, querido?"

"Sua perereca."

"Minha o quê...?"

"Isso aí", diz ele, apontando.

Lidar com a educação sexual dos filhos, você já percebeu, seria bem mais fácil se fosse apenas questão de repassar fatos: sexo é isso, assim, assim; sexo seguro se faz assim...

Sem dúvida, seus filhos precisam desse tipo de informação, mas o que você dá a eles é algo muito mais poderoso e menos planejado do que "educação sexual". Sobretudo em seus primeiros anos de vida, o que as crianças aprendem sobre amor e sexo vem do modo como você se relaciona com elas e com o corpo delas. Da forma como você reage à curiosidade delas sobre sexo. Da maneira como você deixa as crianças se relacionarem com você.

No século passado, quando o eminente psicanalista e pediatra inglês D. W. Winnicott escreveu sobre educação sexual, disse que, para compreender o sexo de maneira saudável, toda criança necessita de três coisas:

1. uma pessoa razoável com quem conversar a respeito;
2. todas as informações sobre os fatos biológicos;
3. "um ambiente emocional estável", no qual possa desenvolver sua sexualidade por si própria.

Em suma, ela precisa de um lar com pais cuja reação à sua sexualidade emergente não seja ansiosa ou puritana, mas respondam com apoio maduro e benéfico.

Se, como tantos pais que conhecemos, você acha que existem pequenos problemas no modo como tenta criar "um ambiente emocional estável" e que para tudo desmoronar basta uma perguntinha constrangedora, não veja nisso uma ameaça. Nem reaja com nervosismo, insegurança, medo. Sabe aquela saia-justa quando você está com seus pais e seu garoto de 3 anos pergunta: "Vovô, quando você esfrega seu pingolim também é gostoso?".

Este livro foi escrito porque sabemos que você está tentando superar momentos embaraçosos e difíceis como esse.

Manual de sobrevivência

Nosso objetivo é ajudar você a sobreviver ao desenvolvimento sexual de seus filhos, aprendendo a conviver com esse fato, de forma a desempenhar seu papel, que é de crucial importância para um crescimento natural e saudável.

Ao escrever este livro, recorremos aos nossos estudos de ciências, medicina e psicologia. Foram consultadas inúmeras vezes as pesquisas de Mark Schuster sobre desenvolvimento sexual dos adolescentes e o papel dos pais. Levamos em conta a experiência profissional de Justin Richardson como educador sexual e psicoterapeuta. Os capítulos foram elaborados tomando por base as experiências de Schuster na pediatria e de Richardson na psiquiatria. Mas também decidimos que, para escrever um livro ambicioso como este, seria conveniente uma atitude inovadora. Assim, apelamos para o Nobel de física, Richard Feynman, e procuramos escrever como se fôssemos marcianos – extraterrestres que nunca ouviram falar de paternidade e teriam de imaginar o que é ser pai ou mãe apenas perguntando cá e lá.

Relemos todos os estudos sobre filhos, pais e sexualidade que vínhamos citando em nossos artigos há alguns anos. Entrevistamos especialistas em todos os campos relevantes. Revisitamos todas as disciplinas pertinentes, como antropologia, biologia, psicologia, epidemiologia, pediatria, psicanálise, sociologia etc. Além disso, procuramos ler cuidadosamente relatos de pais que escreveram sobre seus filhos e vice-versa.

Feito isso, nos dispusemos a ouvir. Você perceberá que tem em mãos bem mais do que um livro de estatísticas. Trata-se de um livro repleto de histórias de gente como você. Algumas foram colhidas em entrevistas feitas com pais e filhos especificamente para o livro. Outras vieram de pessoas que encontramos em palestras ou que nos procuraram com perguntas. Em todos os casos, modificamos um pouco os detalhes, para manter a confidencialidade e o anonimato das pessoas e suas famílias.

O que descobrimos

As páginas a seguir trazem o que aprendemos sobre pais, filhos e sexo.

Na Parte I, apresentamos uma visão geral da história natural do desenvolvimento sexual das crianças, para ajudar você a detectar o estágio em que elas estão e o que acontecerá mais adiante (Capítulo 1). Da natureza passaremos à educação, examinando o que realmente influencia o desenvolvimento de seus filhos. Veremos os resultados de certos estilos de criação de filhos, com seus hábitos, atitudes e práticas, esclarecendo o que funciona e como funciona. Passaremos então à complicada questão do que os filhos devem saber sobre sexo e quando. Responderemos a esses itens expondo as "Quatro lições de educação sexual que você pode e deve dar a seus filhos" (Capítulo 2).

A Parte II (Capítulos 3 a 10) detalha o desenvolvimento sexual das crianças, desde seus primeiros passos até o ensino médio. Iniciamos o texto com algumas questões relativas a hábitos dos pais com os filhos pequenos (Capítulo 3). Quem eles podem ver sem roupa? Quem pode tomar banho junto e até quando? Explicamos o que significa dizer que as sementes da sexualidade infantil germinam durante esses primeiros anos, sob o calor de uma relação amorosa e saudável. Nós não precisamos ensinar você a amar, mas você vai ensinar isso a seus filhos. E isso vai se dar ainda antes que eles cheguem ao jardim de infância.

Em seguida, vem a "Olimpíada infantil do desejo sexual", que é como chamamos os tipos de prazer que as crianças pequenas buscam (Capítulo 4). O que fazer ante a masturbação, que pode começar muito cedo? E diante dos jogos sexuais entre amiguinhos? Suas reações levarão às questões gêmeas, que não cessam de duelar quando se trata de sexualidade – prazer e responsabilidade. Falando de desejo sexual (Capítulo 5), vamos adiante, considerando o momento de definir a orientação sexual. Vamos encarar com coragem e muita sinceridade a possibilidade de seu filho ou sua filha vir a ser homossexual. Sendo esse o caso, conversaremos sobre como criar um ambiente doméstico favorável a uma transição mais suave de seu filho ou sua filha para a idade adulta. Porque essa passagem será muito mais difícil sem sua ajuda. As lições desse capítulo ajudarão você a incentivar as crianças a crescer com uma compreensão mais abrangente da diversidade sexual.

Então, chegamos à puberdade. Nesse tópico (Capítulo 6), apresentaremos todas as mudanças que acontecerão quando seus filhos entrarem nessa fase, a um só tempo excitante e angustiante. Complementando essas informações, falaremos sobre os diálogos com sua filha sobre menstruação, antes mesmo que venha a primeira, e como orientar seu filho sobre as surpresas que o pênis dele logo apresentará.

Uma certa tristeza envolve os acontecimentos que estão para se iniciar. Muito em breve, quando sua garota pensar em quem ela gosta mais, os pais e o bichinho de estimação já não estarão no topo da lista. Terão sido substituídos por um garoto usando aparelho nos dentes. Em seguida (Capítulo 7), preparamos os pais para a eventualidade de sua filha encontrar o amor e sugerimos uma abordagem eficaz para os dilemas práticos de uma adolescente apaixonada – inclusive a possibilidade de você odiar "o carinha".

Tão logo ela comece a sair com alguém, virá à tona a questão sexual. O Capítulo 8 explora a decisão sobre o que fazer com o desejo: transar? não transar? Nós analisamos a decisão da abstinência e elaboramos o assunto. Para qual das opções você vai torcer? Antes que aconteça, porém, você precisa ter uma conversa sobre sexo seguro. O Capítulo 9 traz o que você precisa saber sobre dispositivos de proteção sexual para incentivar seu uso antes que seus filhos tenham a primeira relação sexual.

O que virá a seguir depende dos seus filhos. O final da Parte II (Capítulo 10) aborda a primeira relação sexual. Como será para ele, para ela? E como você se sentirá, à medida que assume papel mais periférico no mundo sexual dos filhos? Apresentaremos as questões que você enfrentará na hora em que o garoto, a garota já estiver praticando sexo. Por exemplo, qual será sua reação, mãe, se ela perguntar como se faz sexo oral?

A Parte III encerra o livro com dois capítulos, dedicados aos dois maiores riscos do sexo na adolescência: as doenças sexualmente transmissíveis (Capítulo 11) e a gravidez indesejada (Capítulo 12). Neles, você encontrará as informações necessárias para ensinar a seu filho, sua filha por que é tão importante evitar essas situações, infelizmente tão frequentes, e o que fazer se eles tiverem que enfrentá-las.

Nosso modo de ver

Tratar [as crianças] como se fossem adultos jovens... Nunca abraçá-las ou beijá-las. Nunca deixá-las sentar no seu colo. Se tiver de fazê-lo, beijá-las na testa ao dizer "boa-noite". Um aperto de mão pela manhã. Dar-lhes um tapinha na cabeça se fizerem um trabalho extraordinariamente bom ou executarem uma tarefa difícil. Tente. Em uma semana, você verá como é fácil ser perfeitamente objetivo com seu filho e ao mesmo tempo caloroso. Você terá vergonha do modo sentimental e atabalhoado que andou usando para lidar com isso.

John B. Watson
Psychological Care of Infant and Child, 1928

Livros sobre pais e filhos têm um passado complicado.

Na longa história do gênero, os estudiosos desenvolveram o incômodo hábito de mudar de ideia constantemente. Diziam-nos que os pais deveriam alimentar os bebês seguindo uma rígida programação; depois, passaram a exaltar os méritos de dar comida quando eles pedissem. O peito estava fora de cogitação; agora, amamentar voltou à moda. A circuncisão passou do "sim" para o "não" e deste para o "talvez". E quando a questão é disciplina, a norma predominante parece reverter a cada eleição.

Desconfiamos que algum ponto que defendemos hoje possa ser página virada em pouco tempo e que algumas observações pertinentes possam sair de moda em uma década. Talvez apenas alguns itens deste livro permaneçam como padrão de criação de filhos nos anos vindouros. Às vezes, as conclusões mudam porque aprendemos mais. Porém, não raro, parece-nos que o aconselhamento aos pais acaba sendo inútil, por nunca se basear em dados, por ser opinião disfarçada de fato. Trabalhamos muito para não cair nessa armadilha – isso significa que, em alguns casos, nós explicaremos os dados (muitas vezes ambíguos e raramente definitivos), sem dar uma recomendação específica.

Pretendemos que este livro seja utilizado no contexto dos valores do leitor. Por isso, procuramos mantê-lo aberto a muitas perspectivas. Em vez de declarar o que os pais devem fazer, nossa tendência é dizer o que eles *poderiam* fazer e, na medida do possível, passar informações suficientes para que os próprios pais possam avaliar o que é melhor para eles e sua família.

Alguns pais acreditam que praticar sexo na adolescência é bom e até aconselhável. Outros podem preferir que os filhos terminem o ensino médio ou que cheguem aos 21 anos sem fazer sexo. Há ainda quem ache que os filhos devem esperar até o casamento para iniciar a prática sexual.

Alguns acreditam que a masturbação é moralmente condenável. Outros a consideram um modo de vida. Nós achamos que todos se beneficiarão quando compreenderem como esse fato se desenvolve e qual o impacto da reação dos pais sobre seus filhos.

Pense neste livro como uma bússola, não como um mapa rodoviário. Você sabe a direção geral que está tomando na orientação de seus filhos durante a infância, os anos intermediários, a adolescência e mais adiante. Tudo direcionado para a criação de um adulto saudável. Mas existem muitos meios de chegar lá, e não é necessário ficar o tempo todo na rodovia principal.

Não queremos desorientar você. Admitimos de cara que temos opiniões. Muitas, aliás. E você vai passar por elas aqui, mas sempre sabendo o que são – opiniões. Vale dizer que, embora nossas opiniões tenham fundamento, elas não são fatos.

Em primeiro lugar e acima de tudo, somos médicos e acreditamos na saúde da criança como princípio fundamental e fio condutor quanto ao modo de lidar com a sexualidade dos filhos. Nossa definição de saúde abrange a saúde física, o que para nós significa ausência de doenças sexualmente transmissíveis e de uma possível gravidez indesejada. Além, é claro, de segurança contra abuso ou violência sexual. Também levamos em conta – e muito – a saúde emocional, ou seja:

- capacidade de ter prazer com o sexo;
- liberdade mental de fazer escolhas sobre amor e sexo;
- sistema de valores sólido, que guie essas escolhas;
- forte autoestima.

Não esperamos que os pais concordem com tudo o que recomendamos. Você se conhece, conhece sua família, seus valores e necessidades melhor do que ninguém. Mas esperamos ao menos dar-lhe a oportunidade de refletir um pouco sobre suas decisões, de conhecer algumas abordagens diferentes e de considerar algumas novas técnicas. O princípio fundamental do qual nos valemos é: você é o pai, você é a mãe; portanto, é você quem decide.

E, por gentileza, diga-nos o que pensa. Gostaríamos de conhecer suas histórias, o que funcionou e o que não deu certo. Compartilhe conosco sua opinião para que possamos ampliar o escopo deste livro em edições futuras. Ou ao menos desabafe. Para entrar em contato:

comments@richardsonschuster.net
www.richardsonschuster.net

Melhor impossível

Quando terminar de ler o livro, você saberá o que dizer ao flagrar sua filha brincando de *strip-tease* de bonecas na casinha da Barbie, o que fazer quando seu filhinho de 4 anos pedir para tocar sua "perereca" em um vestiário cheio de mulheres e encontrará até uma resposta segura para sua filha adolescente sobre a melhor forma de fazer sexo oral. Na verdade, você terá formulado respostas para muitas situações.

É óbvio que, mesmo pondo em prática ideias e noções atualizadas e fazendo tudo certo, você não terá garantia de que seus filhos tenham uma sexualidade sem problemas. O desenvolvimento infantil é um processo complexo demais para controlarmos seus resultados, particularmente em algo misterioso como a sexualidade.

Portanto, garantia não existe. Mas, pensando bem, o resultado será quase tão bom quanto. Você terá adquirido base para pensar sobre toda e qualquer questão sexual que possa vir à tona em sua casa. Disporá de compreensão e entendimento mais apurados, que ajudarão a lidar com essas questões de maneira confiante, sensível em relação às necessidades de seus filhos e consciente das suas próprias necessidades.

Você saberá o que está em jogo à medida que começarem a gravitar no ambiente doméstico situações como inibição e prazer, responsabilidade e liberdade, espontaneidade e risco. E poderá até captar coisas que não haviam passado pela sua cabeça, mas estão acontecendo por baixo dos panos.

Porque seu próprio desenvolvimento sexual não parou. Embora de olho nos seus filhos, você também está crescendo. Portanto, tenha em mente que esses detalhes embaraçosos e as respostas sobre sexo que precisa dar às crianças, as tais situações em que você decide o que deixa e o que não deixa os jovens fazerem, sua reação ao que eles acabam fazendo, tudo isso implica explorar um pouco mais sua relação com o sexo e sua própria sexualidade.

Indiretamente, estaremos estimulando uma compreensão mais profunda da sua vida sexual. Você poderá descobrir inibições que não tinha notado ou perceber que vive há tempos com ideias e formas de desejo sexual que jamais explorou.

Acredite. Quando dizemos que, atentando para o que se passa com seus filhos, você também vai mudar é porque vai mesmo. Com o crescimento deles, você aprenderá muito sobre sexo, amor e sua própria vida. O simples fato de ter se tornado pai ou mãe, e não importa há quanto tempo, inevitavelmente aprofundou sua consciência do que significa ser humano e estar vivo.

Seja bem-vindo ao próximo passo do crescimento do seu filho. E seu também.

PARTE I

NATUREZA E EDUCAÇÃO SEXUAL

Capítulo 1

HISTÓRIA NATURAL DA SEXUALIDADE DE FILHOS E FILHAS

Mãe, você está imóvel, deitada de costas. A blusa puxada para cima e a calça, desabotoada na cintura, deixa à mostra sua barriga. Alguém esguichou um gel frio abaixo do seu umbigo. Eis um dos milagres da vida moderna que não primam exatamente pelo conforto: o exame de ultrassom.
Sua primeira preocupação é saber se o bebê é normal. Mas você também quer alguma coisa palpável. "Quero ver o rostinho", diz, enquanto se ergue um pouco na maca. E é natural que queira saber se traz na barriga um menino ou uma menina, já que na visita anterior ninguém pôde afirmar com certeza o sexo da criança.

A radiologista começa a deslizar a sonda pela sua barriga.
"Olhe a cabeça."
"A cabeça? Onde?"
Ela inclina o monitor em sua direção.
"Olhe! Bem aqui."
Você vê uma coisa que parece uma tempestade transmitida por um televisor preto e branco dos anos 1950.
"Onde?" (Estaria ela pressionando sua barriga com mais força?)
"Aqui, bem aqui. Está vendo?"
É. Ela está pressionando. Você acha que ela está brincando quando um rostinho fantasmagórico aparece no meio da chuva. Mínimo, mas um rosto. Você vislumbra, então, um delicado perfil: olho, nariz, mãozinha em concha perto da boca aberta. E aquilo?
"Parece um hambúrguer!"
"Essa é a mão esquerda", aponta a médica.
Mão esquerda! O bebê, tão querido e tranquilo, parece que está dormindo. Um anjinho dormindo. Nem se mexe.
"É um menino."
No monitor, outro pedaço da tempestade.
"Tem certeza?"
"Absoluta! Está vendo aqui? No meio das pernas?"
Ela aperta sua barriga com vontade.
"É mesmo, as pernas... estou vendo."
"Então, olhe bem no meio delas. Percebeu?"
"Percebi o quê?"
"O pênis. Está vendo? Ele está com uma ereção!"
"Uma o quê?"
"Uma ereção, ora."

Sua criança já é um ser sexual

Sabemos duas coisas sobre desenvolvimento sexual: crianças aprendem sobre sexo no mundo e são inerentemente sexuais.

Aceitamos facilmente a primeira ideia. A segunda já é um pouco mais difícil.

Pelo menos desde o Iluminismo do século XVIII, a noção de que a criança é uma página em branco pronta para receber informações foi adotada por uma imensa maioria mundo afora. E esse conceito é considerado válido, sobretudo no campo da sexualidade. Gostamos de pensar que nossos filhos nascem sem essa tal sexualidade.

No século XVIII, os vitorianos ingleses aperfeiçoaram a imagem da criança inocente e elaboraram toda uma ciência para protegê-la dos conhecimentos sobre sexo, chegando ao ponto de sugestivamente cobrir as pernas dos pianos (!) com saias plissadas. Crianças eram anjos. Adultos eram sexuais. Se as crianças se tornavam sexualizadas, isso se devia à influência dos adultos. Assim como hoje nos preocupamos com a influência da internet, os pais vitorianos temiam que a babá insuflasse pensamentos libidinosos em seus filhos enquanto eles não estavam por perto.

Não surpreende que o mundo tenha recebido as teorias de Freud sobre a sexualidade infantil como uma maionese estragada em um jantar de gala.

Aprendemos e aperfeiçoamos muito nosso conhecimento sobre o desenvolvimento sexual das crianças desde que Freud escandalizou nossos antepassados. Uma série de detalhes da teoria foi descartada ao longo do tempo, mas o cerne herético de suas ideias permanece válido até hoje: a sexualidade existe e se desenvolve *naturalmente* em todas as crianças. Começa a se manifestar quando ainda são bebês e se desdobra e amadurece à medida que crescem. E isso independentemente de explicarmos ou não a elas o significado desse processo.

Como isso acontece? Como a ereção de um feto, visível apenas graças ao ultrassom, evolui para um complexo ritual de acasalamento nas escadarias de uma escola entre um estudante nervoso e a irmã da namorada do seu melhor amigo?

Iremos responder a essa questão daqui a pouco, tão completamente quanto possível, quando tratarmos do desenvolvimento sexual de uma menina e de um menino. Na época em que esses dois estiverem se aproximando da idade adulta, você terá aprendido tudo sobre como uma criança se torna sexual. Ao longo de todo este livro, passaremos em revista cada uma das questões suscitadas por essas vidas, esses seres biologicamente divididos como macho e fêmea. Mas, antes de inspecionar em detalhe essas arvorezinhas, queremos ter uma visão clara da floresta como um todo.

Como você logo ficará sabendo, a sexualidade não surge na criança por ocasião da sua primeira aula de educação sexual nem é o resultado de uma "injeção" de hormônio aplicada pela natureza assim que chega a puberdade. Nada disso. Pense na sexualidade como um motor, que cada criança vai montando durante seu crescimento, tendo como ponto de partida as diversas peças que recebe como herança genética. Alguns dos componentes usados nesse processo já estão à mão desde o dia do nascimento, caso dos órgãos genitais, por exemplo. Uma menina nasce com vulva; um garoto, com pênis. E muito antes que possam falar, essas crianças já terão descoberto que tocar em sua genitália produz uma sensação agradável. Mas a maturação sexual requer mais do que órgãos externos sensíveis.

Com o tempo, esse fator se conectará com outros elementos não disponíveis na infância. Fantasias de estar junto de outra pessoa irão surgir anos mais tarde. Quando isso ocorrer, a criança descobrirá que ter essas fantasias torna seus genitais particularmente sensíveis e o prazer ao tocá-los é muito maior. A partir de então, esse prazer ficará ligado à fantasia de estar com alguém. Assim, algo que se assemelha à sexualidade adulta começa a tomar forma.

Na vida de toda criança, diversos elementos surgirão e se combinarão para constituir sua sexualidade nascente, até que seja atingida a plena maturidade. Consideremos, então, "as engrenagens" da sexualidade. São elas:

- crescimento espontâneo dos genitais;
- prazer genital por autoestimulação;
- "jogos sexuais" exploratórios com coleguinhas;
- atração por outras pessoas;
- fantasias envolvendo sexo;
- capacidade de amar sempre em processo de maturação.

Resumindo: no curso da infância, momentos de excitação que eram espontâneos começam a ser provocados pela atração por alguém. Atrações excitantes acabam por se atrelar às fantasias de comportamento sexual. E, quando as fantasias estimulam a experimentação sexual com colegas, nasce a sexualidade com feições adultas – e isso em idade tão precoce que deixaria certos pais atônitos.

Obviamente, todas as crianças precisam aprender a lidar com isso. Dessa forma, à medida que crescem, vão reunindo as peças do motor e, simultaneamente, desenvolvendo a compreensão intelectual, a estrutura moral e a maturidade psicológica necessárias para conduzir o desabrochar de sua sexualidade de forma natural e espontânea.

Quaisquer que sejam suas experiências infantis, tenham elas crescido em uma colônia de nudistas ou descoberto a palavra *abstinência* ainda na pré-escola, todas as crianças aprenderão a modelar e remodelar algum tipo de brincadeira sexual à medida que vão crescendo. É claro que o modo como cada criança reúne essas experiências e informações irá diferir caso a caso, dependendo de seu temperamento e de suas vivências. Como você sabe por experiência própria, a sexualidade infantil receberá acréscimos e alterações durante toda a vida. O desenvolvimento sexual não acaba nunca.

Mas estamos pondo o carro na frente dos bois.

Vamos dar uma passadinha em uma maternidade qualquer, onde, lado a lado no berçário, estão dois bebês: uma recém-nascida se remexendo e um garotinho careca, dormindo bem quieto.

Bem-vindos ao mundo, Eloíse e Max.

Bebês (de zero a 2 anos)

Max nasceu com todas as peças de que um garotinho precisa. Antes de deixar o hospital, algo alarmante será feito com seu pênis. Eloíse, que também nasceu perfeitinha, não terá surpresas desse tipo. Eles são embrulhados e despachados para casa. Uma vez lá, bastará um chorinho para provocar mobilização geral, inclusive boa quantidade de troca de fraldas.

A exemplo do que acontece com outros recém-nascidos, durante a troca de fraldas, os pais de Eloíse e de Max constatarão excitações espontâneas em seus bebês. Max desenvolverá uma ereção. Eloíse, embora seja bem mais difícil de ver, ficará lubrificada. Até hoje, não está claro o que provoca excitação nessa idade – se são respostas a estímulos físicos ou a um sinal interno da mente ou do corpo da criança. Há quem considere esses sinais de excitação uma espécie de reflexo. Eles representam o primeiro funcionamento do aparelho sexual da criança após o nascimento.

Ser pego no colo e acariciado estão entre os maiores prazeres da vida de um bebê. E o que dizer de um afago no queixo ou de um esfregãozinho nas costas? O mesmo vale para a genitália. No oitavo mês, uma simples brisa nos lábios vaginais, provocada por uma corriqueira troca de fraldas, pode gerar uma lubrificação em Eloíse. Max, aos dez meses, gosta de brincar com seu pênis, principalmente no banho, quando a água está morninha.

Não há certeza quanto à idade em que as crianças começam a sentir que a estimulação sexual é mais prazerosa do que o toque em outras partes do corpo. Mas os bebês certamente procuram isso, geralmente antes do primeiro aniversário. Podem ter um orgasmo por autoestimulação? Ninguém sabe realmente o que um bebê está sentindo, mas reações parecidas com orgasmos (sem ejaculação nos meninos) têm sido observadas em crianças durante o primeiro ano.

Primeira infância (de 2 a 6 anos)

Aos 2 anos, Eloíse já dispõe de um vocabulário com 197 palavras. "Inibição" não está entre elas. Ela adora correr peladinha pela casa e ser perseguida pelo papai com uma fralda na cabeça. Quando acompanha a mamãe ao escritório, não vê problema algum em se divertir nos momentos tediosos com algo que está... dentro da calcinha.

"Supermolhado", o nome que os pais de Max deram para seu *show* aquático na hora do banho, representa bem a diversão que Max oferece aos convivas com seus incríveis malabarismos, espirrando água para todos os lados.

Assim como a maioria das crianças de 2 e 3 anos, os dois bebês gostam de ficar nus e apresentam uma desinibida curiosidade no que se refere aos corpos – os seus próprios e os de outras pessoas. Eles cutucam, espiam e apertam qualquer pessoa da família ou amiguinho que esteja à mão. E querem ver o que as pessoas fazem no banheiro.

Max leva essa curiosidade para a escola maternal, onde, aos 4 anos, ele e o amigo Timmy são flagrados aos risinhos e com as calças abaixadas sob a bancada da educação artística. Brincadeiras casuais e ingênuas como essa marcam o início dos chamados "jogos sexuais". Na idade de Max, os jogos sexuais costumam se limitar a mostrar e olhar e têm sua fonte de inspiração no desejo de explorar. Até onde sabemos, atração sexual é incomum na pré-escola, e provavelmente não tem papel preponderante na diversão dos primeiros jogos sexuais.

Antes do surgimento de atrações fortes, as crianças ensaiam para seus futuros namoros. Na escolha de amigos, que se inicia por volta de 3 ou 4 anos, elas começam a limitar seu círculo íntimo a companheirinhos do mesmo sexo. Quanto mais velhas ficam, mais isso se intensifica. Mas, desde esse momento, já dão alguma atenção especial ao outro sexo.

Embora raramente brinque com ele, Eloíse afirma que um menino de sua classe na pré-escola é seu namorado. É o único menino que ela quer em sua festa de aniversário de 5 anos. Ela fala em casamento. Eloíse de fato gosta mais desse amiguinho, mas é tudo faz de conta, e não namoro de verdade. Eloíse e seu amigo estão apenas imitando o comportamento dos adultos.

A imitação também parece estar por trás de uma dança sensual que Eloíse apresenta para seu tio favorito em uma festa da família. Ela coloca duas laranjas sob a blusa, que levanta acima do umbigo, e ensaia uns passinhos de *Pocahontas*, diz ela, antes de se esconder em seu quarto. "Isso aí", garante a mãe, "ela não aprendeu em casa."

Segunda infância (de 6 a 10 anos)

No ano seguinte, passada a fase *Pocahontas*, Eloíse cursa o primeiro ano. Um dia, ela atravessa correndo a cozinha para ir brincar com uma amiguinha quando para de repente e exclama: "Ah! Minha calcinha está aparecendo!".

O que aconteceu? Foi a inibição que deu as caras.

Em algum momento após os 6 anos, a atitude das crianças ante sua própria nudez muda totalmente.

Essa transformação parece relacionada a algo novo para elas: a compreensão dos costumes sociais. As crianças começam a entender e imitar as atitudes adultas com relação a sexo e privacidade. Mesmo em lares onde a sexualidade é abertamente aceita pelos pais, elas tendem a absorver os tabus sobre nudez e sexo aprendidos com seus colegas.

Nem todas as crianças introjetam a inibição tão escrupulosamente como Eloíse. Max, por exemplo, não vê problema em correr pela casa de cueca aos 7 anos. Seja como for, a maioria das crianças muda de atitude – e as meninas mais do que os meninos. A aparição da vergonha provavelmente ajudou a popularizar o conceito freudiano de "latência".

De acordo com essa interessante ideia, após alguns anos de entusiásticas exibições de nudez, masturbação no supermercado e risinhos no banheiro, as crianças (aos 6 anos aproximadamente) desistem dos jogos sexuais e passam a se entreter com quebra-cabeças ou com uma coleção de selos.

Muita gente achava que era assim.

Hoje, porém, sabe-se que o comportamento sexual da criança não para aos 6 anos, apenas some de vista. As crianças aprendem a fechar a porta, enquanto seu desejo sexual continua a se desenvolver em relativo segredo.

Eloíse, aos 8 anos, escolhe seu lugar favorito em meio aos arbustos atrás de sua casa, onde ela e suas amigas se escondem. Vez por outra, brincam de casinha ou de marido e mulher – uma brincadeira que inventaram. Uma tem de ser o marido; outra, a mulher; uma terceira dá as instruções. O marido e a mulher fingem chegar em casa do trabalho e tiram as roupas. (Preferem fazer essa brincadeira no verão.) A "diretora" – papel preferido de Eloíse – diz ao "marido" qual parte do corpo da esposa ele deve tocar. Todas as meninas acham essa brincadeira bem excitante.

À medida que avançam na segunda infância, as crianças estão mais propensas a fazer esse tipo de jogo com seus pares. A qualidade do jogo parece que mudou. Além de ser muito mais encoberto do que na pré-escola, uma intensa excitação física passa a fazer parte do quadro. Apesar disso, nessa idade, as crianças não parecem tocar em seus parceiros de jogos sexuais por estarem atraídas por eles, e nem sentem que estão vivendo um namoro.

Aos 8 anos, Max de vez em quando fica com o piu-piu duro. As ereções vão e vêm durante o dia, mas ele não liga para elas, que surgem sem que ele faça nada para isso, sem nenhum estímulo em especial. Elas simplesmente acontecem.

Em 1943, um grupo de pesquisadores entrevistou 291 garotos a fim de descobrir o que lhes provocava ereções. Muito prestativos, os meninos forneceram uma lista exaustiva. As motivações, entre outros itens dignos de nota, incluíam estar sentados na sala de aula, na igreja, na areia quentinha ou junto de uma fogueira. O hino nacional foi responsável por algumas ereções. Estas aconteceram também por ocasião de acharem dinheiro (compreensível) e, com alguns poucos, pelo fato de serem chamados à lousa na sala de aula.

Boas notas e furacões suscitam ereções em Max, mas, aos 10 anos, mais alguns itens já estão incluídos em sua lista. Anúncios de roupa íntima, por exemplo.

Um novo componente da sexualidade de Max apareceu. Na segunda infância, crianças como ele, que se excitavam de modo mais ou menos aleatório desde os primeiros anos, começam a ter reações físicas quando sentem atração. Meninos vêm alguém sem roupa ou pensam no corpo de uma pessoa e têm uma ereção. As meninas se lubrificam. Adultos entrevistados em pesquisas lembram desse tipo de reação sexual em algum momento entre os 4 e os 13 anos. Na média, isso parece começar aos 9 ou 10 anos. As pessoas entrevistadas tendem a lembrar que a primeira dessas excitações ocorreu espontaneamente quando olharam para uma pessoa ou para a foto de alguém.

Esse tipo de atração está na origem das "paixonites", que começam nesse período. Também levam às primeiras fantasias eróticas da criança – e, quando as fantasias começam, a masturbação recebe um novo impulso.

À medida que avançam na segunda infância, as crianças – sobretudo os meninos – ficam cada vez mais propensas a se masturbar. E a masturbação delas já não é como era poucos anos antes. A inibição já diminui bastante a vontade de colocá-la em prática durante o jantar, por exemplo. E as novas fantasias, que variam consideravelmente em graus de detalhes, podem transformar o acontecimento em algo muito mais significativo do que o vaivém descompromissado de outrora.

Nessa época, ao ir dormir, Eloíse eventualmente esfregará o sexo em um travesseiro. Ao fazê-lo, ela imagina um *playground* onde esteve certa vez. Ela está escorada em um balanço, usando o vestido azul de que mais gosta quando chega um garoto mais velho que faz natação junto com ela. Ele é bonito. Ele sorri e vai em sua direção. Depois, deita-se ao lado dela e finalmente lhe dá um beijo.

Max esfrega seu pênis pensando em algum programa de TV que costuma exibir mulheres parcialmente nuas.

Com isso, não estamos dizendo que Eloíse e Max estejam se dirigindo a pessoas do sexo oposto. Não é bem assim que funciona a sociedade dos quintanistas do ensino fundamental. Na verdade, entre as idades de 8 e 11 anos, a segregação de gênero alcança seu ponto culminante na vida humana. Meninos e meninas invariavelmente se aglomeram em grupos unissexuais sempre que podem.

Eloíse e suas amigas, Guita e Claire, lancham na mesma mesa todos os dias com outras garotas de sua classe. Parecem completamente indiferentes ao que acontece na mesa dos garotos. Pergunte a Eloíse o motivo disso e ela explicará: "De modo geral, o problema com os garotos é que eles são barulhentos, pegam as coisas da gente sem pedir licença e devolvem tudo sujo".

Hoje, o professor de Max pediu que ele compartilhasse certo livro da biblioteca com Claire.

"O quê?"

"Entregue para ela na hora do intervalo." Aos ouvidos de Max, isso soa como: "Ande até chegar às pirâmides do Egito. Você encontrará Claire bem no colo da Esfinge. Esteja de volta para a próxima aula".

Na cantina, Max entrega o livro a Claire, procurando manter o pensamento distraído com outras coisas para não ter de olhar a menina nos olhos. Então, volta meio sem jeito para a mesa dos garotos.

"E aí, Max, passando declaração de amor para a Claire?", diz Everett.

"O que foi, Max?", Timmy pergunta, mal tirando os olhos do lanche que tem nas mãos.

Lembremos que, poucos anos antes, quando era apenas um garotinho, Max teria chorado numa hora dessas. Mas agora ele chama os amigos para a briga. Não quer saber de brincadeira.

Eloíse e Claire mexem no livro e dão uma risadinha.

"Você gosta dele, fala sério. Por isso pediu o livro..." (acusação infundada de Guita.)

"O que é isso que parece catarro em seu sanduíche, Guita?", Eloíse devolve na base do bateu-levou. E as amiguinhas caem na gargalhada.

Ah, os refinados rituais da corte da segunda infância... Se o namoro fosse um planeta, este seria seu período Cretáceo – o tempo dos dinossauros. É difícil de distinguir entre gostar e odiar, lutar contra e cortejar durante esses anos. E nem sempre esses sentimentos são mutuamente excludentes. Os garotos perseguem as garotas e ameaçam roubar as coisas delas. As garotas perseguem os garotos e ameaçam beijá-los. Qualquer um que fique muito amiguinho de um membro do campo oposto certamente será alvo de troça.

Tal é o estado das relações sexuais na segunda infância. Existe jogo sexual, mas pouco tem a ver com atração. Existem atrações e paixões, mas não se traduzem em relações românticas. E não há nada parecido com amor ainda. Os jogos sexuais e os jogos de relacionamento, que até aqui se desenvolveram de modo independente, não estão bem conectados. Mas já, já vão ficar.

Pré-adolescência e puberdade (de 9 a 12 anos)

Um bailinho da turma acontece nesta noite. Em uma das extremidades da pista de dança, Max e Timmy estão entretidos com o DJ e um grupo de garotos. Max faz um imaginário solo de guitarra para eles.

Eles sabem que há garotas no recinto.

Nos anos da pré-adolescência, meninos e meninas ainda tendem a se congregar em grupos separados, mas tais grupos agora já se misturam em público. Festas de aniversário não raro têm os dois sexos na lista de convidados e é consenso entre os pré-adolescentes que meninos e meninas devem começar a marcar encontros – o que, aliás, começa a acontecer.

Eloíse, por exemplo, vai dançar com Everett. Eles já tiveram dois encontros, mas com outras pessoas, e Eloíse guarda o chaveiro de Everett em sua mochila. Segundo o que Guita entende por "ficar", Everett e Eloíse estão se entendendo.

Os casaizinhos que começam a pipocar no início do ensino médio são motivados mais como uma reação às expectativas dos próprios colegas do que propriamente por amor ou desejo. Uma garota pode gostar do menino com quem decide sair, mas o contato real entre eles costuma ser mínimo. Com encontros arranjados por intermediários, podem pouco falar um com o outro. Quando se encontrarem, muitas vezes estarão em um grupo de amigos. Mas poder dizer que "está ficando" é algo excitante e confere certo *status* a uma garota entre seu grupo de colegas – mesmo que a relação não dure até o último bimestre.

O DJ toca uma música lenta. Eloíse e Everett dão um abraço tenso e ao mesmo tempo frouxo e se soltam, dois pra lá, dois pra cá. Nunca tinham se tocado tanto.

Timmy procura imaginar por onde segurar Claire. Sua curiosidade sobre os peitos dela, se são durinhos ou moles, está no limite. Resistir à tentação de tocar neles está ficando difícil. Sua mão direita acidentalmente roça no sutiã; a cabeça dele começa a girar.

Max continua perto do DJ.

Ainda que rápidos, os contatos físicos são um passo adiante no desenvolvimento sexual dos pré-adolescentes. Pela primeira vez, podem vivenciar a excitação sexual em um contexto romântico. Qualquer experiência sexual nesse momento será profundamente diferente dos jogos sexuais das fases anteriores. Começam a operar em conjunto nessa fase três elementos da sexualidade – excitação sexual (atrações que levam a ereções nos meninos e a lubrificação nas meninas), comportamento sexual (olhar, tocar e mostrar) e relações românticas.

As forças sociais são talvez o fator mais importante, mas não o único estímulo para as novas aventuras eróticas da pré-adolescência. Também os hormônios passam a desempenhar seu papel.

Aos 12 anos, Eloíse já está há um ano e meio na puberdade. Suas colegas, na média, iniciaram a puberdade aos 10 (a faixa característica vai de 6-7 anos até os 13). A puberdade de Eloíse começou com o nascimento dos seios e com a chegada dos pelos pubianos. Ela cresce alguns centímetros e começa a usar desodorante. Nos últimos meses, seus seios cresceram um pouco. Eloíse está pensando seriamente em usar sutiã, pois Claire comentou que já está usando. Na condição de garota mais desenvolvida da classe, Claire começa a chamar a atenção dos garotos. Sem nada comentar, Eloíse considera os atributos de Claire invejáveis, mas também uma fonte de problemas.

Ainda faltam alguns meses para aquela tarde de sábado em que, alarmada, mas ao mesmo tempo contida, pedirá à mãe que venha ao banheiro. A menstruação comumente começa dois anos após o início da puberdade, em média pouco antes do aniversário de 13 anos da garota.

Olhar inexpressivo fixado nas garrafas de refrigerante, Max está na puberdade há pouco tempo. Garotos tendem a iniciá-la cerca de um ano depois das meninas (a faixa característica é dos 9 aos 14 anos). Max já está desenvolvendo os testículos – estão maiores, mas ainda não notou – e agora tem odor corporal – que Timmy percebeu (sobretudo nesta noite).

No ano seguinte mais ou menos, ele notará os primeiros pelos pubianos, seu pênis estará maior e ele vai se surpreender com a primeira ejaculação. Max chegará a essa última descoberta quando se masturbar em seu quarto com a revista que Timmy emprestou para ele. Batendo praticamente no ombro de algumas garotas da classe, Max só conhecerá o pico de crescimento aos 13, dois anos depois do início da sua puberdade.

Com a puberdade avançando, tanto Max como Eloíse verão aumentar seus impulsos sexuais e, com o desenvolvimento da genitália, a maturação do prazer físico pela estimulação genital. Por razões atribuídas à natureza e à alimentação – e provavelmente contando com a contribuição de ambas –, o impulso e o comportamento sexual dos meninos supera os de suas colegas de classe do sexo feminino.

A qualidade das fantasias sexuais das crianças durante esses anos também se mostra bastante propensa a mudar. Enquanto Max antes se masturbava fantasiando a imagem vaga de uma garota em trajes de banho, ele agora mentaliza atos sexuais, inclusive o intercurso.

Fazendo hora diante dos salgadinhos, Max pensa na foto de uma mulher nua, que Timmy deu para ele. Olha as costas de Eloíse. Seu cabelo parece tão sedoso! Max enfia a mão no bolso da calça, tentando esconder o volume. Seu nariz parece estranho.

Everett e Eloíse se recostam um no outro, ela fecha os olhos, ele os mantém abertos, e ambos se beijam (lábios fechados). "É assim?", Eloíse pensa enquanto sorri para ele.

Everett também sorri, vibrando de emoção, pois acha que o que todos irão lembrar daquele bailinho é que naquela noite ele beijou Eloíse. Na verdade, o que todos lembrarão é que aquela foi a noite em que Max teve um sangramento no nariz.

Adolescência (de 13 a 21 anos)

Existe algo de inegavelmente rudimentar no que diz respeito aos arroubos de acasalamento na pré-adolescência. Mas, a partir de agora, eles ficarão menos rudimentares bem depressa.

No desenvolvimento da criança, a fase que chamamos de "adolescência" muda tudo. E, quando ela chega, as paixonites e namoricos de antes serão remodelados, ganhando por fim – e pela primeira vez – os contornos da sexualidade adulta.

"Por quê? Por quê? POR QUÊ?", pergunta-se o pai, a mãe.

As principais forças que impulsionam esse desenvolvimento são duas grandes invenções da adolescência: o amor romântico e o sexo a dois.

O início da busca de um namorado ou namorada deve-se em parte ao aumento do impulso sexual gerado na puberdade. Também tem a ver com os anseios típicos dos adolescentes, que querem ser atraentes e populares. O *status* social e a segurança psicológica decorrentes de um relacionamento amoroso estão entre as recompensas mais tentadoras para os jovens. De fato, ao menos por algum tempo, esses serão talvez os aspectos mais importantes do namoro.

Então, como diz a canção, "a lua reflete em seus olhos, como uma pizza grande", como diz a canção de Warren & Brooks *That's Amore* ("Isso é amor").

Isso mesmo, crianças pequenas se apaixonam, mas o amor tipo abraça-travesseiro, o amor-paixonite, é produto exclusivo da adolescência. Os adolescentes passam boa parte de seu tempo acordados buscando isso e, quando encontram, os projetos de namoro que haviam esboçado na pré-adolescência ganham o peso da realidade.

De repente, a visão que o garoto tem da menina que ama e de um futuro junto dela parece tão real quanto sua imagem refletida naqueles espelhos de parque de diversões. Suas emoções oscilam a cada cinco minutos entre o máximo enlevo e a tristeza mais profunda. E sua capacidade de concentração na aula, como vai? Aula? Que aula?

Enquanto isso, algo novo está acontecendo com a sexualidade dele. O que antes era uma fantasia, um jogo de buscar prazer entre amigos ou uma aventura solitária transforma-se no estabelecimento de uma relação carregada e íntima. Quando isso acontece, o adolescente se confronta pela primeira vez com as ramificações do comportamento sexual adulto: responsabilidade, sofrimento, contracepção, desentendimentos.

A complexidade do sexo continua a ser incrementada.

Certa tarde, Max está na casa de Eloíse. Os pais dela estão trabalhando. Eloíse o convida para subir até seu quarto, lugar que ele jamais viu, embora já estejam "ficando" há um mês e meio.

Aos 17 anos, Max e Eloíse estão apaixonados.

Começaram a conversar em uma festa em fins de março e acabaram se beijando. Agora, eles se vêm sempre que dá e, quando não dá, pensam um no outro.

Max vai dormir todas as noites com Eloíse na cabeça. Masturba-se diariamente pensando nela (e em outras poucas mulheres também). Seus amigos não vêm nenhum problema no fato de ele sair com Eloíse, até porque isso ainda não interferiu nas conversas que costumam ter sobre quem é "gostosa" e quem não é.

Timmy não está saindo com ninguém, mas Everett conta que fez sexo com duas garotas ao mesmo tempo e Max acredita nisso piamente. Talvez acredite porque ele próprio sempre diz a verdade sobre as coisas que faz. Max contou a Timmy que, quando já estava "ficando" havia um mês com Eloíse, ele conseguiu desabotoar a calça dela. Ambos se despiram um pouco e se tocaram. Não disse para Timmy que ficou nervoso demais para ir adiante e que parou antes de ter um orgasmo.

Na aula, o pensamento de Eloíse vaga em fantasias românticas nas quais Max diz que a ama; a iluminação da cena faz a pele dela parecer impecável. Ela também pensa em transar. O fato de Max ter parado naquela noite foi um alívio para Eloíse, que tem certas reservas em relação ao sêmen. Já Guita não vê problema nisso. Mostrou a Eloíse suas pílulas anticoncepcionais, pois havia transado duas vezes nas férias de verão. Guita acha que Eloíse está esperando demais para transar com Max.

Eloíse e Max sobem para o quarto dela. Não há ninguém por perto. O único som que ouvem é o ruído de um cortador de grama. Começam a se beijar.

Eles estão cursando o ensino médio. Eloíse é chefe de grupo. Max vai escolher a faculdade no ano seguinte. Eloíse acabou de tirar sua carteira de motorista [nos EUA, pode ser obtida a partir dos 16 anos]. Max quer ser escritor. Eles ainda não prestaram vestibular. São exemplares típicos do garoto e da garota de classe média, nascidos há 17 anos no mesmo hospital e no mesmo dia. Eles fazem sexo por fim – um intercurso sexual.

Como terá sido? Terão usado algum contraceptivo? Ele vai contar aos amigos? Será que ela engravidou? Ela se sentiu pressionada? E ele, como se sentiu? Será que vão ficar juntos?

Você disse "uma ereção"?

Isso tudo pertence ao futuro nebuloso, que, no momento, lhe parece totalmente irrelevante. Agora, você sabe apenas que sua barriga está coberta de gel, sua vontade de urinar chegou ao auge e o pequeno feto sem nome já tem ereção.

Você ajeita o elástico da calça, enfia as imagens do ultrassom na bolsa e vai para o carro, matutando sobre que tipo de mãe vai ser.

Mas um pensamento prevalece: um segredo foi revelado.

Seu filho, cujo tamanho é pouco maior do que um sapato, já está manifestando algo sexual. À medida que o tempo passar, ele será cada vez mais sexual; sua biologia se encarregará disso. Estranha sensação a de não ter escolha em algo tão importante. Não era você que deveria determinar o momento de seu filho descobrir o mundo do sexo? Não era para ser como uma espécie de *chip* que se instala e a máquina liga?

Não se desespere.

Você não pode controlar o desabrochar da sexualidade da sua criança, mas ela terá muito a aprender. Alguém irá ensinar o menino a nomear seu pênis e dizer-lhe para que serve. A menina precisará conhecer as "tais" sensações e aprender o que fazer com elas. Os hormônios não bastam.

Os filhos se tornam sexuais com ou sem a intervenção dos pais. Mas um filho sexual não basta. Os pais querem que ele tenha sabedoria sexual, saúde sexual e felicidade sexual.

É aí que você entra.

E nós estamos aqui para ajudar.

Capítulo 2

FALAR DE SEXO, UM PROBLEMA

Educar filhos não é uma ciência exata. Antes fosse. Em mecânica aplicada ao lançamento de foguetes, por exemplo, é líquido e certo que "força é igual a massa vezes aceleração".

Quais – adoraríamos saber – são as leis científicas que mostram como educar um filho? Digamos que você queira instilar em sua filha um olhar saudável sobre seus próprios atrativos. Ou adiar seu primeiro intercurso sexual até o casamento. Ou reduzir o risco de uma gravidez precoce. Como saberá o que fazer? E será que você *pode* fazer algo?

A ciência abriu gentilmente uma janela para trabalhos sobre paternidade, maternidade e sexo e muito se pode deduzir do conteúdo desses estudos. Mostraremos a você várias de suas descobertas no devido tempo, mas, agora, gostaríamos de destacar um fato que é considerado certo e ao qual os pais vêm se agarrando com o maior otimismo há muito tempo: a noção de que pais e mães podem realmente orientar o desenvolvimento sexual dos filhos.

É verdade. Há coisas que você *pode* fazer.

Sua influência pode ser grande em alguns fundamentos da vida sexual de seus filhos, como a intensidade da autoestima deles e a probabilidade de eles conhecerem e assumirem riscos relativos à saúde. É tarefa dos pais informar os filhos sobre sexo, ajudá-los a desenhar suas concepções morais, mediar a influência dos colegas sobre suas decisões. Existem indícios de que os pais têm papel importante em questões como retardar a iniciação sexual dos filhos, incentivar o uso de preservativos e limitar o número de parceiros sexuais na adolescência. E você talvez alcance outros campos de influência em situações que ainda vão aparecer.

Não temos a fórmula de como exercer tal influência. A verdade nua e crua é que não há lei científica quando se trata de criar filhos. O que as melhores pesquisas fazem é apontar o efeito de determinada intervenção na média de um grupo de famílias. Mas isso é muito diferente de observar a influência do pai ou da mãe sobre um filho concreto numa situação concreta. Quando a história é individual, a coisa é bem menos simples. Por quê? Porque ser pai, ser mãe é produto de uma relação, não de uma lei da física. Em outras palavras: enquanto leis físicas são consistentes em uma série de casos, as relações são maravilhosamente únicas e difíceis de regulamentar.

Neste capítulo, pretendemos levar você, pai, você, mãe pelos caminhos da incerta ciência de como influenciar os filhos, esboçando estratégias para lidar com a sexualidade em qualquer idade. Como logo veremos, poucas questões são mais ambíguas e embaraçosas do que falar de sexo com os filhos. Dedicamos a maior parte deste capítulo à formulação de uma abordagem que funcione para você e para eles. Quando os dados não forem suficientes para uma resposta consistente – e isso acontece com frequência –, apresentaremos as opções disponíveis, mostraremos o que outros pais têm feito e daremos nossa opinião, baseada em estudos e pesquisas, sobre qual nos parece a melhor forma de proceder.

Que mais podemos dizer? Orientar um filho no curso de seu desenvolvimento sexual não é um processo previsível como lançar um ônibus espacial de 3 mil toneladas para uma viagem interplanetária. Mas veja o lado positivo: isso não lhe custará 1,7 bilhão de dólares!

O que você quer?

Deixei bem claro que a sequência de eventos é: amor, depois casamento, depois bebê. Ninguém vai fazer uma coisa antes que a etapa anterior seja cumprida. Sexo antes do casamento? N-Ã-O. Quero que eles esperem pelo menos até os 18 anos. E acho que eles têm de ouvir isso de mim.
Caroline, sobre a filha de 10 anos e o filho de 8

Jamais digo que ela deve esperar até estar casada, pois sei que isso é irreal. Enfatizo, isso sim, que é preciso ter respeito um pelo outro e que isso [sexo] é uma coisa boa de se compartilhar. Falo também que é preciso ter idade suficiente para assumir essa responsabilidade.
Mônica, sobre a filha de 17 anos

Quando você começa a ponderar sobre as várias maneiras de ser o pai, a mãe ideal para seu filho, uma boa pedida é se interrogar sobre o que você pretende. A bem da verdade, alguns objetivos são ponto pacífico para todos os pais. Você não quer que seu filho contraia uma doença sexualmente transmissível (DST). Quando o sexo acontecer, preferiria que fosse uma experiência positiva. Mas, fora algumas ilhas de consenso, você e outros pais em igual situação têm planos diferentes para a vida sexual de seus filhos. Alguns talvez considerem que manter a virgindade na adolescência seja uma oportunidade perdida; alguns acham que essa deve ser a regra. Outros praticamente dão incentivo para que o sexo aconteça livremente nesse período. Além disso, as opiniões de marido e mulher podem diferir. Mais: você pode ser como Caroline, que ao mesmo tempo pensa que sexo é errado antes do casamento, mas admissível depois dos 18. Ou seja, sem querer, você estaria criando conflito em torno do tema.

Assim sendo, vamos fazer uma pausa aqui. Antes de abordar a mecânica das atitudes do pai e da mãe, tentemos responder a uma pergunta não muito simples: "O que você quer para o futuro sexual de seu filho?".

*Quando me casei, minha bagagem sexual não era grande coisa. Mas eu tinha alguma experiência, o normal para uma jovem típica dos anos 1970. Talvez até um pouco menos do que o normal, mas, apesar disso, eu queria que tivesse sido ainda menor. Esta é a mensagem **definitiva** que pretendo passar para meus filhos: façam menos do que eu fiz.*

Jennifer, sobre o filho de 12 anos e a filha de 7

Por um lado, eu digo ao meu filho para não forçar a barra com as meninas. Por outro, tenho incentivado o garoto a fazer alguma coisa com elas. Entre um extremo e outro, deixo que ele se decida. Na verdade, sinto que ele deveria fazer um pouco mais do que é tranquilo para os pais. Ollie deveria experimentar e assumir seus riscos.

Guy, sobre o filho de 14 anos

Grande parte das pesquisas sobre pais, filhos, saúde e sexo mostra que o principal objetivo do pai e da mãe é adiar a primeira experiência de intercurso sexual (isto é, sexo com penetração) e, depois, garantir o uso de preservativos, caso o filho e a filha se iniciem fora do casamento. Da perspectiva estrita da Saúde Pública, as virtudes sexuais cardeais são:

- não se contaminar com alguma doença
- não engravidar involuntariamente.

Ao que parece, esses são objetivos fáceis de endossar. Então, imaginemos que o educador da área da saúde vá à reunião da escola e, em uma sala cheia de pais, faça a seguinte colocação: "Se eu garantisse que durante toda sua vida sexual vocês jamais teriam uma DST ou uma gravidez indesejada, quantos de vocês considerariam isso bom?". Todas as mãos se levantam. "E se isso fosse tudo o que eu pudesse prometer sobre sua vida sexual?"

É óbvio que segurança não é o único objetivo.

Talvez, a exemplo da Mônica, que vimos antes, seu anseio primordial seja que seus filhos aprendam a ser emocionalmente responsáveis com os parceiros e que vejam o sexo como um lindo ato de amor. Ou talvez você não queira organizar a criação de seus filhos em torno de uma meta específica. Veja o caso do Guy. Entre tantas possibilidades, ele não especificou nem o tipo de experiências sexuais que deseja para seu filho nem o momento delas. Ele quer é que Ollie tome decisões sexuais de um modo que estimule seu desejo de explorar o mundo e lhe garanta a sensação de estar criando sua vida e crescendo constantemente.

Martin, pai de duas filhas, tampouco tem em vista um resultado sexual específico. Para ele, manter a qualidade de seu vínculo com as filhas vem em primeiro lugar. "Gosto de pensar que eu seria capaz de não fazer nenhum julgamento sobre o fato de minhas filhas estarem transando", explica. "Mas acho que ficaria louco se não pudesse mais levar uma conversa com elas como fazemos agora. Tentarei evitar isso, sendo bastante receptivo a namorados, namoradas, seja o que for."

Nenhum desses valores é absoluto. A vontade de manter determinado relacionamento com sua filha nem sempre garantirá que ela evite certos tipos de garotos. Nem seus objetivos, como pai ou mãe de uma garota de quinto ano, serão necessariamente os mesmos quando ela estiver no ensino médio. Você também estará se desenvolvendo; suas convicções tenderão a mudar à medida que os filhos crescem. O melhor a fazer é empenhar-se em definir para si mesmo o que mais deseja alcançar. E então, é claro, tentar alcançar o que foi definido.

Como conseguir isso?

A natureza da criação dos filhos

Nas últimas décadas, os pesquisadores têm reunido conhecimentos com a intenção de decifrar o mistério de como você, pai ou mãe, influencia seus filhos. Entre vários aspectos estudados e tidos como "chaves", um cresceu gradualmente como fator de primeira grandeza nessa história: o estilo de ser pai ou mãe – ou a natureza da criação dos filhos.

Sexo para quê?
Pensemos em algumas questões simples para ajudar a esclarecer seus anseios quanto ao futuro sexual de seu filho. Responda a algumas das perguntas a seguir e compare suas respostas com as de seu parceiro/ parceira.

- Para que serve o sexo?
- Como você se sente com sua vida sexual até agora?
- Gostaria que a vida sexual de seu filho fosse diferente da sua? Como?
- O que contribui para um bom relacionamento amoroso? E para um bom relacionamento sexual?
- Você é capaz de descrever a atitude que gostaria que seu filho tivesse diante do sexo?
- Sexo fora do casamento é aceitável?
- Em caso afirmativo, qual o momento certo para o início das relações sexuais?
- Em que tipos de relacionamentos deveria haver sexo?
- Você sente a sexualidade da sua filha da mesma forma que a do seu filho?

Em seus esforços para definir os estilos de pais e mães, os pesquisadores focaram duas características que todos eles assumem em diferentes graus: exigência e receptividade.

Exigência se refere a estabelecer padrões rigorosos para o comportamento dos filhos, tornando essas expectativas claras para eles, observando atentamente como se comportam e fazendo valer suas regras quando a garotada sai da linha. Pela explicação de Cora, "sou muito boa quando se trata de aumentar a altura da expectativa que tenho deles. Se a escala for muito baixa, pouco se vai conseguir. Mas, alimentando expectativas maiores, acho que os filhos farão tudo para atingi-las".

Já *receptividade* diz respeito a uma sintonia com os filhos. Pais receptivos ouvem atentamente e reconhecem as qualidades individuais dos filhos, envolvendo-se eles próprios na vida de sua prole. São amorosos, sabem dar calor humano e apoio. Como exemplo, temos Stan, que tem uma filha no ensino médio. "Eu diria que tenho muito mais amizade com ela do que meus pais tiveram comigo. Tem coisas que eu só faço com ela. Falo sobre problemas que tenho com pessoas no trabalho, e ela me fala de pessoas com quem tem dificuldade de relacionamento. Há muito amor e afeição, além de carinho."

Aceitando-se a proposição de que exigência e receptividade são dois elementos essenciais na atitude de pais e mães, não será difícil chegar à noção de que existem quatro tipos de pais: os que têm muito de uma ou de outra característica, os que não têm nenhuma, e os que têm um pouco de cada. Tipificando, eles podem ser:

- autoritários;
- indulgentes;
- negligentes;
- negociadores.

Vejamos os quatro estilos.

Em primeiro lugar, os pais que são muito exigentes e pouco receptivos – impõem muitas regras e dão pouco calor humano – são definidos como *autoritários*. A comunicação nessas famílias acontece de cima para baixo, de pai/mãe para filho. As expectativas são elevadas, mas, por não estarem bem sintonizados com as experiências do filho, os pais determinam regras pouco ajustadas às capacidades da criança. E exigem que elas sejam mantidas e cumpridas rigidamente, mesmo quando poderia haver flexibilidade. Os filhos de pais autoritários tendem a ser obedientes, mas sua autoestima geralmente é baixa em relação à de outras crianças; são mais suscetíveis a problemas emocionais e seu raciocínio moral é menos avançado que o de seus pares.

O outro lado da moeda são os pais chamados *indulgentes*: pais e mães muito receptivos e pouco exigentes. Em famílias indulgentes, o filho é envolvido em uma atmosfera de calor humano, mas as falhas de comportamento passam sem nenhum comentário. Esforços pouco entusiásticos granjeiam tantos elogios quanto o empenho mais sério ou um êxito maior. Filhos de pais assim tendem a ser sociáveis, com autoestima aparentemente boa, mas podem reagir de modo mais impulsivo e agressivo do que outras crianças e são mais propensos a causar problemas na escola, liderando ou acompanhando colegas em atividades de risco.

A seguir, vêm os pais *negligentes*, que oferecem pouco no que diz respeito a expectativas ou calor humano e, ao que tudo indica, colhem o que plantam. Seus filhos costumam ser os menos bem-ajustados de todos.

Finalmente, os pais *negociadores*, pródigos tanto nas exigências quanto na receptividade. Pais negociadores deixam suas expectativas bem claras, mas também ouvem cuidadosamente o que seus filhos têm a dizer quanto às regras impostas, dando-lhes voz em questões importantes e certo grau de independência. Não hesitam em intervir quando um filho não estiver cumprindo sua parte, mas nem por isso deixam de ser uma presença calorosa e tranquilizadora.

Estudos e mais estudos comprovam que os filhos de famílias de negociadores superam os outros em quase todas as áreas julgadas importantes por pais e mães. Tendem a ser crianças maduras e com elevada autoestima, seguidoras de regras, mas autoconfiantes também. Como grupo, interagem melhor com os colegas, são dados a resolver conflitos e adaptam-se melhor à escola do que as crianças dos outros três. Tudo funciona melhor. Tiram notas mais altas, são menos ansiosas e têm menor propensão ao fumo ou à bebida. Pais negociadores estão próximos da fórmula científica para criar filhos saudáveis.

Na verdade, não sabemos por que esse estilo de criação é tão bem-sucedido, mas ele parece fazer sentido. Filhos cujos pais os amam e respeitam, sentem que são importantes e por isso se cuidam. Sabem o que os pais esperam deles e tentam agradá-los, não por não terem escolha, mas porque sentem que é assim que a relação funciona – por reciprocidade. São bons em relacionamento. E, uma vez que se saem bem com seus pais e com os outros, vêm-se munidos de uma sensação muito mais forte de que são boas pessoas, o que reforça ainda mais a tendência a tomarem conta de si próprios. Podemos ver aqui o poder de reforço do sistema criado pelos pais negociadores.

O que tudo isso tem a ver com sexo? Ainda não sabemos se a vida sexual desses filhos vai diferir da que outros terão. Mas é razoável esperar que a autoestima e a capacidade de negociar conflitos nas relações de cunho romântico e sexual sejam de grande valia para as crianças educadas nesse estilo. Sua maturidade deve levar a uma abordagem mais consciente das responsabilidades que andam de mãos dadas com o comportamento sexual – como a de evitar a gravidez precoce ou a de proteger os sentimentos do parceiro. É possível até que a consciência sobre práticas consideradas perigosas pelos pais, como fumar e beber, seja estendida aos riscos sexuais.

De olho...

Acho que conheço todos os amigos dele. Decidi abrir a nossa casa como ponto de encontro. Prefiro vê-lo em casa com os amigos a que fique perambulando pela vizinhança. Eu lhes dou privacidade aqui – geralmente ficam no andar de baixo ou no quintal –, mas também vou lá servir alguma coisa de vez em quando. É meu jeito de dar uma olhada no que está acontecendo. Se fico um tempo sem ouvi-los, lá vou eu com os meus sanduichinhos.
Marivar, sobre o filho de 14 anos e seus amigos

Existe outro modo de ver o que funciona na criação de filhos. Em vez de considerar um estilo geral de pais e mães, você pode focalizar práticas específicas que parecem influir no modo como a garotada cresce. A vigilância, ou monitoramento, é uma delas. Simplesmente saber onde seu filho está, com quem está e quando voltará para casa costuma ter impacto bastante substancial sobre o que ele faz ou deixa de fazer enquanto está fora.

Filhos monitorados de perto são mais propensos a fazer coisas que agradem a seus pais e a evitar coisas que os desgostem. Sobretudo, assumem menos riscos: bebem menos álcool, sua propensão ao tabagismo é menor, têm menos problemas disciplinares na escola e tiram notas mais altas.

A relação de monitoramento do comportamento sexual dos filhos não é exceção a essa regra. Os filhos de pais vigilantes esperam ficar um pouco mais velhos para ter relações sexuais e, quando sexualmente ativos, fazem sexo com menos frequência e com menor número de parceiros.

A vigilância pode ser um conceito fácil de compreender, mas exercê-la tem seus desafios. Acima de tudo, é algo que dá muito trabalho. A vigilância contínua, como se requer, é dura de manter.

E há também a perigosa armadilha da intrusão. De certa forma, o excesso de monitoramento é tão ruim quanto a falta dele, e vários problemas aparecem entre os jovens que vivenciam um desses extremos. Pesquisas sobre sexo ainda não foram feitas, mas há quem pense que o supermonitoramento pode ter, sobre o sexo, efeito oposto ao que se pretende: filhos de pais invasivos começam a ter relações sexuais mais cedo, talvez até como forma de rebeldia.

É difícil saber com antecedência quanto de monitoramento é suficiente, mas, com o tempo, você saberá. Jovens que se sentem invadidos costumam se queixar. Não querem contar com quem falavam ao telefone nem falar sobre o que o grupo discutia no parque (às vezes, é interessante fazer alguma pressão para obter respostas quando algo importante está em jogo). Se você tem um ouvido sensível e vontade de pô-lo para trabalhar, deverá ser capaz de adaptar o nível de vigilância às necessidades envolvidas. Como regra básica e prática, perguntar é sempre bom, contanto que, ao exigir uma resposta, você não pise nos calos sensíveis da independência de um filho adolescente.

É claro que crianças mais novas toleram um monitoramento mais próximo, mas isso não significa que os adolescentes devam ser deixados à rédea frouxa. A vigilância funciona bem na fase da adolescência também.

Laços que atam

Os filhos também podem falar do efeito que seus pais exercem sobre sua vida sexual. Imagine sentar com um grupo de adolescentes e fazer perguntas sobre seus pais: "Vocês gostam do modo como os pais se relacionam com vocês?", "O que seus pais pensam sobre sexo?" e assim por diante. A seguir, pergunte-lhes se já fizeram sexo. Compare os sexualmente ativos e os inativos. Eles se sentem e se comportam da mesma maneira em relação aos pais? Há diferenças? Quais? Faça isso com dez mil jovens e chegará a dados razoavelmente confiáveis.

Quando um grupo de pesquisadores fez justamente isso, encontraram fundamentos para uma compreensão mais abrangente do modo como os pais influenciam o desenvolvimento sexual de seus filhos. Adolescentes que estão mais satisfeitos com a relação com os pais – ou que os sentem mais próximos – fazem menos sexo.

Existem diversas pesquisas sobre a proximidade das relações entre pais e filhos e as opções sexuais dos *jovens* e, embora a questão tenha sido feita sob formas diferentes no curso dos anos, os resultados têm sido razoavelmente uniformes. Adolescentes que se sentem mais próximos dos pais, ou satisfeitos em suas relações com eles, tendem a se tornar sexualmente ativos mais tarde do que os outros. Quando começam a ter relações sexuais, elas acontecem com menos frequência e com menor número de parceiros. Tal proximidade funciona tanto para as mães quanto para os pais e tem efeitos similares em meninos e meninas igualmente.

A qualidade do vínculo entre pais e filhos pode influenciar até o uso de métodos contraceptivos pelo adolescente. No amplo estudo que mencionamos antes, as jovens satisfeitas no relacionamento com a mãe revelaram-se quase duas vezes mais propensas a usar métodos contraceptivos do que as outras. Um ano depois de terem contado aos entrevistadores como se sentiam na relação com seus pais, as adolescentes menos satisfeitas tinham corrido risco quatro vezes maior de ter uma gravidez indesejada do que as que se disseram satisfeitas. É uma enorme diferença.

Como isso se dá?

Assim como acontece com o estilo dos pais e com o monitoramento, é mais fácil afirmar que a proximidade funciona do que responder como funciona. Mas uma boa pista apontaria para o efeito dos seus valores, em especial para o fato de que, como adultos, os pais têm ideias mais elaboradas sobre sexo do que os coleguinhas dos seus filhos.

A filha que se sente mais próxima da mãe terá maior identificação com ela do que, por exemplo, sua irmã, que se sente distante. Identificar-se com a mãe significa pautar-se pelo seu exemplo, nem que seja parcialmente. Assim, a filha de quem você é mais próxima tomará seu sistema de valores para formular o dela – incluindo, por exemplo, a ideia de que o sexo é um prazer que deve ser temperado com a responsabilidade. A irmã, que se sente menos próxima, tenderá a dar maior peso às opiniões das amigas. Ao entrar no ensino médio, estaria mais propensa a ver no sexo uma novidade, ou uma aventura, ou a garantia de popularidade entre os colegas.

Mas outra coisa talvez explique os resultados das pesquisas – os pais podem simplesmente se sentir mais próximos dos filhos que sigam melhor suas regras, por exemplo.

Se a proximidade pudesse ser dada aos filhos como um hambúrguer ou um casaco, nenhum menino ou menina passaria sem ela. Mas a proximidade não funciona assim, porque, diferentemente do monitoramento e do estilo, ela não é algo que você faça. É uma qualidade que surge em uma relação por meio da interação contínua de duas personalidades. Nesse caso, uma das personalidades é seu filho. Portanto, a proximidade não depende apenas de você.

Com alguns jovens, a proximidade é coisa fácil de estabelecer; com outros, é difícil. E algumas parcerias se formam e funcionam por nenhuma razão identificável que não a pura química. E há as personalidades do companheiro ou companheira, além dos outros filhos e dos papéis que eles desempenham na família, enquanto competem pela proximidade e configuram as possíveis rotas para alcançar esse fim. Aquela sensação calorosa da proximidade com seu filho, por mais que você queira, não é algo que se plugue na tomada e pronto. Mas, com trabalho, você chega lá.

Dizer o quê?

Isto: altas expectativas, receptividade, monitoramento e proximidade são coisas que soam bastante tradicionais em termos de criação de filhos. Se há algo de surpreendente nisso, é como essas práticas aparentemente genéricas teriam efeitos específicos no comportamento sexual do seu filho. E quanto aos esforços para informar as crianças sobre sua sexualidade. Como conversar sobre o assunto?

À primeira vista, discutir sexualidade com os filhos pareceria o caminho mais óbvio para influenciar suas ideias e hábitos sexuais. Por exemplo, se você discutisse conscienciosamente sobre contracepção com sua filha adolescente, é razoável supor que ela usaria métodos contraceptivos em vez de correr o risco de uma gravidez inesperada. Mas vejam só, papais e mamães, uma coisa é supor, outra é ter certeza. Pelo menos de acordo com as pesquisas hoje disponíveis, da sensata atitude de debater a gravidez e a contracepção não decorre que mais garotas estejam usando métodos contraceptivos. De fato, se você abdicasse do senso comum e decidisse revisar todas as pesquisas sobre o efeito da conversa sobre sexo com os filhos, uma impressão viria à tona: não há provas de que a conversa funcione.

Por quê?

Parte do problema está relacionado à dificuldade de medir a comunicação em uma pesquisa. Quando se pergunta aos pais se seus filhos têm horário para voltar para casa e a resposta é "sim", temos um indicador rápido e certo de que há monitoramento. Mas, quando se pergunta se eles falam sobre sexo com os filhos, as coisas ficam mais nebulosas e torna-se difícil saber o que o "sim" significa.

Tomemos um estudo que relaciona as escolhas sexuais dos adolescentes com a preexistência ou não de debate com os pais sobre moral sexual. Não surpreende que esse estudo seja inconclusivo, visto que se encaixam na categoria "sim, debatemos moral sexual" tanto a mãe que diz "sexo é lindo quando feito com amor" quanto a outra que diz "se você transar, é uma vagabunda".

Somente numa entrevista em profundidade é possível rastrear os sentidos sutis contidos na comunicação dos pais com os filhos, o que torna essas pesquisas um item gerador de dados inconsistentes.

Também pesa na balança o fato de que estudos com enfoque em resultados – postergação da primeira relação sexual e baixas taxas de gravidez indesejada, por exemplo – não focalizaram outros possíveis benefícios resultantes de conversar sobre sexo com os pais. Assim, não sabemos dizer se uma conversa séria sobre sexo com os pais faz os filhos crescerem mais à vontade com sua sexualidade, ou se os torna capazes de desfrutar do sexo melhor que seus amigos, ou se possibilita que tenham relações mais saudáveis ou mesmo casamentos mais felizes. Questões como essas ainda não figuraram em um grande estudo comportamental.

Precisamos confessar que adoraríamos provar a você por A mais B que falar com os filhos sobre sexo *funciona*. Em qualquer circunstância, continuamos a achar que é uma ótima ideia. Só não conseguimos provar que estamos certos. Assim, se você quiser basear suas decisões de pai ou mãe em dados palpáveis, não temos como lhe dizer o que falar com seus filhos sobre sexo nem quando fazê-lo.

Então, como ficamos? Os pais e as mães não podem esperar pela ciência, sobretudo quando o caçulinha ergue a voz, no banco de trás do carro, e pergunta "Como são feitos os bebês?", e eles sentem que precisam dar uma resposta rapidamente.

Por isso, vamos construir para você uma "resposta responsável", reunindo o que sabemos, o que acreditamos e o que deduzimos sobre a experiência de conversar com crianças sobre sexo. A fim de estabelecer um ponto de partida, vamos começar pelos campos em que há mais certezas. Uma delas, talvez a maior verdade sobre discutir sexo com os filhos, é a seguinte: você preferiria não ter que tocar no assunto.

Você não quer fazer isso

Há alguns anos, para celebrar o Dia dos Pais em seu programa de rádio, a apresentadora Ira Glass convidou uma caloura universitária e seu pai para perguntarem algo que quisessem saber um do outro, mas nunca tinham tido coragem de falar. O pai tinha apenas uma pergunta.

"É claro, você sabe, para um pai... uma grande preocupação de um pai é... humm... sua vida amorosa."

Dhana riu, meio sem graça. O pai continuou.

"Sua.... humm... situação, sabe, com sexo e como andam essas coisas... é... Não sei como colocar, quero dizer, é um problema, ou você está conseguindo lidar bem com isso?"

"Não, não é problema... humm... é claro, acho que você só quer saber... [longa pausa] ... se eu..."

"Me preocupo com sua segurança."

"Ah, sei, certo."

"Certo."

Fim de papo.

Aquele que achar fácil atire a primeira pedra.

Uma troca de meias palavras como essa faz você sorrir, mas não chega a surpreender, não é? Falamos com muitos pais sobre o tema "conversa sobre sexo" e é raro achar alguém que realmente se considere bom nisso. A maioria sente desconforto e, para muitos, isso basta para evitar a situação. Talvez estejam certos.

Talvez os obstáculos que aparecem no meio dessas conversas devam ser respeitados; talvez sua inibição seja um instinto visceral a ser obedecido; e talvez o mais prudente seja mesmo não mergulhar nas discussões sobre sexualidade com os filhos.

Mas talvez o desconforto paralisante seja um medo irracional que você deveria encarar e superar pelo bem da educação de seu filho. Talvez sua hesitação em falar sobre isso ou aquilo em tal ou tal idade não passe de agitação mascarando um *insight* verdadeiro.

Um modo de decidir se e quando debater sexualidade com seu filho é, antes de tudo, observar cuidadosamente o que faz você hesitar. Se seu raciocínio lhe parecer sadio, você pode estar fazendo a coisa certa ao se calar. Se, ao contrário, suas inibições estiverem fundadas em medos ou crenças que você não pode explicar ou defender bem, o melhor é conversarmos agora mesmo sobre isso.

Vejamos qual é o bloqueio.

Apresentando informações

Existem diferentes tipos de conversas que se pode ter com um filho sobre sexo, assim como diferentes razões para evitar esses diálogos. Pode ser uma simplificação excessiva, mas, para efeito de clareza, vamos dividir o conjunto de conversas sobre sexo que você pode ter com seu filho em duas categorias:

1. conversas que versam sobre fatos, voltadas às crianças mais novas;
2. conversas que versam sobre sentimentos, voltadas às crianças mais velhas.

Na primeira categoria, estão as conversas em que o pai e a mãe passam informações sobre sexo ou reprodução, movidos pela suspeita de que o filho ignore o assunto – é assim que os bebês nascem. Ou – isto é um absorvente. Apresentar informações sobre aspectos da sexualidade tende a ser o foco das conversas sobre sexo que é possível ter com crianças da pré-escola até o ensino fundamental.

Conversas do gênero emocional já são mais pessoais, porque versam sobre sentimentos e escolhas sexuais concretas de seus filhos. "Por quem você se sente atraída, filha?", "Você já falou com ela sobre "ficar", meu filho?", "Não esqueça de usar preservativo." Essas são conversas que você procura ter ou evita. Nessa altura, as crianças já estão no ensino médio ou mais adiante, e você suspeita que tenham começado a explorar, ou ao menos desejar, o amor e o sexo.

Iniciemos com a primeira categoria – dar informações sobre sexo a crianças pequenas. Essas conversas costumam ser provocadas por perguntas do tipo: "De onde eu vim?". Sua filha vê uma foto da família tirada antes de ela nascer e pergunta: "Mas onde eu estava?". Ou então a mamãe está grávida de seis meses, vestindo-se para ir trabalhar, e ela pergunta: "O bebê entrou pela sua boca?". Nesse instante, mãe, você decide a jato até onde ir nos detalhes ao responder – se é que nesses poucos segundos se pode falar em "tomar uma decisão".

"Quando Sarah me perguntou como eram feitos os bebês, cheguei até 'o esperma do papai entra na mamãe'. Parei antes de dizer como isso acontecia. Quando ela perguntou o que acontecia em seguida, eu gelei, olhei bem nos seus olhinhos e disse: Sabe que eu esqueci?". Peggy é professora de biologia. "Não pude acreditar! Eu me achava uma pessoa preparada e inteligente. Mas entrei em pânico e pensei: 'Tenho de falar com o pai dela antes de responder a essa pergunta'. Mas, na hora, o que saiu da minha boca foi: 'Esqueci!'"

Ouvimos esse tipo de coisa o tempo todo. Por mais que se sintam inseguros na hora de responder a questões sobre sexo, a maioria dos pais não quer enganar o filho com histórias de cegonha ou repolho... Isso é passado. Hoje, as respostas vagas tomaram o lugar das mentiras, principalmente quanto a certos detalhes da história que conta como são feitos os bebês.

O pênis entra na vagina.

Nina saiu-se bem, no estacionamento da loja de bebidas, quando a filha de 5 anos e o filho de 7 resolveram perguntar de onde vinham os bebês. "Eu contei: 'Quando duas pessoas estão casadas, elas se abraçam debaixo das cobertas. O homem tem esperma em seu pênis. E a mulher tem óvulos em seu corpo. Eles ficam bem juntinhos, e o esperma encontra o óvulo. Então, eles crescem dentro do corpo da mulher para formar um bebê'. Foi assim. Eles ficaram satisfeitos." Os filhos da Nina aparentemente a deixaram mais à vontade do que a filhinha da Peggy.

Agora, Peggy acha que foi tola ao "esquecer" a penetração. Nina, por sua vez, acredita que estava absolutamente certa em não contar aos filhos os detalhes do intercurso sexual. Por quê? Ela explica: "Acho que para essa idade não é preciso responder de forma tão específica e gráfica. Pode ser meio perturbador para a criança". Essa é uma crença bastante comum. Os pais imaginam que descobrir como o esperma encontra o óvulo causará incômodo – talvez até dano – a seus filhos. Algumas vezes, essa impressão se baseia no modo como as coisas se passaram com o último filho.

Tônia explica: "Minha filha mais velha, Kiki, é tímida e reservada, mas muito inteligente. Eu a chamo de minha pequena Einstein. Quando ela estava com 8 anos, eu engravidei e ela me perguntou como o bebê havia entrado na minha barriga. Eu a estava pondo para dormir e disse: 'As mulheres nascem com óvulos em seu corpo, e esses óvulos só podem se tornar bebês se forem fertilizados pelo esperma de um homem'.

'Como o esperma entra lá?'

'O homem tem esperma em seu pênis, que entra na vagina da mulher, e o esperma sai e vai fertilizar o óvulo.'

Foi como se descesse uma névoa sobre seu rosto. Isso parecia confirmar seus piores receios. Foi a impressão que tive. Então, parei de falar. Senti que talvez tivesse dito mais do que ela queria ouvir."

Dois anos depois, quando sua outra filha já estava com 8 anos, Tônia perguntou se ela sabia de onde vinham os bebês. "Ela respondeu com um 'sei, e me dá um pouco de nojo; por isso, não precisa me contar'. Então, discordei. Disse a ela: 'Quando duas pessoas se amam, não dá nojo, não'."

E as crianças realmente reagem assim ao ouvir sobre o intercurso sexual. Ou elas têm a visão da Kiki ou podem expressar alguma coisa não muito bem articulada. Certas crianças parecem ruminar sobre isso durante dias, perguntando de vez em quando: "Você fez mesmo aquilo para eu nascer?". Se você pretende relatar a penetração como parte crucial da história para suas crianças, é melhor pensar sobre o que isso pode significar na mente de uma criança. Por que as crianças dizem que o sexo é nojento?

Sexo é nojento...

Até se tornar erótico, é nojento mesmo. Primeiro, porque, como já explicamos, em seus primeiros anos escolares as crianças são particularmente inibidas no que diz respeito a seus corpos. A ideia de mostrar a genitália para outra pessoa é embaraçosa. Na mesma idade, como você recordará, a segregação por gênero está em seu ponto mais exacerbado da vida. Muitas meninas da idade da Kiki querem se manter à distância dos meninos e vice-versa – os meninos não se sentem inclinados a se aproximar das meninas. Intercurso sexual? Quando essas crianças vêm um homem e uma mulher se beijando, têm até ânsia de vômito.

Então, vem o ato em si. Se você não erotiza a ideia da penetração – e a maioria das crianças nessa faixa não tem noção do que seja isso –, o intercurso sexual parece, no mínimo, esquisito. Um homem enfia uma parte do corpo dele na mulher e depois esguicha um fluido, que sai de dentro dele para dentro dela. Sem o brilho erótico, a descrição do ato sexual é mais ou menos isso: "Olha, Billy, quando um homem e uma mulher se amam, eles ficam bem, bem juntinhos, e o homem põe o nariz dentro da boca da mulher e solta um pouco de catarro lá dentro". Ao ouvir algo parecido, seu filho só pode achar que o ato sexual é nojento.

Foi provavelmente isso que o rostinho da Kiki estava sinalizando. Da perspectiva de uma criança de 8 anos, a imagem de estar nu e se aproximar de uma pessoa do sexo oposto não é nada atraente; logo, a perspectiva do intercurso sexual parece ainda mais desagradável. É isso. Por mais nojenta que possa parecer, se a penetração for algo que "só os outros fazem", a menina não demonstra preocupação. Por isso, tantas crianças lidam com sua repulsa momentânea prometendo: "Eu nunca vou fazer isso".

Tudo bem. Você pode se apoiar nessa ideia, dizendo para sua filhinha: "Enquanto achar que é uma coisa nojenta, você não precisar fazer. Os adultos só fazem sexo porque têm vontade, porque para eles não é um ato nojento. Talvez sua impressão mude algum dia. Mas você tem muito tempo para decidir sobre isso."

Então, ela tem de aceitar o fato de que você, sua mãe e seu ideal, teve um intercurso "nojento". Algumas crianças que ficam sabendo disso por um amiguinho insistem que seus pais jamais fizeram tal coisa e tudo fica por isso mesmo. Mas, se a filha ouve isso da mãe, ela será obrigada a levar a informação a sério. Apesar disso, não há motivo para pensar que educar sobre o tema seja prejudicial. Dependendo da idade, ou a menina desenvolverá uma imagem mais madura de você e do intercurso sexual (daí a pergunta em alguns dias: "Você realmente fez aquilo?"), ou retomará tudo o que ouviu quando isso passar a fazer sentido para ela. A própria criança vai cuidar de decidir a abordagem que lhe será conveniente e melhor.

Será que ela vai entender?

> *Arnie: Eu sei de onde vêm os bebês. Eles saem da vagina.*
> *Luke: Não! É bagina.*
> *Arnie: Nã-nã-nã... É vagina!*
> *Luke: Bagina. Eu sei, porque minha mãe me contou.*
> *Arnie: Humm... só se for na sua casa, porque , na minha, o pênis da minha mãe se chama vagina.*
>
> **Conversa na perua escolar**

Enquanto você considera se sua filhinha consegue digerir os fatos da vida, também faz sentido interrogar-se: "Mas será que ela vai entender?". Talvez convenha esperar, sugerem alguns pais. Se ela ainda não for capaz de entender os detalhes, o melhor é contar mais tarde.

Vamos analisar um pouco essa ideia e ver se ela se aplica ao mistério de fazer bebês.

O nível de desenvolvimento cognitivo determina objetivamente o que a criança vai "captar" sobre reprodução em uma conversa com você. Por exemplo, crianças de 2 ou 3 anos não conseguem apreender a noção de que algo que existe no presente pode não ter existido no passado. Elas se confundem com o conceito de criação, de modo que, quando perguntam de onde vem um bebê, estão querendo saber o local. *Em que lugar* ele estava antes de estar aqui? Na sua barriga? No *freezer*? Numa prateleira do supermercado?

À medida que ficam mais velhas, as crianças vão entendendo como surgem os bebês. Geralmente, começam imaginando a procriação como um processo de montagem, em que as crianças são compostas de partes montadas pelos adultos, como um automóvel. Quando estão no jardim da infância, geralmente costumam entender que bebês surgem exatamente como outras criações da natureza. À medida que sua capacidade de pensar e seu raciocínio se desenvolvem, durante os anos do ensino fundamental, a compreensão do processo natural se aprofunda, até que, aos 11 anos, a maioria das crianças entende que os bebês resultam de um processo de desenvolvimento acionado pela união entre óvulo e espermatozoide.

É importante ressaltar que, enquanto as crianças em todas as culturas supostamente passam pelo mesmo processo de desenvolvimento cognitivo – e por isso, pelo menos em teoria, deveriam ser igualmente capazes de entender a procriação –, em algumas partes do mundo elas parecem captar os fatos muito mais depressa. Um estudo sobre o conhecimento sexual das crianças revelou que, enquanto a maioria das crianças americanas aos 11 anos era capaz de dar uma explicação razoavelmente precisa sobre como são feitos os bebês, a maioria das crianças britânicas podia fazê-lo aos 9; e as suecas, vivendo num país famoso por sua visão aberta da educação sexual, tinham a resposta já aos 7.

Portanto, esperar para contar sobre procriação a sua filha até você achar que ela compreenderá totalmente o assunto só vai adiar a capacidade dela de apreender os fatos. Quanto antes as crianças ouvem sobre os fatos da vida, mais cedo se mostram capazes de compreendê-los.

Determinar a melhor ocasião para conversar sobre sexo certamente ficará mais simples se você aceitar o princípio básico sobre como se desenvolve o modo de pensar da criança.

A melhor maneira de estimular o crescimento intelectual da criança é apresentá-la a ideias que exijam disposição para ampliar seu conhecimento do mundo. Não é preciso se preocupar com os fatos muito além de sua compreensão. Ela os deixa de lado ou reconfigura para ajustá-los à sua capacidade mental do momento. O poder de ignorar uma informação que não é capaz de apreender é um dos talentos das crianças que você precisa levar em conta.

A ciência cognitiva tem outra dica útil para você. Ao escolher suas palavras, tenha em mente que, na fase pré-escolar e nos primeiros anos da escola, as crianças não entendem metáforas. Seu modo de pensar é literal, significando que, se você disser para elas que um diafragma é "como uma pequena parede" entre o espermatozoide e o óvulo, ela vai imaginar, ao pé da letra, uma parede de tijolos. Analogias animais são igualmente pobres. Vide o exemplo da criança que aprendeu sobre a reprodução com pássaros e abelhas e, quando questionada sobre o ato de fazer bebês, recorre a um providencial "humm... vejamos um coelho, por exemplo". Falando a mesma linguagem literal de seu filho, você dará a ele mais chance de entender.

É proibido

Para alguns pais, colocações lógicas desse tipo não bastam para atenuar suas apreensões. Por trás da preocupação declarada de que falar sobre sexo poderia confundir a criança, está uma sensação vaga, mas profunda, de que apresentar esses fatos é inadequado ou até errado. Talvez moralmente errado. De onde vem essa sensação? Devemos respeitá-la?

Recentemente, em uma reunião do ensino fundamental, sala cheia de pais ávidos para aprender sobre as atitudes mais apropriadas na educação sexual de seus filhos, a primeira pergunta veio de uma mulher sentada sozinha na primeira fila. "Minha filha está no segundo ano. Eu quero falar com ela sobre a origem dos bebês, mas tenho medo de que ela venha a discutir o assunto com outras crianças. O que eu faço?"

Com o quê essa mãe está preocupada?

Ela teme que sua filha conte a seus amiguinhos o que aprendeu, explicou, e que estes possam contar a seus pais, que ficariam zangados com ela.

Ela teria em mente algum pai ou mãe em particular?

Não, nenhum em particular.

Outros pais compartilhavam a preocupação dela?

Com certeza. Era um temor generalizado.

Havia alguém presente que pudesse realmente se aborrecer, caso a filha daquela moça contasse a outras crianças de onde vêm os bebês?

Ninguém levantou a mão. Na verdade, cabeças balançaram "não" na sala inteira.

Esse tipo de preocupação aparece e reaparece em diversos cenários. No entanto, onde estão esses pais e mães censores, tão temidos? Quem são eles?

Talvez sejam os nossos próprios pais, cuja desaprovação tememos inconscientemente, pois há muito aprendemos como nossos pais se sentiam em relação aos filhos e ao sexo.

"Talvez a gente espere até ele perguntar"

> *Timmy vinha pedindo um irmão ou uma irmã já havia meses. Finalmente, dissemos: 'Adivinha?'. E contamos que o bebê estava na minha barriga. Ele nunca perguntou como o bebê havia entrado lá, de modo que não tivemos de lidar com aquilo! Fiquei surpresa com a falta de interesse dele.*
>
> **Jean, sobre o filho de 6 anos**

Quando falar?

Se você não consegue decidir qual a melhor hora de falar a seus filhos sobre sexo, ou mesmo de onde vêm os bebês, de repente você vai se descobrir considerando: "Por que não esperamos até que ele pergunte?".

Esperar pelo convite é, na verdade, uma estratégia bem comum, ainda que pareça ter um sentido mais emocional do que intelectual.

De uma perspectiva pedagógica, deixar que seu filho estruture sua própria educação é uma noção no mínimo curiosa. É verdade que classes experimentais já tiveram um lugar ao sol, mas isso foi num tempo em que a maioria dos pais nunca pensaria em esperar para alfabetizar o filho quando este pedisse para ler um livro. Ou, então, aguardar que a criança perguntasse sobre números e frações para só então exigir a inclusão da aritmética no currículo escolar. É ainda mais difícil imaginar-se esperando o filho perguntar sobre o significado das luzes no cruzamento antes de lhe avisar que não atravesse a rua no sinal vermelho! De modo geral, você decide quais assuntos seu filho deve saber e quando e, então, conta para ele.

Dado que há tão pouca informação de caráter definitivo quando se trata de falar sobre sexo, não surpreende que muitos pais adotem o "método da espera", sobretudo quando não dizer coisa alguma (o que acontece muito) parece mais seguro do que falar cedo demais.

A popularidade dessa estratégia é ainda mais compreensível quando se considera a impressão de proibição que muitos pais têm quando se trata de falar com os filhos sobre sexo. Não importa a idade que a criança tenha, se ela vem com uma pergunta, você sente que tem permissão para responder.

O problema é que algumas crianças não perguntam nunca, ou jamais perguntam de forma suficientemente direta para sinalizar aos pais hesitantes que fiquem à vontade e removam todas as ambiguidades e embaraços que possam impedi-los de falar de maneira aberta. Ademais, se você não se sente à vontade para responder a perguntas de cunho sexual vindas de seus filhos, é fácil ignorá-las ou até bloqueá-las, em vez de reagir de modo a incentivar as crianças a perguntar o que você acha que ainda não é hora de elas saberem. Em muitas famílias, o "método da espera" se transforma facilmente em um veto às conversas sobre sexo na infância.

O melhor é decidir o que você gostaria que seus filhos aprendessem e quando. Se eles não perguntarem até lá, trate de dar-lhes as informações cabíveis.

Muitos pais de hoje foram crianças com sensações e curiosidades sexuais inibidas, pois seus pais deixavam bem claro que esses temas jamais deveriam ser abordados ou discutidos em família. Essa herança de educação inibidora foi passada para sua mãe e dela para você, que agora é mãe e se sente impedida de discutir sobre sexualidade com sua filha. Mas saiba que o silêncio de seus pais sobre determinado assunto não funcionou apenas como sinal de inibição para você quando criança, e sim como um mandamento moral: "Pais não falam com filhos sobre sexo". Por mais que você discorde racionalmente dessa posição hoje, os comandos da infância são implacáveis.

Essa velha inibição pode ser um dos obstáculos mais vigorosos para uma conversa tranquila sobre sexo com os filhos. É muito mais fácil render-se do que lutar contra. Mas experimente parar um instante e pensar nisso, sem ter em mente seu filhinho de 4 anos que olha para a mamãe enquanto espera para saber como o bebê *entrou ali*. A razão para não falar de sexo com seus filhos é apenas o fato de que seus pais jamais fariam isso? Então, relaxe. Esse argumento não tem tanta força para influir na sua vida com seus filhos.

Nossas sugestões para crianças pequenas

Passando em revista as objeções que os pais apresentam para evitar o diálogo sobre sexo com crianças mais novas, não encontramos nenhuma digna de aceitação. Por um lado, é compreensível que haja certa relutância – e podemos até levar em conta as muitas razões dos pais para evitar essas conversas. Mas, na verdade, não existe uma razão clara e objetiva para não revelar às crianças os fatos da vida durante a pré-escola ou nos primeiros anos de escolarização. Sinta-se à vontade para fazê-lo sem preocupação.

Por outro lado, embora não haja pesquisas a esse respeito, nada encontramos que prove que *não* falar de sexo com crianças novinhas seja prejudicial. Até onde sabemos, os pais *não são obrigados a* fazê-lo.

Mas, a nosso ver, deveriam. Por quê? Em primeiro lugar, porque valorizamos tanto o conhecimento, que não faz sentido privar a criança de informações que ela procura devido a sua legítima curiosidade. Pelo menos a partir de 3 anos, nossas crianças já estão ocupadas formulando explicações pessoais sobre de onde vêm os bebês. E se você sintonizar seu ouvido para elas, poderá notar que elas desfiam um rosário de questões sobre corpos e sexo. Essa curiosidade inata se desenvolve e transforma o mundo das crianças em um lugar cheio de prementes interrogações. Existiria melhor meio de premiar e estimular essa curiosidade do que oferecendo respostas completas e fascinantes sobre o que está intrigando seus filhos?

Entra em jogo então a questão da proximidade. A proximidade é não só uma das grandes ferramentas da criação de filhos, mas também sua principal recompensa. Seus esforços para descobrir o melhor modo de falar de sexo com as crianças, desde quando elas dão seus primeiros passos, pavimentam o caminho que conduzirá a uma ligação mais profunda e vigorosa com seus filhos.

Assim, sugerimos que você se empenhe em dizer claramente algumas coisas sobre sexo para suas crianças. Os próximos capítulos ajudarão você a lidar com quase todas as questões sobre sexualidade que venham à tona em sua casa. Mas, para simplificar as coisas, vai aqui uma visão geral do que vem pela frente.

Dividimos a educação sexual de seu filho no lar em quatro lições, cada uma concentrada em um tipo de ensinamento, e atribuímos a cada lição uma faixa etária para a qual ela estará mais adequada. Qualquer dessas lições pode ser iniciada mais cedo, mas, por outro lado, recomendamos que não demore muito mais do que o indicado. Os tópicos resumem o mínimo que você deveria debater com seus filhos – mas é fato que você pode ir muito além.

As três primeiras lições têm seu foco nas relações de fatos e atitudes sobre sexo quando se trata com crianças da pré-escola aos primeiros anos do ensino fundamental. Teremos algumas coisas mais a dizer antes de chegar à quarta e última lição, já para crianças maiores.

Lição 1: O corpo (de zero a 4 anos)

Tivemos muitas conversas sobre ereção. Ainda assim, é chocante ver um bebezinho tendo uma ereção. Dias atrás, ele disse: "Que negócio é esse?". O pênis dele estava duro – coisa que ele nunca tinha visto. Comentei: "É uma ereção, seu pênis fica duro e em pé. Quando acontece, é gostoso tocar nele. Isso acontece com o papai também". Acho que, quando somos realmente honestos, ele não se preocupa mais com nada.
Bess, sobre o filho de 2 anos e meio

Pense nos primeiros quatro anos da educação sexual do seu filho como uma iniciação ao conhecimento do seu corpo, com ênfase no que pode haver de bom, nos prazeres do toque, na confiança e na proximidade.

Ensine a seus filhos os nomes da genitália. O menino deve saber que tem pênis e testículos; a menina, que tem vulva e vagina. Ambos devem aprender a diferença entre corpos de meninas e corpos de meninos (é fácil: "Um menino tem pênis e testículos; uma menina tem vulva e vagina").

A maneira carinhosa como você nomeia os órgãos e toca o corpo de seus filhos ensina que todas as partes do corpo são boas, que a proximidade física é segura e maravilhosa, e que ele é digno de ser amado. Em todos os aspectos da educação sexual de seu filho, esta é a lição mais importante de todas.

O Capítulo 3 discute detalhadamente essa lição.

Lição 2: O que é sexo? (de 4 a 8 anos)

A fase dos 4 aos 8 anos é ideal para ensinar às crianças de onde vêm os bebês. Sua fala deve incluir o intercurso sexual, o óvulo e o espermatozoide, a gravidez e o processo do nascimento.

Por exemplo: "Quando um homem e uma mulher (ou marido e mulher) se amam e desejam ter um bebê, eles chegam muito perto um do outro. O homem põe seu pênis dentro da vagina da mulher e, quando eles se esfregam um no outro, o esperma sai do pênis e entra no corpo dela. Se um dos pequenos espermatozoides do homem encontrar um dos pequenos óvulos da mulher, juntos eles começam a se desenvolver para formar um bebê. O bebê cresce dentro do corpo da mulher, em um lugar chamado útero. Quando o bebê está suficientemente grande para nascer, ele deixa o útero através da vagina. Foi assim que você veio ao mundo."

Deixe claro que isso é algo que eles só farão muito, muito mais tarde: "Gerar um bebê é algo que só se faz quando se é mais velho / casado / adulto e se está pronto para isso."

Você pode explicar o que é fazer sexo e incluir aí a informação de que dá prazer: "Quando um homem e uma mulher esfregam juntos o pênis e a vagina dessa maneira, estão fazendo sexo. As pessoas fazem isso mesmo que não estejam tentando ter um bebê. Adultos apaixonados fazem isso, porque se sentem realmente bem, e é um modo de dizer que se amam."

Talvez perdure em você aquela sensação de que uma mãe vai abordá-la aos gritos no estacionamento da escola, porque seu filho esclareceu coisas para o dela. Talvez isso aconteça, mãe, pois, na verdade, existem alguns pais que não vão lhe agradecer por plantar uma conversa sobre educação sexual no jardim da casa deles. Por outro lado, esses pais não têm o direito de determinar como você pode exercer a maternidade. Quem decide é você. Mas, a nosso ver, se você passar aos seus filhos informações factuais sobre um processo natural da vida, não terá do que se desculpar.

Durante esses anos, se você descobrir seu filho ou sua filha brincando com os genitais, poderá admitir que é gostoso e, ao mesmo tempo, apresentar as responsabilidades que caminham junto com esse tipo de prazer: "Essa parte do seu corpo – sua vulva (ou seu pênis) – dá uma sensação gostosa quando você mexe nela. Você pode fazer isso, mas só quando estiver sozinha / sozinho."

O Capítulo 4 abordará em profundidade a questão de falar com as crianças mais novas sobre prazer sexual e responsabilidade.

Lição 3: O advento da puberdade (de 8 a 12 anos)

Eu preparei a China para coisas que iam acontecer com o corpo dela e comentei que seriam coisas normais. Outro dia, quando estávamos entrando no carro, ela disse: "Não sei por que, mas estou sentindo uma vontade de chorar...". Eu disse para ela descansar e fechar os olhos. Quando chegamos em casa, expliquei: "Seus hormônios estão mudando, e eles têm uma influência muito grande em suas emoções". Contei o que havia acontecido comigo quando tinha a idade dela. Adiantei ainda que, se ela estava sentindo aquilo, provavelmente seus seios não demorariam a ficar sensíveis, e ela poderia usar sutiã. Ela me perguntou qual tipo de absorvente íntimo seria mais adequado, quanto sangue sairia e durante quanto tempo. Estou tentando explicar já com antecedência. E espero que ela conte às suas irmãs.

Janet, sobre a filha de 10 anos

Se seu filho ou sua filha tem 8 anos, a puberdade pode ainda estar a alguns anos de distância, ou pode estar logo ali à frente. Quanto menos ela surpreender vocês, melhor. Não há muito mistério nesta terceira lição de educação sexual a ser dada no lar. É tarefa do pai e da mãe simplesmente descrever as mudanças que o menino ou a menina deverá esperar na puberdade, proporcionando-lhe uma imagem positiva do que está para acontecer.

Os principais tópicos são:

– menstruação e o que fazer a respeito;
– ereções e ejaculação, inclusive sonhos eróticos;
– desenvolvimento dos seios;
– pelos em novos lugares;
– sensações de atração e outras emoções.

Ao falar do desenvolvimento das atrações com seu filho, considere que elas possam ser direcionadas a pessoas do sexo oposto, do mesmo sexo ou de ambos. Se nessa época a oportunidade não tiver surgido naturalmente, explique o significado das palavras *gay* e *lésbica*. O Capítulo 5 traz detalhes de como tratar a orientação sexual com seus filhos. O tema da preparação das crianças para a puberdade será tratado detidamente no Capítulo 6.

Outras maneiras de fazer um bebê

Eles não fazem muitas perguntas a mim e ao Dave sobre sexo. A ligação entre sexo e o fato de sermos pais deles não é tão óbvia. Quando somos questionados sobre de onde vieram, geralmente dizemos alguma coisa como "havia uma mulher que era muito boa em fazer crescer bebês em seu corpo. Ela começou a fazer você crescer lá dentro, mas não estava preparada para ser mãe naquele momento. Nós estávamos prontos para ser pais e queríamos muito um bebê. Assim, ela deixou que fôssemos seus pais".

Richard, sobre seus filhos adotivos de 3 e 5 anos

Muito além da cegonha

Obviamente, nem todos os filhos vêm ao mundo da mesma forma. Se você não usou o método "pênis do papai + vagina da mamãe", deve elaborar uma resposta para seu filho quando ele perguntar: "De onde eu vim?". Resposta que deve ser bem adequada à sua situação particular, pois ele poderá descobrir mais tarde como as *outras* crianças foram feitas.

Não há consenso sobre como e quando tocar em adoção de um filho, barriga de aluguel ou inseminação artificial. Quando o assunto é adoção, alguns estudiosos incentivam os pais a começar a discutir a questão enquanto o filho ainda é bebê; outros argumentam a favor dos anos na pré-escola; outros ainda sugerem esperar até que a criança possa compreender plenamente o sentido de sua adoção – o que pode significar após os 8 anos. Na condição de pai ou mãe adotiva, você pesa o desejo de esperar até que seu filho tenha idade suficiente para não desvirtuar sua fala, e a importância de atuar logo, a tempo de evitar que a situação se torne um segredo de família com grande potencial de sofrimento.

Uma vez que isso pode afetar o sentimento de pertencimento da criança a uma família, assim como sua identidade e a noção de ser desejada, responder à pergunta "de onde eu vim?" é algo que obviamente tem ramificações mais profundas quando se educa uma criança adotada do que dar-lhe informações sobre sexo. Existem discussões e escritos a esse respeito que abrangem muito mais do que aqui podemos expor. O *sítio* da National Adoption Information Clearinghouse (www.calib.com/naic)apresenta uma súmula bastante clara das pesquisas sobre o tema, além de conselhos úteis aos pais adotivos e uma série de recursos para ensinar filhos adotados de todas as idades. [No Brasil, instituições como Associação Nacional dos Grupos de Apoio à Adoção (Angaad – www.angaad.org.br/) e Adoção Brasil (www.adocaobrasil.com.br/) podem esclarecer e informar sobre o tema.]

As questões que surgem em famílias com filhos nascidos via fertilização in vitro (IVF), transferência de gametas intrafalopianos (GIFT), inseminação artificial, doação de óvulo, barriga de aluguel e assim por diante, têm sido bem menos estudadas. No caso da tecnologia que faz uso dos gametas dos pais, muitos se vêm inclinados a deixar de lado os detalhes médicos ao responder às perguntas dos filhos. Alguns pais que fizeram uso de óvulos ou esperma doados tendem a fazer o mesmo, embora isso acarrete risco maior de criar um segredo que, quando descoberto, pode vir a ter efeitos bombásticos. Mas o que dizer a uma criança de 4 anos que é o produto dos óvulos de sua mãe, do esperma de um doador anônimo, e do útero de outra mulher?

Eis uma explicação dada pela mãe de uma família nessa situação: "Para fazer um bebê são necessárias três coisas. O óvulo de uma mulher e o espermatozoide de um homem para dar início ao bebê e o útero de uma mulher para que o bebê cresça dentro dele. Você precisa ter essas três coisas para fazer um bebê".

Essa introdução sensata parece adaptável a uma variedade de situações. Qual o melhor momento para dar início à discussão? Isso é algo que ninguém sabe. A exemplo do que acontece com todos os demais aspectos da formação de uma família, quando se recorre a meios não convencionais, será necessária uma boa dose de criatividade. O que podemos dizer é que, assim como na maneira padrão de fazer bebês, somos a favor da abertura e contra o segredo. Com toda a variedade de tecnologias reprodutivas disponíveis, contar a história do nascimento, mesmo que a criança ainda não possa compreendê-la, parece preferível a ter de explicar as coisas depois que seu filho, baseando-se no silêncio sobre a questão, deduziu que seu nascimento foi igual ao dos amigos dele.

Crianças mais velhas

Sua filha de 16 anos acaba de se despedir do último colega e fecha a porta. Não por acaso, o último a ir embora, depois de ver o filme *Casablanca* no quarto dela para uma aula de história é Fernando que, não se pode negar, tem sido o dono do seu coração nos últimos tempos.

Como pai, você foi legal ao conceder aos dois um tempinho a sós no quarto dela. E não fica particularmente incomodado ao perceber que, ao acompanhá-lo até a rua, as orelhas dela estão vermelhas e seu cabelo, meio desgrenhado na nuca.

Pontos para conversar
Alguns detalhes que compõem essas três lições farão fluir a conversa sem maiores sobressaltos. Outros, a levarão a murchar e morrer. Algumas dicas:

– Se a conversa começar com uma pergunta, dê a seu filho, filha uma força. Diga: "Boa pergunta". Isso funcionará como incentivo para que ele, ela compartilhe sua curiosidade.
– Comece esclarecendo só o que foi perguntado. Assim, haverá certeza de estar respondendo à questão certa. Procure se situar sobre o quanto ele, ela já sabe. Por exemplo, se a pergunta for "O que é sexo?", aqui vão duas possibilidades: "Boa pergunta. Sexo pode significar uma porção de coisas. Diga-me o que você já ouviu falar sobre isso para eu falar do ponto que você quer saber." Ou: "Certo. Boa pergunta. Por que você não me diz primeiro o que sabe e daí eu completo com o resto?"

Se você trouxer um tema para discussão e o filho, filha disser que já sabe tudo a respeito, não acredite. Essa é uma técnica famosa para evitar conversas sobre sexo com os pais. Faça como se não tivesse ouvido e pergunte-lhe então: "Que tal conversarmos de novo sobre isso?"

Ouça os argumentos que vierem. Se ele ou ela disser que prefere não falar, passe a discutir essa inibição. Talvez isso seja ainda mais interessante do que voltar ao ponto visado no início.

– Lembre-se de que o pensamento das crianças mais novas é concreto. Evite usar metáforas que seus filhos possam levar ao pé da letra. Por exemplo, para a pergunta "o que é um orgasmo?", tente responder: "Orgasmo é uma sensação muito gostosa que as pessoas têm quando fazem sexo ou se masturbam". Essa resposta é melhor do que: "Ah, é uma sensação maravilhosa que vem do sexo, como uma coceira, só que melhor...".

Esse comentário levará a criança a acreditar que todos os orgasmos requerem o ato de coçar (quando, na verdade, apenas alguns exigem isso).Você não precisa ter sempre a resposta na ponta da língua. Se não souber, admita isso e prometa responder depois. Use livros, pesquise na internet, ligue para o pediatra – mas não demore demais, porque a curiosidade se evapora.

– Talvez você saiba a resposta, mas não sabe se quer dá-la realmente. Se esse for o caso, diga algo como: "Boa pergunta, mas preciso pensar um pouco no que dizer para lhe dar uma resposta melhor."

Marque prazo para responder; melhor que seja na mesma noite, na hora de deitar, ou na manhã seguinte.

– Procure o máximo de autenticidade nessas conversas. Caso sinta algum desconforto, não há problema em dizer isso a seu filho, sua filha. Às vezes, uma afirmação simples pode tornar tudo mais fácil. Exemplo: "Puxa, por alguma razão que não sei bem, não consigo falar sobre esse assunto. Acho que às vezes ele me constrange. Você já sentiu isso?"
– Sua filha, seu filho pode ter mais dificuldade para reconhecer e comentar o que sente do que você. Talvez ele, ela sinta que precisa continuar a conversa, apesar do constrangimento, coisa que, obviamente, não é obrigatória. Se sentir que há alguma reticência, talvez seja bom você interpretar os sentimentos dele, dela: "Parece que você ficou meio aborrecido/ aborrecida com o que eu disse. Talvez seja um assunto delicado, que cria tensão. O que acha?"
– Se seu filho, sua filha não está perguntando sobre os tópicos sexuais que você gostaria de discutir, tente criar uma situação que desperte sua curiosidade. Visitar uma amiga grávida pode servir. Olhar fotos de família de antes de seu nascimento também. "Ué, onde eu estava?", virá à baila quase automaticamente.

Existem muitos livros para pais e filhos de todas as idades objetivando passar essas lições. Pesquise nas livrarias. Informar-se é fundamental para quem pretende educar e informar.

– À medida que a conversa vai diminuindo de intensidade, procure ver se você atingiu o ponto desejado. "Respondi à sua pergunta?" às vezes funciona. Para verificar se ele / ela compreendeu, tente: "Então, se você quisesse explicar isso para sua irmã, o que diria?"

> Ele, ela parece ter compreendido, mas saiba que deve voltar ao tópico outras vezes. Muitas dessas lições precisam ser repetidas para as crianças dominá-las.
>
> Em todas essas conversas, lembre-se de que o objetivo principal, à parte o esclarecimento de uma coisa ou outra sobre sexo, é construir uma relação em que seus filhos sintam que você aceitará as perguntas deles sobre sexo e fará tudo para informá-los com clareza.

Não há nada de mal em você, pai, fazer uma pequena sondagem. Então, decide subir para conversar um pouco e ver o que ela pensa sobre se tornar íntima desse "carinha". Enfia a cabeça pela porta entreaberta.
"Tudo bem aí?"
Você está calmo. Sente um clima de *Casablanca* no ar.
"Tudo bem..."
"E o Fernando?"
"Tudo bem..."
Certo, você deu um toque de leve. Um toque positivo. E entra no quarto.
"E vocês dois, o que andaram fazendo ultimamente?"
"Pai. Por favor, desculpe... Não é problema seu."
"Filhinha, você é problema meu."
"Pai. Eu não sou sua filhinha. Por favor..."
"É meu jeito de falar..."
Você dá marcha a ré para sair do quarto.
"Preciso fazer o trabalho do filme, certo?"
"Filha..."
Ela fecha a porta com uma batida.
Se alguma coisa dá saudade do tempo em que seus dilemas se resumiam a "ela não é nova demais para a palavra *útero*?", é falar com uma adolescente sobre sexo. Falar disso depois da puberdade é tão difícil quanto antes, só que agora os motivos são outros. Agora, as razões para não falar parecem mais fortes.

Em primeiro lugar, há o desafio quanto ao que você deve dizer. Pelo menos para questões como "de onde eu vim?", ou "o que este pelo está fazendo aqui?", você sabe a resposta. Mas as conversas sobre sexo deixaram de ser tão simples. O foco não está mais em fatos, mas em sentimentos – e, o que é pior, em sentimentos íntimos. Diante dessa nova situação, a conversa dependerá da vulnerabilidade ou da confiança dos adolescentes no que diz respeito a se sentirem atraentes, a suas reações frente ao garoto ou à garota de que gostam, ao sexo que poderão estar fazendo ou não e a como se sentem a respeito disso tudo. Se você tentar uma conversa sobre quaisquer desses tópicos, pode acabar não sabendo o que deseja falar. Então, vem à tona, antes de mais nada, o que fazer para a conversa fluir.

Ao contrário de quando você estava com seu pimpolho no banco do carro e dispunha daquela audiência cativa, agora, na adolescência, a dinâmica é outra.

"Das poucas vezes que tentei ter uma conversa construtiva, não ficou claro se teve algum resultado", diz Alex, pai de dois garotos adolescentes. "Neste período, uma das coisas com que temos de lidar é a nossa incapacidade de construir a conversa. Era fácil quando eles eram mais novos. Hoje, eles controlam a conversa tanto quanto nós."

Mas você é o pai. Não pode simplesmente...

"Não, a não ser que eu queira esbravejar ou pregar um sermão. Mas não é isso que eu quero. O que estou pretendendo é manter um diálogo, mas isso fica difícil se eles não quiserem."

Nem todo adolescente é "do contra". Mas, verdade seja dita: quando se trata de conversar sobre o tema "sexo" com os pais, eles fecham muitas portas. Por quê?

Muros altos

Considere suas próprias reações para avaliar os resultados de uma conversa sobre sexo com seu filho adolescente.

Uma coisa é dizer "sexo é uma coisa maravilhosa" para o garotinho que está fazendo bilu-bilu com a mão na boca no assento de trás do carro. Outra coisa é dizer o mesmo para seu filho de 16 anos sentado ao seu lado, no banco da frente. Ambos sabem que você não se limitou a ler sobre o assunto em algum livro de biologia. À medida que seu filho fica mais velho e seu pensamento se torna mais sofisticado, você começa a perceber que, quando fala com ele sobre sexo, suas palavras são interpretadas por meio desta pequena verdade: você está dizendo algo por experiência própria.

De repente, você se sente um pouco envergonhado.

É difícil falar sobre sexo com autenticidade sem pelo menos reconhecer que você tem prática. E essa é uma coisa que faz alguns pais não se sentirem à vontade para compartilhar seu conhecimento com os filhos adolescentes. Na verdade, você pode achar natural manter suas questões sexuais fora de cena quando fala com os garotos. Eles talvez sintam a mesma coisa...

Recentemente, Paul enfrentou perguntas pessoais da filha sobre a participação dele no evento "Verão do Amor" [em San Francisco, Califórnia, 1967]. Mas, quando ficou claro que ele e sua mulher (e mãe dela) continuavam transando, "ela ficou transtornada. E nós, boquiabertos. Kellen, aos 16 anos, ficar chocada com isso! O tom dela foi de reprovação. Reprovação total".

Há uma teoria a esse respeito. Diz ela que pais e filhos tentarão manter sua vida sexual como algo à parte, de caráter privado, porque temem compartilhá-la e tocar em algo que possa provocar excitação. À medida que as crianças amadurecem e se desenvolvem sexualmente, seu apetite sexual adquire maior força e, com isso, aumentam os esforços para evitar essa possibilidade incômoda. Falar sobre sexo parece muito mais arriscado.

Tabu

A aversão quase universal (segundo alguns, geneticamente programada) e sentida com intensidade no que diz respeito às impressões sexuais entre pais e filhos chama-se "Tabu do incesto".

Pais e filhos, seguindo a mesma teoria, conduzem suas vidas sempre de modo a minimizar essas sensações problemáticas de excitação sexual. Quando foi a última vez, por exemplo, que você tentou imaginar o que seus pais faziam na cama? Hábitos de inibição e privacidade (como os descritos no Capítulo 3) provavelmente mobilizam muito esforço para afastar quaisquer desvios de excitação. Na verdade, a ideia de ser estimulado sexualmente pelos filhos ou pelos pais pode ser tão embaraçosa que a pessoa quer mantê-la em segredo até de si mesma. Mas isso significa que tais sensações jamais venham à tona? Os psicanalistas, que passam horas e horas com pacientes em um lento desfiar de seus pensamentos inconscientes, dirão que sim.

Gail, falando sobre sua família composta por três adolescentes, além de si própria e seu marido, coloca as coisas do seguinte modo: "Procurem entender, quando estamos todos reunidos em uma sala, tem-se ali a presença maciça do Tabu do Incesto. Eu acho que seria capaz de educar os filhos de quem quer que fosse melhor do que faço com os meus, porque estou sempre tentando protegê-los de um interesse sexual por eles. Um interesse que na verdade está lá. Eu me dou conta disso horrorizada. E tento tirar da cabeça. É uma situação dotada de intensa carga erótica."

Gail expressa suas sensações sobre isso porque ela as aceitou como normais e sabe que pode tê-las sem jamais colocá-las em prática. Mas ainda assim afetam seu modo de abordar a questão das conversas sobre sexo com os filhos.

"Você não quer falar como se estivesse seduzindo seus filhos e contando-lhes histórias que irão excitá-los ou deixar você excitada", diz Gail. "Você está sempre escolhendo entre ser por demais estimulante, por um lado, e ser artificialmente clínica, por outro. É difícil encontrar o meio termo que não a faça sentir-se nem tão puritana, nem tão pruriente."

Os filhos podem estar atuando sob o peso do seu próprio Tabu do Incesto. Sua aversão em se confrontar com sua sexualidade pode protegê-los de se tornarem conscientes de seu possível interesse por seus pais. Esse é um modo de interpretar a atitude reprovativa de Kellen para com seu pai.

Não se trata de uma fronteira que se queira ultrapassar. Seus filhos adolescentes precisam ser capazes de manter-se distantes da sexualidade dos pais, e você, da sexualidade deles. Uma das lições mais importantes é mostrar que os garotos podem traçar uma fronteira firme em torno de suas questões sexuais, garantir sua privacidade e lutar contra os estímulos sexuais indesejados. Assim, eles ficarão à vontade para afastar você se sentirem necessidade de fazê-lo.

Um pouco de mistério

Não entrar em detalhes sobre sexo com seus filhos adolescentes pode não só ajudar a preservar fronteiras saudáveis no relacionamento em família, mas também, pelo menos para alguns pais que conhecemos, ser uma boa oportunidade de lançar um pouco de mistério sobre a sexualidade e, assim, tornar o sexo mais *sexy* para os filhos.

"Sempre sinto que existe algum mistério importante entre nós e os garotos quando o assunto é sexo", diz Wanda. "Acho que isso torna o mundo mais erótico. Fico nervosa quando estou perto de pessoas que dão aos filhos informações demais. Não deveria ser uma aula de anatomia. Precisa haver algum mistério."

Esse tipo de idealização é um luxo para quem já passou pelas lições de 1 a 3 com seus filhos. Quando crianças, eles têm uma necessidade irresistível de compreender os fatos básicos, o que permite passar ao largo do mistério. Nos anos da adolescência, porém, alguma ambiguidade estratégica precisa ter lugar.

Essa é uma ideia com a qual já nos familiarizamos, por força da sociedade escancaradamente "já-vi-tudo" em que vivemos e pela corrosão dos segredos sexuais, que antes apimentavam a vida com sua trepidante carga erótica. A autora Daphne Merkin revisitou o tema na *New York Times Magazine*, escrevendo: "O poder dos segredos é que eles são afrodisíacos naturais, abrindo portas que ainda não ultrapassamos e mistérios eróticos que só podemos imaginar".

Vemos pais pisando em ovos diante de tópicos sexuais, mas, claro, duvidamos que muitos os vejam como afrodisíacos. O sexo é debatido em casa com uma piscadela e um cutucão. "Há toda uma série de códigos", diz um pai sobre sua família. "Sempre fazemos brincadeiras que envolvem sexo e, nas brincadeiras, estão embutidas as expectativas da família". Os segredos dela também.

Sugerimos para pré-adolescentes e adolescentes

A certa altura, você decide que os muros com que sua filha adolescente protege sua sexualidade devem ser derrubados, pois começou a se preocupar com doenças sexualmente transmissíveis (DSTs), gravidez e a estabilidade emocional dela. Ou, então, quer ter certeza de que suas concepções de certo e errado foram acatadas.

Tão logo chega a idade do ensino médio (até um pouco antes), achamos que é tempo de você ter algumas conversas sobre sexualidade. Nesses diálogos, procure estabelecer um meio-termo entre ser "por demais excitante" e "puritana demais", como diz Gail.

Suas conversas não precisam ser sóbrias lições de anatomia, que deixam tudo escancarado, mas se resumem a informações factuais, desligadas da vida real, e tampouco devem ser relatos tórridos de suas experiências sexuais.

Seja clara a respeito dos riscos que você quer que a garota compreenda e os meios de proteção que ela precisa utilizar. Para efeitos de monitoramento, pergunte se ela está se protegendo, mas procure respeitar sua privacidade. Tudo bem perguntar: "Vocês usam preservativos de látex?". Mas "Você prefere com sabor?" seria ir longe demais.

Quem conversa: mãe, pai ou nenhum dos anteriores?

Meu marido, Sam, é bem carinhoso com as meninas. É o do tipo do pai que é pau para toda obra. Mas, quando o assunto é sexo, ele faz a linha "esse departamento é com sua mãe". Eu costumava sonhar que ele sairia para comprar-lhes um buquê de rosas ou um presente quando menstruassem pela primeira vez. Mas a verdade é que acho que isso não vai acontecer. Ele jamais faria isso.

Sheryl Lee, mãe de três garotas

Os meninos ficam de fora

Quando se trata de conversar com seus filhos sobre sexo, as mães são muito mais propensas a falar com as garotas do que com os garotos, enquanto os pais, por sua vez, tendem a fazer o contrário.

Um estudo revelou que 78% das mães discutiram controle da natalidade com suas filhas, enquanto apenas 35% delas falaram com seus filhos sobre o tema. Mas os pais não vieram a preencher a lacuna com os garotos – só 31% dos pais pesquisados discutiram contracepção com eles. E a proporção dos que tocaram no assunto com as filhas foi ainda menor. Os números são similares para discussões sobre moral sexual.

Como resultado dessa "divisão de trabalho", os meninos são excluídos do debate sobre numerosos aspectos da vida sexual.

"Com Ryan, montei uma versão do que achava que ele precisava saber", lembra Christian. "Truncada, porque ele contava comigo para acabar logo com a conversa. O ponto principal era: 'Você sabe dos riscos e sabe como evitá-los?'.

Descobri como levar a conversa sem fazê-lo assumir se já era sexualmente ativo ou não. Eu achava que ainda não era e não quis esperar até que fosse."

A crescente aversão dos jovens por falar de sexo à medida que crescem pode ser tanto devido ao tabu do incesto, como à necessidade de afirmar sua independência, ou à ideia de que os pais irão julgá-los. Por isso insistimos que os pais falem desde cedo com os filhos sobre sexo. É mais fácil quando eles são menores e os comentários do adulto – sobre, por exemplo, "garotos que tentam se aproveitar das meninas" – não serão tomados como um veredicto sobre um relacionamento real em andamento. Se começar cedo, você também terá um alicerce sólido sobre o qual construir conversas ocasionais, mais naturais e menos tensas, à medida que eles forem crescendo.

Se você começar a sofrer por antecipação só de pensar na Lição 4, a simples menção do que não precisará abordar na conversa com seus filhos adolescentes talvez lhe sirva de consolo. Vamos lá:

- você não precisa contar sobre sua vida sexual, mesmo que ele pergunte;
- não precisa descrever detalhes de atos sexuais, ou a melhor forma de praticá-los;
- não precisa tentar descobrir detalhes do que seus filhos estão fazendo sexualmente nem se eles estão fazendo sexo – a menos que surja um problema concreto e, nesse caso, você pode pressioná-los para saber o que está acontecendo.

Ao falar com seus filhos adolescentes, não precisa posar de sexólogo ou de educador. E nem aparentar estar à vontade quando de verdade não está. Você só precisa chegar onde pretende, revelar suas preocupações e se mostrar disponível para ouvir os pensamentos deles.

Lição 4: Segurança, responsabilidade, prazer e escolha (a partir dos 12 anos)

Agora, é hora de ligar suas respostas às perguntas que colocamos no início do capítulo. O objetivo desta lição é encontrar um modo de informar seus filhos sobre quais são seus padrões – padrões pelos quais eles devem se conduzir sexualmente. Para tanto, considere no mínimo os dois tópicos a seguir.

Ética sexual. Você precisará discorrer um pouco sobre sua filosofia sexual, como para que serve o sexo e o que existe de positivo a respeito dele. Se considerar que há certas condições sob as quais o sexo é aceitável ou inaceitável (antes de certa idade, fora do casamento e assim por diante), explique para eles. Faça desse debate um convite para seus filhos dizerem o que pensam. Deixe que saibam que tudo o que você espera do comportamento sexual deles é que seja pautado pelo respeito e pelo consenso, isto é, que não seja forçado.

Proteção sexual. Você deverá expressar suas preocupações sobre doenças sexualmente transmissíveis (DSTs) e gravidez indesejada. Diga que espera que usem preservativos de qualidade sempre que tiverem intercurso vaginal ou anal fora de uma relação monogâmica de longo prazo. Certifique-se de que eles saibam como comprar e usar os preservativos; esclareça que a camisinha pode falhar. Informe que há opções seguras à penetração. E que o sexo oral é mais seguro do que a penetração, mas não isento de riscos. Oriente-os sobre como reduzir o risco no sexo oral. Não é preciso ir mais longe nos detalhes sobre fazer sexo. Basta isso.

É claro que, se o garoto ou a garota lhe fizer um convite para ir mais longe, há muito de útil para dizer e discutir sobre sexo e amor durante esses anos. Conversar sobre os dilemas dele ou dela nos encontros amorosos, sobre sentimentos em relação a rapazes ou garotas em particular; opinar sobre o comportamento sexual de outros jovens e muito mais. Talvez você já conheça bem essas discussões. Elas são a própria trama que liga pais e mães a seus filhos e dá sentido a esse vínculo.

Os temas desta lição serão abordados em profundidade nos Capítulos de 7 a 12.

Prevenindo o abuso sexual

Eu, por um lado, fico meio louca com todo esse bombardeio sobre abuso sexual; por outro, penso que loucura é enfiar a cabeça na areia e fingir que não está acontecendo nada... Talvez vocês possam me dizer...

Sylvie, dois filhos

Não poderíamos terminar um capítulo sobre como perseguir seus objetivos na criação de seus filhos sem tratar de uma preocupação comum a todos os pais: proteger sua prole de abuso sexual.

O abuso sexual na infância é um risco real, embora seja difícil especificar as dimensões do problema. Um relatório do governo americano, datado de 2001, estimou que 100 mil crianças são vítimas de abuso sexual no país todos os anos. [No Brasil, apenas 2% dos casos são denunciados, tendo havido 60 mil ocorrências em 2005, segundo a Secretaria Especial de Direitos Humanos da Presidência da República.] Você pode proteger seus filhos?

Se você for igual à maioria dos pais, ficará com urticária só de pensar que precisa conversar sobre o assunto, mas não pode errar a mão e fazer a conversa pesar demais para seus filhos. Talvez você tenha sido informado de que ensinar as crianças a reconhecer e recusar avanços sexuais diminuirá o risco de elas serem vítimas de abusos. Esse postulado aparentemente simplório foi popular o bastante para, no início dos anos de 1990, levar à implementação de programas de prevenção na rede pública de ensino fundamental dos Estados Unidos. Começando pela educação infantil, uma geração inteira de crianças aprendeu sobre a natureza do abuso sexual, como impedi-lo e como denunciá-lo.

Infelizmente, não sabemos se esses programas funcionam. Houve algumas pesquisas sobre o assunto, mas até o momento ninguém conseguiu demonstrar com clareza se aprender sobre abuso sexual reduz a probabilidade de as crianças serem vítimas dele. Algumas boas razões levam a duvidar da eficácia dessas lições. Por exemplo, por mais que saibam sobre o assunto, as crianças menores não têm poder para resistir a agressores adultos. À falta de prevenir os abusos, esses programas poderiam talvez reduzir a aflição das crianças vitimadas, mas há indícios de que sua maior utilidade no auxílio às crianças esteja mesmo restrita ao âmbito da denúncia. Existem evidências de que ensinar às crianças sobre abusos aumenta a possibilidade de elas contarem a alguém se isso estiver acontecendo, o que pode fazê-las sair da situação e receber tratamento o quanto antes.

Também não sabemos que outros efeitos essas aulas exercerão sobre o futuro das crianças. Existe a preocupação de que elas sejam contaminadas pelo medo, dado que o sexo lhes é apresentado como uma violência praticada por pessoas perigosas. Não sabemos se essas aulas afetam o modo como as crianças sentem seu corpo e sua própria sexualidade, nem como recebem a experiência da afeição física vinda de adultos, e muito menos como tais informações irão interferir em seus jogos de exploração sexual na adolescência e no desabrochar de suas relações sexuais no início da idade adulta.

Se seu filho ou sua filha vai participar na escola de algum programa de prevenção ao abuso sexual e ainda não sabe nada sobre sua genitália, uma boa ideia é você ensinar-lhe sobre o assunto antes que o programa comece (diremos mais a esse respeito no Capítulo 3). Também é aconselhável se dirigir à escola e verificar os temas do programa para ver se concorda com o tratamento da matéria. Fale com o professor caso as aulas pareçam muito assustadoras. E, se achar que o conteúdo será por demais perturbador para a sua criança, deixe-a de fora. Mas, se concordar que ela faça o programa, fale com ela antes e depois das aulas e procure neutralizar os medos que possam delas resultar.

O que você deve ensinar a seu filho sobre abuso sexual? Seguem nossas recomendações.

Uma palavrinha sobre abuso sexual

Uma coisa que eu digo para eles é: "Se algum adulto disser para mentir para mim, ele é mau, e isso envolve uma série de coisas." Também digo que é sempre positivo denunciar pessoas maldosas.

Dana, sobre a filha de 7 anos e o filho de 6

Se algum deles pegar no meu pênis embaixo do chuveiro ou quando eu estiver me vestindo, direi: "É meu. Nunca toque em outra pessoa sem antes pedir – e isso só ser for uma pessoa muito amiga. Agora, se um adulto acaso quiser tocar em você, não deixe e conte para nós".

Stuart, sobre os filhos de 3 e 6 anos

Se eles tiverem 7 anos ou menos, não é o caso de ter uma conversa específica sobre abuso sexual. O abuso sexual é tido como menos comum nessa idade e, em se tratando dos efeitos negativos da conversa – por exemplo, levar a criança a temer os adultos ou seus próprios jogos sexuais –, é quase certo que os riscos da conversa sejam maiores quanto mais novas sejam as crianças.

Você pode mencionar o tema de passagem, como Dana e Stuart. As preleções costumam ser mais benéficas quando feitas sem preparo, sem urgência ou medo na voz. Pode começar como a fala de Dana de que as pessoas não devem pedir que a criança minta para você. Depois, explicar que, se alguma pessoa que não seja a mamãe, o papai ou alguém que tome conta da criança tocar em seus órgãos genitais, ela deve relatar o fato a você.

Aos 8 anos, quando o abuso sexual já for um risco maior e as relações das crianças com seus corpos estiver mais firmada, o benefício potencial de uma preleção específica já é maior do que o risco de amedrontar seus filhos. Sugerimos que você dê algumas aulas enfatizando a capacidade da criança de reconhecer e delatar o abuso sexual, se ele acontecer, em vez de insistir sobre sua autoproteção, coisa que ela provavelmente ainda não terá capacidade de fazer.

Educação sexual na escola

É claro que o abuso não é o único tema de caráter sexual que suas crianças poderão aprender na escola. O que provavelmente você quererá fazer – e recomendamos que faça – é examinar o currículo de educação sexual, ler a ementa do curso, folhear a apostila ou o livro e até conversar com o professor.

Se achar o programa excelente, pode sentir alívio, mas não se limite a isso. Dar uma olhada na lição de casa e perguntar às crianças sobre o que o professor falou reforçará o aprendizado. Também será uma oportunidade de compartilhar com elas seus valores e perspectivas sobre sexualidade. Você pode proporcionar um contexto pessoal para os fatos básicos ensinados na escola. Se a escola apresentar informações e opções de maneira isenta e sem pré-julgamentos, deixando que os alunos determinem as escolhas mais apropriadas para si próprios, você desempenhará um papel importante ao fazer seu filho imaginar o que é melhor para ele.

Mas e se você achar que o programa omite material importante ou apresenta visões das quais discorda? Nesse caso, a tarefa cairá como uma luva para você, que poderá ensinar sobre sexo, amor, tomada de decisões, responsabilidade e vários outros tópicos, como recomendamos neste capítulo. E ainda compartilhar o motivo da sua discordância do programa da escola, aproveitando a oportunidade para ensinar-lhe a questionar o que aprende e a pensar com independência. Forneça livros e vídeos para complementar o material da escola e pesquisem juntos na internet para achar fontes adicionais.

Uma possibilidade é você reivindicar mudanças na escola de seu filho. Procure convencer o professor a aperfeiçoar as aulas; mas saiba que, para qualquer mudança significativa, terá de conversar com a diretoria. Tenha em mente que o professor e o diretor podem até concordar com suas considerações, mas talvez careçam de poder para implantar uma mudança. Políticas de educação sexual eventualmente são decididas nas esferas microrregional ou estadual.

Fale com eles sobre abuso: "É errado um adulto, mesmo sendo conhecido, tocar na sua vulva ou no seu pênis, ou então pedir para você tocar nele. Também é errado se outra criança tocar em você dessa maneira e você não quiser que isso aconteça. As únicas exceções são seu pai e sua mãe, ou o médico quando você estiver doente." (Havendo alguém mais – uma babá de confiança, por exemplo –, pode incluí-la entre as exceções.)

Seu filho entendeu? É possível verificar com algumas perguntas: "É errado um adulto – digamos, um vizinho –, pedir para dar banho em você e lavar seu pênis?", "É errado um adulto pedir para você tocar o pênis dele?". E assim por diante.

Depois, ensine como o abuso deve ser delatado: "Se alguém tocar você dessa forma, quero que me conte. Prometo que não vou me enfurecer se me contar. Não é certo alguém pedir que você minta para mim, ou me esconda coisas desse tipo. Se você me contar, eu protegerei de você, pode confiar."

Finalmente, lições sobre abuso podem ser repetidas e relacionadas a pontos menos atemorizantes sobre sexualidade, da maneira como faz Stuart com seus meninos, lembrando-lhes em frases curtas que devem delatar o abuso, respeitar os limites dos outros e manter os jogos sexuais no âmbito das pessoas amigas. Assegure aos seus filhos que é muito improvável que eles sejam abusados sexualmente. Uma vez que eles não teriam como impedir isso, não há benefício claro em preocupá-los com a possibilidade.

Depois, fique de olhos abertos.

Se alguém na sua família precisa se preocupar com o abuso sexual, o melhor é que seja você. Não há dados sobre se seus cuidados realmente reduzirão o risco de seu filho sofrer abuso; esse tipo de intervenção, aconselhada pelo senso comum, ainda não foi testada. Mas nós recomendamos o monitoramento cuidadoso.

Converse com os adultos que tomam conta das suas crianças. Apareça de surpresa. Ouça com atenção os comentários de seus filhos sobre adultos que participem da vida deles. Se houver alguma suspeita, investigue até se tranquilizar completamente.

Tenha em mente que adolescentes também podem ser vítimas de abuso sexual. Quando seus filhos forem maiores, volte a esta lição.

Manual para ser pai e mãe

Recentemente, vimos um *outdoor* com um texto em letras garrafais: "Ah, se eles viessem com manual de instruções". Acima da frase, aparecia a foto de uma garotinha com uma inscrição impressa no braço: "Diga que me ama".

Um anúncio como esse suscita algumas perguntas. Quem escreveria esse manual? Como saberia o que dizer? E se houvesse uma tatuagem no braço da sua filha para lembrar que você deve declarar seu amor por ela? E se você se declarasse a todo instante, será que ela acreditaria em seu amor?

> **Nota para os avós**
> Se você for avô, avó ou um membro da família que tenha relação próxima com os pequenos, muito do que aparece neste livro se aplica também a você, que pode dar orientação, amor, apoio e sabedoria a seus netos.
>
> Compartilhe seus valores. Embora seus netos possam rir de sua visão "antiquada" do mundo, mais tarde irão se impressionar positivamente com sua notável modernidade. Se as relações com os pais ficarem tensas, procure servir como um porto seguro para eles, pois poderão recorrer a você quando se sentirem perdidos ou confusos. (Há quem diga com algum azedume que crianças e avós se dão tão bem porque têm um inimigo comum: a geração que está no meio.)
>
> "Foi minha avó me ensinou sobre sexo. Minha mãe jamais disse uma palavra sobre isso", conta Martha. "Minha avó me fez sentar certa vez e me ensinou sobre os pássaros e as abelhas. Era tão interessante ouvir aquilo do jeito dela. Ela falou da perspectiva de alguém que olhava para trás, que olhava para sua vida e compreendia o que era importante e o que não era."

Se alguém pudesse desenhar esses dispositivos psicológicos, um bem-cuidado conjunto de instruções operacionais seria de enorme utilidade. Se fosse possível saber quais das suas ações conduziriam a tais e tais resultados, ficaria fácil decidir o que fazer com os filhos em dado momento. Faz anos que andamos em busca de informações como essas. Os capítulos deste livro são um registro do que encontramos.

Mas eles não bastam, é claro. Pesquisas nunca respondem completamente à pergunta: "O que devo fazer agora?". E isso porque elas nunca têm em vista as características de seu filho de 5 anos, nem a luta de determinados pais num momento específico. Pesquisas não consideram o fato de você estar grávida do padrasto do garotinho que pergunta: "De onde vêm os bebês?" (o que neste caso significa: "Você está arranjando um bebê substituto, assim como arranjou um marido substituto?"). Predições científicas sobre o efeito das atitudes dos pais na criação dos filhos são genéricas por natureza. Mas suas opções sobre o que fazer ou dizer serão sempre absolutamente específicas, e essas especificidades determinarão como suas respostas irão funcionar. É por isso que nunca, jamais haverá um "manual do proprietário" cientificamente aprovado para pais e mães.

A boa notícia? É você quem decide o que fazer.

A má? É você quem decide o que fazer.

Nossa intenção é ajudar. Nos próximos capítulos, guiaremos você por tantos desafios quantos couberem nestas páginas e no seu interesse em torno da educação sexual de suas crianças. Explicaremos da melhor forma possível tudo sobre comportamento infantil; apresentaremos opções e explicaremos as decorrências possíveis das escolhas feitas.

No sentido estritamente científico, este livro não pode ser comparado a um manual de lançamento de foguetes da Nasa. Mas digamos que pudesse. Suponhamos que um salto quântico na compreensão científica das atitudes de mães e pais nos permitisse esboçar um conjunto de instruções para educar seus filhos. Imagine se você pudesse ter essas instruções, com a resposta perfeita e clara, no momento exato da necessidade.

Que tipo de pai, de mãe você se tornaria se tivesse esse manual? O pai que jamais comete erros? A mãe que nunca procura um modo melhor de fazer as coisas, porque estacionou na fórmula usada na primeira vez que tentou? Alguém que não precisa se relacionar com seu filho para saber o que ele quer ou do que precisa, pois acha que já sabe de antemão? Se assim for, você está a ponto de estragar totalmente a educação sexual de seus filhos.

PARTE II

O DESENVOLVIMENTO SEXUAL DE SEU FILHO

Capítulo 3

NUDEZ, INIBIÇÃO E SEXUALIDADE NO LAR

Você acabou de sair do primeiro banho demorado da semana. As crianças estão lá embaixo com o pai, todo mundo em silêncio. "Ah, que paz!", você pensa, fechando a porta do quarto.

De frente para o espelho, joga a toalha na cama e observa. Como vão seus seios? Nada mal. Poucos meses depois da amamentação, parecem ter voltado ao normal. No passado, a palavra "durinhos" era usada para descrevê-los – e não sem razão. ("Forte e Rijo", foi o apelido que seu marido deu a eles meses atrás, todo satisfeito.)

Você vira de costas. É... "Pelo menos é atrás, onde eu não vejo", você pensa.

O sol projeta seus raios pela janela e lampejos da famosa canção *I am woman* ["Eu sou mulher"], de Helen Reddy, começam a penetrar na sua mente. À medida que inspeciona suas coxas, você começa a cantarolar "humm, humm, eu sou mulheer". E aumenta o volume quando chega a "ééé, e sou inteligente".

Então, rasga a fantasia: "Paguei o preço, mas veja quanto ganhei/ Posso fazer tudo, tudo / tudo o que eu quiser!". A essa altura, já estará rodando diante do espelho e quase gritando: "Durinhos, durinhos aqui/ E lá o bumbum caiu, caiiiiiu/ Eu sou mulheer".

Mais uma volta diante do espelho e, de repente, um farfalhar de cobertas. Você se vira e vê dois olhinhos arregalados piscando, quase escondidos pelo lençol. Dá um puxão na coberta e seu filhinho de 5 anos aparece, surpreendentemente mudo, com um sorriso incerto.

"Bu?!", exclama ele.

"Mas a sabedoria nasceu da dor"

Muita gente pensa que as questões de sexo entram na vida da família quando os filhos atingem a puberdade. São pessoas que nunca tiveram um garotinho de 5 anos em casa. Se você teve ou tem, sabe perfeitamente que, da primeira infância aos anos intermediários da educação elementar, muita coisa que acontece em casa envolve sexualidade, tanto a dos filhos como a dos pais.

As crianças podem tomar banho juntas? E se elas entrarem no chuveiro com você, mãe? O que dizer quando o menino toca em seu seio – e quanto das coisas que você não fala aparecem estampadas em seu rosto? Um casal com filhos pequenos enfrenta questões como essas todos os dias. E suas decisões, que vão se amontoando com o passar do tempo, ajudam a dar forma ao desenvolvimento dos seus filhos. Ao longo dos anos, é da relação com você que seu filho aprenderá a interpretar seu corpo, a entender sua sexualidade e evoluirá, por fim, até aprender a amar.

Neste capítulo, examinaremos os aspectos de sua vida em família, que envolvem o desenvolvimento sexual de uma criança pequena. Passaremos em revista algumas das decisões que você tem de tomar todos os dias e apresentaremos, tão cientificamente quanto possível, os efeitos das várias escolhas sobre seu filho. Para as situações que parecem não permitir escolha, tentaremos deslindar os detalhes do processo, para que você possa pelo menos manter algum grau de compostura.

Porque, convenhamos, se você, mãe, é pega de surpresa por um pimpolho de 5 anos, nua e cantando, com a escova de cabelo como microfone, precisará de toda a compostura possível.

Tocar

Quando eu era pequena, vi uma gata dando à luz. Lembro dela lambendo os gatinhos. Ela passava a língua neles, como para trazê-los à vida. Para mim, é isso o que você faz por seus filhos: acorda o corpo deles para a vida.
Eleanor, mãe de um menino de 1 ano e meio

Você acaba de dar à luz. Qual a primeira coisa que quer fazer?
Certo, tendo jurado que jamais há de parir novamente, o que vem a seguir?
Pegar o bebê no colo.

Carregar o bebê é talvez o que há de mais revigorante na experiência de se tornar mãe ou pai. Na verdade, a maravilhosa sensação de embalar uma criança nos braços foi provavelmente uma das coisas que a atraíram para a sala de parto. Ainda bem que segurar um bebê é um prazer, pois, não por acaso, isso é algo essencial ao seu desenvolvimento físico e psicológico. Bebês que não são tocados não podem crescer.

Mas o que tem a ver o toque com o desenvolvimento sexual do seu filho?

No momento em que o toma nos braços pela primeira vez, a mãe convida o bebê para sua primeira relação física, sua primeira experiência de amor e, *grosso modo*, o que então se passa entre os dois estabelecerá a cena para todos os amores que se seguirão. Quando ela o segura e faz cócegas nele, ensina ao filho o prazer proporcionado pelo corpo e por relações íntimas com outras pessoas. Se tudo caminhar bem, ele continuará a buscar experiências como essas pelo resto da vida. Se não, como no caso de bebês que foram terrivelmente privados do toque e do calor humano, poderão acontecer problemas. Talvez não seja necessário avisar, mas nós o faremos mesmo assim: você prestará um grande serviço ao seu filho se, nos primeiros meses e anos de vida, mostrar que gosta de ficar com ele. Entabular jogos agradáveis um com o outro e olhar nos olhos um do outro são atos que acabarão por se revelar uma grande parte da educação sexual na infância. E o modo mais fácil de ensinar é simplesmente deixar que as coisas aconteçam.

Há também uma lição mais específica sobre amor e sexo para você dar ao seu bebê – é a maneira como toca nele.

Responda se puder: você sente a mesma coisa tocando em qualquer parte do corpo do seu filho, ou sente algo diferente ao tocar em seu pênis? Talvez, a exemplo de alguns pais, você fique um pouco menos à vontade ao tocar a vulva da sua filhinha do que, digamos, a barriga dela. Mas há também quem ache melhor limitar o número de vezes que toca na genitália dela, ou que fala de seus órgãos sexuais, ou mesmo que olha para eles. Esse é outro modo de tocar que se transforma em educação sexual. Para alguns filhos, o fato de seus pais tocarem ou não em seus genitais é a primeira lição de sexo que aprenderão.

Eleanor é muito carinhosa com seu filho de 1 ano e meio. E quando está brincando com ele, faz questão de nomear o pênis e tocar nele tanto quanto nas outras partes do corpo do bebê. "Quero que ele conheça seu corpo", diz. Baseia essa prática na noção de que crianças pequenas e que ensaiam os primeiros passos, como Nato, estão ocupadas construindo mapas mentais de si próprias e de seu corpo. Ignorar seletivamente uma parte dele, como a genitália, sinalizaria uma negação, querendo dizer que o pênis não tem um lugar importante nesse mapa. Tratá-lo de maneira tensa ou constrangida fixaria a mensagem *"Errado"* nesse local específico.

Muitos estudiosos do desenvolvimento sexual infantil concordariam com Eleanor. Não é pouco para um bebê, ou para a criança que ensaia os primeiros passos, dar algum sentido a seus órgãos genitais. Em geral, eles ficam escondidos sob a fralda. E a criança dificilmente vê os outros usando os seus. Esse desafio é maior para as meninas, que não vêm seus genitais por inteiro. Alguns cientistas defendem que desviar a exploração de uma menina quando chega à vulva, evitar tocar nela ou mencioná-la para a criança, acarreta riscos de distorção da imagem que ela faz do seu corpo.

Dar nome às coisas

Se o toque ensina à criança que ela tem um corpo, as palavras ensinam o que você e o mundo – o mundo das regras e da linguagem – pensam a respeito dele. Nos seus primeiros anos de vida, à medida que a criança aprende o nome dos objetos à sua volta, estes passam a existir para ela sob uma nova forma. Isso é tão verdadeiro para as partes do seu corpo quanto para os animais no livrinho do alfabeto ou para os brinquedos da prateleira. Assim, você pode querer emprestar algum peso às palavras que usará para a sua... "coisinha".

A maioria dos pais acaba por descobrir que a linguagem não colabora muito quando se trata de dar nome à genitália das crianças. Não é difícil notar que os pais têm diversas opções à disposição. Podem lançar mão de linguagem usada em vestiário masculino, falar latim, apelar para direções ("lá embaixo") ou recorrer a uma variedade de palavras que daria para compor um dicionário de termos estranhos.

"Querida, você lavou bem sua pombinha? Sua perereca?"

Alguns pais, incomodados por essas opções, descobriram uma saída: evitam terminantemente dar nome aos órgãos sexuais das crianças. As meninas, em especial, correm maior risco de cair nesse tratamento silencioso. Um estudo recente com crianças entre 15 e 36 meses de idade revelou que 95% dos meninos haviam aprendido a palavra *pênis*, enquanto apenas 52% das meninas haviam recebido um nome específico para seus genitais. E 40% delas não haviam recebido nome algum. Na verdade, as meninas estão mais propensas a aprender o nome da genitália dos meninos do que da genitália delas.

Entre os modos de se referir ao sexo das crianças, não lhes dar nome algum é algo que consideramos altamente contraindicado. As crianças pequenas precisam de palavras não só para falar sobre si próprias, mas – e talvez o mais importante – para pensar com elas. A ausência de palavras limita significativamente a capacidade da criança de entender seu corpo.

E quanto às outras opções?

Depois do silêncio, os termos de que menos gostamos são os eufemismos de localização. Expressões como *lá embaixo*, ou simplesmente *lá*, quando usadas em referência ao sexo, mergulham os dotes sexuais e as funções excretoras em uma densa neblina (vem-nos à mente o Triângulo das Bermudas). A popular e vaga *partes íntimas*, quando é a única expressão que a criança aprende, nos parece de pouca serventia para a descoberta dos segredos do corpo infantil.

A linguagem de vestiário, se tem o caráter direto a recomendá-la e apesar de suas conotações com o mundo animal, nos parece francamente esquisita. Não podemos nos imaginar ensinando nossos filhos a dizer "ganso" ou "pomba", sem falar em congêneres mais grosseiros. Essa é realmente a linguagem sexual de baixo calão, por um lado, e da franca agressão, por outro.

Sobram o vocabulário da anatomia e as palavras e metáforas que lembram uma variedade de coisas.

Palavras bacaninhas para seios, nádegas e assim por diante são válidas se utilizadas em paralelo com uma educação minuciosa que envolva seus nomes "oficiais". Nomes "de estimação" têm a vantagem de fazer a genitália soar como algo agradável, como coisas engraçadas, que não incomodariam se fossem atreladas a você. Ainda assim, tais palavras podem desvirtuar tudo. "Tetas" ou "tetinhas" roubam dos seios sua conotação sexual.

Por isso, sejam quais forem os nomes de estimação que você use em casa, não deixe de ensinar a seus filhos os termos anatômicos correspondentes. Quando ensinar essas palavras? Não há idade certa para uma criança aprender o nome das partes de seu corpo. É de praxe introduzir a meninada no mundo da linguagem antes que esta possa ser utilizada ou compreendida – e as palavras a que nos referimos não devem constituir exceção. Como já dissemos, você pode ensiná-las tão logo o tema venha à tona, seja quando sua filha perguntar, seja quando seu filho vir alguém nu em casa.

Veja a seguir a lista dos melhores termos anatômicos que indicamos. Você observará que não nos limitamos a uma palavra para o menino e outra para a menina. Recomendamos que você dê a seu filho, sua filha nomes para cada parte importante de sua genitália. Ser capaz de distinguir esses componentes é algo imensamente útil para compreender como o corpo funciona. Quanto mais específica a linguagem que você ensinar, mais específica será a valorização dada pela criança a seu sexo, suas funções e seus sentimentos. No mínimo, as meninas pequenas devem aprender "vulva" ou "vagina", enquanto os meninos devem aprender "pênis" e "testículos".

Ciranda das palavras

Vulva: Pelo uso comum, "vagina" veio a significar o aparelho genital feminino como um todo. Se sua filha diz "vagina", será compreendida pelos demais. Mas, se você preferir a precisão anatômica, considere a possibilidade de lhe ensinar "vulva". Soa bem e, afinal, é o nome correto para descrever o conjunto composto por lábios da vagina, clitóris e monte pubiano – o pequeno naco de carne situado sobre o osso pubiano, no qual ele se assenta.

Vagina: Formada como um tubo articulado, a vagina vai do cérvice (o colo do útero), no interior, até os lábios, no lado de fora. É claro que está oculta, e é escuro lá dentro, mas não esqueçamos que foi por esse órgão prodigiosamente elástico que a maior parte da humanidade passou e continua passando

Lábios, grandes e pequenos: Essa é a palavra para as "bordas" internas e externas da vulva. Quem diz que os genitais da menina não são visíveis, não está fazendo referência a esses lábios, conhecidos como labia majora (grandes lábios) e labia minora (pequenos lábios). Ambos os conjuntos de lábios contêm tecidos eréteis e se avolumam por ocasião da excitação sexual.

Clitóris: Ela só poderá vê-lo com o auxílio de um espelho, mas pode senti-lo. Sua filha pode aprender que o clitóris é a parte que dá uma sensação gostosa e se encontra bem atrás do lugar em que os lábios se unem, na parte frontal da vulva. Apenas o terço superior do órgão, chamado glande, é visível. O resto está submerso, sendo semelhante a um pequeno foguete de corpo estreito, com duas finas e longas barbatanas estirando-se para trás e somente a cabeça se expondo no meio da pele.

O clitóris varia de tamanho de pessoa para pessoa e cresce à medida que as meninas crescem. Ele dobra de tamanho quando estimulado. Com maior concentração de fibras nervosas sensoriais do que os lábios ou a ponta dos dedos, o clitóris é conhecido como o único órgão no corpo cuja função é tão-somente dar prazer. Explorá-lo é uma atividade agradável.

Pênis: A bem da verdade, o pênis não carece de publicidade, não é mesmo? De modo geral, é o único genital cujo nome pais e filhos usam comumente. E, embora por vezes zombado como um pedaço de carne entorpecido, o pênis costuma ser considerado com um misto de humor e respeito que parece apropriado à sua condição de vigoroso caçador de prazeres.

O pênis tem partes que você pode, se quiser, indicar para seu filho. São elas, muito simplesmente, o corpo e a cabeça, ou glande. (Quanto ao prepúcio, ver opiniões e discussão sobre a circuncisão neste capítulo.)

Testículos: Se você achava que a genitália masculina só tinha a ver com prazer, considere os testículos, escravos incansáveis do aparelho masculino. Mesmo antes do nascimento do menino, eles começaram sua faina de bombear a testosterona, que perdurará durante toda a vida. A testosterona é o hormônio responsável por fazer crescer os genitais masculinos no feto dentro do útero, engrossar a voz na puberdade e detonar o velocímetro do carro na idade adulta.

Como se não bastasse, os testículos, operando com base no princípio do quanto mais, melhor, conseguem criar todos os dias milhões de espermatozoides irrequietos e movidos por uma ambição cega desde a puberdade até a morte. Milhões! Todos os dias! Com 40 milhões de espermatozoides por centímetro cúbico, o sêmen encontra-se de tal maneira abarrotado com essa colossal produção testicular que, se todos os espermatozoides virassem pessoas, um bom orgasmo poderia povoar o Japão.

Bolsa escrotal: É o saco em que os testículos do garoto se encontram, que não é um mero receptáculo passivo. Ele tem musculatura própria, o cremaster, que age suspendendo os testículos, tirando-os de posições incômodas. Você, pai, lembra-se da última vez que entrou na água fria?

Uretra: Diga a seus filhos que é daí que sai a urina. Os meninos não terão dificuldade para ver sua abertura na glande de seu pênis. Uma garota poderá ver a dela com um espelho – fica entre o clitóris e a abertura vaginal. A urina dela, explique, não vem da vagina.

Se quiser exatidão, "uretra" é o nome do tubo estreito que leva a urina da bexiga até o mundo exterior. O nome completo do orifício é "meato uretral".

Por favor, avise-nos se conseguir fazer seus filhos dizerem esse nome.

Ânus: Tanto os meninos como as meninas devem ser capazes de usar a palavra "ânus" em referência à musculatura estreita que forma uma passagem para fora do intestino grosso (ou para dentro dele, dependendo do ponto de vista).

Só para evitar confusão: "reto" é a última parte do intestino, que termina onde o ânus começa.

Nádegas: Há muitos nomes amistosos para essa parte simpática do corpo. Todos conhecemos "nádegas" como o termo correto, mas quem pode resistir ao sonoro e rude "bunda" ou ao mais carinhoso "popô"? "Bumbum" também o levará ao lugar certo. Diferentemente de outras partes íntimas, talvez mais sutis, qualquer que seja seu modo de chamar a "poupança", o difícil é não saber do que se trata. Então, por que não deixar seu filho à vontade?

A verdade nua

De quem foi a ideia de convidar seus pais para o feriado da Semana da Pátria? Do seu marido? De Satanás?

"Querida? Lorraine?", é a entonação inconfundível de sua mãe. "Você não vai querer que eles comam logo agora, que vão de entrar na piscina?! *Vai, Lorraine*?"

Está um calor de 40 graus.

"Quanto tempo já faz que eles estão aqui?", você fala baixinho para seu marido, já à beira de um ataque de nervos.

"Uma hora e 42 minutos", ele responde com um sorriso amarelo. "Ei, crianças!", ele grita, na tentativa desesperada de distraí-la. "Vamos tomar banho de esguicho?"

A torneira range, o jato sai aos borbotões e num instante seu garoto de 4 anos atira as roupas nos arbustos e pula na frente do esguicho, nu, com um gritinho.

Deus o proteja. Ele é novo demais para odiar fins de semana como este.

Sentado em uma cadeira reclinável, seu pai põe de lado o gim-tônica e franze a testa para o garotinho molhado. Você, mãe, aos 37 anos, cercada por todas as evidências de levar uma vida adulta decente e usando o maiô mais conservador da vizinhança desde os anos 1940, sente o dedo frio da humilhação apontado em sua direção.

"Que vergonha, Dennis!", seu pai pontifica, com olhos semicerrados e tom de reprimenda. "Que vergonha..."

É isso. Basta a mera sugestão de sexualidade para que pensamentos de vergonha entrem sorrateiramente na conversa. Há muito você aprendeu que eles andam de mãos dadas e agora seu filho vai aprender sobre esse parentesco, por meio da reação do mundo ao seu corpo infantil nu.

Existem tantas abordagens da nudez em família quantas são as famílias. Há quem não queira ver sua prole nua em parte alguma a não ser no quarto e no banheiro. Outros se comprazem em ver o filho de 7 anos perambulando nu pela casa, contanto que não haja amigos por perto. Quanto às próprias crianças, do nascimento até algum momento entre as idades de 4 e 9 anos, revelam-se ávidas para ver e ser vistas. E, geralmente, não vêm razão para ficarem vestidas. O que você deve fazer? Cobri-las? E, se for o caso, quando e onde? De que modo suas decisões sobre a nudez afetarão a sensibilidade de seu filho sobre seu corpo nu?

Suas próprias reações à nudez da criança provavelmente derivam de uma miscelânea de influências racionais e irracionais; algumas recém-aprendidas, outras adquiridas na sua infância; de algumas você está consciente, outras emergirão do inconsciente. Cuidado: motivos inconscientes raramente são instrutores confiáveis. Para efeito da sanidade do seu filho e da sua própria, gaste algum tempo considerando normas que gostaria de estabelecer e por quê. As regras específicas que você impõe à nudez em casa são provavelmente menos importantes do que o modo como opta por passá-las à criança.

Quaisquer que sejam as normas que você escolha, considere três diretrizes:

Primeira: procure ser tão coerente quanto possível com as normas que decidiu adotar, mas adapte-as à medida que seu filho for crescendo;

Segunda: ao incentivar a inibição, esteja certa de explicar suas razões de um modo que não esteja relacionado à vergonha. Qualquer limite à felicidade da criança deve ser transmitido da maneira mais clara, para ela continuar com a atitude de admirar e respeitar o corpo dela. Diga, por exemplo: "Assim como com os adultos, seu corpo é especial. Só pessoas muito próximas devem poder vê-lo".

O objetivo é distinguir entre a atitude em relação ao corpo (que deve ser sempre favorável) e a opinião da criança sobre mostrá-lo em certas situações. Ter em mente esse princípio irá ajudá-la a criar um filho que seja inibido no que diz respeito à nudez pública, mas que não tenha vergonha do próprio corpo.

Terceira: independentemente do grau de inibição que você endossar, precisa haver pelo menos uma situação em que o corpo nu de seu filho seja aceito e apreciado.

Com você

Quando Samanta prepara seus dois garotinhos para o banho noturno, ela anuncia o jogo da noite: "a zona da cosquinha" (o diminutivo de "cócegas" que ela usa em casa). Os filhos de Samanta, de 3 e 5 anos, dois serelepes, desfazem-se em risos e dão gritinhos de empolgação: começa o jogo.

Samanta dá uma coçadinha no queixo e contempla, entre satisfeita e divertida. "Já sei", ela diz. Os dois meninos começam lentamente a explorar o ambiente, olhando para a mãe, cautelosos. A mão de Nicky testa a penteadeira como se fosse a porta do forno quente. "Zona da cosquinha!", grita Samanta, e persegue Nicky, que faz um estardalhaço, deliciado por ter topado justamente com o lugar que Samanta tinha em mente. Ela o levanta, faz cócegas em sua barriga e, para delírio do menino, arranca-lhe a camisa.

"É um jogo que eu inventei para despi-los e fazê-los tomar banho. Eles adoram".

Claro que adoram. À medida que o jogo prossegue, os meninos mostram cada vez mais o corpo, e a antecipação arrepiante de quem desencadeará a próxima "zona da cosquinha" (eles nunca têm certeza se irão ou não tocar o objeto secreto, mas acabam não resistindo) quase os põe fora de órbita, até que, por fim, todos caem no chão já não se aguentando de tanto rir, e os meninos estão pelados. Eles atiram a roupa no cesto e mergulham em um longo banho quente. Em parte por causa da água, em parte porque estão exauridos pelo dia cheio e pelo jogo divertido, o humor, de maneira gradual e feliz, vai se apaziguando.

Se algum dia você já ouviu falar que as sementes da sexualidade germinam nos primeiros anos de vida sob o calor tépido do amor parental, o significado disso está aí ilustrado. Os meninos de Samanta estão aprendendo as alegrias do prazer físico, ficando nus e recebendo cócegas da mãe, que eles adoram e os incendeia com o máximo de excitação que eles aguentam. É o tipo de jogo que pais e filhos inventam e que iniciam as crianças na senda para o amor físico adulto.

Samanta, em um momento de incerteza, pergunta: "Vocês acham que tudo bem?".

Claro! Melhor, impossível. É isso que faz os filhos crescerem.

Nos anos da primeira infância e da pré-escola, se você impõe limites ao tempo que seus filhos podem ficar nus à sua volta e se for incapaz de brincar à vontade com eles dessa forma, é melhor pensar a respeito. Suas reservas podem ser um sinal. Talvez a dificuldade de abordar questões relativas à sexualidade com seu filho seja um resquício da sua própria criação. Nesse caso, você não que passar essa herança para a próxima geração, certo?

Circuncisão: manter ou tirar a pele?

Nós prometemos falar alguma coisa sobre o prepúcio e, já que estamos tocando no assunto de dar um banho em seu filho, esta parece a hora certa para isso.

Como decidir sobre circuncidar seus meninos?

Para a maioria das pessoas, a circuncisão continua a ser um rito cultural e religioso. Se suas crenças sobre circuncisão são fortes, é provável que você desconsidere qualquer informação sobre os riscos físicos e psicológicos, bem como sobre os benefícios do procedimento.

Passando em revista esses riscos e benefícios, a Academia Americana de Pediatria descobriu algumas vantagens da circuncisão para a saúde e também alguns riscos. Entretanto, não as considerou fortes o suficiente para se manifestar pró ou contra a circuncisão de todos os meninos como procedimento de rotina.

Vantagens: durante o primeiro ano de vida, os meninos não circuncidados são mais propensos a desenvolver infecção no trato urinário do que os circuncidados. Os homens não circuncidados são mais suscetíveis a certas DSTs (entre elas o HPV, papiloma vírus humano, que pode causar câncer cervical) e também seus transmissores mais prováveis. Eles também podem se mostrar mais propensos a desenvolver câncer de pênis, embora este seja um tipo raro (que afeta somente 1 em cada 100 mil homens nos EUA). Inflamações de pequeno porte também são mais comuns nos homens não circuncidados, embora uma limpeza adequada do pênis e do prepúcio reduza esse risco.

A limpeza realizada sob o prepúcio, que é o motivo da circuncisão, na verdade é bastante simples. Quando os meninos chegam aos 5 anos, embora possa levar mais tempo para alguns, o prepúcio se separa da glande e se torna mais fácil de retrair para a lavagem. Antes disso, não há necessidade de lavar embaixo dele.

Comumente se diz que se um pai é não circuncidado (ou circuncidado), o filho deve ser tal e qual, para que fiquem ambos iguais. Temos nossas dúvidas a respeito. Se algum dia você foi um garotinho e viu o pênis do seu pai, poderá garantir que, circuncidado ou não, aquele grande órgão balançando não parecia em nada com o seu. Talvez seja mais o caso de se parecer com os outros garotos no vestiário, muito embora aí se possa apenas conjecturar se eles são hoje em maior proporção circuncidados ou não circuncidados.

No que diz respeito à sensibilidade, não está claro se remover o prepúcio chega a afetar o prazer sexual masculino. Alguns dizem que a circuncisão não exerce efeito sobre isso. Há quem diga que existem vantagens sexuais para o homem e para a pessoa que estiver com ele. Diz-se também que, sem a proteção do prepúcio, a glande se torna menos sensível. Sobre tudo isso, não sabemos tanto quanto gostaríamos. Ainda assim, é difícil fugir do fato de que um homem circuncidado perde uma parte bastante sensível do seu pênis.

Ao optar pela circuncisão, é melhor fazê-lo no período neonatal e com a anestesia local apropriada (o processo dói). Esse é o procedimento cirúrgico mais comum e você ficará satisfeito em saber que complicações (que ocorrem em cerca de 1 em cada 500 casos) em geral não são nada graves. A mais comum entre elas é o sangramento, que se caracteriza por ser fácil de tratar. Infecções, o segundo problema mais comum, também costumam ser de pequena monta. Complicações sérias são raras.

> Tendo optado ou não por circuncidar seu filho, você deve informá-lo de que nem todo garoto é igual a ele nesse departamento e tratar de explicar as razões pelas quais fez ou não fez a circuncisão.

Duas crianças em uma banheira

Durante esses anos de desinibição, você pode se perguntar: será que irmãos e irmãs devem se ver peladinhos? O banho dos irmãos talvez introduza essa questão com maior força. "Acontece sem a gente prever e é engraçado", você pode se questionar, "mas aos 6 e 8 anos eles já não estarão muito grandinhos para isso?", "É inadequado?", "Será que ficarão excitados?".

O banho conjunto entre irmãos não é incomum. Crianças mais velhas são menos propensas a tomar banho com um irmão do que as mais novas, mas algumas famílias mantêm o hábito por anos a fio. Quando ele deve terminar?

Alguns pais acabam com o banho compartilhado por questões práticas. Os filhos ficam tão grandes e pulam tanto na água que já não é possível manter a banheira cheia. Em outros casos, é um dos filhos – geralmente o mais velho – que decide parar de tomar banho com a irmã, quando se torna inibido. Ocasionalmente, pais separam seus filhos quando um deles começa a ficar excitado.

Se seu filho pede para tomar banho separado, tudo fica mais fácil para você. Diga "sim" e depois pergunte para ele, ou ela, o motivo de ter mudado de ideia. Digamos que seja sua filha. Ela pode lhe dizer que o irmãozinho "é muito porco", ou que é muito bobinho, ou simplesmente que não o quer olhando para ela. Eis aqui uma boa oportunidade para debater o que ela pensa e sente sobre a nudez e sobre seu corpo e apoiar seu desejo de privacidade, conforme expressado, como um sinal de crescimento.

O irmãozinho pode não entender, ou pode rapidamente entrar na onda da inibição, insistindo que também quer tomar banho sozinho. Em um ou outro caso, você pode ter certeza de que explicar-lhes as razões da mudança o mais honestamente possível será útil para ele: "Sua irmã quer tomar o banho dela sozinha de agora em diante. Ela quer ter privacidade. É assim quando a gente cresce um pouco mais. Você também vai sentir isso um dia."

Quando é demais

Se seus filhos não pedirem para tomar banho separado, ainda assim você pode, a certa altura, querer pôr ponto final no banho conjunto. A razão para separá-los geralmente se expressa na forma de protegê-los de uma superestimulação. Vamos aqui deixar bem claro o que isso significa.

Uma criança mais nova, na idade pré-escolar ou no início da escolaridade, sendo exposta à nudez, pode desenvolver sensações de excitação. Essa carga de estímulo não é necessariamente nociva. Mas pode se tornar problemática se a excitação for maior do que a criança pode compreender ou tolerar. E também se ela entender que ficar excitada naquela situação é algo inaceitável.

Talvez se tenha uma e outra coisa no banho conjunto. Um menino pequeno que se excita vendo uma irmãzinha nua talvez não consiga entender o porquê dessa sensação. E pode receber mensagens implícitas de membros da família, dando a entender que tais sensações são erradas. Como resultado, em vez de recorrer a você para ajudá-lo a entender, ele pode tentar ocultar ou inibir sua reação e acabar por se sentir tenso e ansioso. É isso que chamamos de superestimulação.

Crianças superestimuladas requerem banhos separados, caso contrário, irão expressar tensão em seu comportamento. Elas podem crescer mais ruidosas e salientes, ou insistir cada vez mais em tocar seu irmão ou irmã. Podem dar risadinhas ou ter comportamentos estranhos na hora do banho. Uma mudança persistente na atitude de seu filho na hora do banho conjunto pode sinalizar que ele está ficando por demais excitado. Se isso acontecer, considere o banho separado.

Diga: "Agora que você já está crescidinho, achamos que merece um banho de gente grande. Por isso, vai ter um banho só seu".

Tenha em mente que seu filho superestimulado não está fazendo nada errado. Apenas reage naturalmente ao irmão ou à irmã. Você está oferecendo a ele um banho privado para ajudar a conter confortavelmente suas reações até ele amadurecer. Algum dia, ele será capaz de contê-las por si só.

O que é isso, pai?

Agora que *você também já cresceu,* achamos que merece um banho de gente grande. Infelizmente, talvez você este seja um daqueles dias em que cinco minutos de privacidade sejam suficientes para seu caçula pintar a casa inteira com sua nova caixa de lápis de cor.

Mesmo conseguindo garantir um tempo para si, nunca se sabe, não é? Um belo dia, Alfie estava de molho, nu na banheira, quando sua filha de 4 anos apareceu de repente. Deu uma longa e cautelosa olhada para dentro da água e então sentenciou: "O que é isso? Não gostei. Tira isso, pai!"

Se existe um componente subestimado na educação do seu filho, é este. Uma olhadela em você se trocando ou no chuveiro pode ser a lição mais poderosa sobre os corpos e suas formas. Seus filhos aprenderão o que esperar de seus próprios corpos vendo os pais e, como a filha de Alfie, eles podem usar a experiência para aprender certas diferenças salientes entre meninas e meninos. Ademais, as crianças absorverão suas atitudes sobre ter um corpo, mostrá-lo ou escondê-lo, à medida que vêm você deslizar pelo chão escorregadio do banheiro em busca de uma toalha. Eis aqui, então, outro modo de transmitir atitudes de orgulho, inibição ou vergonha do seu corpo para os filhos. Como você decide o que eles devem ver e quando?

Os pais de Julie – Tere e Ben – nunca tinham pensado em tomar banho com ela. Mas, quando um deles está sozinho com a garotinha de 2 anos e tem de tomar banho, Julie vai junto. Tere não se importa que Ben faça isso, mas percebeu que, antes de Julie chegar aos 20 meses, ele começou a usar um *short* quando tomava banho junto com ela. Tere não perguntou por que, mas sabe, por experiência própria, que Julie tem grande interesse pelos corpos de seus pais. Talvez ela tivesse estudado Ben mais intensamente do que ele gostaria.

Rick ocasionalmente toma banho com seu filho de 6 anos, Seth, que aprecia a oportunidade para recolher dados sobre os mistérios do mundo e, mais especificamente, sobre seu pai. Em um de seus banhos, Rick desfiou uma torrente de perguntas, desde a desafiadora "O esperma vem junto na urina?" até a irresponsável "Por que tem pelo nas suas costas?".

E quanto à irmã de Seth, Cassie, Rick deixou de acompanhá-la no banho antes que ela completasse 6 anos. Cassie é perfeitamente capaz de tomar banho sozinha e por isso não há razão prática para tomarem banho juntos, argumenta o pai. Mas o mais importante para ele é: "Simplesmente me parece errado". Rick não é capaz de identificar um acontecimento ou sinal de que era tempo de mudar. Ainda assim, está seguro de que tomou sua decisão no momento certo. "Você percebe que ela está se aproximando da puberdade", explica. "Está grandinha, é isso. Poderia ser uma coisa confusa para ela."

Observemos primeiramente que Rick, Ben e Tere se encaixam nos diferentes hábitos de tomar banho dos lares americanos. Em casas com crianças de qualquer idade, você encontrará pais que acham que deixá-las vê-los nus é legal e outros que consideram isso constrangedor, ou mesmo errado.

Há temas recorrentes no comportamento dos pais quanto à exposição aos filhos. Em geral, mães e pais são mais inibidos perto de filhos do sexo oposto. Eles ficam cada vez mais à medida que os filhos crescem.

De agora em diante, só de roupa!

Ao decidir quando deixar de mostrar sua nudez, os pais põem na balança dois fatores: seu próprio conforto e seus palpites sobre o que pode significar para a criança o fato de vê-los nus.

Ben provavelmente passou a tomar banho de calção pela simples razão de estar se sentindo desconfortável por ser visto por Julie. Seu próprio desconforto foi razão suficiente para ele.

Concordamos. Para os filhos, a experiência de conhecer os corpos de seus pais deve se dar em uma atmosfera de calma e bem-estar. Se você precisa estar vestido para se mostrar à vontade, que assim seja. Forçar os limites de sua inibição pode bem se revelar um tiro pela culatra. É provável que sua filha perceba seu desconforto e fique pouco à vontade. Nesse caso, o melhor é lhe dizer que a nudez é saudável, ainda que diga isso vestido.

Mas a reação de Rick vai além do seu nível de conforto. Ele também está tentando seguir a reação de Cassie. Quando se pergunta se Cassie ficará confusa ao vê-lo nu, ele está pensando na possibilidade de ela ficar excitada. Como no caso do banho entre irmãos, sugerimos que você fique de olho nos sinais de superestimulação anteriormente descritos. Caso perceba que seu filho está ficando excitado à visão do seu corpo, cubra-se e trate de dar-lhe uma explicação isenta de peso e de culpa para a mudança.

"Está certo", você pode estar pensando, "uma coisa é considerar a ideia de que seus filhinhos estão ficando um pouco despudorados no banho conjunto. Mas seu filho ficar excitado diante de um corpo adulto?"

Vamos falar mais a esse respeito.

Um caminhãozinho chamado desejo

A escritora Mona Gable descreveu os esforços de seu filho de 4 anos para seduzi-la na coleção de ensaios *Mothers Who Think* ("Mães que pensam").

"Eu sentava no sofá e lá vinha ele, deixando a mão embaixo de mim, com um sorriso espertalhão", escreveu. "Eu o abraçava e ele enfiava a cabecinha no meio dos meus seios, demorando ali um pouco demais. Eu estava no banho e de repente a cortina se abria, aparecendo aquele loirinho vestindo cuequinhas das Tartarugas Ninjas. "Mamãe está no banho", eu dizia. "Há-háá!", respondia ele, sem sair do lugar.

Parece-lhe familiar?

Crianças espiam seus pais e lhes fazem convitinhos insinuantes há séculos. Por igual tempo, os pais têm procurado formas de reagir a eles. Freud contou o caso de uma mãe estupefata, cuja filha de 3 anos e meio, de repente, prensou sua mão entre as coxas quando estava sendo trocada. "Ah, mãe, deixa ela um pouquinho aí...", teria dito a menina, "é tão gostoso!"

Freud não menciona se esse foi o único acontecimento a empurrar a mulher para o divã. E o que ele pode ter dito a ela é algo que podemos apenas conjecturar. Mas é provável que a explicação tenha envolvido sua grande descoberta (ou invenção, dependendo do ponto de vista): o complexo de Édipo.

Durante décadas, o complexo de Édipo foi tomado como o grande círculo psíquico que todos temos de atravessar em nosso caminho para a maturidade e a saúde. Se isso não for ciência, ao menos é uma boa história. Veja a interpretação dada nos resumos escolares *Cliffs Notes*: aos 2 ou 3 anos, um menino observa a intimidade de seus pais com olhares ciumentos, desejando ser aquele que sua mãe ama acima de tudo. Ele a seduz, fantasia com ela e tenta botar o pai para fora da jogada. Mas não vai tão longe, pois em algum momento fica dolorosamente claro para o nosso pequeno herói que seu pai é imbatível, muito maior e mais forte do que ele. E, quando isso acontece, a ansiedade estraga seu devaneio. Se o pai descobrir suas intenções e ficar bravo, teme o garotinho, ele pode cortar o pênis dele.

Conforme a visão de Freud, um garoto saudável prefere manter seu pênis intacto a desejar sua mãe e assim, por volta dos 6 anos, recalca seu desejo de conquistá-la no fundo de seu inconsciente e não mais terá lembrança disso, mas tampouco estará inteiramente livre de sua insidiosa influência. Algum dia ele poderá se casar com alguém semelhante a sua mãe. E, nos anos que estão por vir, ele trabalhará duro para repelir o que ameaça desencadear a memória de que era sua mãe que ele desejava o tempo todo.

O modelo de Freud de fato explica alguns dos comportamentos mais desconcertantes que observamos em crianças. Garotos entre 3 e 6 anos realmente encontram um modo de surpreender seus pais em momentos comprometedores (eles estão tentando interrompê-los, diria Freud). É verdade que se comportam de maneira curiosamente sedutora com seus pais. E menininhos respondem a perguntas inocentes como "Você quer que o papai ponha você na cama?" com um enfático: "Não. Quero que o papai vá embora. É a mamãe que vai me pôr para dormir". Aos 6 ou 7 anos, esses comportamentos desaparecem.

Ninguém jamais provou se o complexo de Édipo é a causa desses acontecimentos. E quando se chega aos sentimentos reais por seus pais, as experiências das crianças provavelmente serão mais variáveis do que a teoria permite (não sabemos, por exemplo, quantos filhos vivenciam um interesse romântico pelo pai ou pela mãe). Para tentar compreender o comportamento amoroso de seu próprio filho, sugerimos que você recorra à abordagem privilegiada pelos psicanalistas contemporâneos. Em vez de se ater a uma teoria em particular e tentar ajustar suas observações a ela ("Ela está com 3 anos. Qualquer dia vai começar a ficar atrás de mim"), observe seu filho sem expectativas e tente aprender com ele. E, se acordar uma certa manhã e se descobrir a estrela de um romance de capa-e-espada, relaxe...

Resposta a um fã

Você se pergunta como responder a esse assédio. Nossa resposta: receba com a mesma inocência que o reveste ao lhe ser oferecido.

Aceite a adoração de seu filho como o dom precioso de uma alma generosa. Evite traduzir essa atenção em termos adultos, chamando-o de Romeu ou de conquistador. Mas admire sua galanteria exatamente como faria com seus outros esforços para conquistar sua admiração e atenção. Valorize suas ofertas de amor.

Quando seu menino a abraça e diz que deseja casar com você, devolva o abraço e diga-lhe que também o ama. Mas esclareça que ele não pode casar com você, pois você é mãe dele. "Um dia você vai encontrar uma pessoa maravilhosa para casar com você", afirme.

Incentivar o desenvolvimento de seu filho nesse campo é como andar sobre o fio da navalha. Mostrar pouco interesse pelo seu flerte pode passar a impressão de aversão à afeição e ao amor e, em particular, à valorização dele como objeto de amor. Envolvimento demais em sua trama de sedução pode se tornar algo intrusivo e problemático para a criança. Em algum lugar entre um ponto e outro você encontrará um modo de incentivar e endossar as primeiras investidas de seu filho no mundo do amor.

Se deseja ter uma diretriz em mente, que seja esta: deixe o desejo de seu filho desabrochar seguindo sua própria lógica. Tente não esperar por ele nem precisar dele; procure não apressar seu ocaso ou mantê-lo vivo quando ele começar a se desvanecer. O desenvolvimento do seu filho está fadado a ser peculiar e idiossincrático. Se você permitir, ele seguirá suas próprias regras, sabendo melhor do que você o que precisa amadurecer.

Sua adorável criança

> *Mas as coisas selvagens gritaram: "Ah, não vá!*
> *Nós vamos comer você, nós amamos tanto você!".*
> *E Max disse: "Não!".*
>
> **Maurice Sendak**
> *Where the Wild Things Are*

Quando ministramos alguma palestra sobre crianças e sexo, alguns pais invariavelmente permanecem depois do evento para fazer uma ou outra pergunta em particular. Certa noite, duas mães puxaram suas cadeiras para mais perto. Elas tentavam vir bem para a frente da sala e, quando todos já tinham ido embora, começaram a perguntar coisas que não queriam que os demais ouvissem. A intenção era falar sobre abraços e apertões.

Uma delas estava explicando sua preocupação de estar "íntima demais" de sua filha, quando a outra, Cécily, abruptamente pôs fim a seu silêncio. "E o que dizer de um garotinho de 6 anos?", questionou. "Ele é tão gostosinho... Qual o limite para o aconchego?"

Já ouvimos isso antes: um pai descreve como é gostoso pegar seu filho e rapidamente expressa algum tipo de reserva acerca de suas sensações. Nossa reação? Crianças *são* uma delícia! E há boas razões para limitar seu impulso de devorá-las. Mas há também muita ansiedade escondida, que pode limitar nossa capacidade de nos deliciar com nossos filhos.

Já falamos da intimidade quando se cuida de uma criança. E não nos esqueçamos: à medida que seu filho cresce e aumenta sua repulsa por proximidade física, seu interesse pelo corpo dele não se extinguirá. Falamos aqui da curiosa elaboração da atração do seu filho por você. Não devemos negligenciar o fato de que, dentro desse laço precioso, a atração flui em duas direções.

Tanto pais quanto mães podem verificar isso quando seu filhinho de 5 anos sobe em seu joelho para cochichar algum segredo e solta seu fôlego quente em seu ouvido, ou quando vão ver a irmã dele, enroladinha na cama, e beijam sua bochecha enquanto ela dorme.

Então, você lembra de tudo o que aprendeu sobre abuso sexual em crianças e de súbito se vê como uma segunda pessoa a palpitar sobre seus próprios prazeres. "É inadequado?", você se pergunta. "O que os outros pensariam disso?" Seu compromisso de honrar o Tabu do Incesto é tão justo e tão ardente, e isso é uma coisa boa, mas o resultado é que você acaba questionando até as expressões naturais de seu amor parental decente.

George fala sobre seu filho. "Sua pele é tão doce. Tão suave. Eu poderia ficar abraçado com ele durante horas. Isso é legal? Tudo bem?"

Lisa diz como seu bebê é delicioso. Ela anseia pelos abraços macios de Kelly, mas diz se perguntar se não está abraçando demais. "Estou fazendo isso para o meu próprio prazer?", pergunta, sem explicar o postulado embutido em sua fala, de que ter prazer com sua filha é necessariamente uma atividade suspeita. Expressando com cautela suas incertezas pela primeira vez, Lisa revela que a admiração por sua garotinha a fez "entender o que deve ser a pedofilia".

Na verdade, Lisa não entende nada de pedofilia. Os desejos de um pedófilo têm a ver com fantasias de atos sexuais realizados com, ou mais precisamente, contra uma criança. Com Lisa não há nada disso. Mas confundir desejo sexual adulto com atração maternal pela doçura de Kelly não é incomum. Parece ser o medo secreto de muitos pais inseguros.

As delícias descritas por George e Lisa e por um mundo de outros pais e mães são comuns e normais – e também essenciais. "Quando eles eram bem pequenos, chamava meus filhos de 'batata-doce', 'docinho de coco', 'bolo fofo'", escreve a antropóloga Sarah Blaffer Hrdy em *Mother Nature* ("Mãe Natureza"). "Eu dizia 'vocês são tão adoráveis que eu poderia comer vocês'." Mas Hrdy não comeu suas crianças. Em vez disso, explica, acertou o passo com toda a cadeia evolucionária das mães, para as quais a delícia que são seus filhos justifica o enorme sacrifício de tempo, energia e recursos de que todo bebê darwiniano precisa para sobreviver. A graciosidade da criança é prima do bico aberto do passarinho. Ou seja, é a melhor ferramenta que eles têm para ganhar alimento e crescer.

Assim, quando você se preocupar com sua paixão por suas batatas-doces, lembre-se disso. É seu terno desejo de aconchego que fará você lhes dar tudo de que precisam. Sentir isso é a garantia de que você abriu todas as portas para criá-los.

A pergunta de Cécily ainda paira no ar. Qual o limite do aconchego? Gostaríamos de dizer algo simples como "aconchego nunca é demais", mas isso seria negligenciar um fato crucial que muitos pais conhecem. Crianças precisam ser abraçadas e acariciadas, mas também é preciso deixá-las ter liberdade. O aconchego é excessivo quando atinge o desejo de seu filho de estar livre de você, nem que seja por um momento. É o aconchego intrusivo, controlador ou exigente que eclipsa o desejo da criança de ter seu pequeno quinhão de autonomia. Nesse caso, você precisa se segurar.

Assim como o filhinho se afasta quando já teve mimos e agrados em quantidade suficiente, o jovem fará o mesmo se você deixar. Quando ele tiver o bastante, ele afrouxará o abraço, dará dois beijinhos e se afastará para respirar. Deixe, mesmo que isso lhe custe.

Certa mãe que ouvimos na rua, casualmente resumiu essa doce paixão que alimenta o dilema dos pais. Ela olhou deliciada para o garotinho que ia balbuciando no carrinho de bebê. "Ah, você é tão delicioso que dá vontade de comer!", disse. E já com um tom melancólico na voz, completou: "Mas aí você não existiria mais".

A cena primeva

Com toda essa conversa sobre banhos, seios e pênis, você poderia pensar que os primeiros anos da criança constituem um período em que pai e mãe estão em contato mais próximo com sua sexualidade do que qualquer outro na vida. Mas o fato é que não é lá muito comum deparar com pais recentes dizendo coisas como "agora, com o nenê, minha atividade subiu feito um foguete...".

Os filhos apresentam alguns desafios práticos ao livre e desimpedido desfrute carnal dos parceiros, como falta de tempo, falta de sono e ausência de privacidade. Felizmente, um ano após o nascimento da criança, a maioria dos casais faz sexo com tanto gosto e frequência quanto antes. Mas, tendo atingido esse estágio, você verá que fazer sexo envolve um desafio que você não vivia desde os tempos em que dividia o quarto ou morava em república com outros estudantes: quer fazer sexo, mas de repente descobre que há *sempre alguém por perto*.

Jacob, que passou a trancar o quarto pouco antes de sua filha completar 2 anos, expressa-se da seguinte forma: "Olha, eu não estou negando a sexualidade de minha filha. Estou feliz por ela ser uma criança sexual. Mas quanto a ela saber sobre a minha sexualidade? Não acho legal".

Se você se sente como Jacob e gostaria de reduzir a probabilidade de ser interrompido pela chegada de alguém, explique para sua filha que, quando a porta estiver fechada, ela deve bater e esperar até que você diga "pode entrar". Depois ponha a tranca. A não ser que seu sono seja extremamente leve, manter a porta fechada durante toda a noite pode impedir que os filhos venham até você caso estejam precisando. Mas para aquele momento à noite (ou pela manhã, ou à tarde) em que você estiver fazendo sexo, uma tranca opera maravilhas.

E se você não trancar a porta, porque tem certeza de que as crianças estão dormindo, ou, eventualmente, conseguiu esquecer que é mãe de três filhos dependentes e se deixou invadir um momento pela sensação de estar *sexy*? E se, quando estiver em 'contatos íntimos' com o pai dessas três crianças, você descobrir que em algum momento (e quantas vezes será que isso aconteceu, sem jamais saberem de fato se aconteceu?), seu filho de 4 anos esteve ao pé da cama, esperando que um de vocês o notasse?

Então vocês se dão conta da presença dele. O que vão fazer?

Em primeiro lugar, devemos observar que ninguém pode prever, em uma criança, os efeitos de ver os pais transando. Houve um tempo em que todas as formas de psicopatologias, de dores de cabeça a histeria, eram remetidas à visão inadvertida, na infância, do que os analistas chamavam "cena primeva" (uma descrição adequada para uma noite gostosa). Antropólogos discordaram, salientando que, em algumas sociedades não ocidentais, onde as pessoas parecem ser não mais neuróticas do que nós, as crianças vêm ou ouvem os pais fazendo sexo frequentemente. Mesmo nos Estados Unidos, uma criança ver os pais transando é bem comum: cerca de 20% dos pais relatam ter sido vistos, a maioria por filhos de 4 a 6 anos. Se isso levasse a problemas psicológicos, o país seria uma nação de lunáticos. Bom... talvez este não seja um bom argumento.

Em todo caso, acreditamos hoje que a reação de seu filho a uma cena como essa depende em grande parte de ele achar errado o que viu vocês fazendo, ou o fato de ter visto. Uma criança pode ficar transtornada, por exemplo, se interpretar o sexo de seus pais como um ato de raiva ou violência (interpretação mais provável em um lar onde os pais costumam ser violentos ou discutem muito). De modo semelhante, uma criança repreendida pelo pai, ou pela mãe, por entrar no quarto, não sendo capaz de entender o motivo de ralharem com ela, provavelmente ficará mais incomodada com essa recepção do que outra, cujos pais aparentarem mais calma. Uma criança que é ajudada pelos pais a compreender o que viu como algo positivo e comum, provavelmente ficará melhor do que a criança deixada sozinha com sua imaginação.

A esse respeito, causa admiração a compostura de Jack e Simon. Quando o filho de 4 anos entrou no quarto em que eles estavam fazendo sexo, Jack calmamente conseguiu lhe dizer: "Ah, você nos pegou fazendo aquela coisa especial que as pessoas que se amam fazem para que a outra se sinta bem. Agora, qual de nós você quer que o leve de volta para a sua cama?".

Você não precisa ter toda essa tranquilidade deles para resolver o dilema. Se descobrir seu filho de 4 anos ao pé da cama quando estiver fazendo sexo, em primeiro lugar, resista ao impulso de cobrir a cabeça ou de fingir que nada está acontecendo. Em vez disso, pare o que está fazendo, cubra-se o suficiente para se sentir confortável ao falar com ele e tente descobrir o que ele quer.

Imaginemos que seja aquele proverbial copo d'água. Você dirá que "tudo bem", contanto que ele não se importe de esperar lá fora um pouquinho. (Adiar as coisas tem uma reputação injustamente ruim. Mas nós aqui apreciamos a possibilidade de adiar, pois permite pensar antes de falar, e essa é a ordem preferida.) O casal poderá se recompor e levá-lo para tomar água.

Enquanto estiver fazendo isso, mesmo se ele não tiver manifestado qualquer curiosidade sobre o que acaba de presenciar, explique para ele em poucas palavras. Pode tentar algo assim: "Quando você entrou, nós estávamos fazendo sexo. É um modo que as pessoas adultas têm para demonstrar como gostam uma da outra. Entende?"

Deixe-o fazer as perguntas que quiser. Quando tiver respondido a todas – e é provável que não sejam muitas –, você pode fazer uma segunda observação: "Quando fechamos a porta, isso significa que queremos ficar a sós. Você pode bater antes de entrar a partir de hoje?".

Pronto. Agora, você pode botar o menino na cama, voltar para seu quarto e acalmar seu cônjuge.

Quem disse que estavas nua?

Após o intenso aconchego e o contato físico dos primeiros meses do bebê, após os voyeurismos improvisados e involuntários dos anos da primeira infância e a sedução apaixonada de seu pretendente pré-escolar, a balbúrdia sexual na família média parece se aquietar.

Em meio ao frenesi de coordenar as agendas tornadas mais complexas e de estimular a criança para realizar a lição de casa, que se tornou mais difícil, você talvez não perceba a mudança. Mas se você conseguir fazer uma pausa para pensar durante esses anos do ensino fundamental, irá perceber um aspecto dos mais notáveis em meio a toda essa nova ordem: de repente, há muito menos contato físico em sua casa.

Seus filhos estão ficando inibidos.

De uma hora para outra, Dan percebeu o seguinte: Sammy, 7 anos, pouco tempo antes confessava ser o Capitão Pelado ("E quais são seus poderes especiais?", perguntou Dan como quem não queria nada. "Eu estou pelado e uso a minha capa", respondeu). Agora, Sammy passa o dia inteiro dentro de roupas civilizadas. Ele baniu a irmãzinha Peg do seu banho e o ritual matinal de se vestir em frente à TV acabou. Uma tarde, Sam e Peg estavam brincando de pega-pega no parque quando Peg segurou Sam pelo elástico da bermuda, que desceu, deixando à vista sua nádega. Sam pirou.

E Peg, "a tagarela de banheiro", assim apelidada por chamar quem não estivesse cozinhando ou trocando pneu para acompanhá-la ao banheiro para uma longa conversa enquanto ela se postava no "trono". Mas, quando o Capitão Pelado pendurou a capa, Peg bateu a porta do banheiro e encerrou as falas do trono. Hoje em dia, se lhe aparecem com pedidos para acompanhá-la ao banheiro, ela os toma como delírios despropositados de algum maluco.

O que aconteceu com esses dois? Comeram da maçã de Eva? Alguma serpente entrou em cena? "Quem disse que estavas nua?", Dan poderia gritar do lado de fora de um banheiro trancado a sete chaves.

Alguns fatores podem estar envolvidos. Primeiro, crianças se cobrindo como reação a uma nova mensagem vinda de seus pais. À medida que seus filhos crescem, durante os anos do ensino fundamental, eles começam a parecer menos "belezinhas" e mais homens e mulheres, o que deixa os pais um pouco menos à vontade com a nudez pela casa – e demonstram isso. As crianças também podem ficar inibidas sob a pressão dos pares. Provavelmente foi isso que aconteceu com Peg, cuja inibição pareceu resultar de uma atitude de imitação do irmão e com seu desejo de evitar qualquer provocação dele.

E há também a teoria do complexo de Édipo, que, você se lembra, sustenta que por volta dos 6 anos as crianças, antes lascivas, renunciam a seu desejo de seduzir os pais (sabendo que não o conseguirão) e passam ao outro extremo, garantindo a fácil manutenção de sua renúncia transformando-a em pequenos melindres.

Quaisquer que sejam as causas, pesquisadores têm demonstrado que os filhos tendem a se tornar inibidos em um ou mais saltos abruptos durante os primeiros anos de escolaridade, com uma periodização que se encaixa um tanto no modelo de Freud. As meninas dão seus saltos rumo à inibição entre as idades de 4 e 6. Os meninos, um pouco mais tarde, entre os 5 e os 8 anos.

Crianças que ficaram inibidas não têm vergonha apenas de serem vistas. Também já não querem intimidades com os pais. Se abrem a porta do banheiro enquanto você está fazendo xixi, pedem desculpas baixinho e desaparecem. E aquelas promessas de devoção eterna que lhe faziam? Começam a perder um pouco do seu ardor. A escritora Mary Gordon sentiu a mudança em seu filho, conforme relata em *Between Mothers and Sons* ("Entre mães e filhos"), de Patricia Stevens, quando o admirador de outrora casualmente lhe contou: "Meu amigo Johnny disse que você tem uma bundona e não deu pra dizer que ele estava errado".

Comentários desse tipo são um pouco frustrantes. E, frente à inibição, você pode começar a se perguntar "Camila não estará sendo inibida *demais*?", quando ela sai do banheiro completamente enrolada em uma toalha. Algumas crianças se tornam muito mais rígidas quanto à nudez do que seus pais um dia desejaram, mas, se a timidez de seu filho incomoda você, bem, não há o que fazer. Não há motivo convincente que nos leve a tentar diminuir a inibição de uma criança.

Em vez disso, pode ser reconfortante saber que, quando seus filhos chegam aos anos de inibição, diminuem as chances de você ser surpreendido no chuveiro, ou de eles se esconderem em seu quarto para pegá-lo sem roupa. Em pouco tempo, a decisão outrora premente sobre quem vê quem pelado se desvanece nas brumas do passado e será esquecida juntamente com a programação dos desenhos animados na TV. Um dia você olhará para trás, para esses tempos, com uma ponta de saudade.

Bu?!

No momento, é difícil pensar tão à frente.

Helen Reddy emergiu nos seus pensamentos e aqui está você, tremendo um pouco e com a escova de cabelos na função de folha de parreira a lhe cobrir as partes íntimas diante de seu filho atônito de 5 anos.

O que estará pensando neste exato momento?

Se é que é possível pensar em alguma coisa, provavelmente você estará pensando no que dizer. "Não grite, não faça cara de vergonha, não o culpe, não o deixe fazer de novo", talvez esteja dizendo para si mesma.

Há também outros pensamentos tentando aparecer lá no fundo de sua mente. Pensamentos que pouco têm a ver com a maneira como isso irá afetar o desenvolvimento de seu filho. Por exemplo: "Devo estar parecendo com o quê?"; "Não posso acreditar que meu filho me viu curtindo meu corpo. Como pude permitir uma coisa dessas?".

"Você me pegou de surpresa", decide dizer a ele. "Também ficou surpreso?"

Mais tarde, depois que seu filho saiu para brincar, você se vê recordando o dia em que sua mãe abriu a porta do provador e chamou a vendedora – uma garota que frequentava sua escola, para pedir um tamanho maior. Ou quando, anos antes, você pegou seu pai no banheiro e o viu lá, sentado, lendo o jornal com as calças amontoadas nos tornozelos. Ele deu uma risada ao ver você, que nunca soube o porquê. Talvez, e isso lhe ocorre agora, ele tivesse rindo da sua perplexidade ao olhar para ele. Ou talvez ele estivesse apenas terrivelmente constrangido.

Você já havia revisto esses momentos do seu passado, mas nunca do modo como fez agora, quando flagrada por seu filho.

Temos aí, minha amiga, um segredo sobre lidar com seus filhos quando a questão é inibição, nudez, sexo e amor dentro de casa. Todas as dúvidas sobre banhos, carícias e nudez voluntária ou involuntária não tratam apenas do desenvolvimento sexual do seu filho. Versam também sobre o seu.

É preciso convir que você é uma pessoa adulta com filhos. Você vem fazendo sexo com o mesmo parceiro há 11 anos e parece fazer um século que vocês tiveram o primeiro encontro. Mas seu desenvolvimento sexual não parou. Criar filhos só faz esse aprendizado se ampliar.

Quando você decidiu ter filhos, fez uma escolha destinada a mudar sua relação com sua própria sexualidade, de um modo que não poderia prever na época – e nem agora. É por isso que, em se tratando de sexo e amor, ser pai e ser mãe jamais será questão de ciência. Não mesmo.

Capítulo 4

COMPORTAMENTO SEXUAL DAS CRIANÇAS PEQUENAS

Olha o meu pipi! Posso fazer ele ficar duro. Eu esfrego assim, ó, ele fica duro e é gostoso. Eu esfrego assim bastante e acho muito bom!
Garoto de 3 anos, pesquisa Masters & Johnson

Existem certas coisas que você não gostaria de ouvir seu pequeno dizendo, não é verdade? E existem outras, por poucas que sejam, que você preferiria não saber.

Você é um pai atencioso, uma mãe preocupada. Não é como aqueles imaginados pela geração de seus pais, que Deus os guarde, quando iam de casa para o trabalho e vice-versa.

Esta noite, por exemplo, você é um pai que se sente perfeitamente confortável recebendo as amiguinhas da filha em seu aniversário de 8 anos, uma Festa do Pijama, enquanto a mãe está fora da cidade. O tema da festa é "Os Pioneiros do Faroeste". Você criou uma trilha de caça ao tesouro pelas montanhas e fez minipizzas que imitam as rodas de uma diligência. Também está usando um chapéu de caubói. Eis o tipo de pai que você é.

Ainda assim, há certas coisas com as quais você preferiria não ter de lidar.

As meninas sobem para decorar os chapeuzinhos. Você sobe um pouco depois, após entreter-se na cozinha, servindo algumas tigelas com o "ponche dos Pioneiros". Você ouve alguns gritinhos e as meninas parecem estar se divertindo. Abre a porta do quarto da sua filha para encontrar seis garotas quase nuas, com detalhes reluzentes enfeitando os chapeuzinhos. Elas estão simplesmente brincando de tirar a roupa.

"Olha o ponche..."

E num instante você está fora dali.

Essa é uma daquelas coisas...

A probabilidade é que você não gosta de confrontar a sexualidade de sua filhinha, talvez até prefira imaginar que ela não existe. E você não seria o primeiro a fazê-lo. Quem nunca desejou, em algum momento, que seus filhos fossem isentos daqueles apetites que, aparentemente, só existem para complicar a vida dos adultos?

A questão está no fato de as crianças pequenas serem sexuais. Como sabemos, crianças em idade pré-escolar e escolar têm sensações sexuais. Elas se masturbam. E, com seus amiguinhos, praticam jogos exploratórios de olhar e tocar.

Ninguém está preparado para o momento em que isso se torna claro. E muito menos na primeira Festa do Pijama de sua filha, certo? Pego de surpresa, você pode se perguntar: "Isso é comum? Será que ela é... *anormal*?". Significaria que ela está sendo vítima de abuso? E, nesse momento da descoberta, embalado por esses pensamentos, o que sairá da sua boca? É uma ocasião na vida de um pai em que o raciocínio frio pode sucumbir à reação de "lutar ou fugir". Você pode até deixar escapar uma versão do proverbial "parem com isso!", que o tempo já testou. Pode deixar o ponche lá mesmo e sair correndo. Ou, se é como uma montanha de outros pais, pode fingir que não está acontecendo nada...

Ora, essa última opção seria lamentável, pois esses momentos estão entre as oportunidades cruciais para informar um filho ou filha sobre o sentido do prazer sexual e do comportamento sexual, sobre respeito e responsabilidade e sobre assumir um papel no ensino das futuras decisões sexuais de seus filhos.

No capítulo precedente, descrevemos o modo como suas reações ao corpo de uma filha pequena e à curiosidade dela sobre o seu podem estabelecer um sólido fundamento para a relação dela com o próprio corpo e nutrir o sentido que ela terá da capacidade de amar e ser amada.

Neste capítulo, vamos abordar algo um pouco mais complicado: o desafio de reagir quando seu filho descobre suas as sensações e necessidades sexuais, ou seja, suas primeiras experiências sexuais.

O que segue irá ajudar pais e mães a tirar maior proveito de momentos inesperados para ensinar os filhos em idade pré-púbere. Com um olho nos dois principais interesses sexuais de um filho pequeno – a masturbação e os jogos sexuais –, passaremos a explicar quais comportamentos sexuais consideramos saudáveis, quais podem ser preocupantes e como reagir em ambas as situações.

Começa com "m"

Você detecta algum desconforto com relação à masturbação?

Até onde sabemos, frases que combinam "masturbação" com "meu filho" nunca soaram muito harmoniosas a ouvidos ocidentais. Após séculos de preocupação um pouco vaga sobre sêmen desperdiçado, a ansiedade provocada pela masturbação infantil parece ter recebido seu grande impulso em 1710, com o aparecimento de um panfleto intitulado "Onanias, ou um hediondo pecado da autopoluição e todas as terríveis consequências, para ambos os sexos, com aconselhamentos espirituais e físicos aos que se perderam por causa dessa prática abominável". Ao final do século XIX, o tema da masturbação na infância tornou-se verdadeira obsessão. Nos EUA, a adesão fervorosa à cruzada antimasturbatória rendeu dividendos aos cereais do Dr. Kellogg e aos biscoitos *cream cracker* de Mr. Graham. Uma dieta insossa, eles acreditavam, freria o apetite sexual.

Anos depois, sua avó talvez tenha aplicado metodologia própria. "Não toque aí...", ela diria, ao supervisionar seu banho. "Não mexa nele. Sem mexer, ele pode cair".

"Caramba, como os tempos mudaram!", você pensa com satisfação.

Até acontecer com você.

"Eu estava ao telefone com uma amiga e, de repente, olho para Elena", lembra Leann. "Naquela época, ela devia ter uns 2 anos e meio e estava com seu bicho de pelúcia preferido. Era um Barney bem grande. Lá estava a menina, deitada de bruços sobre o Barney. Era meio estranho... Notei que seus quadris estavam se mexendo. Ela estava se balançando. 'Ai, meu Deus', percebi, 'minha filha está se esfregando no Barney!'"

Por que ver sua filha se masturbando é algo tão estranho? Porque, em primeiro lugar, *é masturbação*.

Talvez você seja tranquilo a ponto de virar-se para um estranho e contar-lhe que gosta de se masturbar, como se fosse a coisa mais natural do mundo. Ou talvez você seja como alguns outros que, só de tentar dizer a palavra fica à beira de um ataque de nervos. Dez segundos de pesquisas na *web* bastaram para que descobríssemos 974 eufemismos para a palavra *masturbar* – prova de que você não é o único a preferir não dizê-la. Mas mesmo frases do tipo "ah, fica aí descascando uma..." não disfarçam o fato de que se trata de um ato de autossatisfação genital, ideia que o incomoda quase a ponto de evitar traduzi-lo em palavras. Você ouviu dizer que é saudável. Disseram que é normal. Mas preferiria arrancar um dente a discuti-la com sua mãe. Por quê?

Consideremos. Você acha que sua mãe se sente mais ou menos confortável do que você ao discutir um tema como a masturbação? Agora, tenha em mente que sua primeira aula sobre masturbação se deu sob a tutela de seus pais. Você pode não ter sido submetido a sermões impassíveis sobre os males do "autoabuso", mas pode ter recebido uma mensagem negativa, valendo-se de pistas mais sutis. Talvez suas aulas tenham acontecido antes do que você possa se lembrar, como ao ter sua mão afastada dos genitais quando era criança e ensaiava os primeiros passos. Talvez, quando maiorzinho, a família tenha mantido um deliberado silêncio sobre o assunto – mesmo quando sua mãe o pegou em flagrante, quando você estava no nível médio – deixando em você a sensação de que a masturbação é uma coisa suja demais para ser discutida ou até mesmo fazendo você pensar que era o único na casa que fazia isso. Seja como for, há uma boa chance de a orientação de seus pais quanto à masturbação ter sido guiada pelo próprio constrangimento deles (quando lhes foi dito, também, que "cairia"). Eis o resultado: o constrangimento deles foi passado a você.

Em segundo lugar, é *seu filho*. Vamos combinar que, mesmo que a ideia de saber que seu filho se permite prazeres sexuais não o afete em nada, talvez você não queira presenciar o fato.

"Há pouco tempo, Elena começou a fazer isso no carro, enquanto eu dirijo. Às vezes, digo a ela que pare, mas também posso ficar ali sentado, tentando não rir... ou não chorar." Agora, Leann já sabe o que seus pais tiveram de enfrentar.

Comece pelo seu próprio desconforto em relação à masturbação de modo geral. Acrescente a ele o desconforto de enfrentar a sexualidade de seu filho, sua filha. Assim, estará se aprimorando para criar pânico em seus filhos quando eles descobrirem a própria prole se esfregando nos móveis. Depois, serão os netos deles...

Ou você pode pôr ponto final nessa reação em cadeia de geração em geração.

A invenção do prazer

"Puxa, eles descobrem com seis meses e nunca mais esquecem!"

Crianças descobrem a masturbação de várias maneiras e em idades diferentes. Algumas jamais se masturbam. Outras parecem passar por períodos na primeira infância em que estão sempre tocando seus genitais, mas abandonam a prática de modo tão misterioso quanto ao adotado. E, como observou com azedume a mãe de Ginny, ao trocar a fralda do neto, há aqueles que descobrem o pênis aos seis meses de idade e nunca mais se esquecem dele. Mas qual seria o caminho comum para o desenvolvimento sexual das crianças, se é que isso existe?

Pois a mãe de Ginny está certa: a masturbação pode começar na infância. As fraldas são quase como um cinto de castidade – impedem o acesso aos genitais. Por isso, não é raro que meninos e meninas aproveitem o momento da troca para explorar seu corpo. O menino terá uma sensação de prazer ao esfregar o pênis com a mão, embora não possamos dizer se é um prazer "sexual" e qual a extensão dele. Já a menina, que tem a mesma destreza limitada que o menino, mas cujo alvo – o clitóris – é menos acessível, pode usar a mão, mas também sentirá uma sensação gostosa ao apertar a vulva usando os músculos da perna ou pressionando-a contra um cobertor ou travesseiro.

Esta brincadeira é mais casual e menos direcionada do que a ideia que geralmente fazemos da masturbação. Embora com menos frequência, uma criança pequena poderá praticar uma autoestimulação mais intensa e focada. Isto já foi observado em meninos e meninas com menos de um ano, mas ninguém sabe o que motiva certas crianças a fazer isso. Uma menininha de dez meses pode apertar as pernas em volta do ursinho de pelúcia ou da mamadeira, fixar a vista e ficar rígido por um minuto ou mais, para subitamente relaxar. O pai ou a mãe até podem pensar que a criança está com alguma dor ou tendo um espasmo. Mas por mais assustador que possa parecer, este tipo de masturbação é considerado inofensivo e desaparece sozinho.

Mais adiante, na primeira infância e nos anos da pré-escola, as crianças porão em prática uma série de comportamentos que vão desde um puxãozinho no pipi feito de modo distraído a coçadinhas bem conscientes nos genitais enquanto estão na banheira, até um esfregar rítmico no qual as crianças parecem se perder.

E agora já podem falar no assunto. Como a garotinha Avra, de 4 anos, cuja mãe, Irene, certa feita ouviu um grunhido vindo do banco traseiro do carro. Quando Irene lhe perguntou o que ela estava aprontando, Avra se saiu com uma resposta inesperada: "Estou fazendo exercícios. Não olhe". Claro que Irene olhou e viu Avra, com um grande sorriso no rosto, balançando-se para frente e para trás enquanto se esfregava no cinto de segurança que estava entre suas pernas. "Para mim, ficou bem claro *o quê* ela estava exercitando".

Brincar com os genitais pode ser um recurso que a criança na primeira infância usa, quando está em um lugar especialmente estressante, para bloquear estímulos exteriores que ela sente como pesados demais para si mesma, ou em momentos calmos, como parte normal do processo de desaceleração de energia.

Mas não podemos esquecer que, mesmo nesses momentos, as crianças se masturbam também porque é gostoso. Tomemos o exemplo de Noah, de 4 anos, que tinha o hábito de bulir com seu pênis enquanto a mãe lia histórias para ele dormir. Quase toda noite Trudy pedia a ele que parasse – estava se tornando um hábito *dela* – e ele parava. Temporariamente. Uma noite, depois que Trudy fez o apelo de sempre, Noah decidiu que devia ajudar a mãe a compreender a situação e, sem tirar a mão de dentro da calça, explicou: "Mamãe, se você tivesse um igual, também ia fazer a mesma coisa".

Senhores da braguilha

À medida que seu pequeno avança pelas séries escolares, a probabilidade de vê-lo se masturbar é cada vez menor. Como explicamos no Capítulo 3, ele está aprendendo algumas coisas relativas à inibição. Mas não se deixe enganar pelas aparências. Quanto mais ele cresce, mais vai se masturbar. O menino que não se masturbou aos 4 ou 5 anos pode muito bem começar aos 6. A menina que não se masturbou aos 6 pode fazê-lo aos 7. Como eles começam?

Enquanto algumas crianças são iniciadas por coleguinhas mais experientes ("Olha que gostoso é balançar na corda desse jeito!"), outras fazem a descoberta por si próprias. Uma mãe explica: "Quando tinha 4 anos, ele estava dando a volta na piscina segurando na borda quando deu de frente com o jato de água quente. Nossa, como ele gostou daquilo! Parecia um sapinho grudado na borda. Depois, aos 5 anos, ele percebeu que quando escorregava pela barra vertical do trepa-trepa, na escola, ele sentia a mesma coisa. E assim por diante."

E assim por diante mesmo. Os métodos que as crianças encontram para se masturbar parecem superar até sua inventividade para evitar tarefas. Gangorras, mangueiras, até mesmo um tufo de grama podem ser convocados para o serviço. Não existem regras, porque a brincadeira *é delas*. Elas que inventaram. A criança que descobre o prazer genital sozinha, principalmente se sua família não discute abertamente o assunto, pode muito bem acreditar que descobriu um território totalmente novo e que pertence só a ela. E, de certa forma, ela descobriu mesmo.

Uma menina de 7 anos costuma levar a masturbação muito mais a sério do que antes. Nessa idade, provavelmente a masturbação é uma escolha bem mais deliberada do que o ato inconsciente enquanto ouvia contos de fada, e executado privadamente. Agora, seu repertório de técnicas é mais amplo, o que dá à masturbação um objetivo prazeroso. E se ela ainda não sabia o que era orgasmo, logo descobrirá o que é.

Embora poucos pais esperem por isso, crianças pequenas algumas vezes acham que, se se masturbarem tempo suficiente, conseguirão alcançar uma espécie de miniorgasmo. Kip agora já é pai, mas quando estava com 8 anos se familiarizou com este fenômeno ao despejar vastas quantidades de energia subindo uma corda que tinha no quintal de sua casa. Ele sabia que, se esfregasse seus genitais nela, acabaria chegando a "um pico estonteante, de tirar o fôlego". Naquela idade, ele não ejaculava. Por mais cedo que o menino comece a se masturbar, a ejaculação espera pela puberdade. Quando, após quatro anos de "exercícios", Kip teve sua primeira ejaculação, ele quase se sentiu desapontado, lembra. Sabia que já não tinha mais como esconder sua prática. Seus orgasmos já não tinham um quê de segredo.

Na época em que a puberdade está a todo vapor, as funções da masturbação evoluíram novamente. Os adolescentes recorrem a ela para satisfazer as lufadas de desejo sexual que um dia lhes tornaram impossível a leitura contínua de dois capítulos de *Madame Bovary*. A masturbação também pode proporcionar uma espécie de educação sexual. À medida que os adolescentes se masturbam, eles têm consciência de suas reações sexuais e ganham familiaridade com seus corpos, a partir daí o sexo com outras pessoas tornar-se-á algo menos misterioso e potencialmente mais prazeroso quando acontecer.

Voltando à primeira infância: é claro que quando sua filha descobre a satisfação que um bichinho de pelúcia bem posicionado pode proporcionar, para ela isso será tão compreensível quanto a física quântica. Ela não tem noção da sexualidade envolvida no ato de se esfregar contra seu bichinho preferido. Ou que gente grande adora coisas sexuais, mas não gostam que outros saibam disso. Ou que o chefe de seu pai, que até hoje nunca tinha ido à sua casa, não tem filhos, o que pode explicar as gotas de suor que vão se formando na sua testa.

Quem se masturba?
É difícil especificar em números quantas crianças se masturbam e em que idade. Se nos valermos das observações dos pais, antes dos 6 anos uma minoria considerável de meninos e meninas já se masturbaram. À medida que vão crescendo, as crianças se masturbam cada vez mais até que, aos 18 ou 19 anos, a grande maioria dos rapazes e pouco menos da metade das garotas dizem fazê-lo.

> Sim, de modo geral os meninos estão mais propensos a se masturbar do que as meninas, e elas parecem fazê-lo com menos frequência do que os garotos. Essas diferenças podem representar o efeito das expectativas culturais ou sociais para meninas e meninos. Elas podem indicar diferenças biológicas entre os sexos. Ou tão-somente provar que os meninos gostam mais revelar aos pesquisadores que se masturbam do que as meninas.

Crianças na primeira infância e em idade pré-escolar ignoram o que a sociedade pensa da masturbação. Para elas, é simplesmente gostoso. Você é quem deve explicar a seu filho ou sua filha quais são as boas regras de comportamento. A maneira como você reage à masturbação dirá a eles o que significa o prazer sexual, o que o mundo em geral pensa dele e como, quando e se tal prazer deve ser buscado.

Então, o que você faz?

Foi só quando ele estava com seus 2 anos e meio, época em que dividia o quarto com ele, que eu notei que ele acordava às 2 da manhã e literalmente se masturbava na cama. O problema era que eu estava dormindo bem ao lado, e ele, fazendo aquilo durante duas ou três horas no meio da noite.
Kirstyn em entrevista de rádio

Existem dois objetivos primordiais que você deve ter em mente cada vez que reagir ao ver seu filho tocando em seus genitais ou se masturbando.

O primeiro é ajudar a criança a desenvolver uma atitude de aceitação em relação a si mesma e ao prazer que sente com seu corpo, para que ela aprenda a não sentir vergonha de seus genitais ou do prazer que eles lhe proporcionam. E, pondo em prática essa meta, certamente você não terá reação negativa diante da masturbação de seu pequeno. Ainda é Kirstyn quem comenta.

Então, eu me vi frente a um dilema, porque uma parte de mim achou aquilo engraçado, outra sentiu um baita orgulho, mas outra parte ficou brava, porque eu queria dormir. Foi uma briga interna: mandá-lo parar sem fazer que se sentisse culpado por estar fazendo algo errado, pois essa era a última coisa que eu pretendia que ele sentisse.

O segundo objetivo é que você quer ensinar seu filho como as coisas funcionam no mundo e, mais especificamente, na sua casa. Quer que ele aprenda quais são os comportamentos aceitáveis nas mais diversas circunstâncias e que gradualmente se torne mais responsável no cumprimento das expectativas sociais.

E você também terá de ensinar quando e onde ele não pode tocar seus genitais.

A parte mais difícil é imaginar como conciliar esses dois objetivos.

Acabei simplesmente dizendo: "Pare de se mexer", sem deixá-lo perceber que eu sabia o que ele estava fazendo. Como se eu fosse uma boba que não tivesse a menor ideia do que ele tinha descoberto.

Esse dilema enfrentado por Kirstyn, o paradoxo do "sexo é bom, mas não agora", é o desafio central que você terá ao reagir ao comportamento sexual de seu filho desde o nascimento dele. Domine-o agora e terá a solução pelo resto de sua carreira de pai ou mãe.

Seja para lidar com a masturbação de seu filho pequeno ou com a vida amorosa de seu filho adolescente, nosso conselho para resolver esse paradoxo sempre será o mesmo: o melhor para seu filho é você reagir à curiosidade sexual dele com respeito e aceitação, além de limites racionais e coerentes.

Vejamos o que constitui um limite racional – um que faça sentido para seu filho em particular, naquele determinado estágio de desenvolvimento – no âmbito da masturbação.

Aprendendo a gostar

Aos 20 meses de idade, Clara tem uma palavra para seus genitais: "túnel". Sua mãe, Yuni, não sabe como ocorreu a Clara pensar nesse termo, mas observa com orgulho: "Faz sentido!". Clara sabe que sua vagina é uma coisa que entra. E só pode ter aprendido isso ao explorar seu corpo.

Quando Yuni troca sua fralda, Clara pronuncia "túnel" com alegria, começa a brincar com seus lábios e dá risadinhas. Um tanto encabulada, Yuni diz que deixa e espera Clara brincar durante alguns minutos, para só então colocar nela a fralda limpa.

Quando a questão é a brincadeira genital, a criança deve começar pelo básico. Primeiro, deve aprender que tem genitais e que eles não são sujos ou maus, que podem proporcionar uma sensação gostosa. Depois ela pode aprender a lição mais difícil de saber quando e onde pode brincar com eles e quando e onde deve refrear seus impulsos.

Nos primeiros dois ou três anos de vida, quando as crianças estão criando as categorias de bom e ruim, pode ser problemático para elas entender a diferença entre um comportamento que é sempre ruim e outro que só o é em determinados contextos – no banco, por exemplo, e bom em outros – em um lugar reservado, ou então, errado se estiver tomando banho com a irmã, mas tudo bem, se estiver sozinho. Se disser para uma criança pequena que ela não pode se masturbar em um certo contexto, ela poderá entender que sempre será errado. É pouco provável que este ensinamento seja apreendido, mas se for repetido muitas vezes, você corre o risco de fazer seu filho se sentir ansioso ou culpado com seu corpo, seus genitais e seus prazeres. Tudo isso foi só para dizer que durante essa faixa etária você deve deixar seu filho à vontade.

Claro, em alguns momentos é mais difícil seguir este conselho. Como explica Moira: "Aos 2 anos, Tim começou a explorar seu corpo na banheira. Não dissemos nada até ele começar, meses depois, a fazer aquilo no colo de qualquer pessoa. Podia ser uma amiga minha, uma tia dele. E essas pessoas ficavam tensas, nos olhavam como que perguntando o que deveriam fazer."

Em momentos como esses, Moira mandava Tim parar. "Sou uma mulher informada", diz ela. "Não quero impedir a exploração dele, mas se as pessoas ficam constrangidas, tenho de impor um limite."

Existe outra opção. Nos primeiros dois ou três anos de vida de seu filho ou filha, você pode ajudar as pessoas a lidarem com o constrangimento, antes de mandar a criança parar. Assuma a situação e muitas pessoas irão relaxar. Tente algo como: "Lá vai ele de novo. Esse menino sabe se entreter, hein?" Isso alivia a pressão.

Mas e quando isso parece impossível? O que acontece quando você se vê, como aconteceu com Kirst, "dentro do ônibus e todo mundo vendo meu bebê se esfregando sem parar. Claro que outros pais vêm aquilo e sorriem, mas os outros olham horrorizados, sem entender como você deixa a criança fazer isso."

Em situações delicadas como essa, evite repreender, dizendo "não", ou afastando a mão da criança. A melhor tática é distrair seu bebê com outra coisa qualquer: um brinquedo, cosquinhas, uma música. Se for possível sair dali, saia. Lembre-se que ele pode estar buscando o conforto da masturbação porque o ambiente é estimulante demais para ele. Levá-lo para um local mais tranquilo irá ajudar os dois, e não implicará em sensação de vergonha pelo ato de tocar os genitais.

A civilização e seu mal-estar

Você até pode se consolar pensando que não será para sempre. Um dia, ele aprenderá a não fazer isso na frente dos outros. Em breve, você apresentará a ele as regras do jogo.

E isso será ótimo para ele. Porque as crianças que fazem amigos, aquelas que são simpáticas ao mundo, são as crianças que sabem se comportar. Certas regras precisam ser cumpridas no mundo social de seus pares, sem falar no mundo regido pelos professores. Crianças malcomportadas serão provocadas ou excluídas, e, com certeza, nenhuma criança gosta disso.

Então, quando deve se dar essa passagem?

Você pode começar a impor um padrão de inibição para a masturbação em público em qualquer momento entre os 2 e os 5 anos, dependendo de como seja seu filho e de suas próprias convicções.

As crianças começam a assimilar e a usar informações sobre regras sociais por volta dos 2 anos. Quando isso acontece, é tecnicamente possível começar a ensinar seu filho a não se masturbar publicamente, da mesma forma que faz para ensinar a ele os bons hábitos da higiene pessoal. Tenha em mente que aprender a acatar regras como essas pode resultar numa pequena carga de estresse para a criança, na primeira infância. Caso você perceba que o treinamento para fazer "as necessidades", um novo irmãozinho ou qualquer outro fator de estresse está dificultando as coisas para seu filho, pense em estabelecer uma regra para o jogo genital apenas quando seu filho estiver se saindo melhor com esses outros desafios.

O ideal é que, no mínimo, antes de ir para a pré-escola a criança só se masturbe em casa, e saiba que não deve fazê-lo em qualquer outro lugar. Isso a protegerá da vergonha de ser criticada por coleguinhas ou adultos, quando agir dessa maneira em público. Embora as escolas sigam conceitos diferentes, muitas começam a demandar algum grau de inibição a seus alunos ainda nessa fase. É bem verdade que os funcionários de algumas escolas maternais estranharão o toque genital. Neste caso, eles se mostrarão compreensivos se você explicar que a masturbação de seu filho é uma coisa aceitável para sua família, não representando qualquer problema. Contudo, o melhor seria incentivar a criança a obedecer algumas regras quando ela estiver frequentando o maternal.

O leque de normas que os pais estabelecem para o jogo genital dentro de casa é amplo. Para alguns, a masturbação só é aceitável quando a criança estiver completamente só. Shelly, mãe de Abe, 6 anos, não impõe tantas restrições. Ela permite que Abe se masturbe em sua presença, na intimidade do banheiro, mas acha que ele não deve fazê-lo quando a irmã mais nova está no banho com ele.

Se você preferir um pouco mais de inibição no lar, pode optar por permitir que seu filho toque inconscientemente os genitais em áreas não íntimas da casa, pedindo que uma masturbação mais impetuosa e deliberada seja feita em local privado. Se todo e qualquer tipo de toque genital for inaceitável aos membros da família, você pode restringir totalmente essa prática. Mas garanta a seu filho um lugar onde a masturbação seja plenamente aceitável.

A mensagem: privacidade e prazer

Quase todos os pais com os quais conversamos sabem que, quando uma criança se masturba na hora ou no local errado, ela deve ser instruída sobre privacidade: "Isso é pessoal, você só deve fazer no seu quarto". Ou: "Já não lhe disse que você só pode fazer isso quando estiver sozinho?". Frases como essas cumprem bem sua função, mas com um pouco mais de esforço é possível fazer mais.

Em primeiro lugar, preste atenção ao seu tom de voz. Se você sente uma certa tensão quanto à masturbação de seu filho, o sentido do que você fala pode dizer que é saudável, mas a musicalidade da sua entonação pode passar uma mensagem diferente.

Lembre-se, então, de que falar sobre a importância da privacidade diz respeito à responsabilidade e regras sociais. Se quiser ajudar a criança a encarar seus impulsos sexuais de maneira saudável, deve falar mais. Ao determinar a lei sobre masturbação, diga também que a sensação que ela está experimentando é agradável. Você está limitando o local, não o ato em si.

Sem isso, quando seu filho encontrar um lugar legal para se entreter, ele se lembrará de uma expressão sombria e uma admoestação, tão horrível quanto um "pare ou saia daqui". Pense nisso. A diferença entre "se você fizer isso, vou mandá-lo para seu quarto" e "não faça isso aqui, você deve fazê-lo em seu quarto" pode ser sutil o bastante para iludir até mesmo seu brilhante pimpolho de 4 anos.

Assim, sempre que estiver impondo seu limite ao jogo genital, basta conjugar privacidade e prazer: "É divertido poder sentir uma coisa gostosa assim. Mas quero que você isso faça quando estiver sozinho. Sensações especiais como essa pedem privacidade".

Mostre a seu filho que ele não é o único ser no mundo a se masturbar. Existe um modo de mostrar que a masturbação é uma coisa boa, contanto que praticada no lugar adequado: "Quando os adultos fazem isso, é sempre em um local onde não tem mais ninguém. Eles se trancam no quarto. Faça desse modo também."

Explique que o quarto e o banheiro são lugares reservados. E não se esqueça de que, se você entrou no quarto da sua filha e ela estava se masturbando, ela estava fazendo isso *reservadamente*.

Quando chegar o momento de impor a um filho as regras da casa sobre masturbação, reações mais ásperas do que as acima descritas, como ralhar, punir ou empurrar a mão da criança bruscamente são desaconselháveis. Isso vale até quando a masturbação se tornar um problema.

O que é "demais"?

Existem ocasiões em que a masturbação representa um problema. Só não tente contar com que frequência a criança se masturba, para descobrir se há motivos para preocupação. Mais do que a frequência, o que importa é o padrão.

Sheema, professora do jardim de infância, explica: "Normalmente, há um padrão para a masturbação. Na maioria das vezes, ela acontece quando as crianças estão menos ativas, o que é compreensível. Mas mesmo aqui, você vê crianças se tocando quando estão no descanso. Eu jamais comentaria isso com uma criança, nem com um pai ou com uma mãe. Mas, se eu vir uma criança sempre se masturbando na hora de brincar, ou quando se espera que ela se aplique em outra atividade, fico preocupada. Você se preocupa se uma criança está se masturbando quando vê que ela não se envolve em outras coisas que também seriam interessantes".

O segredo do prazer sexual

Eu estava pondo Alex na cama uma noite e ele me disse que às vezes tinha uma "sensação de formigamento" no pênis. Disse: "Pai, você sabe se essas sensações são boas? Porque eu acho elas legais". Acho que ele estava tendo uma ereção e me pedia permissão para experimentar isso como prazer. Eu disse: "Sim, eu acho que é uma sensação de que as pessoas gostam".

Blair, sobre o filho de 10 anos

Perguntei para a minha mãe: "Por que é gostoso?". Ela me explicou que era um presente de Deus para nos dar prazer. Disse que meu corpo se sentiria assim quando eu crescesse e fizesse sexo com meu marido. Achei legal sentir uma coisa que os adultos sentem, mesmo sendo criança.

Mary Lou, lembrando conversa com a mãe quando tinha 8 anos

Sexo é gostoso
A masturbação do seu filho provavelmente proporcionará a você a primeira oportunidade de ensinar a ele sobre o prazer sexual – oportunidade que, aliás, muitos pais não aproveitam.

Talvez você se surpreenda ao saber que, numa pesquisa com ampla amostra de crianças americanas menores de 9 anos, nenhuma delas citou o prazer entre as finalidades do sexo. Quando o assunto é educação sexual em casa, parecemos mais inclinados a discorrer sobre o processo da reprodução humana do que apontar um fato simples: sexo é gostoso.

Mas as lições de prazer sexual que seu filho pode aprender nesse período são bastante simples. E você pode fazer isso num *timing* bem relaxado. Comece apresentando essas ideias a seu filho quando estabelecer as regras da casa sobre masturbação: "Aquela sensação que você acha gostosa é uma sensação sexual. Você, eu outras Pessoas gostam desse tipo de sensação, como você e eu, seguem certas regras".

Essa será a mesma lição que você dará a seu filho, sua filha nos próximos 15 anos. À medida que ele, ela crescer, o aprendizado assumirá camadas mais

> sofisticadas de sentido –, mas a mensagem central não muda. O sexo é um grande prazer para todos nós. Aceitar esse prazer é também aceitar as responsabilidades e as limitações decorrentes dele.
> Como a de não se masturbar à mesa do jantar.

Se sua preocupação é saber a que ponto a masturbação é saudável para uma criança, a primeira pergunta a ser feita é: "A masturbação dela interfere em outras atividades?". Em seguida, pergunte-se: "Está se masturbando em local que sabe não ser adequado?". Certas crianças podem estar tentando comunicar um problema ao quebrar regras que antes eram obedecidas.

Se a resposta a essas questões for "sim", a masturbação infantil dá margem a preocupações. A masturbação problemática pode ser um modo de a criança tentar administrar um grau excessivo de tensão.

Dada essa possibilidade, o melhor é não se concentrar em limitar a masturbação em si mesma, pois essa abordagem talvez só venha a aumentar a tensão da criança.

E se a masturbação for contra sua religião?
Os pais podem ser presas de seus preceitos religiosos sobre a masturbação e sobre os dedinhos "bobos" de seus filhos.

Se esta for a sua situação e quiser dar um basta na masturbação de seu filho, porque ela entra em conflito com suas crenças, recomendamos que procure não levar a criança a se sentir culpada. Uma explicação a portas fechadas sobre a razão de proibir a masturbação será menos embaraçosa do que uma repreensão irada em público. Reconhecer que você sabe que a criança acha isso gostoso, lembrando que o lugar não é apropriado, será mais eficaz do que um comentário abrupto, que ignore as razões da criança para se masturbar.

Não podemos garantir que seu filho compreenderá plenamente ou que obedecerá suas colocações teóricas, mas pensamos que se agir com franqueza acerca das razões pelas quais considera a masturbação algo errado, relacionando-a a outras crenças da sua família, os resultados serão muito melhores. Seu conselheiro religioso pode lhe dar algumas sugestões úteis.

Tente descobrir e eliminar as possíveis fontes de estresse na vida de sua criança. Como o pediatra T. Berry Brazelton recomenda em seu livro *Touchpoints* ("Pontos de toque"): "Não enfatize o comportamento. Não demonstre desaprovação, nem tente inibir a atitude. É melhor que os pais aliviem a pressão trabalhando também o comportamento às refeições, os modos, o treinamento para usar o banheiro e coisas assim".

Será a casa movimentada demais e fonte de estímulos excessivos para seu filho? Se for esse o caso, procure proporcionar-lhe uma horinha de tranquilidade em seu quarto e, de modo geral, reduzir a algazarra. Você tem se esforçado para ensinar ao garoto, que está na pré-escola, uma nova habilidade ou responsabilidade que ele ainda não consegue assumir completamente? Dê-lhe um tempo. Outra criança está caçoando dele? Peça a ele e à professora que avisem você sobre focos de tensão que ele possa estar enfrentando e elabore um plano para aliviá-lo de alguma forma.

Se a masturbação problemática persistir, considere uma consulta com um especialista. Talvez haja alguma tensão na vida de seu filho que você não percebe por estar perto demais.

Fazendo para os outros

Desenvolver o aprendizado sexual não é um empreendimento solitário. As crianças trabalham em rede. Elas colaboram e fazem reuniões.

"Vejamos... primeiro foi a sessão de *strip-tease*", lembra Chuck. "Ela acontecia no jardim, entre os arbustos, mas, na verdade, não consigo descrevê-la, porque nunca tive coragem de observar. Mas parece que era... organizada. Então, veio algo chamado 'cachorro-quente no meio do bumbum', que, pode-se bem imaginar, era o menino mais velho botando o pênis entre as nádegas da menina mais velha. E quando eu disse: 'Por que não põe na frente?', eles me olharam como se eu fosse um tarado. E eu tinha 6 anos."

Se você achava que as crianças são criativas no que diz respeito à masturbação, espere até elas descobrirem os jogos sexuais, as brincadeiras e experiências que inventam entre a primeira infância e a adolescência.

É claro que o que confunde a maioria dos pais nas brincadeiras sexuais das crianças não é a variedade de pretextos, de subterfúgios e de desculpas para ficarem nuas. Não, o que realmente gera confusão é imaginar como você reagirá quando os pegar em flagrante.

Jeffrey teve sua hora da verdade em uma manhã de domingo, quando sua mulher tinha ido correr no parque. Após uma rápida olhada no jornal, ele saiu da cozinha para ver o que as meninas estavam fazendo. Na sala de estar encontrou suas duas filhas, de 4 e 5 anos, silenciosamente comendo seus cereais na frente da televisão, ambas peladinhas, com o dedão do pé na vagina da irmã. Jeff decidiu que o melhor a fazer seria ficar na cozinha, pelo menos até sua mulher voltar.

O que ele deveria ter feito?

Se você não tiver certeza, está em boa companhia, porque, no campo das brincadeiras sexuais, a incerteza impera. Você deve se perguntar: as brincadeiras sexuais são saudáveis e devo permitir que prossigam sem qualquer impedimento, ou serão um problema? Será um comportamento inadequado que as crianças devem saber que é proibido? Ele poderá ser nocivo se deixar que continue?

Você ouve risadinhas de seu filho de 5 anos, vindas da despensa, onde ele está com a amiguinha, que está com as calças abaixadas até os joelhos e solta frases como: "Pare! Pare! Pare!" e "Não! Não! Não!". Milhões de coisas passam por sua cabeça, semelhantes à primeira vez que você o viu se masturbando. Quando o pegou fazendo isso, pôde sentir a necessidade de proteger sua incipiente sexualidade de qualquer ansiedade, e por isso preferiu inibir o impulso de intervir. Mas desta vez, você acha que, se não o fizer parar, estará sendo meio irresponsável.

Com o mesmo pensamento e apreensões estariam seus vizinhos, o pai e a mãe da garota cujo bumbum seu filho "tatuou" com um marca-texto. A vida acaba de ficar mais complicada. Quando surge o jogo sexual, ele acrescenta uma nova ruga ao já formidável desafio de ser pai ou mãe, ruga da qual você não se livrará tão cedo. O dilema dos pais de outras crianças.

Prepare-se para uma das conversas mais desconfortáveis que possa ter com um vizinho, e para uma das mais interessantes e mais importantes que você algum dia poderá ter com seu filho. A conversa sobre jogos sexuais.

Ou você pode esperar que sua mulher chegue em casa.

Jeff estava arrumando os potinhos de tempero quando sua mulher finalmente apareceu. Com a cabeça, Jeff indicou a sala de estar, onde ela encontrou as meninas exatamente como ele as deixara. Segundo Jeff, ela franziu a testa, botou as mãos nos quadris e fez uma única pergunta às meninas: "Quantas vezes eu preciso de dizer a vocês para não comerem na frente da televisão?!"

Quem faz o quê com quem?

O jogo sexual parece ser normal no processo de crescimento de muitas crianças. Mas é difícil determinar o percentual de crianças que o vivenciam com seus pares. Os poucos estudos que têm procurado responder a essas questões sugerem que pelo menos um terço de todas as meninas, e mais da metade de todos os meninos, dão vazão a brincadeiras sexuais com um amiguinho antes de entrar na puberdade. É criança que não acaba mais!

Jogos de natureza sexual podem se iniciar tão logo seu pequeno comece a interagir de maneira independente com os coleguinhas, já na pré-escola. Quando os jogos param? Quando as crianças param de encará-los como brincadeira. Nossa tendência é colocar uma fronteira artificial quando chega a puberdade, e os jogos sexuais se tornam sexo.

Para algumas crianças, o jogo sexual será um caso isolado, um incidente único que jamais se repetirá. Para outras, e isso é mais comum entre meninos, ele continuará com os mesmos parceiros, ou com outros, durante anos. Na maioria das vezes, o jogo sexual ocorre entre amigos, embora aconteça de crianças escolherem irmãos ou primos para brincar. Quando são amigos, costumam ter a mesma idade.

Ao contrário das experimentações sexuais mais "quentes", que se iniciam com a puberdade e os namoros, crianças pequenas não parecem ser seletivas, não escolhem parceiros para jogos sexuais por considerá-los atraentes. Escolhem ao sabor da disposição e da conveniência.

Isso explica por que a escolha de parceiros sexuais na infância não parece ter relação com sua orientação sexual. Na verdade, as crianças parecem algo propensas a experimentar tanto com um coleguinha do mesmo sexo quanto com alguém do sexo oposto.

Conquistadores bobinhos

Na primeira infância, o jogo sexual é um comportamento inocente por excelência. Tomemos esta experiência relatada no jornal londrino *The Guardian*:

Meu filho, na época com 4 anos, e a vizinha, de 5, estavam quietos demais para o meu gosto; por isso, subi para ver o que estariam aprontando. Ao abrir a porta, dei com eles só de galochas, com um "rabo" de papel cor-de-rosa enfiado entre as nádegas e os rostinhos corados de excitação.

("Quantas vezes eu tenho de dizer para não usarem galochas dentro de casa?")

É claro que aquela não era a única brincadeira de médico que meus filhos já haviam protagonizado, mas, junto com a vez que meu filho e seu primo embrulharam seus pênis em fita crepe, entraram em pânico e tiveram que se ensaboar por um longo tempo no banho, esta é a ocasião de que mais me lembro.

As brincadeiras sexuais antes dos 5 anos não passam de distração despreocupada de cabecinhas ocas que adoram tirar a roupa, gostam de ver os amiguinhos pelados e tentarão qualquer coisa que lhes der na veneta para isso acontecer. A brincadeira tem mais a ver com mostrar e tocar, quase inconscientemente, principalmente entre os mais novinhos. Poderíamos até considerar grande parte desses jogos como um simples "brincar pelados", pois nem sempre está clara a sexualidade neles implícita.

Só mais tarde, à medida que crescem, a inibição dará aos jogos sexuais sua vibrante qualidade secreta. Perto da idade escolar, as crianças começam a levar esses jogos mais a sério. Sua própria inibição torna o despir-se para um amigo uma experiência bem mais forte. E vem uma nova percepção de que precisam esconder suas aventuras dos olhares adultos. Lugares secretos devem ser encontrados. Pactos de silêncio são selados.

É preciso dizer? A brincadeira fica mais divertida!

Os anos dourados

Quase tudo o que sabemos sobre jogos sexuais infantis foi aprendido dos adultos. Universitários respondendo questionários e pacientes de psicoterapia relembrando histórias de seu passado, são informantes importantes. E quando pedimos que esses adultos contem alguma história sobre jogos sexuais de sua infância, a maioria das vezes ouvimos sobre um encontro entre as idades de 7 a 10. São os anos dourados das brincadeiras sexuais e ficarão para sempre nos corações de muitos deles.

As crianças brincam muito de se esconder e a maioria dos jogos sexuais da infância se passa sem jamais os pais perceberem o que quer que seja.

O que você está deixando de ver? Bem, a forma mais comum de brincadeira sexual ainda se baseia em mostrar e olhar, com ou sem toque. Frequentemente as crianças soltam um simples "eu mostro o meu e você mostra o seu". Outras vezes, tirar a roupa, olhar e tocar são mascarados por um faz de conta. O "brincar de médico" ainda é uma das brincadeiras mais populares para essa finalidade. Mas o teatrinho sexual percorre uma gama de brincadeiras, desde a insípida "marido e mulher", chegando a cenas que envolvem pornografia, ou sexo, emendados com lances de conhecimento do mundo adulto (e você achou que eles estavam dormindo durante sua "escapada noturna"...).

Vez por outra, a garotada realmente finge o intercurso sexual. Esse tipo de posição não raro envolve crianças tocando seus genitais, ou ficando em cima uma da outra. Raramente existe penetração. Fingir costuma ser suficiente para as crianças, e o pênis pequeno dos meninos na pré-puberdade torna improvável qualquer tentativa de relação sexual.

Encontros como esses excitam seus pequenos praticantes, em parte por meio da vibração da descoberta, e em parte pelos primeiros arrepios dos impulsos de atração e desejo que perpassam toda a cena. Outros tipos de jogos sexuais envolvem diferentes tipos de excitação. Algumas brincadeiras estão centradas menos na diversão do mostrar e olhar, e mais no experimentar as sensações genitais. Um grupo de meninas dormindo na casa de uma delas pode se revezar no banheiro para borrifar seus genitais com um chuveirinho. Meninos podem masturbar um ao outro exatamente da mesma forma como aprenderam a fazer sozinhos. Uma mãe diz do filho de 10 anos e o melhor amigo dele: "Eu vi os dois deitados ao sol, no quintal de casa, masturbando um ao outro. Não disse nada na hora, mas com muito tato perguntei a Byron em outro momento. Ele não ficou constrangido ao responder, com um largo sorriso, que sempre faziam aquilo na cama e que gostavam de fazer; afinal, a sensação era tão boa!".

Em outros casos, os jogos se parecem menos com a busca de sensações gostosas do que com um impulso sexual levado ao limite. Vejamos o caso de Jenny, que hoje em dia já é mãe, falando de seus 7 anos, quando tinha o costume de tomar banho com sua amiga Alison: "Costumávamos competir para ver até que profundidade conseguíamos enfiar o dedo em nosso próprio corpo". A principal motivação para Jenny é a mesma que tem seu papel em muitos jogos sexuais de crianças: ousar explorar os recônditos obscuros do corpo e suas sensações. Encontrar "o proibido" e enfiar o dedo lá.

O fim dos jogos sexuais

O jogo sexual encontra algum fim, ou ele simplesmente se transforma em algo que estamos menos inclinados a considerar como "jogo"? É difícil responder, em parte porque temos grande carência de bons dados sobre o fim dos jogos sexuais, e também porque pode não haver uma resposta única que se aplique a todas as crianças.

Está claro que, à medida que a escola elementar vai chegando ao fim, o sentido da exploração sexual se modifica de maneira notável para as crianças. Ao adentrar a puberdade e compreender melhor o sexo dos adultos, elas começam a ver as experiências sexuais com os coleguinhas sob outro prisma. Os pré-adolescentes passam a acreditar que atividades exploratórias sexuais devem ser com alguém que lhes atrai, com alguém que estejam namorando ou queiram namorar. Como resultado, as relações de jogo sexual que perduraram até a metade da infância podem começar a se encerrar.

Não é culpa da Barbie

Anna, minha filha mais velha, um dia me falou: "Vou te contar uma coisa que é bem nojenta". Então, disse que Olívia estava brincando de um jeito que ela não gostava: "Barbie Sexy". Na época, Olívia devia ter uns 6 ou 7 anos, e a brincadeira era tirar as roupas da Barbie e colocá-la em cima do Ken, dando início a uma sessão de esfrega-esfrega. Tive uma conversa à parte com Olívia. Sua primeira reação foi negar terminantemente: "Ah, não, eu não faria isso...". Foi então que eu vi que só podia ser verdade.

Lenora, mãe de quatro crianças

Boneca maliciosa
Sabemos o que você está pensando: a culpa é da Barbie. Aquele busto avantajado, aquele quadril bem torneado. A indústria de brinquedos quer passar a imagem de uma cidadã íntegra – uma dentista, uma astronauta, uma professora de aeróbica –, mas ela jamais será nada disso. Para se manter na ativa esses anos todos, a Barbie sempre projetou uma beleza idealizada e uma espécie de malícia. O que eles estão pensando? Ela pode ser ambiciosa, mas continua sendo uma garota que foi moldada com base em um brinquedo sexual alemão, que por sua vez foi criado segundo os moldes de uma prostituta popular. Pobre Barbie. Está em seus genes...

Mas, se você pegar sua filha usando esmalte para pintar mamilos nos peitos da boneca, não culpe a Barbie. A curiosidade sexual das crianças passa por suas bonecas muito antes do nascimento desse ícone compulsivamente consumido pelo público americano desde 1959.

O jogo sexual com bonecas não é diferente daquele praticado entre as crianças. A brincadeira das bonecas varia segundo o nível de consciência e interesse sexual da menina. Dê a uma criança pequena uma boneca e em poucos minutos ela arrancará suas roupas e investigará suas nádegas e genitais. Quando ela cresce, o ato de tirar a roupa e espiar, gradualmente dá lugar a abraços, toques e beijos e, por fim, ao flerte.

Semelhante ao jogo sexual, atos sexuais simulados, como transar e fazer sexo oral entre bonecas, são menos comuns. No caso das bonecas, no entanto, há que perguntar: será que é só porque o Ken é meio "bolha"?

Jogo sexual é vontade de jogar

Enquanto seu filho for um participante voluntário, o jogo sexual parece inofensivo.

Na verdade, alguns pesquisadores vêem o jogo sexual como um elemento valioso no processo da educação sexual infantil e um bom ensaio para o sexo adulto saudável. Mas também sabemos que o jogo sexual nem sempre é uma experiência positiva. O que poderia ter sido um passo agradável no caminho para uma vida sexual feliz, pode acabar virando um tropeço na estrada para a autoaceitação e a saúde sexual.

O que determina que tipo de experiência seu filho vai ter?

Dois fatores parecem essenciais: o grau de coerção envolvido no jogo e a reação dos que o descobrirão – especialmente a sua.

Sem dúvida que o jogo sexual é melhor quando é mútuo e aceito pela família e pelos iguais. Uma criança que adentra um jogo sexual sem interferência ou pressão, provavelmente sairá dele com uma sensação de excitação e prazer que alimentará a visão que virá a ter de seu corpo e de sua sexualidade. Felizmente, boa parte do jogo sexual acontece nessas condições. Enquanto for assim, não há razão para limitá-lo.

Mas algumas vezes, as crianças são pressionadas e forçadas a participar de brincadeiras sexuais, ou então são humilhadas por outros por terem participado. Quando isso acontece, pode deixar marcas de vergonha ou medo.

Vejamos primeiro a questão da pressão. Pense em qualquer jogo *não* sexual que algum dia você viu as crianças protagonizando. Em geral, uma ou duas crianças têm o que consideram uma ideia brilhante, algumas entram na onda, e as outras terão de ser persuadidas. Vale o mesmo para o jogo sexual. Às vezes, é preciso um empurrãozinho para participar do jogo "pega-pega" entre os amiguinhos. Outras vezes, é preciso um empurrão maior.

Provavelmente, um pouco de pressão é inofensivo, mas se a pressão for grande, é preocupante.

Uma criança que sente uma pressão considerável para entrar em um jogo sexual contra sua vontade pode participar dele, mas também poderá sentir-se empurrada, abusada e até invadida. Quando esses sentimentos se relacionarem em seu pensamento ao comportamento sexual, tenderão a atrapalhar o desenvolvimento erótico saudável. Nos casos mais extremos de coerção, que incluem manipulação e força física, o jogo sexual se transforma em abuso sexual (só um pequeno percentual de todo abuso sexual é perpetrado por outras crianças) e pode causar danos psicológicos semelhantes aos provocados por uma experiência abusiva com um adulto. Evidentemente, esse tipo de jogo sexual não é bom e deve ser impedido imediatamente.

Às vezes, a coerção problemática ocorre quando uma criança mais velha usa sua autoridade para mandar, ou, por meio do engodo, fazer uma criança mais nova acompanhá-la nos jogos sexuais. Quanto maior a diferença de idade entre duas crianças, maior será a probabilidade de haver um elemento pouco saudável de coerção envolvido no jogo sexual. Uma grande diferença de idade também pode fazer uma criança, sem maiores intenções relativas aos jogos sexuais, adentrar um domínio onde o aspecto "aventura" é maior do que ela possa compreender ou desejar.

Ao avaliar as diferenças de idade, pode-se seguir uma regra prática bem simples. Se a diferença de idade entre duas crianças for grande o bastante para que não se escolham naturalmente como companheiras de outras brincadeiras, provavelmente não será interessante que sejam companheiras de jogos sexuais.

Seu papel crucial

O segundo fator determinante do caráter inofensivo do jogo sexual infantil, este, sim, uma variável bem mais importante do que realmente acontece durante a brincadeira, é a conversa da criança com os pais sobre o fato.

Quando adultos relembram os jogos sexuais de sua infância, as histórias que eles contam costumam ser de concepção leve, transmitidas com um sorriso ou uma piscadela, ou com uma espécie de saudade do passado. Mas quando dão lugar a relatos que remetem à vergonha, é porque entram em cena, não raro, reações ásperas do pai ou da mãe. A veemente desaprovação por parte dos pais do jogo sexual pode ser um duro golpe na sensibilidade da criança, a fixação de um persistente significado negativo ao que poderia ter sido um acontecimento benéfico.

Ocasionalmente, as reações negativas dos colegas podem tornar a experiência do jogo sexual um acontecimento amargo. Uma criança pode se tornar alvo de chacota dos companheiros, que podem ou não estar envolvidos nesse jogo. E uma vez que a homossexualidade é bastante estigmatizada pelas crianças, o jogo sexual com pessoas do mesmo sexo pode instigar reações hostis. Ainda assim, o peso das reações dos amigos de seu filho estará sujeito à sua mediação, ou seja, pais que aceitam abertamente os jogos sexuais do filho podem diminuir o impacto da zombaria dos coleguinhas; pais que parecem compactuar com seus detratores podem reforçá-lo.

O que você diz então?

A brincadeira ingênua de espia-espia que seus filhos desempenham em seus primeiros anos realmente não requer intervenção alguma. Costuma ser evidente que o jogo sexual de crianças de 2 ou 3 anos é uma brincadeira leve e não um fardo emocional para seu filho (exceto se for dada uma atenção indevida). Se você flagrar a brincadeira, não faça nada. Assim como no caso da masturbação precoce, se sentir que deve pará-los, simplesmente procure desviá-los para uma atividade de caráter menos "voyeurista".

Não há necessidade de se lançar a um debate sobre seu comportamento nessa tenra idade.

Por volta dos 4 anos, as brincadeiras sexuais ainda podem ter um rompante casual, mas você já pode começar a monitorá-las de forma mais completa. A partir daí, você tem duas decisões a tomar: o que fazer no momento em que abre a porta e dá de cara com o jogo sexual e o que dizer depois.

Alguns pais ainda acharão desnecessário interromper o jogo sexual dos filhos. Tara explica: "É provável que eu não saiba da missa a metade, mas tudo bem. E quando abro a porta do quarto, e vejo as meninas avidamente despindo as bonecas, tudo bem também. Eu pergunto: 'Tudo certo aí?'; e elas 'Tudo bem...'. Eu digo: 'Então tá bom...' e fecho a porta".

Bea pensa diferente. "Eu não vou compactuar com a atividade sexual de meus filhos. O que eles fazem longe de mim até dá pra aceitar, mas se fico sabendo, a brincadeira acaba. Faço algum barulho para que eles saibam que estou por perto e digam algo como 'Que tal um jogo de vôlei?'".

Você decide qual abordagem acha melhor. Se escolher dar um basta na brincadeira, é melhor agir como Bea, sem uma bronca do tipo "o que é que vocês estão fazendo?" ou "parem já com isso!". Não é a hora de comentar o comportamento em si. Seu filho ficará constrangido e você perderá as estribeiras. Portanto, não é bom ensinar nada nesse momento.

Se você não foi capaz de segurar um "parem com isso!" ou um "Meu Deus!", simplesmente explique o motivo de ter se alterado e peça desculpas. Lembre-se, então, de que as crianças se recuperam facilmente e se perdoe por sua impulsividade.

Hora de conversar

Mais tarde, contudo, se você decidiu dar um basta na brincadeira sexual ou se preferiu deixar o barco correr, considere a hipótese de uma conversa. Ela deve acontecer na primeira oportunidade, quando você puder estar a sós com seu filho ou sua filha em um lugar calmo e confortável. Procure não demorar para puxar a conversa. A criança pode estar esperando ansiosamente por uma palavra vinda de você e pode interpretar seu silêncio como ira ou desaprovação, sobretudo se sua fisionomia tiver revelado surpresa ou confusão.

Quais são seus objetivos para tal conversa? Certamente, você quer que a criança sossegue quanto ao fato de ter sido pega, ao mesmo tempo que quer saber se suas brincadeiras sexuais são sadias, para ajudá-la a evitar situações nocivas no futuro. E quer fazer com que a conversa seja agradável o bastante para que a criança sinta-se inclinada a confiar em você quando acontecerem coisas relacionadas a sexo que podem deixá-la confusa ou perturbada. Como explicamos acima, nesse tipo de conversa não há lugar para vergonha ou repressão.

Comece proporcionando algum conforto. Diga a ela que você não se zangou e que não tem problema. Mantenha o foco na compreensão. Ajude a criança a descrever o que a experiência significa para ela. Faça perguntas que sejam fáceis de responder e que não pareçam ter uma carga de culpa: "Que brincadeira era aquela que você e Chris estavam fazendo hoje? Tem nome? Como é que se brinca?"

Depois, procure indícios de coerção. Lembre-se que sua filha pode ter sido forçada ou que pode ter forçado a outra a fazer. "Vocês se divertiram? Nem sempre os dois estão a fim de brincar, não é? Você e ele quiseram brincar juntos?"

Você não precisa saber todos os detalhes. Mas tente descobrir o suficiente para ter uma ideia clara da disposição das crianças. Lembre-se: um pequeno grau de persuasão é comum e provavelmente aceitável.

Então, é tempo de reagir. Se você sentir que o jogo sexual foi uma experiência agradável para todos, ele pode receber seu apoio: "Que bom que vocês se divertiram. É um jogo que pode ser gostoso se feito com um amigo como o Chris.

Não quero que você faça com alguém que não seja da sua idade. E só brinque se quiser. Diga 'não' se não quiser, entendeu?".

Tenha certeza de que ela entendeu e desfaça qualquer dúvida. Pergunte então: "Vai me contar se algo assim acontecer e não for legal?".

Se achar que sua filha coagiu fortemente o companheiro, você terá aí um foco para seus comentários, mas ainda assim, apoie sua sexualidade: "São sentimentos legais, o que não é legal é obrigar alguém a fazer o que não quer fazer. Só quero que você brinque assim com seu amigo quando ele também quiser".

Como algumas crianças que coagem outras podem ter sido elas próprias coagidas no passado, aproveite a oportunidade para perguntar: "Alguém algum dia forçou você a fazer alguma coisa que você não queria fazer?".

Se sua filha foi forçada a "brincar" contra a vontade dela, a conversa será mais complicada; com muito cuidado, retome esse tópico caso o incidente não tenha sido atenuado. Dê-lhe oportunidade de discutir seus sentimentos sobre o que aconteceu. Ela está perturbada? Talvez não. Permita que ela seja casual, se sua reação não aparentar transtorno. Tente não valorizar o acontecimento pela expressão de sua própria raiva, ou de seu medo. Não sugira que possa ter sido fisicamente ferida (caso não tenha sido), ou que algo foi feito a ela e... *não* pode ser desfeito, como perguntar: "Ele rompeu seu hímen?".

Diga para sua filha que o amiguinho estava errado em obrigá-la a fazer uma coisa que ela não queria fazer. Se você pretende falar com os pais da outra criança sobre o fato, avise sua filha. Em algum ponto, você poderá explicar também que se algo assim voltar a acontecer, certas coisas podem ser feitas para evitar. A criança pode simplesmente se negar a participar da brincadeira. Ou poderá ir embora. Diga-lhe que essas coisas nem sempre funcionam, especialmente se a outra pessoa for muito forte ou até má. Nesse caso, ela deve sempre lhe contar depois e você tomará as providências cabíveis.

Em casos particularmente problemáticos, pode-se recorrer a um psiquiatra, um psicólogo infantil ou a algum outro profissional que possa fazer algo a respeito.

Se o jogo sexual foi coercitivo, também será o caso de decidir, ou não, limitar o acesso que as crianças terão umas às outras. O bom senso deve falar mais alto. Se a outra criança é um amigo íntimo e se a experiência não tiver sido lá muito perturbadora para sua filha, separar os dois pode causar a ela mais aflições do que a brincadeira em si. Em vez disso, exerça uma supervisão um pouco mais atenta e reduza as oportunidades de jogo sexual. Pode-se dar um basta aos banhos conjuntos, ou a partilhar a mesma cama, ou mesmo impor uma regra assim: quando brincarem juntos, que a porta esteja sempre aberta.

Por outro lado, se sua filha expressar um medo real do jogo sexual, ou se o comportamento do companheiro parecer cruel e aparentar um desenvolvimento sexual que vai além do de sua filha, separe-os até sentir que a situação se modificou.

Conheça os Jones

Há ainda outro dilema a enfrentar quando você descobrir o jogo de esfrega-esfrega com o menino dos Jones.

"Devo contar aos pais dele?", pergunte-se no mesmo tom que reserva para questões do tipo: "Devo deixar extrair meu baço?".

Em geral, sim, é o caso de contar a eles, embora ninguém possa culpar você por estar um pouco relutante. Se existe alguma coisa mais difícil do que falar com sua filha sobre sexo, é falar com seus vizinhos para que conversem sobre sexo com o filho *deles*. O jogo sexual se revela um tema especialmente difícil entre pais, porque, não raro, eles sabem pouco a respeito e comumente não há concordância entre eles sobre como reagir. Acrescente a isso o medo que os pais sentem, diante da possibilidade de pensarem que o filho deles está sendo tachado de sexualmente promíscuo ou de tarado. Aí é que as coisas realmente pegam fogo.

Na melhor das hipóteses, todos os pais envolvidos podem vir a concordar que, na idade apropriada, o jogo sexual consensual é aceitável e nesse caso passarão a elaborar um discurso coerente para seus filhos. Os filhos podem continuar com a brincadeira ou partir para outra, sem dar ouvidos ao estardalhaço dos adultos.

Na pior das hipóteses, as famílias seguem a velha regra da solução de problemas: "Primeiro, atribua culpa". Uma criança é identificada como "o instigador" e seus pais são acusados de irresponsabilidade se deixarem de puni-la. Esses pais, por sua vez, criticam os outros como alarmistas, e as crianças, que geralmente se entendem bastante bem nas brincadeiras, são separadas. Muitas amizades terminam dessa maneira.

Por que assumir o risco de contar aos pais da outra criança se eles não entendem a situação tão bem quanto você? Simples: qualquer jogo sexual que você vier a descobrir esta semana, poderá muito bem ser descoberto por acaso pela vizinha na semana que vem. Se a reação dela for exagerada, você há de preferir que ela reaja ao telefone com você, em vez de se exaltar na frente de seu filho de 7 anos. Prepare-a, para que ela poupe seu filho de uma experiência humilhante e você poderá advertir seu filho em casa, numa situação mais favorável.

Fale com seus vizinhos logo após descobrir o jogo sexual. Eles estarão menos propensos a se alarmar caso sintam que você não está omitindo nenhuma informação e que está levando a questão a sério. Simplesmente explique o que viu e como decidiu reagir. Diga o que sabe sobre essas brincadeiras sexuais e por que as considera, ou não, um problema.

Se os pais tiverem forte reação negativa, mesmo após um esclarecimento seu, você deve proteger sua filha, ou seu filho, da surpresa que será a opinião deles sobre essa questão. Pode tentar algo mais ou menos assim: "Você sabe que nós achamos que sua brincadeira não tem nada demais. Falamos a respeito com os Jones, pais do Peter, e eles não gostaram. Discordamos deles, mas brigar, entende? Então, você pode brincar assim com outras crianças, mas não com o Peter".

Se achar que realmente não consegue conversar com os vizinhos sobre a situação, pela maneira como reagirão, pondere se é mesmo boa ideia a criança brincar na casa deles. Sua prioridade será sempre proteger seu filho de uma eventual situação de vergonha, ou de críticas indesejadas.

Uma coisa simples

E quanto aos Jones, que piraram quando você encontrou o garoto deles brincando pelado com sua filha? O que se passa com eles? Provavelmente estão confusos por não conseguirem discernir entre quando a masturbação está sob controle e quando é um problema. Ou quando o jogo sexual pode continuar e quando deve parar. Os Jones querem uma criança inocente, uma criança intocada pelo mundo complicado deles, uma criança que ainda não seja sexual.

Os Jones hão de convir com você: a vida adulta pode doer. E quanto mais ela dói, quanto mais vexado você se sente pela complexidade da vida diária, mais irresistível será aquela fantasia da simplicidade infantil. É um sonho, claro, mas é um sonho tão atraente, que dói acordar dele.

E por acaso isso é fácil para alguém? Claro, encontramos uns poucos pais que parecem tão à vontade com sua própria sexualidade, tão firmes em sua visão de que o sexo *é* inocente, que acabam apoiando, até com satisfação, as primeiras expressões da vida sexual dos filhos. E quanto aos outros dentre nós? Digamos que conhecemos os Jones. Nós somos os Jones.

Pais aflitos se conectam pela internet e extravasam suas angústias:

"O problema é que, quando os dois estavam no banho outra noite, vi o mais velho brincando com o mais novo de um modo que não me agradou."
"Ele é curioso demaaais para o meu gosto."
"...tem aquele ursinho de pelúcia enorme. Recentemente, flagrei minha filha em cima dele, 'montando', sabe como é..."
"...é., é isso que eles fazem. Ficam olhando o pênis um do outro, o bumbum..."
"Peguei os dois no meio do quintal com as calças abaixadas..."
"Disse para a minha filha: 'Cada uma toca somente em si'."
" É claro, disse a eles que esse comportamento não está certo."
"Acho que me incomodei um pouco."
"Tentei manter a calma."
"Será que estou exagerando?"
"É verdade, está sendo difícil lidar com isso."

Vez por outra, o casal poderá ficar tão transtornado, que vai parecer que a filhinha deles desapareceu. E ela está mesmo desaparecendo, pois está prestes a se tornar uma mocinha. Talvez seja essa a parte mais difícil ao se enfrentar as digressões sexuais de um filho. Os fatos não mentem: a criança está crescendo.

Não vamos fingir que não há nada de cruel inerente à condição de ser pai ou mãe. Assim como ama cada vez mais seus filhos, espera-se que os capacite em tudo de que precisem para um dia deixarem você, e com alegria. Alimentar o desenvolvimento sexual dos filhos é um aspecto tão agridoce quanto qualquer outro no processo de seu crescimento. Ajudá-los é soltá-los um pouco.

Bea, que faz barulho quando sente que as crianças estão fazendo alguma besteira, está certa ao dizer que não compactua com a sexualidade de seus filhos. Em sua condição de pai ou mãe, você não tem que ensinar um filho a se masturbar. Ou tampouco preparar os encontros sexuais dele. Na verdade, não tem de se envolver de jeito algum.

No frigir dos ovos, você não dá a seus filhos a sexualidade que já pertence a eles. O que dá é a permissão e a privacidade para que a busquem, e a confiança para que a reivindiquem quando a encontrarem. Deixar que os filhos encontrem a própria sexualidade se resume a um ato de amor: bloquear seu impulso de dizer pare, espere, não quero que se vá ainda.

Capítulo 5

FILHO, FILHA E ORIENTAÇÃO SEXUAL

> *Quando ele assumiu para o pai e para mim, foi a maior surpresa. Fiquei chocada. Não dava para perceber. Quero dizer, todos esses anos criando esse menino e, honestamente, nunca havia me ocorrido que ele pudesse ser* gay.
>
> **Eileen, sobre o filho de 17 anos**

Você está na cozinha com seu filho de 5 anos, preparando um lanche. A TV está ligada e ele, olhos grudados na tela, está entretido com um desenho animado. Entram os comerciais e você ouve o garoto dizer "Adoro você...". Extasiado, olha fixamente para o tenista campeão Pete Sampras. Você estranha, porque Ben não gosta de tênis, mas o queijo começa a derreter na chapa e esse pensamento desaparece de sua cabeça.

Chegam as férias de verão e você sai com sua filha de 11 anos para comprar maiôs. No provador, ela fica estranhamente quieta. Você se despe e percebe que a menina fica ruborizada. Por um momento você pensa: "A irmã mais velha nunca fez assim. Será que ela sente alguma coisa ao ver mulheres nuas?". Você se volta para o espelho a fim de ajustar o biquíni. Seu filho berra do lado de fora e o pensamento vai embora.

Seu filho de 17 anos passa horas no quarto com uma amiga íntima, colega de classe muito legal, que se tornou parte da família nos últimos anos. Não há problema em deixá-los sozinhos, talvez porque você jamais tenha percebido qualquer tensão sexual entre eles. Você passa diante da porta aberta e pega um pedaço da conversa. Estão falando sobre garotos bonitos. Você fica parada ali, segurando um cesto de roupa suja, se esforçando para ouvir seu filho e tentando ignorar a possibilidade de ele ser *gay*.

Seria a homossexualidade do filho, da filha algo remoto demais? Indo direto ao ponto: será que essa ideia é tão ruim que não pode nem passar pela sua cabeça?

Não nos surpreende quando um pai ou mãe nos diz que não imaginava que seu filho era *gay* até o momento em que ele se revelou para a família. Existem algumas ideias que não recebem atenção, nem mesmo dos pais mais interessados e dedicados. A primeira delas, encabeçando a lista é: "Talvez meu filho seja *gay*".

Não faz muito tempo, uma mãe pediu conselho sobre seu filho de 16 anos. Charlotte, que vivia brigando com o garoto por causa da bagunça do quarto, resolveu arrumar o armário do filho num fim de semana que ele passava com o pai. Lá o fundo, encontrou um bauzinho que havia lhe dado anos antes e o abriu. Dentro daquela caixa estava uma pilha de páginas de revistas pornográficas e fotos da internet impressas. Todas de homens nus.

"Vocês acham que Michael é *gay*?", perguntou.

Charlotte disse não querer tirar conclusões precipitadas. Michael era muito novo. Quando dissemos a ela que garotos adolescentes não escondem material pornô *gay*, que um indício importante da orientação sexual de um adolescente são exatamente as "distrações privadas" e que o direcionamento dado a essas "distrações", especialmente no caso dos meninos, não costuma dar sinais de mudança, Charlotte assentiu com a cabeça. Ela havia entendido. "Bom, isso já ajuda", disse, com um sorriso conformado.

Estaria ela preocupada com o tipo de atração sexual de seu filho? "Com aquelas fotos? Ah, não, Michael sabe que eu o amo acima de tudo, mas acho que ele ainda não está pronto para considerar a possibilidade de que possa ser *gay*. Ele é tão jovem."

Talvez Charlotte tivesse razão sobre Michael. Mas uma coisa parecia clara: *ela* mesma não estava pronta. E foi principalmente por isso que ela olhou o que tinha no bauzinho e depois tentou apagar da mente o que havia encontrado.

Ele precisa de você

Se tivéssemos de resumir este capítulo em duas palavras de aconselhamento, elas seriam: pense nisso.

Pense que você pode ter recebido a responsabilidade de criar um filho, ou filha, homossexual. Sem dúvida, essa possibilidade apresenta alguns desafios para a maioria dos pais heterossexuais. A filha lésbica passará por experiências pouco familiares à maioria dos pais. O filho *gay* tem necessidades que você simplesmente não consegue prever. Que conselhos dar a ele? O que dirá se zombarem dele? Como lidar com o momento de se assumir?

Mas o maior desafio deflagrado por um filho *gay*, e o mais importante a vencer, é encarar a possibilidade de ter um filho homossexual e conviver com ela.

Se você pega seu filho de 5 anos demonstrando uma admiração incomum por Pete Sampras, ou vê sua filha de 11 ficar embaraçada ao vê-la nua, ou escuta uma conversa de seu garoto de 17 sobre os garotos bonitinhos da classe (e tudo isso bem pode acontecer, pois estes exemplos foram todos extraídos de experiências reais de pais cujos filhos se tornaram homossexuais), você até pode preferir ignorar. É compreensível. Imaginar seu filho *gay* pode ser perturbador, e é importante não tirar conclusões precipitadas sobre a sexualidade dele.

Mas também tenha em mente sua inclinação, na condição de pai ou mãe, de esperar e dizer para si próprio que é desnecessário, ou até mesmo errado, perguntar se seu filho é *gay*. Pode ser esse o único e maior obstáculo que ele encontre pela frente. Pois você pode não estar lidando com a questão, mas seu filho está.

Seu filho precisa que você seja pai ou mãe. Você pode não ser um perito em homossexualidade, mas ele tampouco o é. Basta apenas que você se permita considerar a possibilidade de ele ser *gay*. Tenha isso em mente e aja de acordo. Um pouco de esforço seu pode poupar seu filho, ou sua filha, de ser alvo de zombarias na infância, do medo de perder seu amor e da solidão de uma adolescência "dentro do armário".

Como disse Charlotte, quanto mais ela falava sobre Michael, mais claro ficava que ele estava com problemas. Passava horas sozinho no quarto, aparentemente fazendo nada. Suas notas haviam despencado e o garoto perdera contato com os amigos da escola havia meses.

Era tarde demais para evitar perdas ocasionadas por esse episódio depressivo. Mas não para evitar uma tentativa de suicídio, ou o sexo desprotegido que poderia estar despontando no horizonte. É por isso que, apesar de Charlotte não estar convencida da orientação de seu filho, pareceu essencial que ela falasse com ele, para ajudá-lo a trilhar uma das passagens que seria, provavelmente, a mais dura de sua vida adulta.

Charlotte ouviu com atenção. Pareceu genuinamente grata pelo conselho e disse que conversaria com o filho no final de semana seguinte.

E você apita alguma coisa?

Se você está a fim de conversar honestamente sobre a orientação sexual do seu filho, convenhamos: provavelmente será justo dizer que quase todos os pais querem que seus filhos levem uma vida sem muito sofrimento, e embora a heterossexualidade jamais seja garantia de felicidade, é bem verdade que os jovens *gay*s têm de enfrentar algumas dificuldades que seus amigos héteros não terão.

Mais: na condição de pai ou mãe, você provavelmente desejará que seus filhos ou filhas sejam como você (ou melhores, uma versão idealizada sua). Sendo você heterossexual, é natural querer compartilhar com seus filhos algumas das experiências mais importantes de uma vida, como apaixonar-se, casar, formar uma família. Portanto, também é razoável sentir medo de perder esses prazeres se seu filho for homossexual.

Há também os sonhos de sucesso que se acalenta para um filho, independentemente do que "sucesso" signifique para cada um Você não hesitaria em escolher para essa criança a melhor capacidade de raciocínio e grandes talentos individuais. Aliás, se pudesse, ousaria até selecionaria o melhor par (na sua opinião) para se casar com ele ou ela. Sim, se pudesse, você determinaria a orientação sexual de sua prole. Acontece que isso ninguém pode fazer.

Se uma criança vai se tornar um adulto homo ou heterossexual, isso provavelmente se deverá a uma série de fatores interativos. Acontece que os desejos e as opiniões dos pais simplesmente não estão entre esses fatores.

Dessa forma, o que decide a futura orientação sexual das crianças?

Fizemos um intenso trabalho de investigação e pesquisa nos milhares de estudos sobre o tema e ele nos apontou algumas direções. Em primeiro lugar, e acima de tudo, existem evidências consistentes de que os genes desempenham papel importante, embora não determinante, na formação da orientação sexual da criança. Em que pesem resultados desencontrados, o estudo sobre as origens da orientação sexual deixa evidente uma coisa: a única contribuição dos pais nesse particular é moldada em um óvulo e um espermatozoide.

O que dizem os gêmeos

A melhor prova para essa visão vem de uma série de estudos reunindo grandes grupos de *gay*s e lésbicas adultos, focando especial atenção à orientação sexual de seus irmãos. O que torna essa pesquisa tão relevante é a análise dos gêmeos idênticos, pequenos experimentos da natureza sobre o que os genes determinam ou deixam de determinar.

Num estudo realizado com homens *gay*s e seus irmãos, descobriu-se que, se um homem tem um irmão adotivo *gay*, as chances de ele próprio ser *gay* (11%) não são se distanciam tanto das de qualquer pessoa tomada ao acaso na população (estimativas variam, mas os pesquisadores tendem a estabelecer tal probabilidade entre 3% e 5%). No entanto, se ele tiver um gêmeo idêntico e este for *gay*, sua chance de ele próprio ser *gay* sobe para 52%. É uma diferença enorme.

Você pode estar se perguntando se a orientação sexual de gêmeos não será mais parecida do que a de irmãos adotivos? Pode ser porque nasceram ao mesmo tempo, da mesma fonte genética e estiveram expostos ao mesmo ambiente pré-natal? O estudo aborda também essas questões.

As pesquisas contemplaram gêmeos bivitelinos, isto é, que resultam de óvulos e espermatozoides distintos e, portanto, não são geneticamente idênticos (ao contrário dos univitelinos). Demonstrou-se que a probabilidade do gêmeo bivitelino de um *gay* seguir a mesma tendência é de 22%, índice bem inferior ao definido para gêmeos idênticos. Nascer no mesmo tempo e lugar não é suficiente, o que demonstra que os genes certamente exercem um papel.

O mesmo padrão se revelou em outro estudo com mulheres lésbicas e suas irmãs. O fator herança genética, que ajuda a constituir a orientação sexual da criança, parece ser o melhor meio de explicar esses resultados.

A outra metade da equação

A segunda revelação-chave dos valiosos estudos sobre gêmeos é esta: os genes não podem dar conta de toda a resposta. Deve haver outros fatores que afetem a expressão desses genes, alguma influência que ajuda a constituir a orientação sexual de uma criança em desenvolvimento. Que influência poderia ser essa?

Você já deve ter ouvido aquela teoria da homossexualidade advinda da ligação muito estreita com a mãe, enquanto a relação com o pai é distante e hostil. Essa ideia, que alcançou grande popularidade nos anos 1960, defendia basicamente que jovens do sexo masculino se tornavam *gay*s porque, quando crianças, eram muito próximos de suas mães e distantes dos pais. Psicologicamente incapazes de adquirir independência da mãe superprotetora e se espelhar em um pai ausente, esses meninos se identificavam de tal forma com a mãe que buscavam parceiros sexuais ou amorosos com o perfil que ela escolheria e aprovaria. Em parte, a teoria pegou por ter tocado em um nervo cultural exposto nos lares americanos.

Em primeiro lugar, ela dava aos pais uma racionalidade para uma culpa desprovida de razão. De acordo com ela, as suspeitas estavam certas: eles *tinham* culpa; eles *poderiam* ter evitado. Em segundo lugar, a teoria legitimava ressentimentos familiares já estabelecidos. Qual mãe dos anos 1960 não sentia um pouco de raiva pelo fato de seu marido não estar tão disponível para os filhos quanto ela? E qual pai não sentia uma pontada de amargura por ser excluído da intimidade entre a mulher e o filho? Quando a criança se revelava homossexual, seus ressentimentos pareciam justificados. Não é de se desprezar o fato de que a constelação familiar incluída nessa teoria representava um considerável percentual das famílias americanas (e de boa parte do mundo ocidental) da época, independentemente da orientação sexual de seus filhos.

Desde então, muitos pesquisadores têm testado essa teoria, com resultados elucidativos. Para todos os efeitos, quanto à relação com a mãe, a interpretação não se sustenta. Nem todos os homens *gay*s relataram ligação mais próxima com a mãe do que os heterossexuais. Mas, no que tange à relação com o pai, os homens *gay*s se mostraram mais propensos do que os heterossexuais a afirmar que sua relação com o pai era insatisfatória ou distante. O importante, no entanto, é que as descobertas referentes a essa relação propiciaram reinterpretações substanciais desde a década de 1960. O sentido de causalidade ali presente foi revertido. Vamos esclarecer isso com um exemplo.

Um psiquiatra especializado no estudo de homens *gay*s certa vez teve a oportunidade de analisar um par de gêmeos idênticos, um dos quais era *gay*, e o outro, heterossexual, que haviam crescido juntos, próximos aos pais. O psiquiatra entrevistou os irmãos separadamente, pedindo que cada um descrevesse o pai. A resposta do *gay* foi mais ou menos esta: "Meu pai tinha muito pouco a oferecer à nossa família. Quando chegava em casa, à noite, sentava à mesa de jantar e quase não falava nada. Depois, descia para o porão, onde tinha uma espécie de oficina. Era sempre assim".

A resposta do gêmeo heterossexual: "Meu pai era um homem de poucas palavras. Ele trabalhava muito durante o dia, mas o jantar tinha sempre de ser com a gente. Não falava muito, mas quando o fazia, nós o ouvíamos. Era um artesão maravilhoso. Após o jantar, quase sempre descia para fazer algum de seus trabalhos em madeira. Era uma delícia ficar lá embaixo com ele".

O *mesmo* pai. Filhos diferentes. Relações diferentes.

De modo geral, hoje se pensa que a relação insatisfatória encontrada entre um filho *gay* e o pai é produto, e não a causa, da orientação do menino. Discorreremos sobre o assunto mais adiante.

O que realmente se sabe

Apesar do fracasso da velha teoria, não se chegou a nenhuma explicação das contribuições não genéticas para a orientação sexual. Se quaisquer fatores ambientais forem descobertos, provavelmente se verá que atuam nos primeiros anos da vida de uma criança, durante uma janela de vulnerabilidade. Quando essa janela abre e fecha, não se sabe. Mas parece que, embora o fator ambiental possa operar desde o período pré-natal, é improvável que ele exerça algum efeito após a criança chegar aos 4 ou 5 anos. Nessa idade, é possível que a orientação futura esteja bem estabelecida. Não há evidência de que qualquer influência posterior possa modificá-la.

Embora talvez jamais saibamos quais são essas influências primevas (uma possibilidade são os hormônios circulando no ambiente fetal), temos uma ideia razoavelmente boa do que elas não são. Quando os cientistas comportamentais falam em "ambiente", não estão se referindo ao aprendizado de uma criança sobre homossexualidade, ter contato com pessoas *gays* ou lésbicas, ou assistir à série de TV *Will & Grace* [seriado pioneiro em mostrar personagens *gays* se beijando em rede de TV aberta nos EUA e exibido no canal Sony no Brasil]. Em outras palavras, não há razão para crer que a familiaridade com *gays* conduza à homossexualidade, ou que, à falta desse contato, ela seja evitada.

Talvez seja apenas uma fase
Houve tempo em que era difícil imaginar uma criança tomando coragem para se dizer homossexual se não tivesse absoluta certeza disso. Na verdade, isso ainda é difícil para a maioria dos *adolescentes*.

Mas, no decorrer da última geração, vimos algumas garotas se dizendo bissexuais ou *gays* no ensino médio ou início da faculdade e, mais tarde, se considerarem heterossexuais. É, algumas vezes é apenas uma fase. Algo mudou?

Sim. Existem alguns ambientes em que o estigma em relação à homossexualidade é fraco o bastante para permitir aos adolescentes fazer um "teste" – como *gay* ou bissexual – sem temer uma reação inamistosa. Por isso, uma garota pode, durante certo período, identificar-se junto aos amigos e à família como lésbica ou bissexual. Mais tarde, se vier a achar que sua atração por homens é mais forte do que a que sente por mulheres, ela renuncia à condição anterior e simplesmente volta a ficar com rapazes sem muito estardalhaço.

Essas garotas estão fazendo exatamente o que os adolescentes devem fazer quando chega a hora de forjar uma identidade. Adolescentes saudáveis testam a própria identidade. Tentam um estilo e, em caso de não adequação, migram para outro. Veja sua própria filha adolescente: um dia ela está "gótica", unhas pintadas de preto e cara fechada; no dia seguinte, faz tranças no cabelo e prepara a sobremesa do jantar. Nem sempre há muita profundidade ou substância nessas "febres". Ainda assim, devemos morder a língua e respeitar as aventuras comportamentais do adolescente, já que isso representa uma busca séria e profunda de autodefinição. (É por isso que você ofende quando diz à sua filha que ela vai acabar desistindo da bissexualidade, mesmo que isso se revele verdadeiro.)

Esse nível de sutileza provavelmente será desnecessário ao lidar com adolescentes do sexo masculino. Hoje em dia, quando se trata de meninos adolescentes heterossexuais, a experiência de ser *gay* parece vir imbuída do fascínio pelo culto ao corpo. Aparentemente, as reações negativas de se dizer *gay* continuam tão grandes entre os meninos que chega a ser proibitiva qualquer exploração pública dessa identidade. Pode haver também uma diferença inerente entre a sexualidade masculina e a feminina, permitindo que as garotas descubram e explorem suas orientações de um modo que os garotos não podem. Em todo caso, até as coisas se modificarem, se seu filho vier a assumir sua homossexualidade, isso dificilmente será apenas uma experiência. Ele é *gay*.

Femininos e masculinas

Embora você não possa decidir a orientação do seu filho, certamente poderá influenciar na trilha que ele tomará para descobri-la e aceitá-la. Para muitas crianças, tornar-se um adulto *gay* implica um caminho angustiado e tortuoso, com muito estresse e dificuldades que começarão na pré-escola e ganharão intensidade até o momento em que assumirem sua orientação sexual. Se seu filho está nesse caminho, uma ajuda bem dirigida poderá facilitar tremendamente a vida dele. Para começar, você precisa saber que desafios ele vai enfrentar. Por exemplo, no início da escolarização, quais serão as diferenças entre a vida de uma criança que será um adulto homossexual e a de outra que não o será.

"Ah, eu sempre me senti diferente", explica Evan, um homem que diz ser *gay* desde que se conhece por gente, "mesmo no jardim de infância."

Quer dizer que já sabia que era *gay* quando tinha 5 anos?

"Eu não sabia o que era ser '*gay*'. Mas eu me achava diferente. Eu não era como os outros garotos. Principalmente no modo de vestir. Algumas vezes, a professora chegou a me repreender porque eu demorava no quartinho de trocar roupa. E eu ficava mais com as meninas do que com os meninos. Até porque os outros meninos não brincavam de casinha... Eles ficavam só no trepa-trepa e nesse tipo de brinquedo. Convenhamos...", diz Evan, com um sorriso pesaroso, "Eu era um belo de um mariquinha...".

E então?

Para entender os primórdios da infância de *gay*s e lésbicas é preciso conhecer algo sobre temperamento. Compreendido como uma constelação de traços de personalidade considerados inatos, o temperamento de uma criança se forma segundo a ânsia com que ela busca novas experiências, regulada pela cautela natural, que a guia em suas escolhas, e pela confiança (ou insegurança) na aprovação dos outros. Um elemento-chave do temperamento de uma criança, no qual estamos especialmente interessados, é o grau com que ela gosta de brincadeiras ruidosas e violentas e o grau com que as evita.

Existem crianças que adoram brincar de pular na lama, que pulam para pegar a bola num jogo de queimada, que gostam de gritar, rolar e bater. Vamos chamá-las de "ousadas". Mas também há crianças que se encolhem quando uma bola é lançada, que têm medo de encarar um desafio ou de se sujar, que preferem brincadeiras mais calmas. Vamos chamá-las de "acanhadas".

Há um grau enorme de diversidade entre mulheres e homens quando o assunto é ousadia e acanhamento. Mas, embora algumas mulheres sejam muito ousadas e alguns homens bastante acanhados, em geral, os meninos tendem mais do que as meninas a entrar na brincadeira violenta – e a gostar delas. Hoje, sabemos que a diferença parece se pautar pela biologia, sendo amplificada pela cultura, já que as meninas não são incentivadas a brincar de maneira bruta e os meninos são elogiados por isso.

Isso tem a ver com crianças que se tornarão homossexuais? Tem. Embora crianças que serão *gay*s ou lésbicas quando adultas apresentem um leque de temperamentos, de rudes a delicados, muitos *gay*s adultos, quando olham para trás, dizem ter sido garotos que evitavam brincadeiras duras, ou, entre as mulheres homossexuais, manifestam-se as valentonas, que adoravam esse tipo de jogos. Muitos homens *gay*s dizem, ao se definirem na infância, uma palavra tantas vezes usada contra eles, "mariquinhas", e muitas lésbicas lembram-se de ter sido "machonas".

E é aí que começam seus problemas.

Dá para prever?

Alguns pais nos perguntam se podem prever a futura orientação sexual dos filhos com base em seu interesse por brincadeiras e jogos violentos. A resposta é definitivamente "não" para as meninas; "possivelmente" para os meninos.

A grande maioria das meninas "machonas" se tornam mulheres heterossexuais. Quanto aos meninos, a pesquisa parece mostrar que a maioria dentre os que são "mariquinhas" na infância se tornam adultos *gays*. Mas, uma vez que esse não é o caso para todos eles, e como alguns garotos adeptos de brincadeiras brutas também se tornaram adultos *gays*, não se pode fazer uma avaliação confiável sobre a orientação sexual dos filhos com base no estilo de brincadeiras a que são afeitos. O que se pode fazer é criar um ambiente onde um estilo de brincadeira menos aprovado não os sujeite ao ridículo e à vergonha, independentemente da orientação que eles irão adotar.

A dura vida de uma criança homossexual

Crianças cujo temperamento difere do que os pais esperam (ou desejam), seja um menino, seja uma menina, enfrentam alguns de seus primeiros desafios já em casa, nos primeiros anos da pré-escola. Um garoto acanhado de 4 anos, que tenha medo de brincadeiras mais ruidosas ou violentas, pode sentir-se intimidado na companhia do pai valentão. O pai, por sua vez, ao não conseguir que o filho brinque com ele e vê-lo correr para a barra da saia da mãe, pode se sentir um pouco rejeitado. Sem saber o que está acontecendo de fato, ambos estão se distanciando. Lembra-se dos gêmeos cujo pai tinha uma oficina em casa? É claro, essa falta de sintonia não está limitada às duplas "pai e filho" e nem aos garotos *gays*. Mas, provavelmente, representa a situação mais arriscada para uma criança que virá a descobrir-se *gay*. Antes de chegar ao jardim de infância, um garoto assim terá desenvolvido a sensação de que não agrada a seu pai.

Depois, já no primeiro grau, os colegas representarão o próximo desafio. O mundo dos garotos de escola é altamente hierarquizado. Para se representar a sociedade de garotos bem novinhos, imagine um totem com um menino no topo, um embaixo e os outros nas classificações intermediárias. Habilidades atléticas, velocidade e força são as rotas mais certas para o topo do totem. Fraqueza, acanhamento e qualquer coisa que os garotos associem aos dotes das meninas remetem para o fim da fila (quer esteja ele destinado a ser *gay* ou não). E esse é um lugar perigoso para qualquer um.

Um garoto acanhado, relegado às posições mais baixas do totem em virtude de seu temperamento, é importunado pelos colegas. Os garotos que estão no topo são seus líderes, de modo que, quando eles dizem que o menino é esquisito, até o próprio menino acredita nisso. Se essa mensagem se ligar à impressão dele de nunca estar emparelhado com o pai ao longo dos anos, a mensagem terá peso ainda maior. O resultado é uma criança à beira da puberdade ainda sem a mínima ideia de que possa ser *gay*, mas já sentindo que tem algo defeituoso. Algo de que deve se envergonhar.

Já as "machonas" vivenciam menos contratempos na infância. Suas mães tendem a ver seus desvios da "regra da meiguice" como algo positivo, sinal de força ou independência. Também seus pais as vêm, positivamente, como capazes de se defender do maior dos valentões. E essas garotas podem ir levando a melhor nos primeiros anos da escola. Em comparação com os garotos, as meninas no início da idade escolar parecem proporcionar aos colegas bem menos oportunidades de escárnio – ainda que sejam pouco "femininas". Na verdade, as "machonas" muitas vezes conquistam o respeito dos colegas de classe por sua valentia.

Pode ser um baque horrível quando a puberdade bate à porta e o mundo da garota lésbica toma um rumo diferente. Se a sociedade dos garotos parece um totem, os primórdios da adolescência de uma garota assumem a forma de círculos concêntricos. Enquanto os meninos lutam para alcançar o topo, as meninas tentam chegar aos círculos mais internos. Quanto mais conexões uma garota estabelecer, mais ela será vista como membro do círculo interno. Quem quer que tenha passado uma horinha na cantina de uma escola de ensino médio pode vir a conhecer garotas que forjam essas conexões-chaves compartilhando confidências em conversas íntimas. Nenhuma conversa é mais íntima, nenhuma confiança mais valiosa do que aquela em que se discute quem é mais gatinho.

"Machona" ou não, a garota lésbica pode ter dificuldade de se encaixar nessas conversas. Ela não consegue compartilhar o entusiasmo das amigas pelos gatinhos e não pode descrever suas paixonites nem suas fantasias, de modo que evitará as confidências. Ao fazê-lo, a garota lésbica se verá migrando lentamente para os círculos mais externos da teia social. Os torpedos via celular diminuem. Os convites começam a minguar. O frio dar de ombros das garotas para sua colega lésbica pode ser mais sutil do que a zombaria que um menino *gay* é obrigado a suportar no campo de futebol, mas nem por isso é menos doloroso.

À medida que o adolescente *gay* cresce e suas atrações sexuais se fortalecem, aumentam os motivos de preocupação. A menos que esteja preparado para assumir sua condição, ele sempre terá de se esforçar para ocultar qualquer sinal de seus desejos. E ainda assim, se verá em situações que tornam essas atrações tremendamente difíceis de disfarçar. Não é incomum adolescentes terem amizades emocionalmente íntimas e de contato físico próximo com outros do mesmo sexo. Eles podem não se desgrudar até tarde da noite e compartilhar o mesmo quarto, quando não a mesma cama.

Para o adolescente *gay* que se assume, isso pode não ser grande coisa; mesmo que aconteça uma atração íntima por um amigo, ele pode falar a respeito, se não com o objeto de sua afeição, pelo menos com outro amigo, ou com você, pai ou mãe. Mas, para o adolescente *gay* que não revelou sua preferência, poderá ser bem instigante ocultar o que precisa ser ocultado. E, como se não bastasse terem que esconder o interesse que sentem por seus pares, muitos adolescentes *gay*s, rejeitando sua identidade, ainda mobilizarão esforços para fazer daquilo um segredo *até para si mesmos*, fingindo admirar um colega de classe por querer ser como ele é, em vez de admitir para si que tal colega lhe é atraente.

Como resultado, esses adolescentes podem dar as costas aos laços com os grupos saudáveis do colégio, mergulhando nos trabalhos escolares, nas aulas de tênis ou nos ensaios da banda. Muitos terão êxito em deter o relógio do desenvolvimento, ao menos temporariamente, acabando por descobrir, anos depois, que perderam maravilhosas oportunidades de crescimento.

Alguns adolescentes se assumirão comodamente para si e para os outros, seguros e donos de si perante quem quer que os ameace: são dignos de admiração. Outros adolescentes serão tão severamente evitados pelos pares (ou por eles se apaixonarão de forma tão inequívoca) que não conseguirão mais esconder sua orientação nem de si mesmos nem de seus amigos. Outros ainda ficarão paralisados, plenamente conscientes de que são *gay*s, mas com um medo aterrorizante de que sua diferença seja descoberta.

O período entre o adolescente assumir para si mesmo sua condição e a admissão desse fato para pessoas que lhe são caras é tão dramático que as pesquisas indicam ser o mais provável para uma tentativa de suicídio. Entre rapazes *gay*s, a propensão para o suicídio é maior do que entre os heterossexuais. Em um estudo, 28% de meninos homossexuais ou bissexuais fizeram uma tentativa, contra 4% de rapazes heterossexuais. Garotas lésbicas ou bissexuais não dão mostras de maior risco do que outras garotas, embora, no conjunto, as meninas apresentem taxa de suicídio mais elevada do que os meninos.

Construindo um lar para filhos homossexuais

Se seu filho se revelar *gay*, você não conseguirá protegê-lo de toda a dor aqui descrita, mas, com esforços devidamente direcionados, é inquestionável que poderá lhe garantir uma infância substancialmente mais feliz e mais saudável e uma perspectiva maior de felicidade no futuro. O que você pode fazer?

Um bom jeito de começar é cuidar que a relação de parceria com seu filho seja a melhor possível, sobretudo se você sentir alguma falta de sintonia. Procure reinventar as maneiras como brinca com seu filho, tendo por base os interesses dele, que não serão iguais aos seus. O não conformismo de seu filho está fadado a se beneficiar de todo e qualquer esforço que você possa fazer para ir ao encontro dele e num terreno que é o dele.

Você, que é mãe, pode ter sido uma garotinha meiga, mas se está criando uma menina "machona", pense nisso como uma oportunidade de aprender. Deixe que ela lhe ensine. E, se você um pai como aqueles que não sabem nem ligar o fogão, por que não tentar um programa com seu filho na cozinha, se cozinhar é o que ele adora fazer? Entrar no mundo do filho e compartilhar algumas de suas paixões demonstrará sua afeição e o respeito que sente por ele.

Lindsey, mãe de uma garota de 6 anos, sente-se desconfortável ante o prazer da filha de se aconchegar junto aos seus seios. "A única pessoa por quem ela está visivelmente atraída sou eu", diz. "Meu medo é de me sentir responsável se ela se tornar homossexual quando crescer". Ela se pergunta se não deveria impor um limite a essa intimidade.

Não. Romances familiares não geram homossexualidade. Em vez disso, a exemplo das mais esperadas atrações entre pai e filha e mãe e filho, tão vistas na primeira infância, eles são tidos como os resultados de seus primeiros ímpetos. Uma menina de 6 anos a caminho de se tornar uma adulta lésbica pode estabelecer o tipo de relação sentimental com sua mãe que outras garotas reservariam para o pai. Meninos na mesma situação podem assediar o pai. Na verdade, crianças heterossexuais também fazem a corte para pais do mesmo sexo.

Eis aqui seu próximo desafio como pai ou mãe de uma criança possivelmente *gay*: encontrar um modo de aceitar sua atenção amorosa e a importância que ela tem. Somente essa aceitação pode instilar na mente de seu pequeno, sua pequena o sentido de que merece receber amor.

Pai, estamos certos ao imaginar que você seria um tanto reticente diante de tal possibilidade? Talvez você ache estranho se deixar seduzir por um buquê de margaridas oferecido por um sujeitinho do mesmo sexo – mesmo que ele só tenha 6 anos e ainda que ele queira apenas um sorriso ou uma sessão de cócegas. Faça o melhor que puder e tente não rejeitar suas pequenas oferendas e convites.

Proteção contra os colegas

Como já dissemos, no início do ensino fundamental, para os meninos, haverá os totens de intimidação. Você talvez se pergunte o que pode fazer a respeito.

"Nathan é um menino incrivelmente doce", comenta Nelly, mãe desse garoto de 10 anos. "É um menino maravilhoso e muito interessado por gemologia. Por isso, ele tem uma porção de anéis, com diferentes pedras. Ele adora usar essas coisas. Nas férias de verão, usou o tempo inteiro."

Interesse por enfeites é um dos atributos do "maricas". Parece ser assim que Nelly vê o filho, e não só em razão dos anéis. Ela e Reg, seu marido, nunca viram problema em Nathan usar anéis em casa. Só que, depois das férias, ele vai começar o quinto ano, e Reg decidiu restringir o uso dos anéis na escola. Para ele, Nathan será alvo de caçoada dos colegas.

É bem provável que Reg esteja certo. A chance de os meninos da classe zombarem do garoto é grande se ele aparecer cheio de anéis. Mas Reg e Nelly precisam saber mostrar ao filho essa possibilidade. Se apenas mandarem Nathan tirar os anéis ou disserem que anel é coisa de maricas, estarão se aliando aos meninos contra o próprio filho.

Em vez disso, Reg e Nelly podem dizer: "Não há nada de errado em usar anéis onde quer que seja e, se é isso que você quer, estaremos sempre com você". Eles podem avisar que provavelmente alguns garotos vão fazer troça, mas deixando claro que acham errada essa atitude. E caberia mostrar a Nathan uma série de formas de reagir se caçoarem dele, até mesmo chamando algum colega para brigar.

Se Nathan decidir ir adiante em seu propósito, os pais podem louvar sua coragem, sempre com um olho na atenção negativa que ela possa chamar. Se Nathan preferir não ir para a escola com os anéis, devem apoiá-lo e também mostrar que ele pode ficar à vontade para se expressar em casa.

Em vez de trabalhar para desviar um filho "mariquinha" ou uma filha "machona" de seu caminho, tente suavizá-lo. A meta não é mudar as inclinações da criança, mas desenvolver seus talentos e paixões, tentando ampliar as formas de prazer possíveis, ensinando-a a enfrentar as reações negativas dos outros.

As escolhas naturais de seu filho nas brincadeiras, no vestir e nos gostos em geral se ampliam na medida de suas reações emocionais ao mundo. Embora sofram influência dos que estão à sua volta, são também expressões do seu eu interior mais autêntico. Mais importante ainda: elas são *vivenciadas* como expressões desse eu interior. É bem verdade que a criança pode ocultar ou abandonar essas opções. E ela o fará se perceber que é o caminho mais certo para se manter perto de você. Nesse caso, porém, ela abandonará uma parte de si mesma e, com isso, perderá algo de sua vida, de seu espírito.

É muito triste ver um filho tentando satisfazer os pais mediante o sacrifício de seu espírito.

O que toda criança deveria saber sobre homossexualidade

Em meio a tudo isso, há algumas coisas que seus filhos precisam saber sobre este assunto tão delicado.

O puro e simples debate sobre homossexualidade na presença deles é uma das maneiras mais fáceis e eficazes de aumentar suas chances de ter uma infância e uma adolescência felizes, se acontecer de ele ou ela ser homossexual. Ao ensinar desde cedo que *gay*s e lésbicas existem e que você aceita essas pessoas, pode poupar ao filho, filha confusões dolorosas sobre seus desejos, reduzir o medo de que perderá seu amor e diminuir os efeitos das zombarias de outras crianças sobre sua autoestima.

Seja ele *gay* ou não, seja ela lésbica ou não, seus ensinamentos ajudarão essa criança a entender a diversidade ao seu redor, além de fazer dela alguém amigável em relação a pessoas *gays* ou lésbicas que venha a conhecer.

Cumpre salientar que alguns pais se sentem desconfortáveis ao conversar sobre homossexualidade com seus filhos pequenos; para eles, falar sobre esse tema é falar sobre sexo, e eles não se sentem preparados para fazê-lo com uma criança de 4 anos.

Você pode sentir dessa forma porque, ao ouvir uma referência a homossexualidade, pensa imediatamente em sexo. Mas é possível que, embora o termo possa sugerir umas tantas imagens na mente de seu filho de 7 anos, o sexo não estará entre elas. Um pesquisador estudou alunos do terceiro ano do ensino fundamental perguntando-lhes o que era uma pessoa *gay*. "Alguém que não sabe jogar bola" foi a resposta mais frequente dos pesquisados, com idades variando entre 8 e 9 anos.

Gil, 8 anos, supostamente sabe alguma coisa sobre homossexualidade. Seus pais têm diversos amigos *gays*. Um deles até morou no quarto de hóspedes da casa por um ano. Na pré-escola, ele foi a primeira criança da classe a notar que um dos coleguinhas tinha dois pais, tornando-se logo amigo desse menino. Por que? Os pais de Gil haviam aproveitado todas as oportunidades para informá-lo sobre pessoas homossexuais.

Durante o jantar, quando Gil veio com uma explicação bisonha sobre a origem do leite desnatado – disse que viria de cavalos, e não de vacas, e a atribuiu ao amiguinho Ari –, seus pais recomendaram a ele que fosse um pouco mais cético quanto à visão de mundo do colega, pois este às vezes dizia coisas sem sentido.

"É, é mesmo...", respondeu Gil, totalmente sério. "Sabem o que ele me disse ontem? Disse que homens *gays* fazem sexo um com o outro!"

Os pais de Gil ficaram pasmos. Como ele poderia desconhecer aquilo? Em todos aqueles anos de aprendizado sobre *gays* que se amavam e tinham famílias diferentes, ninguém havia lhe contado sobre a parte sexual, que tampouco jamais ocorrera a ele.

Por pensarem concretamente, as crianças pequenas acatam ao pé da letra os primeiros comentários sobre homossexualidade, sem pensar na abstração de pessoas fazendo sexo. Sendo assim, pode conversar sobre homossexualidade com seus filhos sem a preocupação de estar falando de sexo com eles antes do tempo. Aliás, você não precisa esperar além da pré-escola para contar a verdade sobre pessoas *gays* e lésbicas.

Palavras para crianças pequenas

Como falar com uma criança de 5 anos sobre homossexualidade?

Se você é pai, seu filho pode lhe fazer alguma pergunta sobre uma pessoa homossexual que tenha encontrado, ou usar um termo que ouviu referente a *gay*s. Se ele usar a palavra *gay*, pergunte-lhe se ele sabe o que significa. E, então, dê-lhe uma definição simples: "*Gay* é um homem que ama outro homem, assim como eu e sua mãe nos amamos. Uma lésbica é uma mulher que ama outra mulher, da mesma forma. Quando duas lésbicas ou dois *gays* adultos se conhecem e se apaixonam, por vezes eles formam uma família, como sua mãe e eu fizemos".

Pergunte a seu filho se ele entendeu, mas saiba que terá de repetir a lição até que ele tenha domínio sobre a questão.

Uma vez que ainda não desenvolveram seus próprios modos de amar, as crianças pequenas têm dificuldade para distinguir entre o amor romântico, o amor entre amigos e o amor entre membros de uma família. Sua filha pode dizer: "Eu amo a Emma. Por causa disso sou lésbica?". Ora, como você pode ver, não espere que ela compreenda de imediato. É um conceito difícil de apreender, por demais abstrato para uma criança que ainda não viveu uma paixão amorosa, mas você pode usar uma história romântica que a menina já conheça. Por exemplo: "Isso é amor de amizade. Não significa que você seja lésbica. O tipo de amor que uma lésbica sente por outra mulher é como o da Cinderela pelo Príncipe. Se a Cinderela fosse lésbica, ela se apaixonaria por uma princesa."

(E não teria de usar aqueles sapatinhos ridículos...)

Se sua filha não trouxer à baila o tópico da homossexualidade, talvez pergunte sobre uma família diferente, com dois pais, enquanto ela tem só um. Aproveite a oportunidade para ensinar sobre a homossexualidade, explicando sobre os diferentes tipos de famílias que as pessoas podem ter: "(...) e algumas pessoas têm duas mães ou dois pais. Duas mulheres que se apaixonam e formam uma família são chamadas 'lésbicas'. Dois homens que se apaixonam e formam uma família são chamados '*gays*'".

Não é preciso complicar mais nem ir além disso.

Tenha sempre em mente que, quando fala a uma criança sobre pessoas *gay*s, você não está apenas relatando fatos. Estará mostrando a ela seus próprios sentimentos a respeito de pessoas *gay*s e como quer que ela reaja. Você respeita essas pessoas? Poderia ter um amigo *gay*? Poderia amar esse tipo de pessoa? Pense cada um desses tópicos como forma de transmitir a seu filho como você reagiria se ele zombasse de um homem pelo simples fato de ele ser *gay*, ou se sua filha algum dia vier a ser lésbica.

Também estará transmitindo suas crenças gerais sobre como se relacionar com pessoas que são diferentes de você. Ainda que sua filha jamais se torne uma lésbica, a abertura que ela verá em você a ajudará, caso algum dia ela tenha que vir até você com algo que ela teme possa ser um desapontamento, ou que possa diminuí-la a seus olhos.

Você pode ainda ir mais diretamente ao ponto dizendo que aceitaria sua filha caso ela fosse homossexual. "Quando a ideia de namoro vinha à tona com minha filha Kristianna", diz Sally, "sempre fazia referência ao dia em que ela namoraria 'um garoto' ou 'uma garota'. Isso começou quando ela ainda estava no início do ensino médio, época em que isso estava longe de acontecer." Sally sente que sua abordagem funcionou bem. "Uma vez ela me disse: 'Mãe, acho que eu não vou ser lésbica.' Ela não deu mostras de preocupação ou embaraço, parecia uma constatação factual. Com isso, percebi que estava funcionando. Respondi: 'Tudo bem, mas você ainda é muito jovem para saber. Vamos deixar isso em aberto até você ter certeza'."

Assim, quando seu filho de 8 anos perguntar, voltando de um casamento, se vai ter bolo de chocolate quando ele casar, você pode dizer: "Um dia, se você conhecer uma garota ou um garoto, se apaixonar e quiser se casar, poderá ter o tipo de bolo que vocês dois quiserem".

Lembre-se: o reconhecimento das várias opções não faz um garoto heterossexual "virar" *gay*.

Introduza o tema para eles

Ensinar para seu filho o que essa palavra significa é ainda mais eficaz quando existe uma pessoa atrelada a ela. Um exemplo em carne e osso empresta "uma cara" ao conceito de homossexualidade que seu filho terá.

Pessoas que você quer bem e pessoas que farão parte da vida de seus filhos, ao menos por um período – grandes amigos, tias e tios, além de professores – são os melhores candidatos. Frequentemente, a questão é apenas não ocultar de seu filho a orientação sexual de alguém. Se seus filhos têm uma tia lésbica, não há necessidade de esperar até certa idade para contar: eles já poderão sabê-lo bem cedo na vida. Não falar sobre a orientação sexual da tia traz o risco de criar um segredo de família com uma mensagem subliminar que ninguém quer: "Temos vergonha dela". E a custo de muita energia e imaginação, se apresentam explicações para a vida pessoal da tia, de forma que sugira o contrário: "São amigas que, por acaso, vivem, dormem e viajam juntas".

Quando as crianças começam a se reconhecer nas categorias de menino e menina, tendem a fazê-lo com distinções francamente exageradas e de maneira rígida. Assim, tendo aprendido na pré-escola que meninos só namoram meninas, podem achar um pouco estranho o fato de um tio se encontrar com outros caras. Deixe que façam perguntas.

À medida que as crianças avançam no ensino fundamental, elas começam a absorver as atitudes dominantes em relação a *gay*s entre os amigos da escola. Um menino que aprendeu na quadra que "veado" é como se chama o garoto que perde a bola, pode precisar de algum tempo para corrigir as concepções negativas que veio adquirindo sobre homens *gay*s. De um modo ideal, digamos que seu filho já terá conhecido algum *gay* antes de chegar a esse ponto e sua própria experiência irá desviá-lo do estereótipo disseminado no ônibus escolar.

Lidando com o preconceito

Nos últimos anos vêm ocorrendo algumas mudanças de primeira grandeza na vida de crianças *gay*s. Elas podem ver personagens *gay*s na TV e ler sobre homossexuais nos jornais. Em algumas escolas, já é muito mais provável a presença de um professor *gay*, de uma palestrante convidada a descrever sua vida como lésbica, ou que saibam sobre determinado aluno homossexual. Uma coisa não mudou, porém. As palavras *gay*, v*eado* e *bichinha* continuam as três designações pejorativas mais comuns, desde a escola fundamental até o ensino médio.

Lydia, aluna do ensino médio, reproduz a questão da seguinte forma: "Não tem um dia em que eu não ouça alguém usar a palavra *gay* como adjetivo significando burro, inútil ou coisa pior". Outra caloura da faculdade lembra dos comentários discriminatórios que eram uma constante no ensino médio: "O pior insulto era acusar algum colega de ser homossexual ou insinuar, caçoando, que uma garota fosse lésbica. Eu tinha medo de chegar perto de homossexuais, com receio de que alguém pensasse que eu também era".

Crianças *gay*s podem não ser as únicas a sofrer preconceitos irrefletidos como os descritos por essas garotas. O Dr. William Pollack, psicólogo clínico e autor de *Real Boys* [publicado em português como *Meninos de verdade: conflitos e desafios na educação de filhos homens*], chegou a interpretar as atitudes "antigays" de garotos no colégio como parte da inibição que os meninos heterossexuais sentem no que diz respeito a expressar sentimentos, tratar os outros de modo caloroso ou pautar sua vida em formas mais originais e criativas, por medo de serem chamados de "veados". E qual adolescente não se sente vulnerável, temeroso de algum dia cair em desgraça, ser deixado de lado ou afastado da turma? Quando um grupo é evitado ou estigmatizado com impunidade, o sentido de segurança de todas as crianças começa a se corroer.

Ao que tudo indica, muitas crianças usam essas palavras sem pensar no que significam realmente e sem alimentar nenhuma sensação negativa contra pessoas *gay*s. "*Gay* não quer dizer *gay*", protestou recentemente um grupo de colegiais. "Isso significa apenas, sabe como é, *gay*".

Se seu garoto de 13 anos reclamar que não quer ver o DVD que a irmã escolheu porque "é *gay* demais", questione-o a respeito. Pergunte-lhe se ele está querendo dizer que o filme é sobre homossexuais e, quando ele responder negativamente, faça-o recorrer a uma palavra mais específica. Diga-lhe que o filme pode ser uma chatice, uma baboseira que não leva a lugar nenhum, mas não que seja *gay*.

Você pode explicar também que, embora ele não esteja dirigindo suas palavras a ninguém em particular, se algum *gay* o ouvir, certamente ficará magoado (um lembrete sobre o amigo *gay* ou a tia homossexual será especialmente útil nessa hora).

Quando você acha que seu filho adolescente é homossexual

Semanas depois de ter decidido conversar com o filho Michael sobre a pornografia *gay* que encontrou em seu armário, Charlotte ainda não havia falado com ele. Tampouco deixara de pensar sobre esse novo aspecto do filho. Num fim de semana, enquanto Michael visitava um amigo fora da cidade, de repente ela se viu sentada na escrivaninha dele, olhando o que havia em suas gavetas. Havia uma tira de papel enrolada, na qual Michael parecia ter escrito à mão uma combinação de letras e números: uma senha.

Charlotte inseriu a senha no computador e conseguiu entrar nos e-mails que o filho não havia apagado. Entre mensagens de colegas de classe sobre trabalhos de escola estavam conselhos de alguns caras, alguns oferecendo apoio para os medos e a solidão que ele havia descrito, outros convidando-o para algum encontro, outros confirmando onde poderiam se encontrar para transar. Não havia referências ao tipo de sexo que fariam.

Imediatamente, Charlotte pegou seu carro e começou a dirigir pela cidade, parando em todos os lugares onde Michael supostamente encontraria outro adolescente. Olhava os prédios de apartamentos, os interfones, as esquinas. Poucos dias depois, ao apanhar Michael na casa do amigo, ela não fez qualquer menção à sua excursão.

O que a impediu?

"Bom, talvez eu seja covarde, mas não me sinto no direito de botá-lo contra a parede por alguma coisa que ele optou não me contar. Acho que confrontá-lo seria algo muito embaraçoso para ele."

Talvez você compreenda como Charlotte se sente. Tem alguma informação sobre algo, talvez uma alusão, mas a deixa de lado por alguma razão aparentemente lógica, porque prefere não saber. Se o assunto que lhe causa conflito é a orientação sexual do seu filho, a espera estará chegando ao fim tão logo ele comece o ensino médio.

Lembre-se: meninos que acham que são *gays*, mas não contam a ninguém, correm um elevado risco de cometer uma tentativa de suicídio. O risco diminui se discutirem a respeito. Além disso, jovens mais satisfeitos em suas relações com os pais têm dado mostras de estarem fazendo sexo seguro, razão a mais para se abrir as linhas de comunicação acerca de sua orientação.

Dê um jeito para ter uma conversa tranquila com seu filho adolescente e lance o assunto de namoros e atrações sem cobranças. Pergunte se ele sabe de garotos *gay*s em sua classe. Veja como ele reage a alguns comentários sobre o que possa ser *gay* e sobre manter isso em segredo. Então, pergunte, sem sugerir que você acredita que a resposta seja "sim", se algum dia ele já sentiu atração por alguém do mesmo sexo. Essa é uma questão mais fácil de responder do que a pergunta em tom de afirmação: "Você é *gay*?".

Se a resposta for "não", talvez você tenha se enganado ou, então, ele não está pronto para reconhecer suas atrações. Deixe que ele negue, afirme que o ama e a vida continua: "Tudo bem. Se algum dia você achar que está atraído por algum homem, estou aqui se quiser falar a respeito. Como alguns pais não reagem bem a esse tipo de coisa, quero que você saiba que eu o amo, apoio e também o respeitarei se você for *gay*, hétero ou bissexual."

Ter seu filho se revelando com uma afirmação definitiva sobre sua orientação não é o principal objetivo dessas conversas, embora possa ser o resultado final. Seu objetivo é deixar o tópico em aberto para futuras conversas. Seu filho de 14 anos não deve se sentir pressionado a declarar seus desejos mais íntimos, mas você realmente quer diminuir os receios que ele possa ter se estiver pensando em lhe contar. Se, por outro lado, o garoto responder afirmativamente, sinta gratidão e orgulho por saber que, de um instante para o outro, você o livrou de um fardo que há muito ele vinha carregando. É claro que isso pode não ser exatamente tudo o que você sente.

Agora você já sabe

Sentados em um amplo círculo de poltronas confortáveis e sofás macios, um grupo de pais se reúne à noitinha para ouvir as histórias uns dos outros. Começam se apresentando. Uma mãe de fala mansa dá seu nome e diz que há três anos ela sabe que sua filha é lésbica.. Ela tem vindo há quase igual período a esses encontros de Pais, Famílias e Amigos de Lésbicas e *Gay*s (cuja sigla em inglês é PFLAG), no salão paroquial. Além dela, um casal tagarela, com seus 70 anos, trouxe para a reunião a filha já adulta, a companheira com quem ela vive há 15 anos e um álbum de fotos de bebê. Do outro lado da sala, uma mulher de aparência aflita: faz um mês e meio, descobriu que seu filho adolescente é *gay*.

O grupo quer saber como ela está lidando com a situação.

"Vou indo, eu acho, não sei. Li um livro sobre o menino que se assume para seus pais e daí o casamento deles acaba. Eu estava caindo pelas tabelas.

Não sei como me deixei ficar assim. Acho que foi um impulso de autodestruição." Ela recebe palavras de apoio. Um pai de dois filhos *gay*s a felicita: "Você se lembra do seu primeiro encontro conosco? Você chorou o tempo inteiro. De lá para cá, progrediu muito". Os outros concordam com a cabeça e dão um sorriso.

"Recebi um telefonema de uma amiga na semana passada", prossegue a mãe. "Ela queria me contar que seu filho acabara de ficar noivo. Não sabia sobre Alan. Eu... eu não tinha o que dizer. Acabei desligando." Uma das mães mais experientes comenta que, desde que ela havia contado aos amigos sobre a filha dela, eles passaram a ser mais cuidadosos ao discutir experiências que ela provavelmente não poderia compartilhar com eles.

O senhor que havia trazido o álbum comenta: "Ouça, quando minha linda filha e sua bela parceira tiveram sua cerimônia, há dez anos, eu e Ruth participamos de tudo. Teve *chuppah*, flores, quebra de copos e até um rabino. Você não pode imaginar como me senti orgulhoso naquele dia, conduzindo minha filha até o rabino. E depois teve música, dançamos bastante. Vou lhe dizer uma coisa: nós queríamos um casamento e tivemos tudo a que tínhamos direito!".

Pais como esses, que se encontram no PFLAG, costumam falar de um "caminho" ou de uma "via". Alguns já trilharam boa parte dessa via e têm gavetas cheias de *bottons* do tipo "EU AMO MEU FILHO *GAY*". Seus caminhos provavelmente conduzirão a rumos diferentes, mas todos parecem começar no mesmo lugar. Iniciam com algumas daquelas experiências intensas, inesquecíveis de tão marcantes, um momento pelo qual passaram e que mudou tudo. O momento em que o filho disse: "Eu sou *gay*".

O que você encontrará ao longo do caminho, que começa com um abraço na cozinha e termina (se é que termina) com você passando um álbum de fotos de bebê numa reunião no PFLAG? Certamente haverá decisões a tomar, como a que diz respeito a quais parentes contar e em que momento deixar a irmãzinha saber. Haverá gafes e recriminações. Mas acima de tudo, haverá uma miscelânea de emoções a administrar. Considere a seguir uma lista parcial.

Pesar: Alguns pais que conhecemos são capazes de jurar que jamais imaginam um futuro específico para seus filhos. Mas é difícil não sonhar um pouquinho. Talvez você imagine sua filha como uma jovem mulher, atingindo um grau de excelência em um ou outro campo profissional, encontrando um amor, etc. Você pode bem se agarrar a sonhos como esses durante 15 ou 20 anos. Até ela se assumir, bem quando você sentia que ela estava a ponto de realizar seus anseios, saindo para o mundo. De repente, a fantasia a que você havia se apegado é chacoalhada e, de uma hora para a outra, se despedaça. Você não perdeu sua filha, mas perdeu o futuro que havia imaginado para ela. E sente pesar.

Estranhamento: Ou talvez você sinta que *perdeu* sua filha. Como é possível você perceber que ela é uma pessoa diferente daquela que você pensava conhecer? Na verdade, ela pode começar a se comportar de modo diferente. Você pode achá-la mais viva, mais comunicativa, ou menos dócil. Ela pode começar a falar sobre um mundo que parece completamente estranho a você.

Vergonha: Agora ela assumiu e de repente você, mãe, se sente intimidada. Pode se descobrir evitando conversas sobre como sua filha está se saindo. Pode descobrir que ao falar nela você censura os detalhes sobre sua nova relação, ou sobre o movimento que ela está organizando na escola, mesmo que, por outro lado, sinta-se contente de verdade, e até mesmo orgulhosa. Pior: você pode achar que, naquela competição silenciosa que em qualquer lugar se trava entre pais, se encontra em embaraçosa desvantagem: "A filha dela não entrou em Stanford, mas a minha filha é *gay*". É difícil crescer nesse nosso mundo e não sentir que há algo de vergonhoso no que tange às pessoas homossexuais. Na qualidade de mãe de um homossexual, afastar esse sentimento pode exigir muito de você. Para isso, assumir a situação pode ajudar.

Medo: Depois que seu filho se assume, todas as histórias que você já ouviu sobre espancamentos, discriminação e AIDS fervilharão na sua cabeça. É, há razões para se preocupar. A média de homens homossexuais está mais exposta ao HIV do que a média dos homens heterossexuais. Incidentes assustadores como perseguições e ciladas são igualmente comuns.

Um modo de reagir é tomando medidas de proteção. É claro que você deve conversar sobre sexo seguro com seu filho – quer seja *gay*, quer seja hétero, mas também pode aventar uma reunião com o diretor da escola para melhorar o ambiente e, se necessário, solicitar maior proteção em suas dependências.

Raiva: Sua raiva também pode aflorar. Você tem raiva de seu marido/esposa, pois pensa que ele/ela não está reagindo bem. Tem raiva de seus amigos, por seu desconforto, ou pelo desinteresse deles. Tem raiva do homem que fala no rádio, do deputado, da mulher à sua frente na fila do caixa. Raiva pela intolerância de todos eles. E pode vir a ter raiva de sua filha por ela ser homossexual.

Culpa: É certo que a culpa chegará quando você se imaginar responsável pela sexualidade de seu filho ou quando pensar no conflito dele de não saber se podia recorrer a você.

Então, vem o *isolamento* – você se considera o único dentre todos os pais que você conhece a lidar com uma situação assim –, vem a *confusão* sobre a melhor forma de falar com seu filho agora e, finalmente, aparece a *fadiga*, por causa de tantos sentimentos conflitantes ao mesmo tempo.

Nesse momento, você percebe por que jamais lhe ocorreu que sua filha fosse homossexual até o dia em que ela lhe contou. Se realmente tivesse pensado nisso antes, você teria sentido essas coisas.

É fascinante o modo como a mente consegue manipular essas coisas. Você pode ter a percepção de que sua filha só teve paixonites por meninas e, ao mesmo tempo, sua mente esconder essa ideia atrás de uma cortina, para eximir você de ter que pensar profundamente nas implicações do fato, de ter que tirar qualquer conclusão dessa sua observação.

Os jovens homossexuais passam por isso, razão pela qual não conseguem responder à pergunta "desde quando você sabe?". Alguns parecem ter descoberto de uma hora para outra ("Eu vi um homem nu em uma revista e pensei 'Ai, meu Deus, eu sou homossexual'."). Mas outros levam anos para admitir para si mesmos e convivem com o "saber" e o "não saber"' durante muito tempo.

Agora que você já sabe, pode passar por raiva, ressentimento e por todo o resto, mas pela primeira vez você terá uma oportunidade autêntica de interpretar seu filho e, através dessa compreensão, vocês dois podem desenvolver uma relação mais rica, mais honesta e, em última instância, mais gratificante do que tinham até o momento, remontando a quando as coisas eram mais fáceis.

Para quem contar?

Todos no âmbito da família imediata podem saber que seu filho é *gay* tão logo ele se sinta confortável com o fato. Embora isso tenha passado por sua cabeça em um momento de fraqueza, esperamos que você já tenha rejeitado a tentadora ideia de manter seu marido – ou sua mulher – na ignorância. Segredos dessa magnitude podem causar estragos em um casamento. Se seu marido (ou sua mulher) ainda não souber, apoie seu filho no ato de se assumir. É claro que em certas famílias isso pura e simplesmente não é viável. Se seu parceiro/parceira pode botar o filho na rua, ou submetê-lo a um inferno, nesse caso o segredo pode se fazer necessário.

Os outros filhos também precisarão saber. Alguns pais pedem a seus filhos para não contar aos irmãos menores, supondo que os pequenos ficarão abalados, ou que falar sobre homossexualidade com uma criança pequena não é adequado. Já deixamos de lado essa última consideração. No tocante à anterior, alguns irmãos *ficarão*, sim, transtornados. Crianças que aprenderam a relacionar o termo *gay* a algo ruim podem não reagir bem à revelação da homossexualidade de um admirado irmão mais velho. Precisarão de algum tempo sozinhas com ele para compreender que ele na verdade não mudou; e deverão ter algumas lições, vindas de você, sobre orientação sexual e sobre como isso

> funciona. Se seu filho não quiser que os amigos saibam de sua orientação, você pode ajudá-lo a decidir se os irmãos são capazes de manter segredo ou não.

"De certa forma, ele me decepcionou"

Recentemente, em um encontro casual, Charlotte contou as novas sobre seu filho. Já fazia um ano que ela havia dado aquela olhada no bauzinho do Michael. "Michael? Ah, ele está bem", disse. "Ele vai para a faculdade e já estamos visitando algumas. Está jogando futebol e as notas estão boas. Para mim, ele parece um garoto bem ajustado."

Ela abriu o tópico sobre a sexualidade com o filho?

"À minha maneira, tentei deixar claro que a discriminação é uma coisa com a qual não compactuo, mas nada foi dito diretamente. Decidi que os riscos de um confronto com ele eram altos demais. Tive medo de que sentisse que me decepcionou ou que ficasse sem jeito ao falar sobre isso. Não, não quero isso para ele."

Mas não havia motivo para preocupação, ela estava certa. Michael não parecia deprimido, como já estivera, e tinha amigos. "Talvez ele tenha seus próprios demônios", disse Charlotte, "mas eles não agem a ponto de afetar seu dia a dia".

Quem sabe ela tenha esquecido sobre os e-mails, sobre a solidão que ele sentia e sobre o medo? E quanto às esquinas e aos interfones? A atitude de Charlotte mudou. Ela tinha pressa.

"De qualquer modo, até hoje, não estou certa de sua orientação. Ele tem tanto amigas quanto amigos. Parece um menino bem relacionado." E foi embora.

O que você diria a Charlotte? Que conselho daria a ela?

Eis o que tentaríamos dizer:

Seu filho não é o que você quer. Ele é *ele mesmo*.

E ele a *decepcionou*. Mas a verdade é que, desde que você teve esse filho, seu desejo de ele ser como você queria nunca fez parte do *script*. E é tremendamente difícil discutir o assunto. Mas ser pai ou mãe significa fazer coisas difíceis para ajudar os filhos. Faz parte da descrição do cargo.

Faça um esforço para conhecer seu filho ou sua filha. Faça um avanço e dê-lhe um abraço por ele ser quem é, por ela ser como é, e, se for algo incômodo ou assustador, tenha coragem. Seja mãe. Seja pai.

Capítulo 6

MUDANÇAS FÍSICAS DA PUBERDADE

Você está sentada na sala de espera, pensando em quanto tempo vai demorar. Será que o pediatra esqueceu de vocês? Mais uma olhada no relógio. Mas passaram-se apenas 12 minutos.

Rose lê um livro. "Acho que estou fazendo tempestade em copo d'água" – você diz a si mesma. Ela tem apenas 10 anos e não pode ter câncer de mama se nem seios ela tem. Mesmo assim, não poderia ser uma metástase? Crianças podem ter algum tumor ósseo. Ou leucemia. Não, não. Leucemia dá no sangue.

Talvez algum tipo de... furúnculo?

A enfermeira aparece, ainda bem, pois ela vem interromper esse fluxo de pensamentos e chama: "Rose?".

Em minutos, você está contando ao médico daquela protuberância. Rose pensou que fosse uma picada de inseto, mas, como você lhe explica, é uma coisa que não coça e fica debaixo da pele. "Parece uma bolinha de gude. E me ocorreu que pudesse ser... sabe..." – e faz um gesto que signifique "doença grave" – "por isso, gostaria que o senhor desse uma olhada".

O Dr. Rodriguez examina Rose. Sua expressão facial não muda. Isso é bom ou é ruim? Ele diz a Rose para vestir de volta a camiseta e sorri. "Tenho o diagnóstico. O termo técnico é Telarquia, mas, em linguagem leiga, é o primeiro sinal da puberdade."

"Ah.... então ela...?"

"É... é um seio."

Interrompemos este livro para uma aula de biologia.

Você se lembra da sua puberdade? Acne, ímpeto sexual, aquelas fotografias péssimas que você destruiu aos 20 anos – como esquecer todas essas coisas? Será preciso mesmo repassar todas as tabelas que o remetem a uma aula de ciências? Provavelmente, não. Mas poderá ser útil rever seus percalços, para que possam ser evitados durante a passagem de um filho para a fase adulta. E não vai doer reservar atenção especial para as perguntas que seus filhos poderão lhe fazer quando seus corpos começarem a mudar.

Saber o que os espera na puberdade pode evitar um excesso de ansiedade e não só da parte do pai ou da mãe. Algumas meninas que não aprendem sobre menstruação antes de acontecer, pensam que estão morrendo quando surpreendidas pelo primeiro ciclo. E meninos que descobrem a ejaculação, sem ter antes ouvido a respeito, às vezes entram em pânico. Um paciente de 12 anos que havia recém-começado a ter poluções, perguntou se por acaso não corria o risco de acabar com todo seu estoque de esperma.

Agora, há uma coisa que você provavelmente poderia responder sem a ajuda de um gráfico hormonal. Vista sob a perspectiva da infância, a puberdade pode parecer uma coisa formidável: o humor se modifica, surgem a autoconsciência e aquela irritabilidade infame. Será que a sua filhinha vai deixar de subir no seu colo? Você vai querer isso?

Aos 8 anos, Jemma tem uma ideia do que a espera, pois a irmã de sua amiga tem 13 anos. Ela já menstrua. Provoca a irmã e as amigas dela. Jemma se saiu com uma expressão original para tal choque intrínseco à puberdade: "encarar". "Eu estava com ela no carro outro dia, não me lembro o que provocou isso", recorda a mãe de Jemma, "'e ela disse: ah mãe, quando crescer eu não vou encarar isso, não'. Eu disse para ela: 'Sabe, Jemma, talvez não seja tão ruim'. E ela replicou: 'Mãe, todas têm de encarar esse negócio e é sempre péssimo'."

Leia este capítulo e irá aprender praticamente tudo que precisa para oferecer a seus filhos. A Lição 3 – Manual da Puberdade: dos 8 aos 13 anos – tem tudo o que acontecerá antes que aconteça. Talvez possamos também ajudar você a atacar alguns dos desafios que se seguem ao primeiro baque da puberdade. Embora possa parecer que ela vem de roldão, uma vez instaurada, haverá um longo caminho a se percorrer.

Quando chega a puberdade?

Sabemos muito pouco sobre o que desencadeia as primeiras excitações da puberdade. Sabemos que se trata de um produto complexo, resultado de uma série de hormônios atuando conjuntamente em vários órgãos do corpo, com o objetivo de criar as mudanças físicas da adolescência. Biólogos creditam os primeiros bombeamentos das glândulas adrenais, um par de órgãos enquistados logo acima dos rins, como o início das cascatas de hormônios que anunciam o processo de maturação da criança. A adrenarca – fase em que começam a aparecer os pelos pubianos – parece começar já aos 6 anos e seu sinal químico vai ficando gradualmente mais forte, tornando-se o responsável pelos primeiros lampejos de atração sexual da criança (comumente experimentados já aos 9 ou 10 anos). Mas as grandes figuras por trás da transformação física de seu filho em adulto são as tais glândulas sexuais, os testículos nos meninos e os ovários nas meninas, que, sob a tutela do hipotálamo e da glândula pituitária do cérebro, começam bombeando a testosterona e o estrógeno, responsáveis pela maior parte do que se vê.

No decorrer do século passado, houve uma mudança no cronograma da puberdade. Os adolescentes têm se desenvolvido mais cedo e crescido mais no mundo industrializado e em outros lugares – curiosamente, a maior parte do peso extra vem das pernas mais longas, e não dos torsos mais altos. Vá entender! As razões para tal mudança são desconhecidas, embora haja um consenso geral de que a melhoria na nutrição das crianças tem algo a ver com isso. Em todo caso, a mudança do limiar da puberdade vem se antecipando nas últimas décadas, levando a maturação de meninos e meninas a acontecer cerca de dois anos antes do que se dava no final do século XIX.

Como questão mais imediata do *timing* do desenvolvimento da criança, os primeiros sinais de puberdade são reconhecidos na menina entre os 7 e os 13 anos (ou mesmo a partir dos 6 anos, no caso de afrodescendentes) e no menino, entre 9 e 14 anos. É difícil fazer uma previsão mais exata para toda e qualquer criança, mas existe um componente genético no *timing* da puberdade. Se os pais da criança se desenvolveram mais cedo ou mais tarde, há uma chance razoável de que o mesmo aconteça com os filhos. A alimentação e outros fatores ambientais também têm seu peso. Na verdade, garotas subnutridas, como as anoréxicas, tendem a se desenvolver mais tarde, e meninas mais pesadas costumam se desenvolver mais cedo. Uma teoria diz que a garota começa a menstruar quando chega aos 45 quilos, independentemente da idade, porque esse peso lhe garante o armazenamento de calorias em quantidade suficiente para sustentar uma gravidez.

Há uma sequência geral de acontecimentos nas várias inovações da puberdade, que parecem sair da ordem em algumas crianças. A maioria das meninas, por exemplo, começa a desenvolver seios antes de ter pelos pubianos, enquanto outras o fazem na ordem inversa. E há grande variabilidade no tempo em que os adolescentes levam para ir de um marco ao próximo. Ainda assim, conhecer a sequência geral de eventos pode ajudar os pais a preparar o filho e a si mesmos para o que está por vir. Como guia rápido das mudanças, em sua ordem usual de aparição, as meninas tendem a começar com o surgimento dos seios, seguido dos pelos pubianos, na fase mais rápida do estirão, arrematada pela menstruação. Os meninos iniciam com o crescimento dos testículos, seguidos dos pelos pubianos, aumento do pênis, ejaculação e incidência das poluções noturnas, e então o ápice do estirão.

Pau de virar tripa

Vamos apresentar a vocês, pai e mãe, as mudanças que podem esperar para quando a puberdade acertar o passo com sua criança. Primeiramente, algumas palavras sobre estirão e pele, para então passar às mudanças particulares que meninos e meninas vivenciam separadamente.

Chuck, filho de Julie, vivia com o pai no outro lado do país, e ela não o via desde as férias de Natal, embora se falassem toda semana. No meio do ano, ela estava ansiosa por passar as férias e o aniversário de 14 anos do menino com ele. Chegou cedo ao aeroporto e começou a esperar o garoto, enquanto os passageiros saíam do avião. Aquela fila interminável de pessoas chegou ao fim e nada do Chuck. Teria perdido o voo? Então, foi surpreendida por um chamado bem de perto de seu ouvido: "Manhêêêê!". Ela se virou e viu o filho diante dela, sorrindo. "Ele tinha passado por mim e eu não o reconhecera. Era tão garotinho seis meses antes! E ali estava um adulto, não exatamente um adulto, mas muito mais alto."

Ah, o estirão. Uma hora você está olhando de cima para seu filho e na seguinte ele está olhando para baixo para você. É o sonho de todo fabricante de roupas – adolescentes crescem e perdem roupas mais depressa do que os lançamentos da estação. E o estirão costuma durar cerca de dois ou três anos.

As crianças geralmente passam por uma aceleração transitória de crescimento em algum momento após os 6 anos, atribuída à adrenarca, que pode dar a errônea impressão de que a puberdade começou. Mas o grande estirão virá um pouco depois e você saberá reconhecê-lo. Sua filha provavelmente começará o estirão logo após o aparecimento dos seios. Os quadris também aumentarão com o tempo e, um pouco depois, ela vai começar a adquirir mais gordura e músculos. Você pode não ter notado, mas ela provavelmente começou a formar reservas de gordura pouco antes do surgimento dos seios. Ao chegar à menarca (o início da menstruação, o marco da puberdade de toda e qualquer garota), ela estará se aproximando da altura que terá na fase adulta. Garotas tendem a crescer aproximadamente mais uns cinco ou dez centímetros após a menarca. Os meninos darão início a seu estirão cerca de dois anos depois das meninas e crescerão mais do que elas, nesse período. Mesmo quando parecer que a puberdade terminou, o menino poderá crescer ainda mais uns dois ou três centímetros.

Não, não é impressão sua. O crescimento começa mesmo lá de baixo e vai subindo. Os pés do seu filho espicham antes do restante do corpo. As pernas vêm em seguida e será preciso mais meio ano para que a parte superior do corpo comece a desabrochar. Um osso pode crescer antes do outro e os músculos nem sempre acompanham o processo, razão pela qual a garotada passa por uma fase desajeitada, aquela que causa uma devastação na autoconfiança deles e nos seus nervos.

Outros ossos também estão crescendo. A mandíbula de seu filho se torna mais proeminente. Como dissemos, os quadris de sua filha se alargarão, mas na verdade os quadris crescem tanto em meninos como em meninas, mas é mais difícil de perceber nos meninos porque eles também ganharão ombros mais largos.

Meninos e meninas passarão a ter músculos maiores, embora estes se façam mais notados nos garotos – cortesia da testosterona. Os músculos aumentam em tamanho cerca de um ano antes de aumentar em força, portanto, pai, você já está avisado – quando vir os músculos do seu filhote crescendo, será sua última chance de vencê-lo na queda de braço. As meninas armazenam mais gordura que os meninos. Em média, cerca de um quarto do peso corporal da menina provém da gordura, em comparação com cerca de um oitavo para os rapazes. Um pouco de gordura é importante. Se a proporção de gordura no corpo da menina for reduzido a menos de 17% do seu peso corporal, a menarca pode ser adiada. Mesmo assim, as garotas se preocupam com a nova silhueta de seu corpo, que para elas pode significar estar "pesada demais".

A caixa de voz do seu filho (laringe) passará por seu próprio miniestirão, provocando um alongamento de suas cordas vocais. Esta será a origem de uma voz mais profunda, que ocorre da mesma forma que o som produzido por um violoncelo, que é mais profundo do que o da viola, de cordoamento menos extenso. As mudanças de voz são muito variáveis, mas, na média, começam lá pelos 14 anos e a voz alcança sua qualidade adulta no período de um ano. O que não significa que ele não vá choramingar feito uma criança, por exemplo, na hora de levar o lixo para fora. Também desenvolverá o pomo de adão, formado pela cartilagem no pescoço, que cresce formando um ângulo mais protuberante nos meninos do que nas meninas.

O primeiro ataque: meninos

Ele resmunga. Está agitado. Foi mal na prova? Seu time perdeu a final do campeonato? Levou um fora em seu primeiro encontro? Não, pior; muito, muito pior: apareceu a primeira espinha no garoto.

Maldição da adolescência e esteio de toda uma indústria de sabonetes especiais, cremes e que tais, a acne não pode ser ignorada: 85% dos adolescentes enfrentam a acne, que geralmente aparece logo depois que o menino começa a ter pelos nas axilas e pode continuar por muito tempo após ele sair de casa.

Minúsculas glândulas cutâneas secretam adiposidade, as glândulas param, bactérias se alojam ali, e então aquelas coisas feias aparecem – cravos, espinhas, pápulas, pústulas, cistos e nódulos. Por que agora? Tudo isso acontece graças a uma só e mesma química, que brinca com o impulso e a têmpera sexual do seu filho: a boa e velha testosterona.

Aconselhe seu filho a evitar cosméticos oleosos ou hidratantes. O melhor é usar produtos "para pele oleosa", que não provocam oleosidade, "não acnegênicos" ou "não comedogênicos" (que não obstruirão seus poros). Lavar o rosto várias vezes durante o dia só piora as coisas e espremer deixará marcas na pele. A boa notícia é que os medicamentos estão melhores do que quando você era adolescente. E, se seu filho está preocupado com eventuais cicatrizes, existem tratamentos para reduzir sua visibilidade.

Se perceber que seu filho está desenvolvendo acne e ganhando músculos ao mesmo tempo, não ignore a possibilidade de ele estar fazendo uso de esteroides anabolizantes, prática que desenvolve os músculos, sim, mas pode causar danos no fígado, atrofia muscular e obstrução no crescimento. Garotas que fazem uso dessas substâncias podem apresentar problemas menstruais.

Agora, as garotas

Eu não pude acreditar. Hannah chegou em casa e me contou que sua amiga Maddy tinha voltado do acampamento de férias com peitos. Pude ver que a menina tinha desenvolvido alguma coisa, mas nada digno de nota. Só que Hannah começou a se preocupar: "Logo serei a única reta que nem uma tábua no quinto ano". Pronto. Começou.

Jessica, sobre a filha de 10 anos

Os seios têm de começar em algum lugar. Quando sua filha sentir pela primeira vez um peitinho nascendo, talvez ele não seja maior que uma ervilha. Pode haver diversas ervilhas diminutas, podendo surgir algumas de ambos os lados. Sua filha talvez nem chegue a notá-las; mas se notar, poderá não ter ideia do que são e vai recorrer a você para saber. Mesmo tendo passado pelo desenvolvimento das glândulas mamárias, é fácil esquecer a fase das ervilhas.

Em caso de dúvida, leve sua filha ao médico que a acompanha, para ele dar uma boa examinada, ainda que a título de confirmação. E pode acreditar quando dizemos que vocês não serão a primeira nem a última família a sair de lá com o diagnóstico: "Desenvolvimento normal de seios". E que alívio!

Esther lembra que já havia completado 11 anos e estava em um acampamento de férias. Sentiu alguns "caroços debaixo da pele. Eram perto dos mamilos e eu estava convencida de que estava com câncer". Mesmo assim, não contou a ninguém, embora estivesse com medo. Mas quando os caroços ficaram maiores e outros foram aparecendo, ela percebeu que estava criando seios. "Metade de minhas amigas tinha peito, de forma que eu sabia que isso estava para acontecer. Acho que eu só não tinha a menor ideia de como sentiria o aparecimento deles."

Na maioria das garotas, o desenvolvimento dos seios é o primeiro sinal da puberdade. Os ovários e o útero a essa altura já começaram a crescer, mas obviamente eles não são visíveis. As ervilhas logo crescem o suficiente para esticar a pele: é o crescimento dos seios propriamente dito. Cerca de um ano depois, os seios podem estar mais redondos e mais cheios, e os mamilos e a aréola (a área em volta do mamilo) ficam maiores e também mais escuros. Em outro ano ainda, a aréola se tornará mais protuberante em relação ao seio como um montículo distinto, embora algumas garotas possam pular esse estágio. Finalmente, cerca de dois anos mais tarde, a aréola deixará de se destacar, e o seio alcança a forma adulta.

A puberdade não é nado sincronizado. Os seios de sua filha podem se desenvolver em proporções diferentes, com um ligeiramente maior que o outro por algum tempo. Você pode garantir a ela de que dentro de mais ou menos 2 anos seus seios estarão de tamanho bem semelhante um do outro. Se ela estiver consciente da diferença, talvez você a pegue pondo algodão dentro do sutiã para que os dois pareçam mais proporcionais. Esse processo pode não ir ao encontro do ideal de gostar do próprio corpo como ele é, mas pode ajudá-la a superar essa fase. Quando os seios estiverem plenamente crescidos, não será incomum persistir alguma diferença de tamanho entre eles.

Tão logo perceber que os seios de sua filha estão começando a surgir, o passo seguinte será a compra do sutiã. Qual o momento certo para começar a usar um sutiã? Na verdade, não há tempo certo. O fato é que a maioria das garotas não *precisa* de um sutiã por qualquer razão física, a não ser que sintam algum desconforto durante exercícios, ou se tiverem seios grandes demais que lhe afetem a postura (e nesse caso um sutiã pode ajudar). O uso do sutiã tem, geralmente, função mais social.

A maior influência sobre a decisão de usar sutiã é o que as outras garotas estão fazendo. Se a melhor amiga da sua filha tem um sutiã, ela pode querer um também, e mesmo não havendo uma razão prática para lhe dar um, também não há porque não fazê-lo.

A decisão para o uso de sutiã pode partir do pai ou da mãe, que se incomoda com a súbita visibilidade da nascente sexualidade da filha.

"Eu não estava pronta para lhe dar um sutiã e ela não estava pronta para usá-lo, mas foi uma pressão do pai dela – meu ex-marido –, que me telefonou e disse para eu deveria lhe dar um", disse Janice sobre a filha de 9 anos, Savvy. "Eu sabia o que o estava incomodando. Quando Savvy e eu aparecemos na casa de meus pais alguns meses atrás, todo mundo ficou um pouco quieto, encabulado. Meus pais e meus irmãos disseram coisas vagas como 'puxa, como ela cresceu', ou 'ela está mais reforçada', isso longe dos ouvidos de Savvy e em tom meio sério. Ou seja, eu achei que estavam um pouco embaraçados."

As próprias garotas podem pedir um sutiã por razões semelhantes, esperando que ele vá ocultar essas novas partes do corpo, sabendo que do contrário ficarão ostensivamente visíveis. Por outro lado, outras não gostam de usá-lo, porque incomoda ou esquenta.

Janice conversou com Savvy sobre passar a usar sutiã. "Ela ficou entusiasmada com a ideia. Era coisa de gente grande. Fui com ela às compras. Ela experimentou três modelos de sutiãs e ficou com o que mais gostou. Compramos dois. Em casa, tendo passado uns 20 minutos com um, disse que não tinha gostado. Agora ela usa de vez em quando em casa, mas não fora. Que ela saiba, nenhuma de suas colegas de classe usa sutiã".

Algumas meninas podem não se mostrar ansiosas para usar sutiã. Talvez não queiram que as pessoas notem que elas estão mudando e preferem ocultar os seios aparentes com roupas largas. Os seios de Sonia começaram a aparecer, mas não contou a ninguém. "O velho sutiã de adaptação que minha irmã tinha estava na gaveta e eu peguei. Alguns dias eu usava, se achasse que ele não seria percebido através da roupa, e outros dias, não. Lembro de um dia, quando meu pai me deu um tapinha nas costas. Fiquei apavorada que ele tivesse sentido meu sutiã. Mas nunca disse nada."

Se sua filha for uma das últimas garotas a se desenvolver, ela pode estar ansiosa para usar sutiã antes do surgimento dos seios. Deve sua autoestima se basear no tamanho dos peitos? É claro que não. Você estaria alimentando essa ideia, ao permitir que use um sutiã antes de estar se desenvolvendo? Talvez, mas isso provavelmente depende do modo como você lida com a situação. Se ela estiver constrangida pelo fato de todas amigas já terem sutiã, poderá não estar em seu estado mais receptivo para aprender sobre o conceito de "mulher objeto" e porque não deve se importar com o que os outros pensam. Por outro lado, se ela não estiver preocupada com a falta de seios, insistir em usar um sutiã de adaptação, ou um sutiã de bojo, pode criar nela uma consciência desnecessária do fato.

As gêmeas de Tânya quase não parecem irmãs, de modo que não surpreendeu quando Alfreda começou a criar seios e Katrina, não. Mas Tânya não permitiu que fosse uma deixa para Katrina se sentir inferiorizada. Assim, no aniversário de 11 anos das meninas, disse a elas que logo começariam a ficar moças. Disse que não deviam esperar que ambas passassem por essa mudança ao mesmo tempo. E surpreendeu-as com uma visita a uma loja de departamentos para que lá comprassem seu primeiro sutiã. "A parte do sutiã foi fácil...", observa Tânya. "Agora, o difícil será conseguir que as duas sejam convidadas para sair com um menino ao mesmo tempo..."

Acabando com os pelos

> *Ela pirou com os pelos debaixo do braço. Se sentia estranha na natação e perguntou se podia raspá-los. Sugeri que esperasse, pois uma vez começado, tem de continuar sempre. Um dia, ouvi quando conversava com uma amiga a respeito. Foi algo assim: "Molly, você já está com pelos embaixo do braço?". Molly: "Não...". Sarah: "Eu tenho". Molly: "Ah, sinto muito". Sarah: "Tudo bem...".*
>
> **Vanessa, sobre a filha de 9 anos**

> *Ela me implorava para deixá-la depilar as pernas. Eu queria que ela esperasse, mas isso a estava incomodando de verdade; então, eu mesma a depilei, com todas as irmãs em volta pedindo a mesma coisa. Ela ficou orgulhosa, vibrando!*
>
> **Tess, sobre a filha de 12 anos**

Se os seios da sua filha estiverem crescendo, os pelos pubianos não deverão tardar. É provável que apareçam dentro de seis meses após o surgimento dos seios, embora ela possa ter seios antes, ou bem depois. Outros pelos, como nas axilas e nas pernas, provavelmente não crescerão até que os pelos pubianos estejam completamente cheios, embora aqui o cronograma também possa variar.

Com os pelos vem a questão de raspar ou depilar com cera. Isso é questão de estilo e costume. Razões médicas para a depilação não existem e as mulheres do mundo inteiro vivem perfeitamente com pelos nas axilas e nas pernas.

Obviamente, muitas mulheres americanas se depilam. Quando decidir conversar sobre depilação, provavelmente constatará que sua filha já aprendeu com uma amiga, talvez sozinha, ou vendo você ou outra pessoa se depilar.

O ciclo menstrual: um refrigério

A história completa do ciclo menstrual envolve múltiplas glândulas e órgãos bombeando hormônios em conjunto com a precisão de um balé minuciosamente coreografado. Os detalhes rendem algumas palestras em cursos de biologia, mas, aqui, apresentamos o básico.

O ciclo dura de 21 a 35 dias. É costume contá-lo desde o primeiro dia de sangramento de uma das mênstruas (o "período" propriamente dito) até a véspera do primeiro dia de sangramento da mênstrua seguinte. No entanto, iniciamos nossa descrição já adentrando o ciclo, logo após a mênstrua ter se completado.

Fase folicular: A menina já nasce com todos os óvulos que terá pela vida inteira. Cada óvulo imaturo jaz em seu próprio folículo, como se fosse um casulo, armazenado em um dos ovários. No início da fase folicular, dois hormônios estimulam o desenvolvimento de vários folículos em um dos ovários. Gradualmente, um dos folículos se torna dominante, enquanto os outros regridem. À medida que o folículo dominante amadurece, ele secreta cada vez mais quantidades do hormônio estrógeno, que estimula a parede do útero (chamada endométrio) a crescer. Essa fase dura de 10 a 17 dias. A variabilidade na duração do ciclo menstrual costuma depender da duração da fase folicular.

Ovulação: Uma irrupção hormonal da glândula pituitária causa a ruptura do folículo. O óvulo é liberado e levado pelos dedos ávidos das trompas de Falópio a descer até o útero. Algumas mulheres sentem cólica ou uma pontada ao ovular (chamada *Mittelschmerz*), mas a maioria não sente nada.

Fase lútea: Os remanescentes do folículo se transformam em um órgão chamado "corpo lúteo", que secreta o hormônio progesterona, bem como algum estrógeno. Juntos, esses dois hormônios incitam o endométrio a se tornar mais grosso e mais rico em sangue, de modo que ele possa sustentar e nutrir um embrião. A progesterona provoca uma elevação na temperatura do corpo, que pode ser medida caso se precise saber se a ovulação aconteceu.

Esse é o período em que a gravidez pode ocorrer – o período fértil. Durante o intercurso, pelo menos 300 milhões de espermatozoides entram na vagina. Passam através do muco cervical em questão de minutos e dentro de meia hora pode haver centenas de milhares de espermatozoides no canal cervical. Alguns percorrem toda a extensão das trompas de Falópio, enquanto outros fazem uma parada estratégica de diversos dias antes de continuar a viagem. O esperma permanece funcional por 72 horas e possivelmente por até cinco dias. O óvulo pode ser fertilizado em um período de 12 a 24 horas após a ovulação, de modo que as probabilidades de uma mulher engravidar serão maiores se o esperma já estiver presente em suas trompas quando ela ovular. A fertilização geralmente ocorre na parte superior da trompa e o embrião desce por ele para o útero em um período de dois a três dias. A implantação na parede do útero ocorre entre seis e sete dias após a fertilização.

Se um embrião se prende na parede uterina enriquecida, o corpo lúteo sobreviverá no curso da gestação. Não havendo gravidez, ele regride em aproximadamente 14 dias.

Fase menstrual (ou mênstruo): Quando não ocorre gravidez e o corpo lúteo se deteriora, cessa a produção de estrógeno e progesterona, e assim o endométrio perde toda sua estimulação. Ele encolhe e se desfaz na forma de sangue, tecido e muco, que juntos compõem o fluxo menstrual. Na média, a fase menstrual dura de quatro a seis dias – período muito significativos para a adolescente, sobretudo se for a primeira vez.

Menarca e menstruação

Jamais esquecerei de quando fiquei menstruada pela primeira vez. Eu havia sido mordida por um cachorro naquele mesmo dia e pensei que fosse uma hemorragia interna, ocasionada pela mordida. Não era para eu estar na casa que tinha aquele cão. Por isso, não contei à minha mãe. Depois, acabei descobrindo o que era.

Júlia, mãe de dois filhos

Rufar de tambores, por favor.

Cerca de dois anos depois de começar a desenvolver seios (três anos se ela não for das mais precoces), sua filha chegará à menarca – o primeiro período menstrual. Escritora e jornalista especializada em ciência do *The New York Times*, Natalie Angier escreve em *Woman: An Intimate Geography* ("Mulher: Uma geografia íntima"): "Quando as pessoas falam em fatos inesquecíveis, dizem lembrar exatamente onde estavam quando o presidente John Kennedy foi assassinado ou quando o ônibus espacial *Challenger* explodiu. Mas aquilo que as mulheres nunca esquecem é do seu primeiro ciclo menstrual. Essa é uma lembrança gravada no cérebro com o sopro de uma grande emoção".

Em média, a menarca aparece aos 12 anos, com a maioria das garotas começando entre os 10 e os 15 anos. Nos diversos meses que antecedem a menarca, elas podem ter um pouco de corrimento vaginal que é fino, claro ou leitoso, e sem cheiro. Ele vem do útero e é normal. É como se fosse o aviso final antes do ciclo. Se você ainda não conversou sobre menstruação com ela, essa é a hora.

A parede do cérvix, ou colo do útero, estará plenamente madura apenas no final da adolescência. Até lá, ela não é tão resistente às DSTs, sendo assim mais fácil o adolescente se infectar quando expostas a certas doenças sexualmente transmissíveis. (Falaremos mais a esse respeito no Capítulo 11.)

Na menarca, embora já comece o fluxo menstrual, os óvulos geralmente não estão prontos para ser liberados; porém, cerca de um ano após o primeiro ciclo, darão início à sua rotina mensal de crescimento e erupção, processo que vai durar pelas décadas seguintes. Isso não quer dizer que sua filha não possa engravidar já no primeiro ano após a menarca. Estamos falando aqui em estatísticas e algumas garotas começarão a liberá-los mais cedo.

Ciclos menstruais se apresentam de formas um tanto peculiares no início. O fluxo sanguíneo pode ser abundante ou não, durar muito ou pouco, e pode haver um lapso de tempo particularmente longo entre os períodos. Por causa de estresse, viagens e mudanças na vida da garota, é possível falhar um ciclo e, embora isso não seja exatamente incomum, pode ser que ela esteja grávida. Por isso, é recomendável fazer um teste de gravidez. A maioria das meninas terá períodos mais regulares um ano ou dois após a menarca.

O fluxo, de modo geral, equivale a uma colher de chá ou a meia xícara. Se o fluxo de sua filha for mais farto do que o habitual, será o caso de procurar um médico.

Muitos absurdos têm sido ditos sobre a necessidade de limitar as atividades durante a menstruação. Bobagem. Sua filha pode e deve fazer o que ela tiver vontade. Se ficar com tontura ou um pouco de fraqueza durante a menstruação, ela que diminua o ritmo "naqueles dias", mas, de modo geral, isso não será necessário.

Um dia, você poderá ouvir uma voz fraquinha chamando lá de dentro do banheiro: "Mãe?!", e é provável que você já saiba do que se trata. Felizmente, antes que chegue esse dia, sua filha terá recebido as informações básicas sobre a menstruação.

Quando Kathy tinha 11 anos, descobriu um pacote de absorventes numa prateleira do seu armário. Sua mãe havia aquilo posto lá. Ela ainda não tinha começado a menstruar, mas já sabia, pelas amigas, para o que serviam. "Minha mãe nunca se sentiu muito à vontade para falar sobre coisas relacionadas a corpo ou sexualidade. Perguntei a ela para que serviam os absorventes e ela me disse que um dia eu precisaria deles."

Quando Kathy finalmente menstruou, ela chamou sua melhor amiga, Wanda, que veio e lhe mostrou como usar o absorvente. "Não era difícil, mas eu precisava que alguém me mostrasse na primeira vez. Você tira a fita adesiva, ajeita, faz assim e assado. É confuso no começo." As duas garotas finalmente decidiram tentar os tampões. "Ambas estávamos 'naqueles dias' e queríamos nadar."

Elas pegaram a menor caixa que havia na farmácia, pensando que seria mais fácil. Só que os tampões da caixa menor vinham sem o aplicador. "Começar sem o aplicador é complicado." Tiraram na sorte para ver quem iria primeiro. "Wanda estava no banheiro tentando, mas não conseguia. Então, eu fui tentar. Não foi fácil. Meus músculos ficavam tensos. Doía. Eu não sabia o que estava fazendo". Kathy conseguiu colocar boa parte, o que fez Wanda tentar novamente e acabou conseguindo.

"Daí, fomos nadar. O pedacinho do tampão que ficou para fora da minha vagina, expandiu com a água e dava para ver aquela protuberância estranha no meu maiô. Falando agora é engraçado, mas na hora não foi nem um pouco. Fiquei apavorada. Depois, ficamos sabendo dos aplicadores. Por causa dessa experiência, com certeza vou contar para minha filha tudo o que ela precisa saber."

Carl, pai solteiro, aprendeu com amigas o que dizer para a filha: "Contei tudo a ela sobre os ciclos menstruais antes que eles começassem. E lhe falei também sobre como usar os absorventes. Eu tinha virado um perito de uma hora para a outra, já que fui obrigado a aprender. Também peguei alguns macetes, daqueles que só vêm com a experiência – por exemplo, que ela devia sempre levar alguns absorventes e uma calcinha extra na mochila". Mas Carl não tinha em mente ensinar tudo. "Quando ela estiver a fim de usar tampão, minha irmã virá para ajudá-la. Acho que é nessa hora que ela realmente vai precisar conversar com alguém que tenha experiência própria."

Absorventes, tampões e esponjas

Os absorventes higiênicos têm camadas retangulares de algodão ou de outro material absorvente e revestimento protetor de plástico de um lado. Seu tamanho é mais ou menos o de um apagador de lousa, só muito mais finos. A maioria vem com fitas que aderem à calcinha, e o lado revestido de algodão fica contra os lábios vaginais. Os absorventes vêm em tamanhos e espessuras diferentes (por exemplo, o que se destina a ultraproteção), e sua filha talvez precise variar a espessura de acordo com a densidade do fluxo durante os dias da menstruação. Muitas meninas começam com absorventes, mais fáceis de usar do que os tampões, quando ainda não estão familiarizadas com sua anatomia.

Os tampões são feitos de material absorvente em forma de cilindro, que se encaixa diretamente na vagina para absorver o fluxo menstrual. Podem ser colocados com os dedos, mas alguns vêm com aplicador. Ele deve ser inserido o suficiente para que ela não o sinta. Se não estiver confortável, é porque não está colocado corretamente. Para removê-lo, basta puxar o barbantinho que fica para fora da vagina.

Assim como os absorventes, os tampões vêm em tamanhos diferentes e a escolha deve se basear no conforto e na quantidade do fluxo. A maioria das meninas começa com o tamanho pequeno. Se o tampão não deslizar direito, pois a vagina está seca, ela pode usar um lubrificante. Muitas meninas acham que o tampão é mais confortável e prático do que o absorvente.

Talvez você precise libertar sua filha de alguns mitos sobre o tampão.

Mito 1: Algumas meninas acham que o tampão pode se perder "lá dentro". Não, não pode. Não tem como. A única abertura é o osso cervical, que é diminuto (exceto quando se expande para que um bebê nascer). Por isso mesmo, o tampão também não vai cair (exceto, talvez, quando ela estiver fazendo força no vaso sanitário), porque são seus músculos vaginais que o mantêm lá dentro. Sua filha não pode esquecer que está com um tampão, mesmo se a cordinha desaparecer em sua vagina. Não é difícil retirar um tampão sem a cordinha: ela pode alcançá-lo dentro da vagina.

Mito 2: Há quem pense que, se usar tampão, deixará de ser virgem. Tampões podem romper ou estirar um hímen intacto, mas isso não é comum. Muitas garotas não se importarão, mas se sua filha não quiser fazer nada que possa afetar o hímen, ela deve usar absorvente. Se for difícil colocar o tampão, ela pode esticar o hímen com os dedos. Provavelmente, ela achará mais fácil usar absorventes até que o hímen se torne mais flexível ou até ela ter um intercurso sexual.

As esponjas menstruais são semelhantes aos tampões, já que também são inseridas na vagina; a diferença é que podem ser reutilizadas. É muito importante lavá-las cuidadosamente antes de usá-las novamente. Mas nem sempre são fáceis de encontrar.

O que quer que sua filha decida usar, ela deve trocar várias vezes por dia, principalmente se o fluxo for abundante. E também para evitar a síndrome do choque tóxico, que é causada por uma bactéria e pode se espalhar pelo corpo todo. Os sintomas incluem febre, dores musculares, vômitos e diarreia, de modo que a princípio pode parecer uma virose. Mas em dois dias ela sentirá a cabeça leve e terá vertigem; desenvolverá uma erupção de pele semelhante a uma queimadura de sol: olhos irritados e vermelhos; urina escassa e juntas inchadas. Ocorrendo esses sintomas, sua filha deve ser encaminhada a um médico imediatamente.

É possível ter um choque tóxico mesmo que a mulher não esteja menstruando e nunca use tampão. Até homens podem ter essa síndrome. Porém, acredita-se que os tampões aumentem as chances, porque as bactérias podem proliferar em um tampão que permanece por muito tempo no corpo. Essa síndrome é raríssima e o melhor meio de evitá-la é trocar regularmente os tampões. Há quem recomende o uso de tampões de baixa absorvência e não perfumados. Também é boa ideia usar absorventes ao dormir, para não ficar com o tampão a noite inteira.

A vida dos meninos

Não só seu filho começará a puberdade mais tarde que sua filha, mas quando acontecer, é provável que tanto você quanto ele percebam menos o que está se passando. O corpo dos meninos começa a se desenvolver com muito menos estardalhaço que o das meninas. Provavelmente, em algum momento entre os 9 e os 14 anos, os testículos dele começarão a aumentar. Será o primeiro sinal.

O menino estará um pouco mais propenso a perceber que seu pênis cresceu, mas muitos garotos não se dão conta disso em um primeiro momento. O pênis começará a crescer quando ele chegar aos 10 e antes dos 14. Primeiro ele ficará mais longo; depois, mais grosso e talvez mais escuro. Leva cerca de três anos para ele chegar ao tamanho adulto. O que com certeza os meninos perceberão é o que podem fazer com seu pênis, ou melhor, o que seu pênis pode fazer por eles, mas isso veremos mais adiante.

Carol descobriu que a puberdade de Carter havia começado quando ele gritou, todo feliz, da banheira: "Mãe! Eu tenho um pelo pubiano!". Esse será o primeiro sinal que seu filho provavelmente não deixará escapar. Na média, os pelos pubianos começam a crescer quando os meninos chegam aos 12 (de modo geral, um ano após o início do crescimento dos testículos), mas, como sempre, a variação é muito grande. No começo, ele poderá lhe dizer exatamente a quantidade de pelos que tem, mas logo estes ficarão densos demais para ele poder contá-los. Os pelos vão enrolar e ficar mais grossos e se espalhar em direção ao umbigo, ao escroto e pelas coxas.

Te peguei!

Vanita havia estabelecido um ritual matinal com seu filho. Ela o acordava para a escola, ele pedia uns minutinhos, ela o deixava dormir um pouco mais, e então voltava, ficava em pé ao lado da cama e o fazia se levantar. Funcionava. "Sou um alarme-soneca profissional, mas só tenho uma regulagem pela manhã e ela é temperamental", diz, com um sorriso maroto.

"Um dia, ele não quis levantar da cama após seus cinco minutos e então eu puxei as cobertas e lá estava ele, aparecendo para fora da cueca. Nunca tinha me ocorrido. Voltei a cobri-lo e disse algo idiota tipo 'OK, você venceu, mais cinco minutos'. Quando ele passou por mim já pronto para a escola, comentou que ia precisar de alguns minutos extras certas manhãs, e me deu um largo sorriso, mostrando que estava tudo bem."

Conforme explicamos no Capítulo 1, os meninos começam a ter ereções antes mesmo de nascer. Mas, à medida que seu filho vai chegando ao fim do ensino fundamental, as ereções cada vez mais serão desencadeadas pela atração sexual. E, com o crescimento do pênis, elas se tornarão mais óbvias, tanto para ele quanto para quem se der ao trabalho de olhar. Alguns garotos podem ser muito discretos com relação a suas ereções e muito preocupados com a possibilidade de serem descobertas por alguém.

Enfim, o esperma!

> *Eu estava sonhando com um livro de dobraduras. Havia um homem com um pênis em dobradura, que ficava saltando do livro e se encolhendo. Eu virava as páginas e havia mais pênis em dobradura. Então, acordei, pensando estar fazendo xixi na cama, mas vi que era gostoso, e daí me dei conta. Meu pai tinha me dito que isso podia acontecer. Quer dizer, ele havia me contado sobre as poluções noturnas, mas não sobre a parte do pênis em dobradura.*
>
> **Sam, relembrando seus 13 anos**

A roupa suja está se acumulando e você sabe que é a vez de sua mulher pôr para lavar. Que fazer? Se virar ou ficar sem meias no dia seguinte? E lá vai você separar em pilhas as roupas brancas das coloridas. Branca, verde, branca, branca, *jeans*, branca, branca, bran... mancha. A cueca do seu filho está com uma mancha de consistência mais dura. Você logo a reconhece. Uma velha amiga de tempos atrás: a polução noturna.

Seria o caso de dizer alguma coisa? Ele sabe o que é isso? Sua mulher já falou para ele? Deve lavar essa cueca em água quente ou fria?

A primeira ejaculação pode ocorrer em algum momento durante a puberdade. Se existir um acontecimento que sinalize a chegada do seu filho à puberdade, é esse. Mas nem todos os garotos têm poluções noturnas. Para a média dos meninos, a primeira ejaculação acontecerá quando ele estiver bem acordado e se masturbando, por volta de 13-14 anos. De modo geral, os garotos não terão o esperma amadurecido na primeira ejaculação, mas, como no caso das meninas no primeiro ano após a menarca, isso não é certeza de controle de natalidade.

Eric, 12 anos, chegou correndo na sala de TV onde seu pai lia o jornal. Sheldon olhou por cima para ver o filho pelado, segurando o pênis com uma das mãos e com a outra, em forma de concha, o produto de sua ejaculação. Sheldon ficou estarrecido com a falta de inibição de Eric, até perceber que o filho estava bastante amedrontado. Eric pensou que estivesse sangrando. Mais tarde, Sheldon se perguntou: "Como ele foi pensar que o sangue era branco?". Mas também lamentou que o menino tivesse sentido tanto medo.

Sheldon achava que já tinha falado com o filho sobre ejaculação, mas, quando conversaram depois daquela cena, percebeu que suas palavras não tinham feito muito sentido para Eric. Ele havia explicado como os bebês eram feitos. Tinha até acrescentado que o esperma poderia sair enquanto ele estivesse dormindo e que ele próprio poderia fazê-lo sair, se assim o desejasse. Mas Eric não havia imaginado como alguém poderia querer fazer aquilo. Por isso, não havia dado atenção ao assunto. "Eu expliquei e achei que tinha deixado claro que esfregar o pênis com a mão ou no lençol produz uma sensação gostosa e, se continuasse esfregando, poderia até ejacular. Não me ocorreu usar muitos detalhes da primeira vez. Eu não estava acostumado a falar sobre essas coisas."

Falar aos meninos sobre ejaculação antes de acontecer pode evitar alguns momentos de ansiedade. Os meninos aparecem com todos os tipos de preocupações e não raro sentem que aquilo deve ser mantido em segredo. Ao conversar com seu filho antes da primeira ejaculação, você deve assegurar que a ejaculação é normal – um sinal de que ele está virando homenzinho.

Se seu filho não é tão aberto quanto Eric com o pai dele, você pode informá-lo sobre a ejaculação e, ao mesmo tempo, respeitar sua privacidade dele. Não é preciso fazer pressão para saber se isso já aconteceu com ele não: o importante é fazê-lo saber que você está aberto a esses assuntos se ele tiver dúvidas.

Cortando a grama

Aprender a fazer a barba é outra pedra de toque para os meninos – outra chance de reconhecer oficialmente que a puberdade chegou.

Régis ainda não havia notado que o filho estava amadurecendo até o dia em que sua filha se prontificou a "cortar a grama" do rosto de Jim. Aquilo dificilmente poderia ser chamado de "gramado", estando mais para um arbusto de dois tufos na areia de um deserto, mas Régis entrou em ação.

Sua mulher descreve o grande evento assim: "Ele estava emocionado por ensinar Jim a se barbear. Era um daqueles dias muitos esperados: um acontecimento. Foi à farmácia e voltou com barbeador e creme de barbear. Embrulhei em papel de presente para ele, que queria fazer daquilo algo especial. Acho que ele pensava que nada mais o ligaria tanto a Jim. Nosso filho não era muito de esportes e era eu que o ajudava na lição de casa. Aquilo era algo que podiam fazer juntos."

Embaixo d'água

Eu costumava brincar com "ele" no chuveiro, até que um dia não consegui parar. Eu tinha mais ou menos 13 anos. Fiquei me masturbando loucamente, como se estivesse possuído. Então, eu gozei e foi uma sensação impressionante. De repente, tudo fez sentido; percebi que aquilo era a ejaculação. Jurei que jamais faria de novo. Cumpri a promessa até o dia seguinte...

Jamie, lembrando sua juventude

A portas fechadas

Charlie é um tanto pragmático a respeito da necessidade de privacidade do seu filho. "A certa altura, ele começou a entrar no quarto e trancar a porta. Fica lá horas com a porta trancada. Não escuto nada, vou até lá, pé ante pé e continuo sem ouvir coisa alguma. Com meus amigos acontece a mesma coisa. O que fazem atrás daquelas portas fechadas?"

Usar a privacidade de maneira produtiva é mais um resultado da puberdade. Adolescentes estão mais propensos a optar pelo isolamento do que alunos no ensino fundamental. Já no ensino médio, eles se beneficiam da privacidade de um modo que as crianças mais novas não o fazem – um modo construtivo de lidar com emoções fortes. Você, mãe, talvez você já não se sinta tão bem-vinda ao mundo particular da sua filha como foi outrora, pois ela está se exercitando para cuidar de si mesma com novas habilidades que antes não estavam disponíveis para ela.

Algumas vezes, seu filho ficará deitado na cama, sonhando acordado ou passando em revista as conversas do dia. Outras vezes, ficará ouvindo músicas que expressam como ele se sente em relação à vida, ao amor, à escola e a você. E poderá também ficar se masturbando.

Garotos dessa idade se enfurnam em seus quartos para explorar seus corpos e buscar sensações prazerosas. Eles se olham no espelho, olham fotos de garotos nus, de garotas nuas ou de ambos. Leem as cenas de sexo cuidadosamente marcadas em algum romance barato que passa de mão em mão pelo oitavo ano. Mas também estão ocupados com o dever de casa, navegando na internet ou rabiscando.

Já dissemos algo sobre a masturbação no Capítulo 4. Quando a puberdade bate à porta, as crianças se masturbam mais do que em idades anteriores. Graças a seus genitais em amadurecimento, ao aumento do impulso sexual e ao desenvolvimento de suas fantasias sexuais, os adolescentes costumam achar a masturbação melhor do que nunca. Com todas essas mudanças, também começam a pensar em sua masturbação de modo diferente, e não como uma coisa legal, como você lhe havia falado.

"Quando pequena, perguntei a minha mãe e ela deixou muito claro para mim que a masturbação era realmente uma coisa boa", diz Suzana. "Mas, quando entrei no ensino médio, com 16 anos, comecei a me masturbar muito, isso só me fez sentir incrivelmente culpada e se tornou o grande e obscuro segredo da minha juventude."

A nova intensidade de seu prazer e as fantasias que ela estava tendo ao se masturbar, podem ter desempenhado um papel na vergonha recém-adquirida de Suzana. "Talvez", diz ela, "tenha sido porque, à exceção de minha mãe, ninguém jamais havia feito referência a ela. Era como se houvesse uma grande conspiração de silêncio. Não foi sequer abordada nas aulas de educação sexual. Comecei a pensar que minha mãe tinha apenas tentado me fazer sentir melhor como criança, dizendo que era normal."

Após uns poucos anos de silêncio, com 17 anos, "finalmente admiti para minha melhor amiga que eu me masturbava. Foi uma revelação e tanto. Eu tremia. Nunca havia contado a ninguém algo que me desse tanto medo". Para o imenso alívio de Suzana, "ela contou que também se masturbava".

Há algo mais que a mãe de Suzana poderia ter feito para diminuir a angústia de sua filha adolescente?

"Eu sei que ela me contou tudo quando eu era pequena, mas acho que poderia ter refrescado minha memória."

Depois que a puberdade começar, você pode lembrar a seus filhos, sem tecer comentários diretos sobre seus voos solitários, que as sensações sexuais e a masturbação são saudáveis e normais: "Alguns jovens se masturbam; outros, não. Algumas pessoas dirão que é errado, ou perigoso, mas, como ninguém nunca toca no assunto, eu só queria ter certeza de que você sabe que é uma coisa perfeitamente normal."

O primeiro barbear do seu filho é mais ou menos como o primeiro sutiã da menina. Os pelos faciais começam a aparecer cerca de dois anos depois dos pelos pubianos. Talvez não haja real necessidade de ele se barbear, mas conduzi-lo nesse ritual pode ser um meio de ajudá-lo a sentir apoio nessa fase de amadurecimento.

Nas famílias em que a religião proíbe o barbear, os meninos ainda precisam aprender a cuidar da barba. É claro, eles não precisam de religião para ter vontade de deixar crescer barba e bigode, mas não transforme isso em fonte de conflito em sua casa.

O filho da Baby, por exemplo, tem barba de 10 cm de comprimento e 2,5 cm de espessura, que parte do meio do queixo; e ele ainda ostenta costeletas. Se todos os rapazes estiverem usando essa barba enquanto você lê este livro, tenha em mente que, quando o filho de Baby a usava, certamente ele era o único. "Se eu gosto de tal aparência? É claro que não. E eu digo alguma coisa? É claro que não. Ele faz a lição de casa, sai com sua turma, é educado. Eu diria que tudo é perfeito, não fosse o visual alternativo. Se esse é o limite da rebeldia dele, eu me considero uma mãe de sorte." E acrescenta, com uma risadinha: "E eu *sei* que ele ficará passado, daqui a alguns anos, quando eu mostrar para uma futura namorada uma foto dele com aquela barba".

Tetinhas?

Como se não bastasse a voz de taquara rachada e as espinhas, algo entre a metade e dois terços dos meninos também desenvolve tecido mamário (não raro um caroço pequeno como uma ervilha, mas pode ser maior) em um ou ambos os lados, geralmente pelos estrógenos circulando em seu corpo. Um desenvolvimento mais reduzido dos peitos geralmente desaparece em um ou dois anos, mas pode ser alvo de chacotas ou de dúvidas a respeito dele mesmo.

Seu filho deve saber que um pouco de peito é normal. Pode ser alentador comentar que alguns homens que ele conhece também passaram por uma fase em que desenvolveram peitos. Se ele for um garoto mais encorpado, o desenvolvimento dessas glândulas chega a ser mais perceptível e a durar mais (ele terá níveis de estrógeno levemente maiores, porque a testosterona é convertida em estrógeno nas células adiposas). Um médico pode discutir possibilidades de tratamento se o tecido mamário o estiver incomodando muito.

Uma ida ao médico
Por volta do início da puberdade da criança, o médico, o enfermeiro ou outro profissional de saúde pode dizer a você que é chegado o tempo de ter uma conversa particular a cada consulta.

Consultas reservadas proporcionam à criança uma oportunidade de assumir a responsabilidade por sua saúde – descrever seus próprios sintomas, fazer suas perguntas e agir com autonomia perante os conselhos do médico quando a prevenção ou tratamento. Esses são o sinal de que a criança está crescendo, precisará tomar decisões e cuidar de si mesma. E o mais importante: com isso, ela e ao médico têm a oportunidade de discutir questões de saúde que poderiam ser embaraçosas se o pai ou a mãe estivesse por perto. Não é preciso dizer que a saúde sexual está no topo da lista de tais questões.

Se o médico do seu filho não pedir para ficar a sós com ele, pergunte-lhe qual seria o tempo certo de mudar o esquema das consultas. Você também pode dar seu incentivo à privacidade, pedindo licença para se retirar depois que disse o que tinha a dizer.

Os médicos de adolescentes (hebiatras) geralmente proporcionam confidencialidade ao aconselhar sobre questões sexuais, tratamento de DSTs e contracepção. Nas raras circunstâncias em que o médico sente que deve violar esse aspecto, como quando a vida de alguém corre perigo, ele geralmente advertirá seu filho e explicará o motivo pelo qual está fazendo, dando ao adolescente uma chance de ele próprio se abrir.

Facilitar essa independência demanda certa confiança em seu adolescente e no profissional de saúde, e também é preciso resistir à investigação acerca do motivo da consulta.

Para alguns pais, ficar fora do consultório pode ser uma provação. Se você é desse tipo, tenha em mente que as questões que mais despertam sua curiosidade podem ser as mais espinhosas, e, por isso, seu filho precisará de privacidade para discutir. Quando defrontados com uma escolha, por exemplo, entre contar aos pais sobre um sintoma de DST e em não procurar tratamento, muitos jovens optam pela segunda hipótese, que é um desastre. O resultado pode ser uma piora da infecção e complicações posteriores, como infertilidade.

Algumas adolescentes dão outra razão para adiar o tratamento quando estão com uma DST: medo do exame ginecológico.

Em algum momento após o início da puberdade, sua filha terá de fazer seu primeiro exame ginecológico. Ele permite ao médico avaliar a existência de quaisquer irregularidades em seu sistema reprodutivo, rastrear a presença de DSTs e fazer um Papanicolau, para prevenção ao câncer.

Geralmente se aconselha às adolescentes fazer um exame ginecológico e um Papanicolau no ano seguinte ao seu primeiro intercurso vaginal e anualmente, pelos dois anos seguintes. Se os exames de Papanicolau não indicarem nenhuma irregularidade, é recomendável repeti-lo a cada dois ou três anos, e há quem recomende que se faça anualmente durante toda a adolescência em razão do elevado índice de DSTs. Se sua filha não teve intercurso vaginal, a recomendação tradicional é para que inicie os exames ginecológicos com o papanicolau quando ela tiver 18 anos, embora hoje em dia alguns médicos sejam partidários de esperar um pouco mais.

As mães costumam sair durante o exame ginecológico, mas a filha pode querer que você fique com ela para segurar sua mão, pelo menos na primeira vez. Mesmo com um médico atencioso e gentil, o exame é desconfortável. A garota pode ficar com medo, razão pela qual é útil discutir o processo com ela antes de levá-la. Não se surpreenda se ela perguntar se a sensação do ato sexual parece com a do exame ginecológico. Diga-lhe que um nada tem a ver com o outro – não gostar da sensação do exame não significa que ela não gostará da relação sexual.

Por fim, lembre-se de que nem todos os médicos são maravilhosos com bebês e adolescentes. Sexo ainda é assunto delicado para alguns desses profissionais; assim, se ele não conseguir conversar com seu filho sobre isso sem atropelar as palavras, ou mudar de assunto na hora H, talvez seja o caso de mudar de médico. É sobretudo seu filho que precisa se sentir à vontade ao falar sobre temas sexuais com o médico.

E então, como estou?

Pai, digamos que sua filha de 13 anos esteja trancada no quarto. Nas últimas duas horas, ela esteve ocupada no importantíssimo processo de se vestir para uma noite no *shopping*. Na condição de pai e motorista, você sabe que existe um roteiro para esse tipo de ocasião: sacudir as chaves do carro, lançar um comentário entre brincalhão e impaciente sobre garotas e espelhos, ameaçar ir embora sem ela.

Em vez disso, você senta e folheia o jornal, orgulhoso por resistir à irritação em que os pais de tantas gerações tropeçaram. Você é um amigo da sua filha e por ora está feliz em vê-la trancada lá, com uma revista de adolescentes na mão e mais rímel do que toda a corte da rainha egípcia Nefertiti.

Mas o que é isso? A porta está abrindo. Passos na escada.

Você pega o casaco e vai para o pé da escada, já pronto para fazer algum comentário de estímulo sobre toda aquela produção, seja qual for.

Ela aparece. O cabelo todo penteado para trás e brilhante. Os lábios, bem vermelhos. Ela veste um minúsculo vestido preto, tem os ombros nus e uma pulseira de prata no pulso esquerdo. Olha para você. É sua filha. E está... *sexy*.

Você engasga.

Com a mesma rapidez, ela reconhece o espanto que causou em você e se debulha em lágrimas enquanto corre para o quarto.

Você fica sentado ao pé da escada, o casaco no colo e a cabeça baixa, pensando: "Droga! Ser pais é um inferno!".

Não se desespere. Por mais que se sinta condenado ao mesmo destino de seus ancestrais, ser pai não é infernal. É apenas o vestibular para uma carreira com tremendo potencial de crescimento. Só que ser pai de uma adolescente implica lidar com um fato quase inevitável, sejam quais forem suas habilidades pessoais: adolescentes são altamente sensíveis quanto à própria aparência.

E por que seria diferente? A repentina transformação física da puberdade preocupa as adolescentes, como se seus corpos fossem traí-las. Pegue qualquer revista dirigida aos *teens* e você vai ver as indefectíveis e populares seções "Os Piores Micos". Com certeza, vai encontrar um sem-número de relatos de terror sobre o próprio corpo: O zíper abriu! O vento levantou minha saia! Minhas pernas não estavam depiladas! Eu estava com uma mancha de sangue! Espirrei nele! Vomitei! Escapou um pum! Todo mundo viu/ ouviu/ficou sabendo/ riu! Pensei que fosse morrer!

Em uma fase com tamanhos transtornos físicos, as roupas são um aspecto da aparência que os adolescentes podem controlar. É um disfarce necessário para ocultar um possível vazamento, o cheiro, aquela protuberância delatora. Isso significa que é hora de baixar a guarda se a garota estiver escolhendo o que vestir. Evite fazer comentários de cinco em cinco minutos e, se for o caso de dar um palpite mais incisivo, faça observações casuais, do tipo: "Essa camiseta está confortável? Lá faz frio, será que não é melhor levar um casaquinho?" ou "Sei que você adora essa calça, mas vamos comprar uma nova... essa está com buracos em lugares indiscretos."

Às vezes, é um desafio conseguir a neutralidade indispensável a esses comentários: "Legal essa cor do seu cabelo. É a tintura da Cleópatra?" ou "Só pra lembrar... o chuveiro está funcionando nesta semana, sabia?".

Nem sempre se consegue ser neutro e, na verdade, uma das experiências menos pontuadas pela neutralidade é ver sua filha pronta para sair, vestindo um *top* do tamanho de um selo postal.

A primeira passagem de uma criança pela sexualidade pode ser problemática, provocar raiva e até suscitar medo nos pais. A luta que eles irão travar com os sentimentos provocados nesse período pode ter resultados imprevisíveis, com piadas e risos fazendo os jovens voltarem correndo para seus quartos. A propósito: pesquisas de opinião atestam que, para as garotas de 10 e 11 anos, as pessoas que mais as importuna sobre o desenvolvimento de seus seios são os papais! Não é que eles sejam insensíveis. Provavelmente, estão é enfrentando uma reação ao corpo de sua filha com a qual não conseguem lidar.

E então, pai, com essas tensões fermentando lá no fundo, como reagir quando sua filha estiver vestindo uma roupa que você considera reveladora demais?

"Nas baladas, as garotas se vestem de forma realmente provocante. Usam aquelas coisas de alcinha e bem curtas", diz Jana, mãe de Dina, de 15 anos, com reservas bastante óbvias. "Todas começaram a se vestir desse jeito de uns três anos para cá."

Note que a referência aqui são as garotas, mas coisa semelhante acontece com os meninos quando eles chegam a essa idade. Ultimamente, eles andam vestindo calças agressivamente *grunge*, que deixam parte da cueca de fora e só faltam cair enquanto caminham. Mas isso evolui ao sabor da moda adolescente, que pode ter mudado antes de chegarmos ao fim desta frase.

"No começo realmente me incomodava." Jana lembra-se de ver as frentes-únicas que Dina, então com 12 anos, experimentava, e também umas letrinhas escarlates que ela ameaçava afixar no peito. Mas, como Jana logo veio a descobrir, para o bem ou para o mal, aquelas frentes-únicas dificilmente causariam escândalo na escola.

"Descobri que era o que todas as garotas estavam usando. Isso significava que ela não iria chamar a atenção se também se vestisse daquela maneira. E eu seria a última a querer que ela se sentisse estranha e diferente. Então, fomos lá e compramos as roupas de que ela precisava."

Jana e seu marido concluíram que "no segundo ciclo do ensino fundamental, se você não se vestir de acordo com o código, você está fora". Isso nos remete ao fato paradoxal de que, no oitavo ano, mostrar o umbigo será um meio de disfarçar o corpo. Quer melhor modo de se esconder do que se camuflando?

É claro que o modo como seu filho se veste pode ir muito além de querer se igualar a seus colegas. Se suas escolhas o desviarem demais da "cópia", vale perguntar o que ele está tentando dizer e para quem. Algumas crianças vestem-se para dizer a seus colegas de classe que não pertencem à mesma turma. E se você se sentir provocado pelas roupas e produções de sua filha, é porque ela quer provocar *você*.

Fique atento a essas mensagens potenciais e, se tiver oportunidade, tente conversar quando o adolescente *não estiver vestindo* a roupa em questão, pois ele se sentirá menos exposto. Com um pouco de tato, você pode honestamente dar sua opinião sem expressar crítica.

"Quando decidiu usar essa roupa ontem, esperava que as pessoas reagissem de algum modo especial?"

"Ficaria surpresa se eu lhe dissesse que fiquei um pouco espantado?"

"Tem gente que acharia aquele vestido um pouco estranho. Por que escolheu esse visual?"

E se você, na corda bamba de ser um pai sincero, compreensivo e legal, mostrar espanto na noite em que, pela primeira vez, vê sua filha vestida como uma jovem mulher atraente e faz aquela cara que a manda de volta para o quarto aos prantos?

Algo parecido aconteceu ao marido da psicóloga Jodie Messler Davies, que, em recente artigo, descreve o momento assustador em que ele, na sequência de uma cena dessas, precisou ir ao quarto da filha sem ter ideia do que iria dizer.

Bateu corajosamente na porta, desapareceu quarto adentro e, conforme o relato de Davies, pouco minutos depois pai e filha estavam conversando e rindo juntos.

"Eu disse a verdade, que jamais a vira tão bonita – de maneira tão adulta –, a ponto de me tirar o fôlego... que eu gostava dela assim, mas ainda precisaria me acostumar.'"

E o que ela disse?

"Nada", respondeu ele à sua mulher. "Coisa alguma. Mas me deu o sorriso mais lindo do mundo."

Nossa, como você cresceu!

O outro lado das mudanças físicas da puberdade é o poder que elas dão a alguns adolescentes.

Há algo de mágico e amedrontador quando o adolescente descobre que tem poder sobre outras pessoas em razão de um novo contorno que ontem não estava lá. Num dia, ele é uma criança comum, alguém que não se faz notar. No dia seguinte, está atraindo olhares de todos os lados.

Você pode descobrir que sua filha de 16 anos aprendeu a usar seu charme para furar a fila na porta da balada ou para nadar no clube sem estar com o exame médico atualizado. E a secretária da escola finge não ver seu filho matando aula nos corredores, agora que ele passou a enrolar as mangas da camiseta, deixando à mostra os braços fortes. Em poucos anos, seus filhos vão aprender a usar seu *sex appeal*, mas por ora eles não conhecem a própria força. E é possível até que troquem os pés pelas mãos.

Obviamente, nem todos os jovens desenvolvem a capacidade de exercer influência sobre os outros. Há os que se mostram invejosos e se sentem injustamente postos de lado. Alguns meninos tentam compensar esse sentimento na academia de ginástica, o que decerto se revelará produtivo na construção da autoestima, colaborando para eles se sentirem bem e aceitos. Outros podem recorrer aos esteroides, que aumentam a musculatura, mas não deveriam ser usados sem acompanhamento médico. O mesmo acontece com as garotas e as dietas.

Esses anos da puberdade costumam significar uma cruel colisão entre crianças com autoimagens fragilizadas e seus colegas "poderosos", em uma sociedade pródiga em julgamentos e competição. Dizer à sua filha adolescente que ela está ótima quando se produz para uma festa não mudará o mundo, mas ficará mais fácil viver nesse lugar.

Um tempo diferente: florescimentos precoces e tardios

Não tem jeito, sempre existirá um primeiro e um último. Vão aqui alguns pensamentos para o caso de o desenvolvimento de seu filho não estar alinhado ao de seus pares.

Puberdade precoce: Começar cedo pode ser um desafio, especialmente para as garotas. Se sua filha é uma das primeiras da escola a ter seios, ela poderá ser alvo de piadinhas. Os meninos tentarão puxar a alça do sutiã dela. Os mais velhos vão lhe dar atenção de um modo que ela talvez não aprecie. Outras meninas farão comentários depreciativos. Se ela não tiver amigas mais velhas, talvez não tenha com quem se comparar e compartilhar sensações.

O desenvolvimento precoce afeta o modo como os adultos tratam as mocinhas. Família, professores e estranhos, todos presumem que as garotas que amadurecem cedo são também precoces em termos de sexualidade, de desenvolvimento emocional e intelectual, o que na verdade não existe e nada tem a ver com o desenvolvimento físico. Suas habilidades sociais podem ser as de uma criança, muito embora seu corpo se pareça cada vez mais ao de um adulto. Até você, pai ou mãe, pode se pegar esperando que ela aja como se fosse mais velha do que é.

Tudo isso pode ter algo a ver com a descoberta de que meninas que entram na puberdade cedo demais adentram a fase adulta bem menos ajustadas do que as outras. Essas garotas estarão mais propensas a demonstrar vários comportamentos de risco, inclusive prática de sexo inseguro e o uso de drogas.

É claro que a pesquisa sobre essas jovens se pauta pelo resultado médio dos efeitos da puberdade precoce sobre as crianças. Você só tem sua filha para cuidar, e sua reação à experiência dela pode ajudá-la nos desafios que estiver enfrentando. Por isso, se você ajustar seu cronograma de expectativas, poderá ajudar a garota a sentir que o que está acontecendo com ela é bom.

"Não fiquei feliz quando percebi que ela estava se desenvolvendo tão cedo", conta Evelyn, referindo-se à filha, que começou a ter seios aos 8 anos. "Aquilo me pegou desprevenida. Ela é filha adotiva e eu tinha alguma informação clínica, mas nada sobre esse tipo de coisa. Fui daquelas que estavam na média de desenvolvimento, nem primeira nem última, mas uma colega foi a primeira da classe a ter seios e pude ver o que acontecia. Disse à minha filha que todo mundo tem sua hora de se tornar mulher e que a dela estava começando. Falei tudo sobre menstruação e mudanças corporais, mas o que realmente ajudou foi o fato de começar a convidar suas primas mais velhas para irem à nossa casa. Com isso, ela tinha chance de conversar com outras garotas sobre as mudanças. Creio que isso fez diferença."

Meninos que amadurecem cedo costumam ser alvo de inveja e raramente de ridicularizações. A voz mais grossa e os músculos lhes emprestam autoridade entre os colegas e eles não sentem necessidade de ocultar os sinais de seu desenvolvimento. Podem ser tratados como mais capazes, mesmo que talvez não sejam socialmente mais avançados que os demais. Alguns estudos revelaram que os benefícios sociais que esses meninos obtêm enquanto cursam o segundo grau diminuem quando eles ficam mais velhos.

Puberdade tardia: Meninos e meninas cuja puberdade chega tarde também têm conflitos pela frente.

Patty teve seu primeiro ciclo menstrual com mais ou menos 17 anos. "Pensei que houvesse algo de errado com meu corpo. Todas as minhas amigas já menstruavam. Primeiro, eu estava um ano atrasada. Depois, dois anos. Não sou igual às outras? O que está acontecendo? Mas eu não tinha a quem perguntar. Falar com meus pais? Nem pensar. Li que as bailarinas demoravam para menstruar e, como eu tinha feito balé, pensei que era por isso." Os pais de Patty não diziam nada e ela não ia ao médico com frequência. Quando menstruou, ficou exultante. "Finalmente, pensei, acho que sou normal. Mais tarde, fiquei sabendo que todas as mulheres da família do meu pai só começavam a menstruar aos 17, 18, 19 anos. Não tinham me dito nada sobre isso."

Os meninos também enfrentam problemas devido à puberdade tardia. Podem ver sua pequena estatura e voz aguda como sinal de que são "fracotes" – e os outros acharão garotos a mesma coisa. Mas, até onde sabemos, uma vez chegada a puberdade, a maioria dos meninos se adapta muito bem.

"Acho que não percebi que estava me desenvolvendo mais tarde", diz Marshall. "Não estou bem certo de ter visto o pênis de outros meninos. Eu sabia que era menor e não era tão forte quanto outros garotos mais desenvolvidos. Mas não achava que ia ficar como eles, por isso, não me achava atrasado nesse aspecto. Para mim, eu era diferente e ponto final."

Antes da hora?

"Olha isso!", Pesha apontava um pelo pubiano, coisa que eu nunca tinha visto nela. Eu disse: "Ah, é natural. Seu corpo está se desenvolvendo". Mas, por dentro, pensava: "Mas que diabos?! Ela tem apenas 7 anos!". Pesha andava estabanada nas últimas semanas. E com dores de cabeça. Tanto que cheguei a pensar em tumor no cérebro e a levei ao médico. Ele disse que as crianças se desenvolvem em tempos diferentes e, para ter certeza de que ela era saudável, pediu uma tomografia computadorizada. Pesha também tirou radiografias. Estava ansiosa, mas deu tudo normal. Agora ela está bem. Lemos alguns livros sobre puberdade e vimos que não há nada de errado com ela.

Arlene, falando da filha de 8 anos

Puberdade precoce e tardia: quando ir ao médico
Recomendamos que os adolescentes façam uma visita anual ao médico para que este possa detectar se há problemas no que diz respeito à puberdade, mas, em caso de preocupação, não espere; vá em frente e marque uma consulta.

Existe alguma discussão científica sobre os limites exatos entre um estágio e outro, mas, basicamente, quando se constata o surgimento de seios ou pelos pubianos antes dos 8 anos, diz-se que a garota apresenta "puberdade precoce". A maioria das meninas com esse tipo de precocidade não tem problema clínico, mas talvez apresente problemas hormonais ou alguma doença; portanto, é melhor levar sua filha ao médico se o *timing* do desenvolvimento dela lhe parecer adiantado. Se ela tiver pelos pubianos sem desenvolvimento de seios, tranquilize-se, isso não costuma ser indício de problema algum; mas, se eles começarem a crescer mais rápido, se o clitóris começar a aumentar ou se ela aparecer com acne, deve ir ao médico.

Já os meninos, quando se desenvolvem precocemente, é bem maior a probabilidade de uma patologia – um tumor, por exemplo – que requeira atenção imediata, de modo que você deve recorrer a um médico e expor suas preocupações. Se o pênis ou os testículos estiverem crescendo precocemente (você pode não notar) ou se ele estiver crescendo mais rápido do que outros meninos, isso pode ser a deixa para uma ida ao médico. Fique alerta se ele tiver acne antes dos 9 ou pelos pubianos antes dos 10. Ambos são motivos para ir ao médico.

A puberdade é tardia para garotas cujos seios não começarem a se desenvolver por volta dos 13 anos, ou que não chegarem à menarca quatro ou cinco anos após o início do desenvolvimento dos seios (ou aos 15, independentemente do que vier primeiro). A puberdade é tardia para os meninos cujos testículos não crescem quando já estiverem com 14 anos, ou cujos testículos e pênis não estejam na forma adulta cinco anos após iniciarem seu desenvolvimento.

O que é "grande o bastante" em se tratando dos testículos? Se ele não tiver pelo menos 2,5 cm aos 14 anos, deverá ser examinado por um médico. É claro, medir o pênis não é coisa que se faça sem mais nem menos. Também aqui uma baliza fácil de seguir são os pelos pubianos. Se seu filho não começou a ter pelos pubianos ou parecer menos maduro do que seus colegas, um médico deverá ser consultado.

Quase todos os garotos e garotas com puberdade tardia estão apenas atrasados, só isso, e vão se recuperar. Muitas crianças apresentarão também altura abaixo da esperada até a adolescência.

Problemas clínicos, alguns deles tratáveis, podem provocar o atraso. Uma doença crônica costuma retardar a puberdade, possivelmente porque drenar a energia do jovem. Entre as meninas, as que fazem balé e as atletas talvez tenham a puberdade adiada em razão da canalização da energia para os exercícios e da redução da gordura do corpo – o processo de adiamento nesse caso pode ser mais complexo do que nossa compreensão atual pode entrever. Remédios e toxinas ambientais também podem adiar a puberdade, do mesmo modo que a desnutrição e a anorexia.

Segundo alguns estudos, meninos e meninas com desenvolvimento tardio costumam ser tratados como se fossem menos responsáveis e mais dependentes do que seus colegas fisicamente mais maduros. É um erro no qual você deve ficar de olho. Seu "bebê atrasado" pode estar quilômetros à frente de outros em setores menos visíveis...

Hora da Lição 3: Diálogo com quem?

Em muitos lares com pai e mãe presentes, surge a questão sobre quem deve conversar com as crianças sobre a puberdade: a mãe com as filhas e os pais com os filhos? A resposta é "sim", devendo também haver mescla e coerência. Em geral, a mãe sabe mais do que o pai sobre mudanças na puberdade para ambos os gêneros, então, por que ela não conversa a respeito? Melhor ainda, a mãe e o pai podem conversar com o filho, mas não precisa ser uma coisa formal, frente à frente na mesa, uma coisa no estilo interrogatório.

O ponto aqui é manter a conversa fluindo e, se por qualquer razão, o diálogo entre mãe-filho/ filha ou pai-filho/ filha se mostrar relativamente confortável, deve-se ir em frente. Mas tente trabalhar a outra relação, pois quanto mais pontos de vista as crianças tiverem, melhor para elas.

Nunca se sabe quando o tópico virá à tona. Um dia, quando a esposa vai às compras e o pai fica em casa, o filho pode perguntar por que as garotas menstruam e os garotos, não. (E em outra vez, quando ele quiser saber o que é sexo oral, talvez você não esteja em casa.)

O importante é tornar evidente que o filho, a filha saiba que pode perguntar o que quiser a qualquer dos dois. Apenas respeite sua escolha de gravitar em torno de um de vocês em particular, ou mesmo de outra pessoa dentro ou fora do círculo familiar. O que ele, ela mais precisa é de acesso garantido a um adulto sensato e informado.

Outros recursos

Médicos, professores de educação sexual, conselheiros religiosos, a avó, aquele tio preferido – todos podem ajudar. Alguns minutos na internet também ajudam a encontrar livros excelentes e *website* informativos para pré-adolescentes e adolescentes. Há diversidade suficiente nessas fontes para que as informações apresentem perspectiva adequada a seus valores e parâmetros culturais.

Falando em fontes, temos dois livros favoritos. *It's Perfectly Normal* ("É perfeitamente normal"), de Robie Harris e Michael Emberley, um grande trabalho sobre a puberdade, ideal para a garotada em idade escolar aprender sobre esse conturbado período e com grau de sofisticação suficiente para atender aos anseios de adolescentes que já estão na puberdade. O outro é *Changing Bodies, Changing Lives* ("Corpos em mutação, vidas em mutação"), de Ruth Bell e colaboradores, um guia abrangente para alunos a partir do sétimo ano.

O que você diria?

Então, o que dizer a seu filho sobre a puberdade e quando? Você faz uma preleção e pede que ele anote ou simplesmente espera que faça perguntas? Provavelmente ambos. Recomendamos dar a seus filhos uma visão geral antes do início da puberdade – quando eles estiver com 8 anos – e, depois, repetir os fatos com mais detalhes à medida que a puberdade avança e o assunto se torna mais pertinente.

Algumas crianças desejarão saber tudo sobre o assunto – o que vão sentir e quando tudo vai acontecer. Outras serão menos curiosas, ou pelo menos assim parecerão. Outras ainda se mostrarão reticentes ao ouvir falar de tampões ou ao receber um manual sobre a puberdade. Você conhece sua prole, portanto, está em melhores condições de escolher o tipo de abordagem que dará ao material deste capítulo. Mas existem alguns pontos cruciais que todos os pré-adolescentes devem saber.

Isso é ponto pacífico, as meninas devem conhecer a menstruação. Se há uma mulher que menstrua em casa (você, mãe, ou uma irmã mais velha), não deve ser muito difícil trazer o assunto à baila. Algumas crianças captam mais do que percebemos, o que já não acontece com outras. Assim, se notar que sua filha está criando seios, é hora de ela compreender a menstruação. Ela precisa conhecer os aspectos práticos, como o modo de colocar um absorvente íntimo ou um tampão. É provável também que queira saber a razão de menstruar. Detalhes sobre o ciclo menstrual a ajudarão a entender a gravidez e a contracepção. Você pode explicar que o corrimento claro ou leitoso que pode sair de sua vagina é perfeitamente normal.

Conte a ela sobre as pequenas saliências que sentirá nos seios tão logo eles comecem a aparecer. Provavelmente ela desejará saber sobre sutiãs

Quanto aos meninos, eles tiveram ereções desde pequenos; chegando à puberdade, terão maior consciência delas e saberão melhor do que se trata. A ejaculação é que provavelmente será a grande surpresa. Seu filho deve saber com antecedência que isso acontecerá quando ele estiver no meio da puberdade, para que não se assuste. Dê informações específicas sobre poluções noturnas, masturbação e orgasmo.

Dependendo de sua perspectiva cultural, alguém precisa ensinar tanto aos meninos como às meninas sobre o ato de barbear, depilação e desodorantes, mas, se você esquecer, os estímulos visuais e olfativos serão um lembrete.

Se você só tiver meninas, talvez ache por bem pular as seções sobre os meninos e vice-versa. Mas seria bom que cada qual compreenda aquilo pelo que o outro sexo está passando.

Como falar

Não é preciso espremer tudo em uma única conversa. Como já falamos, as informações sobre sexo e puberdade não devem ser apresentados de uma só vez – e nem uma vez só. Aproveite qualquer oportunidade para falar ou repetir Pequenas doses valem ouro. Uma pergunta sobre para que servem os tampões, sobre os primeiros fios de barba, aquela manifestação desinibida entre dois cães no parque...

Trate de mostrar a puberdade como um processo natural e uma coisa boa. Você pode ter alguma ambivalência baseada no que seus amigos dizem sobre *piercing*, mudanças de humor, histórias como a do garoto que vendeu seu cão para comprar um baseado, mas procure abstrair tudo isso. Deve ser difícil ter 10 anos e pensar que na próxima fase precisará sobreviver, em vez de desfrutar do bem bom do período anterior. E, o que pior, sabendo essa fase vai durar o mesmo número de anos que a criatura já viveu.

Franqueza pode ser o caminho, reconhecendo que algo que vai chegar será sentido com estranheza, mas mantenha o ânimo: será também um tempo de descobertas, de incremento das forças intelectuais e físicas e de aprendizado dos mistérios da vida adulta. Sim, talvez isso não impressione muito a molecada. Então, tente outra abordagem. Mostre que a puberdade é a transição rumo à idade para dirigir, assistir a filmes proibidos e, se seu filho tiver consciência cívica, votar.

Rachaduras no muro

Uma última consideração sobre as conversas. Não importa o quanto você tente, não importa o quanto você use de cautela: conversar com filhos sobre a puberdade nem sempre será fácil e nem sempre será possível.

Ellie estava ansiosa por compartilhar com a filha a transição para a condição de mulher. Ela havia imaginado fazer tudo o que sua mãe nunca havia feito com ela: mostrar à filha como usar um tampão, como se depilar, ter longas conversas. A partir do momento que Jill começou a fazer perguntas, Ellie deu respostas honestas e tentou passar a mensagem de que a filha poderia perguntar qualquer coisa. Jill sabia de onde vinham os bebês e que sexo era bom. Ellie havia lhe contado sobre menstruação, quando Jill a surpreendeu um dia no banheiro e outra vez quando viram alguma coisa na TV. Mas quando Jill entrou na puberdade, surgiu o muro.

Jill tinha cerca de 9 anos quando Ellie percebeu os seios dela começando a crescer. Ellie programou um passeio para explicar como funciona o corpo feminino e o que ela deveria esperar. Caminharam e sentaram junto a um laguinho, onde teriam alguma privacidade. Mas Jill não queria prestar atenção. "Ela saiu batendo o pé. Apesar da mente aberta que temos, ou procuramos ter hoje em dia, eu não conseguia falar com ela. Ela não estava a fim de lidar com aquilo. Nenhuma de suas amigas estava passando por tal coisa ainda. Ela se achava uma aberração."

Algum tempo depois, Ellie descobriu que Jill tinha começado a menstruar quando sentiu um cheiro estranho no banheiro e acabou encontrando um absorvente usado envolto em uma toalha de papel dentro de uma gaveta. Ellie tinha dado a Jill a compreensão básica da menstruação e explicado como ela se insere na vida de uma mulher. Mas ela queria ter participado daquele momento. "Não consegui realizar meu 'sonho de mãe e filha'. Mas tive de respeitar sua privacidade. Tive de aceitar que aquilo dizia respeito a ela, e não a mim. Por isso, disse a ela que estava aberta para discutir o que ela quisesse e me certifiquei de que ela soubesse que o lugar certo para pôr um absorvente usado era a lixeira, e não a gaveta."

Ellie finalmente encontrou um modo de dizer à filha as coisas que queria. Jill tinha uma amiga cuja mãe havia falecido e, quando ia à sua casa, a amiga fazia a Ellie uma série de perguntas. Ellie era especialmente generosa ao respondê-las, porque isso lhe permitia passar também a Jill uma série de informações a respeito. Da perspectiva de Ellie, era interessante mostrar a Jill que sua mãe podia ser valorizada por sua melhor amiga.. Poucos anos depois, o muro da puberdade veio abaixo e elas voltaram a falar sobre qualquer assunto. "Eu e minhas amigas acabamos percebendo que não havia o que fazer: todo adolescente passa por esse período, durante uns dois anos o muro se interpõe entre nós e não há como contorná-lo."

Sim, todos os detalhes por trás das mudanças físicas da puberdade são um tanto complicados, mas o mais complexo de todos é que, quando a puberdade acontece, quando sua filha adolescente é obrigada "a encarar" isso, ela já não é mais a criança de antigamente. Ela é uma adolescente, com um cérebro adolescente. E, minha gente, aí está um órgão que pode se comportar de modo surpreendente.

Sem dúvida, o novo corpo de um adolescente enfrenta mudanças desconcertantes, mas é o cérebro o responsável pelo próximo grande salto para a frente: a reinvenção do amor.

Capítulo 7

O PRIMEIRO AMOR

> *Speak low*
> *When you speak, love,*
> *Our moment is swift,*
> *Like ships adrift,*
> *We're swept apart too soon.*
>
> Fale baixinho, amor.
> Nosso momento é fugaz.
> Como barcos à deriva,
> nos separamos cedo demais." (NT)

Kurt Weil, Ogden Nash
Speak Low ("Fale baixinho"), 1943

Ah, não! Eu não quero ser a única que não tem namorado!

Sarah, 9 anos

"Não precisa ir à festa, se não quiser, querido."

Sentado na beirada da cama, seu filho de 12 anos, que acaba de resolver o amargo dilema sobre qual sapato lhe dá uma aparência mais "adulta", pode ser um garoto valente, mas nem por isso você deixa de perceber quando ele está desesperado, mesmo que ele já esteja crescido o bastante para não agarrar-se à barra de sua saia num canto de uma festa diante da visão de um palhaço e inúmeras crianças gritando.

"Acho que eu deveria tentar", ele diz com firmeza e reitera o lugar que lhe é de direito no topo da lista de homens favoritos de sua mãe.

Então você dirige o carro por 15 minutos, quase o tempo todo em silêncio. Sai do carro no final de um longo estacionamento, e vai conduzindo o menino até o celeiro, onde acontece a Festa da Primavera do sétimo ano – o primeiro bailinho da vida dele, em que a escola recriou a decoração do Studio 54, a lendária discoteca de Nova York.

A música está 'bombando', o globo espelhado varre a multidão com pequenos fachos de luz, fumaça colorida é expelida de uma máquina e as garotas... bem, as *garotas* parecem saídas de um *video clip*. Elas se juntam em bandos, reluzentes em suas roupas que deixam as costas nuas e os lábios pintados de vermelho. Seu filho é o menor de todos.

"Tem o número do meu celular, né?", você grita por cima do som bate-estaca.

"Tenho...", ele responde com um ar bestificado.

"Vou fazer umas comprinhas; se decidir voltar cedo, é só dar uma ligada."
"Tá bom."

Minutos depois, no mercado, toca o celular. A voz miúda, do outro lado, é lacônica:

"Socorro!"

"Estou indo..."

Você passa pelo caixa com as compras e volta para a festa, para encontrar seu filho correndo em direção ao carro "Mamãe-Resgate".

Ele sorri. "Mãe, eu acho que vai ficar legal aqui."

"Como assim?"

Ele faz sinal para você se abaixar e, ao chegar ao seu ouvido, revela baixinho, articulando bem as palavras: "Eu convidei uma menina pra dançar e ela aceitou".

Ele fica na festa.

E você fica lá no estacionamento, vendo o menino correr de volta para a folia, tendo ao fundo a risada das outras crianças. A música se espalha pelo gramado e eis que um sentimento estranho lhe corrói o peito. Que sentimento é esse, pairando em algum lugar entre a ansiedade e o pesar?

Estaria você se sentindo... rejeitada?

Entra de novo no carro, aperta o cinto e dá uma longa tragada em um cigarro imaginário. "Então, o que você está dizendo é...", se dirigindo a ninguém: "onde vamos mesmo, agora?".

É o que você está dizendo

Seu filho entrou na adolescência, o período de desenvolvimento marcado pelo início da puberdade, e começará a fazer coisas que todo adolescente faz. A partir de agora, se tudo correr bem, ele irá a explorar o mundo do romance.

Como é de esperar, as investidas dos filhos no amor podem apresentar certos desafios emocionais e táticos para você e seu parceiro. Amantes jovens são criaturas provocativas. São conhecidos por gerar um redemoinho complexo de sensações, não necessariamente benéficas, nos corações de muitos adultos, sobretudo seus pais (ver, por exemplo, Adão, Eva e Deus).

Considere este capítulo um alerta. Nós detalharemos o caminho que você e seu filho estão para trilhar, à medida que ele constrói o caminho para se tornar o amor de alguém. Como as coisas mudarão? No que ele precisa de você? Por que você continua sonhando com planos de uma festa de formatura do colégio na Ilha da Tentação? Iremos explorar algumas das reações que você poderá ter ante as inovações amorosas de seu filho. E uma vez que todas elas terão lugar em meio a saltos cognitivos e emocionais, características básicas da adolescência, veremos como você pode adaptar suas práticas de pai ou mãe ao conduzi-lo pelos mistérios do amor, no intuito de adequá-las às novas necessidades, talentos e ímpetos de seu filho.

Um novo mundo de mágoa e felicidade, declarações apaixonadas, traições e alegrias espera por você e seu filho, pronto para ganhar vida naquela tarde que o menino convida alguém para dançar. Mas antes de chegar a esse momento, voltemos para onde tudo começou, para um tempo antes das complicações das discotecas e olhos cintilantes, o tempo da adorável infância de meninos e meninas.

O amor no tempo dos lápis coloridos

Eu tinha um namorado, mas ele me esqueceu. Eu gostava dele, mas a minha vida foi para um lado e a dele, para outro. Ele é meio bobo. A minha vida é cheia de acontecimentos. E ele... ele cospe quando fala!

Gillian, 9 anos

"No terceiro ano", lembra Hugh, hoje com 30 e poucos anos, "para meus amigos e eu só existia uma garota no mundo: Carol Anne. Uma coleguinha de classe loira com duas tranças atadas no alto da cabeça. Era doce e uma gracinha, parecia a moça da embalagem de um chocolate suíço que havia na época". Isso fez dela o objeto de fascínio ideal para um garoto de 8 anos. "A marca registrada da Carol era um poncho de crochê laranja, e na frente dele sua mãe havia bordado a letra 'C'. Provavelmente porque todos achávamos Carol tão irresistível, decidimos que aquele 'C' significava 'corrosão'. 'Perigo, perigo!', gritávamos em êxtase toda vez que a avistávamos: 'Carol Corrosão está chegando! Não deixe ela tocar em você. Aaaaaiiiii!!!'"

Você fazia essas coisas?

Se a resposta for afirmativa, e provavelmente será, pois como qualquer aluno do terceiro ano sabe hoje em dia, há um muro arrepiante e invisível a separar os meninos das meninas, na metade da infância, e romper esse muro é algo a um só tempo excitante e repelente.

Aos 3 anos, as crianças da primeira infância de todo o mundo erigem esse muro, ao decidirem brincar com outras de seu próprio sexo – e as razões para tal atitude não são inteiramente compreendidas. À medida que crescem e ficam livres para escolher seus amigos, as crianças se segregam mais ainda, até as idades de 8 a 11, quando essa segregação de gênero atinge o ápice, especialmente em público, ou ambientes em que as crianças podem ver umas às outras. As mesas das cantinas e os balanços se transformam em zonas proibidas para um ou outro sexo. Os meninos se convencem de sua superioridade intrínseca em relação às garotas. As garotas juram que eles são uns chatos. E quando os dois grupos precisam interagir, geralmente porque um pai ou professor mandou, as crianças se aproximam como se estivessem para entrar em um país estrangeiro, com costumes estranhos e com a água possivelmente poluída.

Isso não equivale a dizer que meninos e meninas não têm serventia mútua. Na verdade o próprio tabu contra unir-se com o outro lado empresta aos pensamentos de tocar, beijar ou – a última fronteira – *gostar do outro sexo,* um imbatível arrepio de excitação. Uma vibração que eles perseguem quando lhes convêm.

"Na minha classe, dois garotos gostam de uma menina", explica Greg, um garoto irrequieto de 7 anos. "Gordon e David gostam de Arianna. Isso passou de boca em boca. Todo mundo ficou sabendo. E agora tem um *monte de gente* de olho em David e Arianna. É bem divertido mesmo... Ah, mas não escreve os nomes, tá?"

Não conte. Não diga quem gosta de quem. Nem te conto!/Dá vergonha./É estranho/chato/engraçado. Ah, vou te contar tudinho. O primeiro estágio do romance social – vamos chamá-lo assim – é perpassado por essa tensão o tempo todo. É praticamente forçoso acontecer esse corre-beija-corre, porque ser beijado pelo outro sexo é tão desejável quando nojento. É difícil distinguir o gostar do odiar, porque eles se misturam em uma reação ambígua.

As meninas podem se mostrar um pouco mais dispostas do que os meninos a arriscar uma ligação com o outro sexo. Mas elas têm seus limites. Tomemos Gillian, de 9 anos, como exemplo: depois de explicar sua necessidade de descartar sua última paixonite (no início desta seção), foi dar uma olhada no que o pai estava fazendo. Ele estava lendo um romance. A garota mediu a página de cima a baixo. De repente foi tomada por uma catastrófica indisposição gastrointestinal que a fez ter um ataque no sofá, apertando o estômago e regurgitando sonoramente.

"Quê?! O que foi?!"

Quase vomitando, ela apontou a frase na página que tanto a ofendera. Lá se podia ler, para sua repulsa: "Ele a pegou nos braços e lhe deu um beijo na boca".

Chamar um menino de "seu namorado" pode ser até tolerável para a tenra idade dos 9 anos, mas um beijo causa horror só de pensar nele.

Esse jogo de "atrai-e-repele" praticado por meninos e meninas nos primeiros anos da escola pode se revelar vibrante, mas acaba sendo uma atividade desconcertante para crianças que não conseguem facilmente conciliar os sentimentos contraditórios que ambos os sexos alimentam em relação a seus pares. De modo que isso persiste como um elaborado jogo de "mantenha-a-distância", até que, de repente, tudo muda.

Misturador de gêneros

"No ano passado, meninos e meninas ficavam separados", explica Collin, um circunspecto garoto de 12 anos, relembrando as mudanças em sua vida ao passar do sétimo para o oitavo ano. "Neste ano, meninos e meninas podem conversar entre si, sem que ninguém os chame de 'namorados'. No ano passado, se um menino e uma menina fossem amigos, isso significava que estavam gostando um do outro. Este ano não é assim."

Perestroika! Abertura!

É assim todo o tempo. Em determinado ponto, entre o início do sexto ano e o final do oitavo, em qualquer escola, a segregação a que meninos e meninas tinham escrupulosamente se submetido vem abaixo. A máquina da puberdade, um passo à frente no desenvolvimento cognitivo, a maior maturidade emocional e, em alguns casos, a mudança do ensino fundamental para o ensino médio provavelmente terão um papel nessa revolução. E quando, finalmente, chega a Nova Ordem, abre-se uma porta para que meninos e meninas tornem-se um pouco mais próximos.

Livres para se misturar fora da classe sem correr o risco de aniquilação social, a garotada começa a testar sua coragem com o sexo oposto. É compreensível que, após anos de segregação, a maioria dos garotos e garotas do sexto ano se sintam completamente perplexos quando se trata de abordar um colega do outro sexo. As primeiras investidas invariavelmente se dão em meio à segurança dos números: grupos de meninos e meninas podem ficar juntos no parquinho, quase conversando, ou podem esbarrar uns nos outros no shopping durante alguns minutinhos carregados de tensão, antes de cada grupo seguir seu caminho. Logo se convidarão para as festas. E acabarão dançando juntos.

Como as crianças navegam pela transição da vida compartilhada?

"Alguém me convidou pra dançar", diz Collin. "Eu não sabia como era, mas acho que imaginava. Não sabia como ia funcionar, não sabia que ela iria pôr as mãos nos meus ombros e eu na sua cintura. Mas agora eu tiro as meninas para dançar. Tenho uma porção de oportunidades para ver como eu me saio, porque tem uma galerinha grande na minha classe se misturando."

E assim começa. Um menino e uma menina se tocam em espaço aberto, onde todo mundo pode ver. Rodam um pouco ao som da música. Algumas tentativas de diálogo e pouco a pouco vai ficando divertido. É claro que nem todas as crianças estarão prontas para tirar partido de uma música lenta no momento em que surge a oportunidade.

E Collin prossegue: "Tem alguns garotos, eu era assim no início do ano, que não estão muito habituados ao modo como as coisas funcionam no sétimo ano. Eu consegui aprender, mas o meu amigo, coitado, não. Ele tende a não se misturar, fica sozinho num canto na hora de dançar".

O amigo de Collin terá sua vez, e se isso servir de consolo, da perspectiva da menina também é provável que esteja desesperadamente retraída.

Conforme explica Alexandra, também de 12 anos: "Eu não consigo conversar com os meninos da nossa classe. Eles são muuuito imaturos. Agem de um modo ridículo com as garotas e não querem dançar. Eles se acham superiores demais pra isso".

Não, Alexandra. Na verdade, eles estão entusiasmados demais para isso.

É claro que essa separação que acontece no ensino médio tem tudo a ver com a puberdade. As meninas são simplesmente mais avançadas, o que é mais digno de nota porque as fortes atrações da puberdade são um incentivo de primeira ordem para enfrentar a perspectiva aterrorizante de conversar com alguém do sexo oposto. Sim, uma menina veio tirar Collin para dançar. Mas ele *queria* ser tirado.

"Tem sido bem engraçado para mim ultimamente, porque agora eu começo a entender o que é atração", diz Collin. "Eu já *noto* a aparência das garotas da minha classe e estou começando a *gostar*."

E não devemos esquecer como a puberdade é importante para o prazer daquele giro pela pista de dança. Quando Collin dançou pela primeira vez: "Eu estava feliz! E também não sei se é sempre assim que acontece; geralmente quando eu danço com uma garota eu sinto... uma coisa formigando... no meio das pernas. Devo sentir vergonha?".

É, à medida que o amor abre seu caminho em direção ao coração de um jovem (ou uma jovem), o sexo o segue passo a passo.

Eis então a pergunta final para Collin, apenas dois meses depois de sua primeira dança: afinal, quando ele vai começar a 'ficar' com alguém de quem goste?

"Tenho certeza de uma coisa", diz. "Não estou pronto para isso agora. Não sei quando estarei. Acho que vou deixar o tempo decidir."

E ele vai decidir. Possivelmente mais cedo do que Collin imagina.

Em maus lençóis

Ter um namorado quando a gente tem 13 anos é coisa normal. Adam, meu namorado, ficou com raiva ontem à noite porque alguns garotos disseram que gostavam de mim e ele ficou com ciúmes, e umas garotas ficaram dizendo que eu estava paquerando eles. Daí Adam ficou louco com elas, achando que elas estavam tentando fazer a gente terminar. Então, um dos amigos dele veio e me disse que ele queria falar comigo só pra ter certeza de que eu não estava brava com o Adam. Mas eu achei que ele tinha vindo pra me dizer que Adam ia me dar o fora.

Mônica, 13 anos, para a *New York Times Magazine*

Um pouco depois de ruir a divisão por gênero, a meninada vai começar a "ficar". Por favor, não se confunda. Havia "namorados" e "namoradas" alguns anos antes. E conforme a explicação de Coretta, 9, "você diz que é seu namorado ou namorada só porque gosta mais dele(a) do que dos outros". No ensino médio, contudo, namorados e namoradas "ficam", embora nessa idade os adolescentes que estão "ficando" possam parecer, para um olhar adulto desavisado, não estar indo a lugar algum. Mas no fundo, no período do ensino médio, "ficar" é um pouco mais do que simplesmente dizer que está "ficando".

A maioria dos adolescentes dessa faixa etária, na verdade, não está apta a sustentar uma intimidade romântica. Por isso, toda a excitação em relação ao sexo oposto resume-se em pensar em ficar, em falar em ficar, em ficar, em dizer aos amigos que está ficando, romper e sentir ciúmes. A paquera pode seguir indefinidamente, mas basta que se chame esse par de casal, e tudo se evapora. E rápido.

Mônica continua:

Então, eu me afastei dele e Adam achou que eu estava brava com ele. Até que a gente acabou dançando e ele disse que nunca pensou em me dar o fora, que adorava ficar comigo e eu concordei. Aí, tudo ficou legal.

Às vezes, essas ligações duram certo tempo, digamos, alguns meses. Quando isso acontece, tais pares se tornam propriedade do grupo. Um mexe-daqui-mexe-dali sem fim, discussões acaloradas na escola, e todo mundo entra no rolo. Em poucos anos, quando dois adolescentes tiverem um envolvimento romântico, fugirão dos amigos para uma intimidade secreta, mas por enquanto essas ligações são conduzidas à frente de todos e raramente se desviam do tema central: "estamos ficando, não estamos?".

Quando um adolescente do oitavo ano fala em "ficar", a conversa não tem fim.

"Quando eu tinha 13 anos, eu era afim de um menino chamado Henry", Karina, hoje com 15, explica. "Tínhamos altos papos pela internet, mas a ideia de falar com ele pessoalmente me deixava enjoada. Eu praticamente só o conhecia pelo seu apelido."

"A relação real é *online*, porque todo mundo tem medo do que a pessoa vai dizer", acrescenta a amiga de Karina, Loren.

"Até que você o encontra", Karina solta, "e pensa: ai meu Deus!".

O que Karina e Loren podem dizer a você é que, por trás desse jogo de paquera tão complexo, há um medo profundo de ser visto pela outra pessoa. Quando se tem 13 anos, não há grande reserva de autoimagem. Essas reações são a resposta básica à interrogação: "Sou atraente?". Assim, conhecer a opinião do primeiro cara a que se tem coragem de agradar é algo como, de repente, ser arrancado de uma caverna na floresta onde viveu de cascas de árvores e pássaros por 40 anos e ver sua imagem em um espelho pela primeira vez.

Não é de espantar que sua filha adolescente conduza sua interação com os garotos apenas por meio de mensagens na internet, que podem ser cuidadosamente editadas, com as amigas opinando de outros cantos da tela, para apoiá-la em segredo. E também não espanta que seu filho cante de galo, a respeito das garotas que conquistou, para a irmã mais velha. Momentos desesperados requerem medidas desesperadas.

Mas, de algum modo, em meio ao mar de posturas conscientemente forjadas e receosas, alguém acaba tendo coragem de dizer alguma coisa.

Karina: "Eu conhecia Henry da escola, mas só conversava com ele *online*. Falar ao telefone já é mais difícil. Levei quatro meses para telefonar para aquele garoto. Depois de quatro meses apaixonada por ele, achei que finalmente devia lhe contar. Daí eu telefonei e contei, dando uma desculpa pra desligar o mais rápido possível".

Como foi?

"Ele não abriu a boca. Depois que desliguei, vi que ele estava o*nline* e então conversamos durante horas."

Que aconteceu então?

"A gente começou a se interessar por outras pessoas."

E, como eles dizem, foi só isso.

Se você acha mais interessante perambular pelas ruas de Paris com seu amor, flanando em direção ao Café Lipp para um *tarte tatin*, enquanto as nuvens ficam subitamente carregadas e vocês correm da chuva de mãos dadas, então faz muito tempo que você teve 13 anos. O que acabamos de contar, gentis leitores, é o *grande barato*!

Amor de verdade

Depende de como você define. Se disser que estou completamente... Eu não sei. Eu senti que realmente... Não sei como eu me sinto. Eu gosto muito dela, mas assim... em pensamento. O modo como ela age, as qualidades interiores e as exteriores. Eu senti isso, é verdade. Ainda não senti o tipo de amor que, segundo ouvi, faz as pessoas quererem se casar.

Jared, 12 anos

Em meio à eletrizante e frenética produção de emails, o pânico quanto ao que vestir e o "quem-gosta-de-quem", há um fato destinado a fazer toda essa novela valer a pena: o amor.

Vida *online*
Enquanto seus filhos adolescentes fazem suas investidas no mundo do amor *online*, você pode se flagrar perguntando se a internet é um lugar seguro para eles passarem o tempo. Quando a questão é internet, a tendência dos pais é

enfatizar duas preocupações principais. A primeira: seu filho ser abordado por um adulto desconhecido e mal-intencionado. A segunda é que a criança possa acessar algum *sítio* pornô. Examinemos essas duas possibilidades.

Convites e abusos *online*

Na verdade, ser seduzido e persuadido *online* a ter um encontro sexual com um adulto é coisa que acontece, mas muito raramente. É mais comum, por exemplo, o abuso sexual por um membro da família, ou uma violação em um encontro fortuito pelas vias tradicionais. Uma pesquisa realizada em 1999/2000 junto a 1.501 jovens usuários da internet revelou que nenhum havia sido assediado sexualmente através da internet.

Um convite sexual vindo de um estranho, no entanto, é algo comum. Vinte por cento das crianças e jovens entre 10 e 17 anos relataram ter sido abordados ao menos uma vez. Os mais velhos, que passam mais tempo em salas de bate-papo, e que conversam *online* com estranhos, estiveram mais propensos a ser abordados do que outros. Alguns deles se sentiram bastante incomodados com o fato, especialmente os mais jovens e os que receberam telefonemas e e-mails posteriormente.

O que desaponta nesse estudo é que nenhum dos esforços dos pais em monitorá-los foi eficiente, ou surtiu alguma diferença, no risco de um filho receber uma proposta *online*. Manter o computador em lugar aberto, usar filtros, verificar a tela enquanto os adolescentes estiverem *online*, dar uma olhada nos históricos da *web* e perguntar aos garotos o que fazem *online*... Tudo fracassou em reduzir a probabilidade dessas solicitações. Não há qualquer informação sobre se o monitoramento e as restrições dos pais podem fazer com que esses raros encontros *offline* entre uma criança e um contraventor se tornem menos prováveis.

Mas se você não pode evitar que seu filho receba convites, ao menos pode prepará-lo para a experiência. Não estamos sugerindo que imponha obstáculos à sua entrada em salas de bate-papo. Elas podem ser uma grande fonte de prazer, apoio e informação. Mas certifique-se de que seu filho entenda que uma pessoa que lhe diz ter 15 anos pode na verdade ser um cinquentão, que diz aos adolescentes o que eles querem ouvir, com o intuito de tentá-los. Advirta seus filhos de que, em certo momento, eles podem estar teclando com um estranho que os convide a fazer sexo, ou que simplesmente toque no assunto. Diga-lhes que será seguro não responder e não dar informação alguma que os identifique, como endereço ou número de telefone. Diga-lhes para bloquear as mensagens do usuário e sempre contar a você o que aconteceu.

Incentivar seu filho a se limitar aos sítios exclusivos para crianças, pois são monitorados, também pode ajudar a protegê-lo.

Fazer convites de natureza sexual ou com intuito sexual a um menor é ilegal. Você pode relatar o incidente às autoridades competentes. [No Brasil, denúncias de pedofilia podem ser feitas ao Ministério Público Federal, (www.*prsp.mpf.gov.br*), à Polícia Federal, no portal www.*dpf.gov.br* e no e-mail *dcs@dpf.gov.br*; e também à Virtual Global Taskforce, entidade internacional de combate ao abuso infantil, em www.*virtualglobaltaskforce.com*.]

Sítios explícitos e filtros
Se seu filho tem acesso à internet e um fiapo de curiosidade sobre sexo, mais cedo ou mais tarde ele acabará acessando um *sítio* pornô.

Como você deve saber, isso pode ser evitado através de um filtro. Os filtros são oferecidos pelos provedores de serviços mais populares da internet, só precisando ser instalados para restringir material relacionado a sexo. Também podem ser adquiridos separadamente e instalados. A maioria funciona negando acesso a *websites* que contenham certas palavras-chaves, como *sexo*.

O problema com os filtros é que eles exageram. Um filtro bloqueará amplamente o acesso do seu filho a materiais pornográficos, mas também evitará que ele chegue a alguns sítios importantes. *A Declaração da Independência dos EUA* e *As aventuras de Sherlock Holmes* foram bloqueadas por um filtro utilizado por algumas escolas públicas. E mesmo os filtros mais inteligentes podem impossibilitar seu adolescente de adquirir alguma informação realmente útil sobre sexo na *web* (isso sem falar informações sobre doenças como câncer de mama).

E o mais importante: as crianças mais propensas a mentir sobre sua idade para ver sítios pornôs, garotos entre os 15 e os 17 anos (1 em cada 4 faz isso), são também os mais passíveis de aprender sobre sexo e outros tópicos relacionados, os quais não se sentem à vontade de conversar com os pais (aqui também temos 1 em cada 4 fazendo isso). Então, infelizmente, se você bloquear a pornografia estará bloqueando também o aprendizado *online* de seu filho sobre abstinência, sexo seguro e uma série de outras questões relativas à saúde. Está longe de ser uma troca ideal.

De um modo ou de outro, muitos adolescentes podem deparar ocasionalmente com um sítio pornô, se não em casa, talvez na do vizinho. Em vez de tentar proteger seu filho de material e ideias que ele está fadado a encontrar, pense em ajudá-lo a se tornar um consumidor crítico de tais materiais. Isso quer dizer ficar de olho nos sítios em que ele navega (ou nos programas de TV a que ele assiste, nos filmes do cinema, nas músicas que ele ouve...) e convide-o a debater o que tudo isso significa. Pergunte quão realista ele acha a descrição de uma mulher em determinado sítio. Diga a ele o que você acha e por quê. Se não gosta desses sítios, explique o motivo e argumente para que os evite, se você sentir que ele deve evitá-los. Se achar que tudo bem acessá-los, tenha certeza de que ele compreende a diferença entre fantasia e realidade. (Falaremos mais sobre pornografia no Capítulo 10.)

E há como saber se ele está seguindo seu conselho? Você sabe que pode entrar no histórico do *browser* do seu filho e encontrar lá uma relação dos sítios recentes que ele visitou (a não ser que os tenha deletado). Verificar esse histórico tem muito em comum com ler o diário de um filho: ambos são atalhos sedutores que dão bases para construir uma ligação funcional com o garoto e ambos podem suprir a privacidade do meio, um dos principais trunfos para incentivar descobertas.

Se decidir que vai checar o histórico do *browser*, diga a ele assim que comprar o computador, para que ele fique devidamente avisado. Mas por que não satisfazer a curiosidade sobre os hábitos de seu filho na internet pelo modo mais simples e direto – perguntando o que ele está fazendo?

Finalmente, considere a história instrutiva de Barry, de 11 anos, sobre os *browsers*: "No ano passado, eu e meu amigo Julian estávamos na Internet, no computador do pai dele. Entramos no Internet Explorer. Sabe aqueles sítios que têm um *hamster* dançando? Queríamos achar um desses e acabamos entrando em um sítio pornô. Ficamos com medo que o pai dele descobrisse e resolvemos deletar o histórico. Acontece que havia muitos outros... Uma porção de sítios pornôs! Não sabíamos ao certo como eles tinham ido parar lá. Saímos correndo dali, rapidinho."

Vale também para o histórico de *browsers* o que diz o ditado: "Viva pela espada, morra por ela".

Todos os garotos sentem amor. Pode não ter escapado à sua atenção, por exemplo, que seus filhos amavam você muito antes de serem capazes de digitar qualquer mensagem compreensível. Porém, mais cedo ou mais tarde um novo tipo de amor – o amor romântico – irá entrar em cena e fará sua vida familiar dar outra virada.

Quando será isso?

Bem, o amor romântico é mais ou menos como a meia-idade. É impossível dizer precisamente quando ela começa, mas a certa altura você saberá que está nela.

Uma coisa estranha acontece se você perguntar a um adolescente quando se apaixonou pela primeira vez. Alunos do nono ano dirão que tinham mais ou menos 10 anos; alunos do primeiro ano da faculdade dirão que tinham 12 e os do último ano da faculdade dirão ter sido aos 14. O que se passa? Esses jovens simplesmente esqueceram como se sentiam quando crianças? A resposta provável é que a experiência infantil é uma versão "júnior" do amor romântico adulto, em idades muito baixas. À medida que ficam mais velhos, observam que esses sentimentos tornam-se progressivamente mais fortes e complexos, fazendo com que o amor que sentiram anos antes pareça uma brincadeira de criança.

"Eu saí com Alyssa durante uns três meses no nono ano. Até que ela terminou comigo", lembra Josh, hoje com 16. "Fiquei chateado, mas também não foi nenhuma tragédia. Eu realmente não estava pronto. Eu achava que ter uma namorada parecia legal e pegava bem. Nunca pensei seriamente nas possibilidades."

Dessa perspectiva de adolescente, que agora se considera realmente enamorado (aliás, pela própria Alyssa), Josh tem certeza de que o que aconteceu entre eles antes não foi mais que uma pálida imitação de algo verdadeiro.

"Eu sabia que ela gostava de mim e eu nunca tinha tido uma namorada antes. Então resolvi experimentar. Alguns amigos meus estavam começando a ficar com garotas. Eles achavam bem legal. Não tínhamos aquelas emoções fortes. Ainda não tínhamos sentimentos sexualizados. A gente pode ter dado alguns beijinhos. Era mais uma coisa de contar vantagem para os amigos."

Um ano depois que romperam, Josh e Alyssa, que tinham se conhecido em um acampamento de férias, voltaram a se encontrar na escola onde ambos cursavam o ensino médio. Começaram a sair, geralmente com outros amigos. Alyssa estava se encontrando com outros garotos e, pouco a pouco, Josh foi se tornando seu confidente.

"Íamos ficando cada vez mais próximos como amigos. Comecei a sentir alguma coisa por ela. Eu estava mais maduro. Agora sei que eu estava gostando de garotas. Eu tinha crescido. Havia muito a se dizer sobre garotas. Eu só sentia, não sei explicar. Eu estava mudando, mental e fisicamente. Comecei a me interessar por garotas, é isso."

E assim, há 8 meses eles começaram a namorar.

Como está sendo?

"Inacreditável, impressionante. Parece que não vai acabar nunca. Faz muito tempo, mas a gente foi se gostando cada vez mais. Agora chegamos naquele ponto de ser o melhor amigo um do outro. Já não saio muito com meus amigos homens. Fico a maior parte do tempo com ela. É simplesmente demais, em todos os aspectos."

Parece amor

É provável que você se lembre que apaixonar-se nos anos da adolescência é algo como ser atirado de um canhão e cair na terra dos "umpa-lumpas", personagens bizarros da história infantil *A fantástica fábrica de chocolate*. Os estados emocionais intensos que se desatam sobre a tenra mente adolescente são tão fortes que podem temporariamente distorcer suas percepções do mundo ("Meu, esta música fala de *nós*!") e faz derreter a estrutura de seu raciocínio ("Ela é *perfeita* para mim!").

A maior preocupação dele agora será com o espetáculo monumental que seu sistema límbico está preparando. É a luta para suportar esse turbilhão de emoções que leva os adolescentes a se trancar em seus quartos para escutar canções românticas e meladas que combinem com seu estado de humor, rabiscar o nome de sua paixão de cima a baixo na capa do livro de matemática e falar, falar e falar sobre o que estão sentindo. E isso não necessariamente com você.

Tanisha recentemente teve a oportunidade de ver seu sobrinho adolescente apaixonado pela primeira vez. A coisa toda não durou mais do que um mês, mas – ah! – que mês aquele! "O menino aparecia ostentando um daqueles sorrisos meio patetas, dizendo coisas como 'meu coração bate tão forte' e 'parece que estou nas nuvens'."

Ah, a incandescência do amor jovem! Ver alguém passar por isso é de tirar o fôlego. "Mas ainda que eu estivesse comovida com a felicidade dele, tinha a nítida impressão de que ele não tinha consciência de que eu estava na sala com ele, mesmo que ele estivesse falando comigo."

Isso traz à tona uma coisa engraçada sobre o amor. Ao contrário dos namoricos rodeados de gente dos 13 anos, o verdadeiro amor romântico admite apenas duas pessoas. O amor parece girar apenas em torno da construção de ligações – isso da perspectiva dele e da nova namorada, é claro – mas o amor também separa. Cada vez que seu filho se apaixona por alguém, ele se desapaixona um tanto de outras pessoas. Assim, como você pode ter percebido, começar uma nova relação é eventualmente o melhor caminho de superar o que sentia pelo seu ex.

Mas e se for a primeira namorada de seu filho, quem exatamente ele estará deixando para trás, para amá-la?

Será que é preciso dizer?

Meia-idade na Rue de Rivoli

Julie estava preocupada com o fato de sua filha, Beth, não conseguir entrar no mundo do namoro de suas amigas. "Eu realmente queria que ela começasse a ter um amor em sua vida", explica Julie, mas Beth não dava sinais de interesse. Não estaria ela, a mãe, sendo intrusiva, e por isso assustando a filha nos assuntos relativos à intimidade? Seria Beth homossexual, mas não estava conseguindo lidar com isso? Julie chegou a excursionar pelos sítios em que pais, tomados pela culpa, parecem fazer penitência, até que Beth arranjou um namorado quando entrou na faculdade.

"E um muito legal!"

Feliz da vida, Julie e o marido Patrick foram visitar a filha e conheceram Lars, o dito cujo. Juntos passaram uma tarde agradável. Tudo ia às mil maravilhas até que, quando estavam voltando, Julie adormeceu no carro e teve o seguinte sonho:

"O mundo inteiro havia sido destruído por um holocausto nuclear. Já não havia lei alguma. Todos os homens começaram a estuprar as mulheres. Primeiro, tive medo de ser estuprada, até que percebi que eles tinham a intenção de estuprar minhas filhas. Decidi que o único meio de proteger minhas duas meninas era matando-as."

Tá, talvez a visita não tenha sido *perfeita*.

O sonho de Julie, exemplo vivo das imagens viscerais que transpassam o inconsciente humano, é muito menos incomum do que sua capacidade de falar abertamente. "É claro que fiquei com raiva diante da ideia de que ela tinha um namorado", Julie diz, "e então eu quis matá-la".

Julie não está sozinha. Muitos pais sentem a descoberta recente do amor feita por seus filhos como algo surpreendente e inquietante. Surpreendente, pois supostamente se deseja que os filhos sejam felizes; e se existem estradas para a felicidade, certamente uma das vias principais passa pelo amor. E inquietante porque, por mais maravilhoso que possa ser para seus filhos, esse caminho pode lançar uma luz resplandecente no que a vida tem feito a você.

Você se acostumou a ver sua filha crescer com os olhos amorosos de uma mãe, mas é só ela correr para atender ao telefone com a voz bem melada, e você se verá olhando-a com os olhos da sua própria adolescência. Seu passado inteiro voltará, trazendo consigo uma doce saudade do que era belo então, e talvez até uma pontinha de arrependimento pelos prazeres que possa ter perdido.

"Os jovens têm um dom poderoso de evocar as coisas", suspira Morgan, que levou o filho Max, que está no oitavo ano, a uma festa muito semelhante à do início deste capítulo. "Tive uma reação muito negativa ao bailinho. 'Você não precisa ficar aqui', eu me peguei dizendo. 'Ligue se quiser voltar'. Conhecendo Max, eu achei que ele ficaria muito pouco à vontade ali."

Pelo contrário. Ele se esbaldou.

"Percebi, então", diz Morgan, "que o que eu entendia como tentativa de protegê-lo, tinha tudo a ver com a minha própria ansiedade de adolescente, quando tinha medo de ser considerado um *nerd*. Sem perceber, eu estava lidando com minha própria vergonha e com o sentimento confuso que tinha de minha própria sexualidade. Quando entendi isso, parei de atrapalhar o Max."

Mas não, diga-se, sem uma pontada de dor.

"Sabe, o oitavo ano foi um ano memorável para mim, porque estávamos morando em Paris. E quando via as meninas da classe do Max naquelas festinhas, de repente me lembrava das garotas na Paris de 1959, como se fosse ontem. Os corpos dessa garotada desabrochando. É muito evocativo para mim."

Ah, Paris! A *Cidade do Amor*. Lembra-se da fotografia de Doisneau, retratando dois jovens amantes, absorvidos um pelo outro, beijando-se em meio a um mar branco e preto de parisienses? Você vê essa foto em sua adolescência e se pergunta: "Será que um dia vai acontecer comigo?". Você a vê nos seus 20 e poucos e pensa: "Somos nós!". Mas depois dos 30, quase 40, reage como o escritor Adam Gopnik em *Paris to the Moon* ("De Paris à Lua"), as memórias dos seus anos em Paris: percebe que o casal está do lado de fora da BHV, a frenética loja francesa de departamentos. "Qualquer pessoa que já tenha entrado na BHV", comenta Gopnik, "saberá que eles estão se beijando não por paixão, mas porque estão gratos por terem conseguido sair de lá."

É isso, queridos amigos, que a meia-idade faz com você, que vê os dois amantes em êxtase e pensa que estão entusiasmados por terem comprado uma torradeira excelente.

Ainda bem que a ironia não arrefece com a idade, pois uma observação oblíqua sobre o amor jovem pode proporcionar a única distância segura da qual se pode observá-lo. Chegue um pouco mais perto e poderá levar um tranco relembrando as alegrias da juventude ao mesmo tempo em que sente uma pontada de reconhecimento de que a vida mudou, e muito.

Mas, e se os amantes de Doisneau estiverem pendurados na parede da sua sala de estar, dando risadinhas toda santa noite? Seus poderes de ironia serão subjugados? O reconhecimento de que você jamais experimentará de novo as paixões que um dia encheram seus dias de juventude conseguirá perpassar sua couraça? E aí?

Você já ouviu o clichê de que a adolescência é o inferno dos pais. Você pode ter pensado que isso se dá porque os filhos, uma vez na puberdade, se transformam em seres monstruosos. Isso é apenas parte da verdade.

Existe uma razão secreta para o estresse de se criar um adolescente, muito mais insidiosa do que a explicação resumida no termo "aborrecente", explicação essa que pode martelar na nossa psique por muitos anos ou pode nos pegar de surpresa quando um dia nos olhamos no espelho. Um filho adolescente pode nos irritar porque, através de um cruel estratagema da natureza, ele vira adolescente exatamente quando damos com a meia-idade.

A meia-idade pode ser uma bênção para você. O amor, e mesmo o sexo, com seu cônjuge pode estar ficando mais interessante a cada ano que passa. Ou, se você for divorciado ou divorciada, pode se apaixonar de novo, só que mais profundamente e melhor. Sua vida doméstica pode ir "muito bem, obrigado". Ou sua carreira pode decolar, e junto com ela seu senso de otimismo sobre o futuro. Se for assim, sua satisfação com a vida pode fazer com que o desabrochar de seu adolescente seja sentido como uma dádiva maravilhosa, ou como uma oportunidade de compartilharem uma nova aventura.

Mas se a chegada dessa fase for sentida como nas palavras de Helen Simpson em *Getting a Life* (literalmente, "Ganhando uma vida"), como a meia-idade se aproximando e "sentando sua bunda enorme em cima de você", então você terá mais dificuldade.

Mas veja... O corpo de sua filha está amadurecendo magnificamente. Sua mente está ficando aguda (o suficiente para julgar suas falhas). O futuro dela parece estar explodindo em promessas, e o amor e o romance subitamente estão ali, como dádivas para ela.

De repente, você vê seu reflexo na vitrine de uma loja e começa a pensar na diferença entre sua aparência atual e a ideia que faz de si mesma. Você já não tem 17 anos. Nem seu marido.

E lá vem de novo sua adolescente, nervosa e cheia de incertezas, mas com direito a tudo o que quiser na vida.

"Por que acha que pode sair de novo esta noite?"

"Acho que você não está me ouvindo, mocinha..."

"Sim, eu sei que não é justo, mas quer saber? A vida é injusta!"

Não é de admirar que pais briguem com seus filhos adolescentes. Tão logo os filhos descobrem as maravilhosas possibilidades da vida, você esbarra em suas limitações. Uma das grandes satisfações de ter filhos é saber que a vida continua, a juventude continua, mesmo quando você envelhece, e essa satisfação pode sair ganhando. Mas a colisão entre a adolescência e a meia-idade é o momento doloroso em que a porca torce o rabo, o momento em que você abre mão de suas próprias esperanças e as coloca em seus filhos.

E, então, eles largam você

> *Speak low*
> *When you speak, love,*
> *Our summer day*
> *Withers away too soon, too soon*
>
> **Kurt Weil, Ogden Nash**

"Começou há um ano com a minha filha de 14 anos", diz Gerry. "Primeiro, ela começou a implicar com algumas coisinhas... meu penteado, o fato de eu não usar maquiagem... Recentemente, notei que, se saíssemos juntas e eu risse, ela se encolhia de vergonha. Para ela, o pai é um idiota, minhas calças *jeans* são não sei-o-que-lá. 'Vocês são grossos!', ela fala de boca cheia." Isso dói, Gerry conclui, "porque antes ela nos adorava."

Perder a adoração outrora desfrutada é mais um golpe, que indica claramente que sua filha adolescente está vivendo seu primeiro romance, isto é, o primeiro romance dela fora do âmbito familiar. Não dá para evitar.

Crianças constroem suas personalidades e seus amores com base em idealizações. Nos primeiros anos de vida, elas idealizam o pai e a mãe, dotando ambos de talentos sem paralelos. Quanto mais maravilhosos forem, mais seguras elas vão se sentir de seu próprio valor. Afinal, elas pertencem a você. Ser o objeto de sua idealização é uma das grandes recompensas da maternidade e da paternidade, mas para seus filhos serem capazes de deixar vocês por outro amor, vocês – pai e mãe –, terão de descer do pedestal. E assim começa a implicância. Segundo as palavras de uma mãe, em resposta a uma pesquisa sobre a condição de pais e mães: "Na condição de mãe, a adolescência é sentida como se a gente morresse de mordida de patos".

É claro, sua filha ainda precisa manter a autoestima dela conectando-se aos "grandes", mas agora seus amigos ou suas celebridades favoritas é que são as estrelas da vida dela. Ela se veste e fala como eles. Quer ser vista com essas pessoas, não com você. E então ela encontra uma pessoa para idealizar e não simplesmente imitar, e mais até, para unir forças com essa pessoa. Resumindo: ela encontrou seu primeiro amor.

Como dissemos antes, quando seu filho se apaixona por alguém, ele deixa de amar outra pessoa. E, na primeira vez, essa outra pessoa é você. (Pelo menos é assim que você vai se sentir). Como qualquer rompimento, envolve deixar alguém para trás. Isso é especialmente doloroso se você nunca imaginou ser largada pela filha em troca de um calouro da universidade.

"Após aquele fim de semana com Beth e Lars, entrei numa depressão, por ver que ela amava alguém que não fosse eu e achei isso estranho e angustiante", diz Julie. "Eu realmente sentia que a estava perdendo. Então, conversei com algumas outras mães, e elas me disseram a mesma coisa: 'Ah, esse é meu maior segredo, jamais contei a ninguém'."

Julie se adaptou. "Entendi que com o novo namorado precisava migrar para a posição de sogra, para incluir no vínculo com minha filha a pessoa com quem ela está. Lars se mostrou muito solícito, preocupado com meu bem-estar num passeio que demos recentemente. E eu pensei: certo, agora as coisas são assim. É um dado novo."

E durma-se com um barulho desses. Há poucos anos você era a estrela de um desenho de Walt Disney na imaginação da sua filhinha. Você era a Branca de Neve cantando alegremente enquanto estendia as roupas no varal, cercada por um bando de devotados anões.

Agora você cantarola outro tipo de melodia. Os passarinhos e os coelhinhos se foram. A floresta encantada foi substituída por uma simples sala de estar e você já não é mais uma linda princesa. Você é uma mulher de meia-idade, lendo o jornal sentada no sofá, esperando que sua filha chegue em casa. De repente, ela surge na porta da frente, dá um "oi" distraído e desaparece quarto adentro.

Pois é, sua filha acha que você não sabe nem mastigar direito. E daí? É assim que os adolescentes supostamente pensam. Ela não quer mais sentar no seu colo. Você já passou por rompimentos piores. Joga o jornal de lado, põe um CD e seleciona uma canção em tom menor. Começa a cantar junto com ela, a plenos pulmões.

> *Love is a spark*
> *Lost in the dark*
> *Too soon, too soon...*
>
> O amor é uma fagulha
> Perdida na escuridão
> Cedo demais, cedo demais... (NT)

Kurt Weil, Ogden Nash
Speak Low ("Fale baixinho"), 1943

Fale baixinho

Você pode também tentar conversar com sua filha.

Agora, conversar com sua filha sobre o novo amor dela é assunto delicado. Algo como pisar em ovos do alto de um par de coturnos militares: cada passo é uma chance de se complicar. Sua filha fica constrangida pelos sentimentos ternos que investiu em seu novo amor e talvez evite discuti-los com você. Ela pode impedir que você tente falar, ou reagir com raiva e irritação, caso se sinta acuada. Tudo é muito sensível.

Mas apesar de sua suscetibilidade, os adolescentes não raro descrevem essas conversas com os pais como úteis e importantes. Leslie, de 15 anos, por exemplo, dá um conselho para todos os pais: "Mantenham abertos os canais de comunicação, não importa o que aconteça". E explica: "Todo adolescente quer saber que pode conversar com os pais, seja sobre o que for. Se não tiver o apoio dos pais, ele vai se sentir realmente sozinho".

Gerry é partidária dessa ideia, apesar das implicâncias da filha. "Outro dia, eu estava comentando com ela o que deveria olhar em um rapaz, pois os atributos físicos não são a coisa mais importante."

Muda alguma coisa para ela você dizer isso?

"Sim, significa muito para ela. Sinto que ela está ouvindo, embora aos 14 anos você tenha de fingir que tudo o que a mãe diz é bobagem. Eu procuro ignorar os olhares atravessados e vou falando. Sei que ela está registrando."

Pode ser uma verdadeira batalha para uma filha adolescente (ou filho) aproveitar um conselho seu. Por um lado, como Leslie diz, ela precisa do seu apoio. Por outro, há uma necessidade de ser diferente de você, o que significa decidir que você não tem todas as respostas e que ela e as amigas podem achar soluções melhores que as suas. Assim, enquanto você apresenta seu ponto de vista, ela pode tentar dar a impressão de que não está ouvindo, e eventualmente não estará.

Como pai ou mãe de uma filha adolescente (ou filho), você a verá fazendo pouco caso de sua sabedoria. Poderá até mesmo ver o valor de seu amor desafiado por uma adolescente esforçando-se para crescer, de forma que seja alguém separado de você. Cabe a você ter em mente, serenamente, o fato de que sua filha precisa de você e que você será sempre importante para ela. Você é o guardião da relação e, se hoje ela precisa dar um coice no guardião, também precisa que ele fique firme, para que, na semana seguinte, quando sua filha quiser de novo ser sua garotinha, tudo estará como sempre foi.

As regras do amor

Mesmo que seu filho adolescente decida nunca revelar seus segredos amorosos, você pode sentir a necessidade de discutir umas poucas coisas. Algumas decisões devem ser tomadas, como: a que horas ele tem de voltar para casa à noite? Tudo bem ele e a namorada ficarem sozinhos na casa dela? E se as notas desabarem? E se o novo amor o afastar das responsabilidades familiares? E se você achar que a garota com quem ele está saindo não serve para ele?

Importunos

> *Você está lá, toda arrumada já pela manhã. E uma porção de vezes tem de passar pelo corredor e uns carinhas ficam dizendo coisas grosseiras e você se sente mal. Estão tentando fazer os amigos deles pensarem que você pode 'ficar' com eles ou algo assim. É chato, porque a gente não quer esse tipo de atenção.*
> **Danielle, 16 anos**

De olho no assédio
O assédio sexual por garotos atualmente vai desde os grafites pornográficos sobre uma aluna na parede do banheiro ou besteiras escritas em blogues (o equivalente da parede de banheiro no século XXI), a cantadas agressivas de cunho sexual, xingamentos, perseguições e agarrões. Não é tão incomum quanto você imagina. A maioria dos adolescentes, meninos e meninas, tem alguma experiência de assédio sexual. As meninas parecem vivenciá-lo mais do que os rapazes, e para elas a experiência revela efeitos mais negativos.

A escola tem obrigação legal de levar a sério reclamações de assédio sexual e oferecer proteção à sua filha, se for preciso. Mas é provável que você não queira esperar que a escola perceba que algo está errado.

Tão logo chegue a puberdade (ou até antes), você pode perguntar à sua filha ou ao seu filho se sente que alguém está importunando na escola. Apenas uma reduzida minoria dos perseguidos na escola conta isso espontaneamente aos pais. Portanto, é o caso de perguntar se os garotos fazem comentários sobre ela ou sobre o modo como se veste. Se ela ficar muito embaraçada para responder honestamente, terá pelo menos um sinal seu de que este não é um comportamento aceitável. Se ela responder que sim, converse a respeito. Se as críticas forem relativamente brandas, ou pouco frequentes, ajude-a a decidir o que fazer. Ela pode optar por ignorar, ou esperar que o assédio venha a acabar por si só. Ela pode querer enfrentar os garotos, ou deixar que você transfira à escola essa responsabilidade.

Se o abuso persistir, especialmente se for físico ou ameaçador (e você deve orientar sua filha a não compactuar com o medo), vale uma conversa com o diretor da escola. Exija um plano de ação que dê fim à perseguição. A escola deve, no mínimo, investigar a reclamação de sua filha, punir os meninos se a denúncia for procedente, informar os pais dos envolvidos e afastar os garotos responsáveis onde for possível.

Esses são os parâmetros do amor adolescente e mais cedo ou mais tarde você terá de decidir como estabelecê-los. Agora, quando seu mais velho estiver entrando no ensino médio, você já virá distribuindo regras para seus filhos por mais de uma década. Sabe como colocá-los para fazer a lição de casa, comer feito gente e sabe como fazê-los parar de torturar o cãozinho, em suma, como fazê-los viver dentro das expectativas razoáveis de uma criança civilizada. Provavelmente você deve ter aperfeiçoado tanto suas técnicas nos últimos anos, que pode ficar tentada a confiar nas suas estratégias para resolver os dilemas do início da adolescência. Não faça isso.

Veja o exemplo de Claire, que decidiu proibir o filho de 14 anos de sair com um garoto mais velho, já na universidade. Na gritaria que se seguiu, Daniel alegou que Claire não tinha o direito de interferir e Claire insistiu que ela era a mãe, que a casa era dela, e que ele deveria obedecê-la. A essa altura, Daniel, que obviamente já não era mais uma criança, estava mais alto do que a mãe. Claire relata que, durante as discussões, ela fazia questão de que se sentassem, pois "não quero que ele me olhe de cima". Em suma, tudo virou um inferno.

A luta entre Claire e Daniel é característica das batalhas comuns no limiar da adolescência. Esses "pegas" compartilham uma causa única, bastante compreensível, mas nem sempre facilmente evitada. Em termos simples: os filhos entram na adolescência cheios de expectativas por um maior controle sobre suas vidas, antes que os pais estejam preparados para aceitar que a infância já acabou.

Enquanto jovens adolescentes estão ansiando pela liberdade, que acreditam merecer, seus pais ainda querem proteger os filhos e organizar suas vidas.

As querelas raivosas e brigas quase diárias pelo controle de suas vidas obedecem ao seguinte ciclo: atingem o ápice do final do ensino fundamental para o ensino médio, antes que os pais tenham aceitado a necessidade de mudança, para arrefecer na faculdade, quando mães e pais finalmente soltam as rédeas – ou as vêm fugir de seus dedos. O cronograma pode variar de um filho para outro, mas você pode poupar uma boa quantidade de tensão, adaptando continuamente suas estratégias às necessidades deles (e também às suas) à medida que a adolescência se desenrola.

O estilo negociador

Você deve lembrar que introduzimos a noção de pais e mães negociadores, um estilo de se relacionar com os filhos que combina elevadas exigências de bom comportamento com uma receptividade calorosa às necessidades dos filhos. Comparados com outros garotos, os filhos de pais negociadores, conforme explicamos, têm mais autoestima, menos depressão e ansiedade, e hábitos mais seguros; são mais maduros, autoconfiantes e, de quebra, têm notas mais altas.

O estilo negociador parece ser uma ferramenta útil para educar crianças de todas as idades, mas estamos aqui relembrando isso porque quando as crianças chegam à adolescência, dois de seus princípios podem se mostrar particularmente úteis se você quiser negociar as regras do amor com seu adolescente.

Em primeiro lugar, pais negociadores são conhecidos por alimentar o desenvolvimento do filho de um ponto de vista independente. É verdade: eles assentam a lei, mas o fazem de um modo particular. Compartilham as razões que estão por trás de suas decisões, explicando sua lógica e apelando para o lado racional do filho. O termo técnico para essa prática é *indução*.

Em segundo lugar, pais negociadores também infundem em discussões domésticas um espírito de *democracia*. Quando uma decisão deve ser tomada, eles pedem a opinião dos filhos. Se estes discordam e apresentam um bom argumento, os pais negociadores podem modificar suas regras. Caso contrário, deixam claro que respeitam a perspectiva dos filhos e explicam o motivo de adotarem uma abordagem diferente.

A indução e a democracia promovem o desenvolvimento moral e a saúde mental geral da prole. E fortalecem sua influência sobre ela quando chega a adolescência.

Quando os filhos são pequenos, eles vêm os pais como gurus dotados de uma sabedoria sem limites. Você pode dizer que uma segunda sobremesa é ruim para eles e acreditarão em você (tá, eles podem até dar uma beliscada na segunda, mas de toda forma ainda acreditarão em você). Mas os adolescentes são diferentes. Eles já perceberam que você é falível e desse modo querem provas de que seu ponto de vista está certo. Uma vez que o jovem já dispõe de raciocínio abstrato, seu filho de 16 anos perguntará se é justo você exercer todo o poder sobre as escolhas pessoais dele, como sobre o que vestir e como arrumar o quarto. Dessa nova perspectiva, se você justificar uma regra simplesmente com "porque eu estou dizendo", ele vai entender que você não tem base para sua opinião e entrará em conflito com você.

Descobriu-se que pais que se fiam em jogos de poder para manter o controle em casa, reduzem a crença de seus filhos na legitimidade de sua autoridade. Já os pais que aliviam o controle sobre as decisões dos filhos na adolescência, na verdade parecem influenciar mais suas escolhas do que pais com tendência à rigidez e controle absoluto.

Tendo em mente esses princípios, vejamos agora como lidar com alguns dos dilemas inerentes à vida amorosa de um filho adolescente.

Quando o amor é cego

Digamos que você não goste de quem sua filha escolheu como novo amor. Infelizmente, se você vier a se achar nessa posição, haverá muito pouco a fazer. Embora possa ser difícil para você e para ela, o romance é uma área em que (dentro de certos limites) os filhos precisam cometer seus próprios erros.

Pôr em jogo a lealdade de sua filha a você, contra o envolvimento dela com um novo amor é sabidamente um caso perdido. O namorado proibido se torna ainda mais atraente. Ela vai agarrar-se a ele e se afastar de você, isolando-se mais e mais com o garoto que você não gosta e piorando ainda mais uma situação que já é ruim. Se você conseguir afastá-la do novo amor, o preço a ser pago por isso pode ser o de sua filha perder o sentido de autonomia e a oportunidade de desenvolver uma compreensão do que ela realmente deseja em uma relação.

Os riscos de proibir uma relação são sérios a ponto de fazer com que você reserve essa abordagem para quando acreditar que o namorado está pondo sua filha em risco – isto é, se ele tiver fama de violento, ou de dirigir alcoolizado.

Em situações de menor risco, nas quais o namorado não chega a ser perigoso, mas mesmo assim configure uma preocupação, você pode deixar sua filha a par de suas preocupações, enquanto lhe dá o direito de ficar com ele, se ela assim o quiser.

Para todas as demais escolhas infelizes de namorado, recomendamos apoiar a garota e rezar em silêncio para que o namoro termine. Essa estratégia não precisa ser inteiramente passiva. Mantenha-se intimamente ligada a ela, resistindo ao impulso de se recolher com sua frustração. Encontre um meio de não perder de vista as atividades dela, além de envolver-se sempre que possível, convidando os dois para tomar parte nas atividades familiares. Tenha a certeza de que ela alimenta pelo menos uma relação calorosa, construtiva e criativa em sua vida. A que tem com você.

E então espere. E se console com o seguinte pensamento: a relação provavelmente não durará. O ciclo de vida médio de um envolvimento amoroso aos 15 anos é de três a quatro meses.

Quando o amor atrapalha os estudos

Kyle está com sua namorada há mais ou menos três meses. Acho ela legal, mas ele me preocupa. Ele não é o mesmo. Antes de começar a sair com Nora, ele vivia para a equipe de corrida. Era incrivelmente aplicado em tudo o que fazia. Agora ele tem relaxado. Parece que só quer ficar falando com a namorada, coisa que ele faz o dia inteiro, a noite inteira. Me preocupa o fato de ele não ligar mais para as coisas que antes eram importantes para ele.

Karen, sobre o filho de 16 anos

Você pode até gostar da garota que seu filho está namorando, mas talvez não goste do que o romance está fazendo com ele. É preocupante quando seu filho deixa de cumprir obrigações, que durante anos ele desempenhou com tanta responsabilidade, por causa de um amor. Ainda que seja importante manter padrões altos para o comportamento dele, mesmo no ápice de sua paixão, esta é a hora de você modificar suas expectativas. Lavar o carro é ótimo, mas aprender a amar, também.

Se seu filho estiver negligenciando atividades e relações importantes, peça-lhe que converse com você sobre o que importa a ele nesse momento. Como ele vê a relação dele com os amigos, o time de futebol e assim por diante? Relate as tarefas que ele tem negligenciado e tentem decidir juntos quais não podem ser deixadas para trás.

Elaborem, juntos, um plano para lidar com essas coisas. Ele não pode levar uma nota baixa em matemática, por exemplo; então peça que ele resolva como vai aumentar essa nota, quem sabe saindo menos. Você também pode buscar meios de diminuir as tarefas que o sobrecarregam e criar espaço para a nova relação, talvez liberando-o de arrumar o quarto de despejo ou dos jantares em família nas noites de sexta-feira. Nessa época, amor e matemática podem ser a melhor forma de ele usar seu tempo.

Quando querem ficar na rua até tarde

Quando seus filhos começarem a sair à noite em companhia dos amigos, você deve estabelecer um toque de recolher. Lembra-se do monitoramento, a prática de rastrear seus filhos? Como explicamos no Capítulo 2, filhos cujos pais mantêm o hábito de saber onde e com quem eles estão, bebem menos, são menos propensos ao fumo, têm melhores notas e menos problemas disciplinares na escola. Também vão esperar mais para dar início à sua vida sexual do que os garotos com menos vigilância. Para a faixa dos 15 aos 18, horário para voltar para casa é um item indispensável do monitoramento.

Como você mantém e negocia esse horário, importa bem mais do que a hora específica. A hora para voltar para casa varia muito, indo das 21 horas às 2 da manhã, e tende a variar não segundo a idade do jovem, mas também pelas normas da comunidade. Estabelecer o toque de recolher para seus filhos adolescentes é uma boa oportunidade de colaboração democrática em casa. Convide seus filhos para que ajudem a fixar uma hora razoável para dias de semana, dando-lhes talvez uma lambuja nos fins de semana. E decidam juntos como o horário será cumprido (evite reações por demais punitivas quando ultrapassarem o horário estabelecido).

Isso exige alguma flexibilidade. Renegociar a hora para noites especiais e estabelecer a condição de que o adolescente telefone, caso algum imprevisto o obrigue a chegar mais tarde, colaboram para manter a harmonia em casa.

Quando querem ficar a sós

"Becca nos perguntou outro dia se ela poderia trazer para casa o menino que ela está gostando. Não estaríamos em casa no horário", diz Lynn. Lynn e Orlando chegam do trabalho tarde e se perguntavam o que Becca, de 15 anos, estaria pretendendo naquelas poucas horas de privacidade com o namorado.

Será que ela se sentia mais segura com ele estando em seu próprio território? Estaria tentando brincar de casinha para ver se ele é o tipo de garoto de que ela gosta? Estaria pedindo permissão para aprontar?

"Nós dissemos que tudo bem ele ir em casa quando nós estamos. Mas ficarem sozinhos os dois, não. Becca levantou a sobrancelha. 'O que vocês estão pensando que eu vou fazer... Sexo?' Eu disse: 'Não é isso. É questão de saber o que é apropriado para sua idade'."

Quando sua filha começar a pedir para passar um tempo sozinha com o namorado, pense no que é apropriado para a idade dela. Uma adolescente pode ficar com o namorado sem ser supervisionada, quando ela terá não só a oportunidade, mas talvez também a permissão tácita (ela sabe que você sabe o que significa ficarem juntos sozinhos) para fazer o que quiser?

Enquanto você pondera sobre o tanto de privacidade que pode dar a sua filha, lembre-se de que o monitoramento pode ser uma faca de dois gumes. Se o monitoramento sensato é associado ao adiamento do primeiro intercurso, o excessivo pode suscitar alguma rebeldia. E rebelar-se contra os pais não há de ser a melhor razão para se fazer sexo.

Então, o que vem a ser excessivo?

Conforme explicamos no Capítulo 2, esta será uma área de experimentação para você. O melhor a fazer é deixar sua filha negociar o grau de privacidade que pretender, enquanto você fica ligada às reações dela à sua supervisão e tira o time de campo quando achar que a vigilância está invasiva demais.

"Acho que a Becca tem direito a uma zona de privacidade e experimentação", diz Lynn. "Não sei de que modo comuniquei a ela que acho normal trocar carícias com o namorado, sem chegar ao intercurso sexual, mas tenho certeza de que ela sabe."

Como ela sabe?

"Ela sabe que eu não deixo ele ir em casa quando eu não estou. Não é esse o código para não ter o intercurso? Talvez eu não saiba o que ela pensa sobre o assunto."

Talvez ela também não saiba

Por trás da sobrancelha levantada, do olhar gélido e do ar de enfado, diante dessa selva de medos e tentações, sua filha pode estar não menos perplexa que você. Convide alguns adolescentes para falar de amor e eles começarão a fazer revelações, como se aumentassem o volume da faixa que está tocando em suas cabeças:

"Será que gosto dele?"

"É amor?"

"Que se deve fazer?"

Quanto mais profundas são suas explorações no mundo do amor, mais os círculos de dúvida se dirigem a um ponto específica, a próxima grande questão que seu filho adolescente enfrentará.

"Você não sabe o que é certo e o que é errado. Nem quando é apropriado começar a fazer as coisas. Que coisas são sexualmente apropriadas para fazer ou para pensar? Principalmente quando o assunto é transar. Eu sempre penso: 'Será que eu posso fazer sexo?'."
José, 12 anos

"Eu não acho que esteja pronto de verdade. Mas estou começando a pensar no assunto. Será que eu quero? Me dá aquele clique de uma sensação animal, mas, quando penso no que isso envolveria – o que realmente significa e o que eu estarei fazendo –, acho que só vou querer isso daqui a uns cinco anos."
Bennie, 13 anos

"Eu odeio essa coisa de secar o cabelo com secador e sair toda arrumada. Parece um concurso pra ver quem é mais magra ou bonita. E pra ganhar o

quê? Sou como sou e não gosto que me olhem como se fosse outra pessoa. Mas acabo entrando nessa de me arrumar. É chato, porque a gente quer ter uma relação verdadeira. Mas eu sei que os garotos só olham pra quem estiver com jeans *apertados e cabelo arrumadinho. E se eu não aceitar as coisas como elas são, não vou conseguir algo mais do que 'ficar'."*

Wendy, 15 anos

"Tinha um garoto que eu achava bem interessante, mas ele tinha namorada. Eles estavam meio-brigados, e eu e meu namorado também. Daí, minhas amigas decidiram fazer a gente ficar junto e o convidaram para a festa do réveillon. À meia-noite, nós nos beijamos. Eu não tinha certeza se estava fazendo aquilo para deixar meu namorado com ciúme ou porque eu achava o carinha interessante. A namorada dele me olhou atravessado. Como a gente não se conhecia bem, eu não sabia as intenções dele. Não sei por que eu estava na dele. Ou melhor, sei: é porque ele era interessante mesmo."

Nell, 15 anos

"Minha principal preocupação era se ia ficar chateado depois. Se ia me arrepender. Se estava fazendo a coisa certa. Se ia machucá-la."

Giorgio, 15 anos

"Você está apenas começando a pensar na faculdade. Se ele gosta de você e você gosta dele, tudo bem. Não para transar, só para dar uns beijos. Se for gostoso assim, tudo bem."

Lily, 15 anos

"Só vou transar quando estiver casado. Não posso garantir, mas é o que eu pretendo."

Marlon, 16 anos

"Acho que estou sendo mais honesta com Josh do que jamais fui com ninguém. Estivemos juntos no acampamento de férias e praticamente moramos juntos nesse verão. Aprendemos muito um sobre o outro. Se fizemos isso, podemos fazer qualquer coisa juntos."

Alyssa, 16 anos

"Primeiro, parecia que fazer sexo ia ser um grande passo. Agora, já não sei. A gente se sentia tão íntimo que não tinha nada mais a provar um para o outro. Estamos totalmente abertos. Antes disso, eu só havia beijado as garotas."

Josh, 16 anos

O que o sexo significa e como está relacionado com o amor? Devemos fazer sexo, partir para a prática?

Essas são as questões que se agitam tão logo os adolescentes começam a amor e a namorar. A maioria deles terá a resposta antes de se formar no colégio. Esperamos que a sabedoria e o calor dos pais ajudem na informação. O próximo capítulo ajudará você a planejar uma abordagem para esse próximo desafio. Mas agora pelo menos você entende – tão bem quanto se pode entender – o coração que bate por trás dessas dúvidas.

É o coração do seu filho, bravamente se desgarrando de você e indo unir-se a uma garota que ele idealiza. Porque ideal é o que ele precisa para deixar o melhor amor que ele já teve um dia e encontrar um novo sem a ajuda de ninguém.

E seu coração está perplexo e ferido. Como ele ficou tão alto? Por que não brincamos juntos como costumávamos fazer? Será que ele esqueceu?

Onde foi parar o tempo?

Um toque de Vênus

> *I feel*
> *Wherever I go*
> *That tomorrow is here,*
> *And always too soon.*
>
> Eu sinto,
> Onde quer que eu vá,
> Que o amanhã chegou,
> Sempre cedo demais. (NT)

Kurt Weil, Ogden Nash

Tal é o estado de união entre pais e filhos na adolescência.

Eis ali sua filha, descobrindo o amor pela primeira vez, e você do outro lado, pensando onde o amor levou você. Você sabe alguma coisa sobre relacionamentos, ao passo que sua filha é uma completa noviça. Na sua incerteza, você não sabe como contar a ela o que ela precisa saber. Mas lá vai ela decidida a agir como se já soubesse de tudo, convencida de que jamais cometerá os seus erros nem assumirá os compromissos que você assumiu.

Weil e Nash compuseram *Speak Low*, a canção que serve como pano de fundo deste capítulo, para o musical *One Touch of Venus*. A comédia versa sobre uma estátua de mármore de Vênus que ganha vida para experimentar o amor pela primeira vez. Segundo a história, depois de vários flertes, Vênus tem um vislumbre da vida suburbana de uma mulher casada, em todos os seus aspectos bem corriqueiros, fica horrorizada e volta para o Monte Olimpo, livre e desimpedida.

Ao ouvir essa história, não dá para não pensar em todos os adolescentes avaliando seus pais de meia-idade, convencidos de que quando vivenciarem o amor pela primeira vez será uma relação completamente diferente. Uma relação que não envolva as imperfeições de velhas lavadoras de pratos, calvície, mastigar fazendo barulho. Um amor realmente primoroso.

Como pode um pai ou uma mãe, que vive uma relação humana comum, não se sentir um idiota diante de tão cintilante promessa?

Lynn se recorda de uma noite em que, depois de ter sido resolvida a questão da privacidade de Becca, ela e o marido estavam na cozinha. Lynn terminava de enxugar os pratos, enquanto Orlando deixava o cachorro sair para fazer suas necessidades no quintal. Becca estava sentada à mesa da cozinha, terminando a lição, enquanto o rádio tocava um pouco alto demais para aquela hora da noite. Sintonizado por Becca em uma das estações que ela preferia, a emissora começou a tocar uma música antiga.

"Orlando levou a mão ao botão e Becca disse: 'Pai, não!'. Ela não queria que ele o desligasse. Orlando aumentou o volume e tirou a pilha de pratos das minhas mãos. 'Vamos lá, vamos dançar', ele disse. E levantamos poeira do chão! Becca só olhava. 'Aaah!, mãe, o papai está parecendo um pateta. Como você aguenta?' Eu respondi: 'Ele não é um pateta. Aposto que, se fosse seu namorado fazendo isso, você não ia achar patetice. Provavelmente ia achar bem legal'. E ela: 'Aaah! manhêêê...'."

Lynn e Orlando rodopiaram pela cozinha um pouco mais, dando risadinhas, até que Orlando ergueu Lynn para um beijo suave. Becca ficou roxa.

Becca ainda não chegou lá, podíamos ter dito a Lynn. Mas vai chegar. Com o amor, a orientação e um pouco de paciência dos pais, ela estará de volta do Monte Olimpo muito em breve.

Enquanto isso, o que pais comuns, falíveis e de meia-idade podem fazer, a não ser dançar?

Capítulo 8

PRONTOS PARA TRANSAR?

Diante da decisão de abstinência

Você está ajudando sua filha a fazer as malas. Ela vai para um acampamento de férias com enfoque em dramaturgia e produção teatral.
Você não gosta nem um pouco da ideia de ficar longe dela no verão e já sente sua falta. Por que será que todas as suas amigas parecem gostar tanto de mandar os filhos para longe?

"Será que eu levo meu pulôver?" A menina subitamente a lembra que ainda está lá. "Tenho medo que manche, mas gosto tanto dele... Sabe de uma coisa? Vou levá-lo. Está decidido!"

"Tudo bem."

"Este ano estou pensando em me candidatar para o grande musical de encerramento, em vez de ficar cuidando do figurino. O que você acha?"

"Tudo bem."

"E vou treinar corrida de longa distância..."

"Tudo bem."

"Ah... e acho que eu e Danny vamos transar neste verão."

Neste determinado momento, o "tudo bem" há de parecer um tanto... fraco?

É isso

Se há uma ansiedade urgente que, mais do que qualquer outra, fez você pegar este livro, podemos bem imaginar que se trata da seguinte: saber o que fazer quando sua filha começar a pensar em transar!

Você deveria tentar impedi-la? Pode fazer isso? Existe uma idade após a qual você deve deixá-la tomar sua própria decisão?

Sem dúvida, já deve ter ficado claro para você, pela leitura dos capítulos anteriores, que lidar com a decisão de uma filha a respeito de transar ou não não brota de um momento para o outro, diante de uma mala aberta, estando ela de saída para uma viagem de verão. Anos de discussões, experiências, admoestações, exemplos e negociações pavimentaram o caminho para essa decisão.

E como você sabe que essa é realmente a primeira decisão que sua filha tomou a respeito de fazer sexo? Conforme explicaremos daqui a pouco, existe sexo e existe Sexo. No léxico de uma menina, as palavras *virgindade* e *abstinência* podem se revelar termos um tanto fluidos.

Mas, por enquanto, vamos pensar na decisão da garota, estando ela na iminência de fazer sexo ou rejeitá-lo, do modo como a maioria dos pais vivenciam essa decisão – como um evento importante da vida, cujos detalhes você pode ouvir ou não, mas sobre os quais você, definitivamente, tem uma opinião formada. E que opinião seria essa?

O que você quer?

Como mencionamos no início deste livro, uma das expressões essenciais do dilema vivido por muitos de vocês veio até nós através de um pai que perguntou: "Como posso ensinar minha filha a ter uma atitude saudável para com o sexo, mas evitar que ela o faça?".

Talvez você tenha uma vaga ideia sobre o que motivou a tal pergunta.

Adele tem uma opinião categórica a respeito. "Eu não gostaria que minha filha casasse virgem. Acho que pode ser ruim; as pessoas se casam em razão de uma intensa pressão sexual; não entendem o outro e não sabem se têm afinidades. Ela tem de saber se ela é compatível com o rapaz com quem está casando. Só de pensar que ela pode casar com um homem que ela não conhece na cama... acho inconcebível. Me incomoda."

Garth, pai de uma filha de 16 anos, tem uma atitude semelhante. "Acho que não deveríamos idealizar tanto a virgindade. Isso é dar um peso grande demais ao assunto. Perdê-la faz parte do desenvolvimento e vai acontecer quando tiver de acontecer."

Já outros têm uma posição ambivalente. Carl e Beth, defrontados com os indícios cada vez mais fortes de que a filha de 15 estava para fazer sexo com o namorado, queriam dar seu apoio à ideia do sexo como uma experiência maravilhosa, mas simplesmente não conseguiam acreditar que ela estivesse pronta.

"Por que não queríamos que ela transasse?", pergunta Betty. "Porque é um passo muito grande. Uma grande mudança. Eu queria que ela ficasse livre desse tipo de desafio emocional até que tivesse mais experiência."

Com isso somos levados a pensar: como se sabe quando a filha está pronta para o intercurso sexual?

"Ano que vem", responde Carl, sorrindo. "É a resposta permanente. Não importa quando ela pergunta, ela estará pronta somente no ano que vem."

Para muitos, a resposta é ainda mais direta: sexo antes do casamento, não!

Shauna sabe o que quer para a filha. "Não quero que ela faça sexo antes de casar." Quando foi a primeira vez de Shauna? "No baile de formatura do ensino médio, mas não desejo que ela cometa o mesmo erro que eu. Eu quero que ela espere."

Com Helga é a mesma coisa. "Sim, quero que ela espere até a noite de núpcias. Quero que ela experimente o sexo pela primeira vez ao som das ondas do Pacífico quebrando nas rochas de uma ilha havaiana. Será que vou conseguir? Talvez não. Mas pelo menos quero que ela espere o máximo que der."

Por que você pode hesitar em endossar a aventura sexual de uma filha? Bem, no mais simples e básico dos níveis, você se preocupa com gravidez e DSTs. Você não sabe se sua filha saberá lidar com os reveses emocionais que, como lembra tão bem, foram o resultado de suas primeiras relações. E não tem certeza se ela gosta do garoto. Questões morais e religiosas podem ser muito importantes para você.

E então há a sombra que tem espreitado você em todos estes capítulos: pura e simplesmente, é desconfortável imaginar sua filha como uma pessoa sexual. Ou aceitar que ela está ficando adulta.

Embora você possa ficar abismado ao deparar com elas, ainda pode ter em mente as razões que lhe foram jogadas na cara por seus pais na primeira vez que pensou em sexo. Ann explica: "Quando eu era garota, nos anos 60, você jogaria sua reputação no lixo e ficaria uma mulher falada. Minha mãe martelou isso na minha cabeça. Penso que Cary assumirá alguns riscos quando passar a ter relações sexuais com o namorado. Você põe em risco a amizade e tem de lidar com as reações dos outros".

E Ann continua: "Criar minha filha tem me ajudado a me tornar mais realista. Eu me vejo com as mesmas preocupações que os meus pais tinham. Mas elas já não significam nada para ela. Algumas de suas amigas transam. Outras, não. Reputação não é algo que as preocupe. É um mundo diferente para ela".

Ah, sim. É verdade.

Um mundo muito diferente

Certos pais não sabem o quanto é diferente.

Alguns estudos atentaram para a consciência dos pais sobre as atividades sexuais de seus filhos e os resultados foram alarmantes. Quando a questão é saber se seus filhos já tiveram o intercurso sexual, os pais não se mostram lá muito informados. Em um dos estudos, quando os pais foram questionados se seus filhos de 14 a 17 anos já tinham tido intercurso sexual, 34% deles disseram "sim". Quando os próprios adolescentes foram indagados, 58% deles responderam afirmativamente – opa!

Usando dados de 1999 para os Estados Unidos, 50% dos estudantes do ensino médio haviam tido relação sexual. Os meninos se mostram um pouco mais propensos do que as meninas a ter o intercurso: 52% dos meninos e 48% das meninas. Conforme o esperado, esses números variam de acordo com o ano – 39% dos alunos do primeiro ano do ensino médio, para 65% dos do terceiro – ou seja, quando se formam no colégio, quase dois terços dos jovens já tiveram a experiência do intercurso sexual.

Alguns se iniciam especialmente jovens. Oito por cento (12% dos meninos e 4% das meninas) têm sua primeira relação sexual antes dos 13 anos.

Após o colégio, os percentuais começam a dar saltos ainda maiores. Em um estudo com homens de 19 anos que nunca haviam sido casados, 84% deles tinham tido intercurso vaginal; em outro estudo, 83% das mulheres de 20 a 24 anos, que nunca se casaram, afirmaram ter tido o intercurso.

Se você estiver pensando que os jovens que fazem sexo devem morar em algum outro canto do país, os dados mostram que jovens de todas as partes estão fazendo sexo.Então, as coisas parecem diferentes do tempo em que você era adolescente? Em caso afirmativo, não chega a surpreender.

Durante a segunda metade da década de 50, 8% das garotas tiveram intercurso sexual aos 16 anos. Na mesma década, 28% de meninos e meninas fizeram sexo aos 18 e 61% aos 20 (tenha em mente que naquela época se casava mais cedo, portanto, esses números não se referem exclusivamente ao sexo pré-marital). Na década de 70, menos de 5% das garotas de 15 anos e 20% dos meninos dessa mesma idade tinham tido intercurso sexual. O percentual para alunos do ensino médio aumentou no decorrer da década de 80, mas começou a baixar nos anos 90.

Apresentamos esses números a título de verificação da realidade: garotos e garotas *estão* transando. E mesmo os que deixam para depois do ensino médio não esperam muito mais do que isso. O que está acontecendo?

A lacuna que se alarga

Para começar, a lacuna entre a maturidade sexual e o casamento tem aumentado.

Houve um tempo em que o casamento se seguia logo após a maturidade sexual. Contudo, duas tendências mudaram isso. Historiadores nos relatam que a média de idade com que os adolescentes entram na puberdade se reduziu em cerca de dois anos, de um século para cá, enquanto a idade do primeiro casamento aumentou em alguns bons anos desde então. O resultado é que o período entre a maturidade sexual e o casamento é muito maior do que muitos parecem dispostos a esperar.

Por que as pessoas estão se casando mais tarde? Em parte porque as sociedades industrializadas requerem mais educação formal e, dessa forma, prolongam a adolescência. E agora que o sexo pré-marital se tornou a norma, pode haver menos pressão para se casar jovem, de modo que há aí um círculo vicioso. As pessoas adiam o casamento, de modo que a sociedade acaba aceitando mais o sexo pré-marital, e a disponibilidade do sexo pré-marital acaba por reduzir uma das forças propulsoras do casamento prematuro. Esse ciclo, é claro, recebeu um empurrãozinho de uma coisa chamada "revolução sexual".

Exceto em certas comunidades, não se pode mais tomar como ponto pacífico que a maioria das pessoas vai esperar pelo casamento, ou pelo menos fingir fazê-lo, para iniciar sua vida sexual. A grande maioria dos homens e mulheres nos Estados Unidos não é virgem quando se casa, especialmente se não se casarem antes dos 20 e poucos anos.

Se você já não acredita que é necessário, ou mesmo recomendável, esperar até o casamento, qual será o novo padrão?

Sexo somente com amor? Poderia funcionar, mas como se sabe quando se está amando? Atração física e excitação intensas constituem amor? Nos aventuramos a dizer que a definição de amor muda rapidamente, conforme a noite avança, a temperatura aumenta e aquela bebidinha "sobe".

Sexo só na faculdade? Certo, mas qual a lógica desse limite? Como você a explicaria para uma filha? A garota é diferente na última semana do colégio do que será na primeira semana da faculdade? E se ela não for para a universidade? O limite do casamento traz consigo história, religião, tradição, além da questão de filhos fora da instituição, mas praticamente todo limite que você impuser corre o risco de parecer arbitrário para um filho adolescente.

Porque os jovens se abstêm

É claro que alguns adolescentes se abstêm até o casamento, ou pelo menos até que estejam com seus 20 e poucos anos. Por que optam por esperar?

Para alguns, é uma questão moral. Outros esperam porque temem a gravidez, a AIDS ou o desconhecido. Alguns acham que é importante para a reputação social. Outros ainda não se sentem interessados ou prontos.

Para alguns jovens a virgindade pode significar pureza. Para outros, estar livre de ansiedades. Pode significar autoestima, obediência a ensinamentos religiosos, guardar-se para alguém especial, ou ser elegível para se casar com o príncipe do Japão.

As meninas trazem nas costas todo o peso de tradições históricas, religiosas e culturais de muitas sociedades que fazem da virgindade um bem precioso. Mas também os meninos podem ver algo de correto aí. Podem se sentir no dever de respeitar os desejos da namorada. E só porque alguns deles parecem não temer a gravidez ("Para mim não é problema", "o filho não é meu"), isso não significa que todos eles reajam do mesmo modo. É fácil esquecer o impacto que a primeira vez exerce sobre um garoto, mas por trás de toda a bravata não será difícil encontrar nele, nessa situação, uma criança amedrontada. Ele pode se sentir inseguro sobre seu desempenho. Pode ter medo de fazer algo errado na cama, ou pode temer o ridículo. Pode ouvir cada espinha no seu rosto gritar: "Seu imprestável!".

E por fim, é óbvio que existem jovens que mantêm a virgindade por falta de oportunidade de perdê-la. Esse tipo de virgindade, embora se possa valorizá-la, também pode ser fonte de vergonha ou preocupação para seu filho adolescente.

E por que não se abstêm?

Verdade seja dita, os adolescentes parecem ter um suprimento inexaurível de razões pelas quais não gostariam de adiar a prática sexual propriamente dita. Digamos que seu filho se sinta inseguro acerca de sua condição de homem. Ele quer fazer sexo com uma garota para provar para si mesmo, e para os amigos, que é homem de verdade. Ou digamos que sua filha está saindo com um menino que ela realmente gosta e tenha medo que ele não fique com ela por muito tempo, a menos que ela transe com ele. São razões que você certamente gostaria de debater antes que as coisas cheguem longe demais.

Mas não são as únicas na cabeça dele. Os adolescentes também têm impulsos sexuais. As oportunidades para o sexo são abundantes e as consequências, principalmente as negativas, podem parecer remotas, pelo menos para as partes do corpo que estão no comando nesses momentos.

E eles são curiosos. Existe todo um *frisson* envolvendo o sexo e, até que tentem, não conseguem compreender exatamente o que fascina tanta gente.

"Ouvi a história de um cara que foi atropelado por um ônibus e passou o resto da vida em uma cadeira de rodas", comenta Biff, lembrando sua juventude, sobre sua decisão de não mais esperar. "Aquele cara jamais seria capaz de sentir o sexo verdadeiro. Tinha uma garota me paquerando. Eu não achava que estava na hora, queria esperar por alguém especial, mas daí fiquei com medo de nunca poder fazer sexo na vida e quis saber como era. Então fizemos."

Por que os jovens não se abstêm? Existe um leque de razões e nem todas têm a ver com o ato sexual em si:

- eles querem saber o motivo de tanto estardalhaço;
- querem intimidade;
- estão amando;
- querem agradar o parceiro/ a parceira;
- sentem-se na obrigação de retribuir um presente;
- querem provar que conseguem convencer alguém a fazer sexo com eles;
- querem se sentir mais adultos;
- têm medo de dizer "não";
- querem provar que você não consegue impedi-los;
- não vêm motivo para não fazê-lo.

Questione um grupo do primeiro ano do ensino médio a respeito de sexo e as respostas serão ilustrativas. A pergunta: "Você saiu algumas vezes com uma garota e ela pede para transar, mas você não quer. Qual a probabilidade de você transar de qualquer maneira?".

As respostas? "Por que eu não ia querer?" "Por acaso ela é um cachorro?" "Não entendi a pergunta..." "Ah, querem que a gente assuma que é *gay*?".

A pergunta parece ser "quando farei sexo?" e não "devo fazer sexo?".

Lembram de Alyssa e Josh, o casalzinho de 16 anos apresentado no Capítulo 7?

Josh ficou tão animado com a proximidade de Alyssa, sua primeira namorada de verdade e a segunda garota que havia beijado, que desejou explorar as possibilidades de ficar mais perto ainda. O sexo era o único limite que ele e Alyssa viam a obstruir sua intimidade e então quiseram rompê-lo.

E há também a questão de "coceirinha". Como explica Alyssa, assim que chegou à puberdade, começou a desenvolver um fraco por sexo. "A primeira vez que eu fiquei com rapazes, não era para fazer amizade. Era tesão, tesão e tesão! Era como uma coceira e eu queria mais era me coçar!"

No entanto, Alyssa não teve intercurso sexual com nenhum desses garotos. Foi só quando se sentiu apaixonada por Josh que decidiu fazer. Por quê? Alyssa sentiu que o sexo representaria a realização de seu amor por Josh e de sua confiança nele. Seria muito melhor do que conseguiria imaginar em seus dias de "tesão".

E assim Alyssa decidiu abordar seus pais, Dave e Marisol, e contar-lhes o que ela e Josh haviam planejado. Ou talvez pedir a eles uma espécie de consentimento.

Antes de chegar a esse momento, vamos voltar alguns passos para entender que as coisas são mais complexas do que estão parecendo a Dave e Marisol. Antes de lidar com o interesse do filho por sexo, temos de ressaltar que o intercurso sexual não é a única questão com a qual você irá se confrontar.

É sexo ou não é?

> ***Monica Lewinsky:*** *Nós não fizemos sexo, Linda...*
> ***Linda Tripp:*** *E como você chamaria isso?*
> ***Lewinsky:*** *Nós brincamos.*
> ***Tripp:*** *Ah...*
> ***Lewinsky:*** *Não foi sexo.*
> ***Tripp:*** *Humm, não sei... acho que... quando se chega a um orgasmo, isso é fazer sexo.*
> ***Lewinsky:*** *Não, não é.*
> ***Tripp:*** *É, sim.*
> ***Lewinsky:*** *Não, não é. É...*
> ***Tripp:*** *É não fazer...*
> ***Lewinsky:*** *Fazer sexo é ter o intercurso sexual.*
> ***Tripp:*** *Ah, acho que você conviveu demais com ele...*
>
> ***The Daily News*, 3/10/1998**

O sexo nem sempre é tão fácil de ser definido

Se seu filho dissesse que não teve "relações sexuais" com uma garota, que ele apenas beijou, duvidaríamos que você o acusasse de mentir. Na outra extremidade do espectro, se ele teve intercurso vaginal com ela, apostamos que você esperaria que ele dissesse "sim, eu transei com ela".

Mas, quanto a outros atos, os adolescentes não têm muita certeza do que conta como sexo ou não. Em uma pesquisa de 1998 em uma grande universidade americana, mais da metade dos alunos que frequentavam aulas de sexualidade achava que os homens não considerariam a felação [1] como sexo, e as mulheres não considerariam o cunilíngua [2] como sexo. Quando lhes foi dito que não havia orgasmo nessas duas modalidades, ainda mais alunos acharam que o sexo oral não era sexo. Então, sem orgasmo não há sexo? É essa a regra? (Isso parece aquela história de um monte de mulheres tendo bebês sem ter feito sexo.)

Pergunte aos alunos se um casal homem-mulher se consideraria "parceiros sexuais" se tivessem tido intercurso vaginal – e mais de 80% dirão que sim. Faça a mesma pergunta sobre um casal que fez apenas sexo oral: metade pensará que o homem consideraria a mulher uma parceira sexual e 64%, que a mulher o tomaria por um parceiro sexual.

Se seu filho adolescente não tem certeza do que é o sexo (e tampouco nós temos absoluta certeza), o que dizer da abstinência?

Da próxima vez que uma amiga comentar sobre seu desejo de querer os filhos abstinentes, pergunte a ela o que significa abstinência para ela. O mais provável é que ela comece a responder e pare, percebendo não ter certeza; ou então dirá alguma coisa como:

"Você sabe. Sem sexo."

"Mas que tipo de sexo?"

"Sem intercurso sexual."

"Então, quanto ao sexo oral tudo bem?"

"Não, é claro que não."

"E quanto à masturbação mútua?"

"Hum... daí eu não sei."

No que lhes toca, programas de abstinência na escola nem sempre definem o que ela significa. Alguns não mencionam quaisquer atos sexuais específicos, o que dificulta imaginar do que eles deveriam se abster. Quanto às pessoas responsáveis por ensinar educação sexual, nem elas conseguem concordar a respeito do que é considerado como abstinência. Alguns educadores em saúde

---

1. Sexo oral feito pela mulher no homem. (NT)
2. Sexo oral feito pelo homem na mulher. (NT)

pensam que a masturbação mútua conta e outros, não. Alguns (três entre dez, segundo estudo) dizem que o sexo oral deve contar para a abstinência.

Dentro de casa a questão não é mais clara. O que os pais querem dizer quando dizem aos filhos para manter a abstinência, depende do que os preocupa. Se a preocupação maior é preservar a virgindade, ou evitar a gravidez, a abstinência se refere mais ao intercurso vaginal. Se estiverem preocupados com DSTs, podem estar esperando que o filho proteja sua saúde perante uma série de atividades sexuais. Mas, se o foco estiver relacionado ao jovem estar emocionalmente preparado para a intimidade física, o que será levado em conta?

Talvez tudo não passe de uma questão de semântica, mas a semântica importa.

Importa quando você está aconselhando sua filha a não fazer sexo antes do casamento. Importa quando seu filho ouve na escola que ele deve usar um preservativo todas as vezes que fizer sexo. Se o intercurso anal não for sexo, ele não estará recebendo corretamente a mensagem.

No Capítulo 3, recomendamos o uso de uma linguagem precisa quando estiver ensinando seu filho na primeira infância sobre as partes do corpo. Agora o incentivamos a fazer a mesma coisa.

Sexo tem muitos sentidos. A abstinência carece de uma definição. Mesmo o termo *virgem* talvez esteja desatualizado. Tradicionalmente, *virgem* designava alguém que jamais fizera sexo, definido como intercurso vaginal. Mas não ocorre a muitas pessoas que uma mulher pode ter sexo anal ou oral regularmente e ainda se considerar virgem.

O que as virgens fazem em seu tempo livre?

[Fui] tocada, beijada, cutucada, esfregada, acariciada, chupada, lambida, mordida – tudo isso.

Tara McCarthy sobre sua virgindade,
Been There, Haven't Done That

Em um estudo de alcance nacional, realizado em 1995, com jovens do sexo masculino entre 15 e 19 anos que jamais foram casados, 45% foram classificados como virgens (ainda sem intercurso vaginal), mas isso não significava que eles ficavam o tempo todo em casa se coçando: 22% haviam sido masturbados por uma mulher, 15% tiveram uma mulher lhe fazendo felação, 12% tinham feito cunilíngua e 1% teve intercurso anal com uma mulher.

Não temos dados em nível nacional sobre práticas sexuais de virgens do sexo feminino, mas dispomos de dados locais. Uma pesquisa num distrito escolar em Los Angeles revelou que cerca de um terço das garotas que frequentavam o ensino médio, em 1992, tivera algum tipo de atividade sexual genital com um homem durante o ano anterior. Uma média de três em dez haviam masturbado um parceiro, três em dez haviam sido masturbadas por um parceiro, uma em dez havia feito felação (na qual o rapaz ejaculou), e uma em dez recebera o cunilíngua. Quase não houve virgens a relatar sexo anal ou atividade sexual com uma parceira do mesmo sexo. Os resultados com os rapazes nessa pesquisa foram razoavelmente semelhantes. Um estudo contemporâneo com alunos do ensino médio de um subúrbio de Nova York também revelou virgens fazendo e recebendo sexo oral. Você pode até pensar que se trata de um fenômeno isolado de uma grande cidade dos Estados Unidos, mas uma pesquisa realizada em Salt Lake City, no estado de Utah, chegou a um quadro similar.

Bar Mitzvah e sexo oral

> *Você se lembra como nos Bar Mitzvahs costumávamos colocar flores e suvenires em um copo d'água e pingar cera de vela em cima para fazer uma taça da memória? Agora, fazem sexo oral.*
>
> **Amy, mãe de meninos, de 10 e 13 anos**

Junto com o novo milênio e as previsões de que o céu iria cair, chegou a notícia que fez muitos pais pensarem que ele havia caído mesmo: jovens do ensino médio estavam fazendo sexo oral. O *New York Times*, o *USA Today* e o *Washington Post*, entre outros, traziam histórias que debatiam a popularidade do sexo oral não só entre alunos do ensino médio, mas também entre alunos nos últimos anos do ensino fundamental. As histórias falavam de festas regadas a sexo oral casual e citavam adolescentes que o faziam parecer tão "social" quanto um beijinho no rosto. Uma versão do relato diz que sexo oral é o presente dados por algumas das garotas convidadas aos meninos que fazem Bar Mitzvah [a cerimônia que insere o jovem como membro maduro e responsável na comunidade judaica, ocorrendo a partir dos 12 anos e um dia para os meninos e dos 13 anos e um dia para as meninas].

Os relatos parecem todos dizer respeito à felação. Aparentemente, o cunilíngua não faz muito sucesso no circuito das festas. E, pelo que sabemos, não passou pela cabeça de ninguém usar preservativo. A ideia geral é que a felação é um passe livre para o sexo, ou para o não-sexo. Não há risco de gravidez. Nem de DSTs (assim pensam eles). Nem precisam tirar a roupa. Basta entrar no banheiro ou fazer atrás da garagem, rapidinho, e voltar para a festa. Parece ser a versão moderna dos antigos "amassos".

Será verdade? Existe realmente uma explosão do sexo oral?

Não sabemos. Faltam dados sobre a vida sexual da moçada de oitavo e nono anos. Mas temos dados sobre alunos do ensino médio e eles estão fazendo sexo oral, de modo que é muito possível que comecem no ensino fundamental. E sabemos que está acontecendo em pelo menos algumas comunidades. Na Geórgia, um programa de combate à meningite entre alunos do fundamental casualmente revelou adolescentes com gonorreia na garganta. Só tem um jeito de contrair gonorreia na garganta e não é pelo assento sanitário.

Os pais não estão preocupados apenas se seus adolescentes estão fazendo sexo oral; há também as circunstâncias em que o estão fazendo. Pelos relatos, as meninas parecem estar fazendo sexo oral com rapazes que mal conhecem. O intercurso vaginal pode ser deixado para alguém especial, mas o sexo oral "não é isso tudo".

"Eu fico abismada", diz Carmen, de 43 anos, que tem um filho de 14. "Não sou puritana e fiz muito sexo oral no meu tempo, mas foi mais tarde, depois do intercurso vaginal. Eu nem sabia o que era isso até entrar na faculdade. Para mim, ainda é algo ainda mais íntimo do que sexo."

Pais de meninos tendem a ver garotas sexualmente precoces como agressoras, que avançam em garotos mais novos que não têm ideia do que seja o sexo oral. Os pais das meninas falam de uma rede social em que o único meio de se firmar seria por meio de atos sexuais casuais e desprovidos de prazer. Ninguém está feliz.

Agora, vejamos o que diz Winston, aluno do primeiro ano do ensino médio, que narra tudo com ares de indiferença: "Alguns grupos fazem, outros não". Grupos? "Os atletas, por exemplo, têm sexo oral. As garotas fazem só neles." Em festas? "Na escola, nos banheiros. E acho que também nas festas, mas eu não vou a essas festas. A galera da patinação não parece receber sexo oral tão prontamente, pelo menos não este patinador aqui."

Qual a razão desse aparente aumento de popularidade? Ninguém sabe, mas vamos arriscar um palpite. Os adolescentes estão aprendendo na escola e em casa que, no sexo oral, o risco de transmissão do HIV é muito menor do que no intercurso vaginal. Ele é apresentado como uma alternativa ao intercurso vaginal, pois não implica risco de gravidez ou de doença.

E é verdade – mais ou menos. Ele *é* menos arriscado; sua filha não vai ficar grávida se praticar sexo oral com o namorado. Mas ela pode contrair gonorreia, herpes ou outras doenças. Acontecem até infecções com o HIV, embora seja difícil contraí-lo pelo sexo oral. Portanto, o sexo oral é menos passível de transmitir uma DST do que o intercurso vaginal, mas não é isento de riscos.

O poder dos iguais

O que influencia as escolhas de seu filho e de sua filha com relação a sexo? Para responder a essa questão, voltemos a noções convencionais de sexo e abstinência. A definição do intercurso vaginal para sexo é a utilizada na maioria das pesquisas sobre hábitos sexuais dos adolescentes, mas queremos aqui apresentar algumas das descobertas mais úteis desses estudos, que dizem respeito justamente aos fatores que influenciam a decisão de seu filho, ou filha, de ter o intercurso pela primeira vez, ou esperar um pouco mais. Comecemos por seus iguais.

Amigos e colegas de classe exercem grande influência sobre a decisão de seu filho, e provavelmente cada vez mais à medida que ele fica mais velho. Jovens com amigos e irmãos sexualmente ativos começam mais cedo. Mas o mais importante é o que eles pensam que seus pares aprovam. Se acreditam nas balelas que os colegas de classe contam sobre suas aventuras sexuais, mais propensos estarão a querer se equiparar a eles. "Ela entrou pela janela e me pediu para torná-la mulher", pode não soar convincente para você quando vier da boca de um menino de 13 anos, mas os amigos dele não perderão uma palavra sequer.

A parte a seguir pode ser uma surpresa. Ter bons amigos, dos quais seu filho se sinta próximo, significa que ele estará *menos* propenso a fazer sexo. Ser o tipo de adolescente que tem um círculo de amigos e está socialmente ligado aos outros costuma ser uma coisa muito boa, e diminui a propensão de seu filho adolescente fazer sexo, pois garotos como esses já terão o que estariam procurando em um parceiro sexual – ou seja, intimidade e companheirismo.

O efeito *nerd*

Garotos que são mais inteligentes, que vão melhor na escola e têm planos para o futuro, como fazer uma faculdade e encetar carreiras ambiciosas, revelam-se menos propensos a fazer sexo. Há muito se acredita que alunos com notas mais altas adiam o sexo porque mantêm seu foco em objetivos futuros e estão mais conscientes do que perderão, no caso de uma gravidez não programada. Contudo, também sua propensão a beijar e acariciar será menor, e para isso pode haver outras razões. Talvez tenham menos oportunidades (estudar demanda tempo e energia). Pais que incentivam seus filhos nessas metas podem acabar desencorajando namoros; ou talvez os jovens que têm menos encontros se voltem para os estudos. E claro, estar sexualmente ativo também exige tempo e energia, e pode ser a causa de notas mais baixas.

Um estudo recente acrescentou outro viés a essa história. Descobriu que jovens com menos inteligência também estão mais sujeitos a adiar o sexo. Assim, ao que tudo indica, os garotos que se enturmam com facilidade são os mais ativos sexualmente. Talvez aqueles com um nível de inteligência mais baixo sejam menos aceitos por seus pares e tenham menos oportunidades de sexo. Ou talvez seus pais se esforcem mais para cuidar deles e protegê-los. Ainda no quesito educação, também se descobriu que adolescentes que frequentam uma escola controlada por instituição religiosa, ou com níveis de frequência mais altos (uma marca das melhores escolas) têm maior probabilidade de adiar o intercurso sexual.

Não é só o trabalho de classe que importa. Os adolescentes mais envolvidos em atividades extracurriculares, dentro ou fora da escola, tendem a deixar o sexo para mais tarde: natação, banda e todo o resto os mantêm ocupados, proporcionam monitoramento e lhes dão oportunidade de fazer amizades. As mães de filhos esportistas devem saber de alguma coisa.

Ter fé

Estamos criando nossos filhos em um lar com valores. Vamos à igreja todo domingo. Eles sabem que não se deve fazer sexo antes do casamento. Com uma educação adequada, eles saberão o que é certo.
Kathy, mãe de três meninos

A religião pode influenciar nas escolhas de um filho, especialmente se ela proíbe o intercurso sexual antes do casamento. Mas o efeito não é tão forte quanto aquele que talvez se espere. Adolescentes de famílias com rígidas tradições religiosas que desaprovam o sexo pré-marital estão pouco menos propensos a fazê-lo.

Argumentos religiosos para preservar a virgindade podem ser fortes para alguns jovens e não ter efeito algum sobre outros. O fator que pode ser decisivo é a profundidade com que seu filho aceitou os valores de sua religião e se seus modelos de comportamento vivem segundo esses valores. Contudo, mesmo se as crianças observarem outros preceitos religiosos, elas podem agir ao contrário quando se trata de sexo. Sabemos de incontáveis casos em que uma adolescente solteira vai a uma clínica preocupada com a possibilidade de estar grávida, ou de ter contraído uma doença. Ela sabe sobre os preservativos? Sim. Usa? Não. Por que não? Porque sua religião não permite. Adolescentes, bem como adultos, são bem capazes de seguir regras de maneira seletiva.

Em um estudo realizado em nível nacional, jovens que consideravam a religião e a oração importantes, começaram a fazer sexo com mais idade, ainda que muitos tivessem tido relações sexuais antes do casamento.

Em outro, a filiação religiosa e a participação em eventos religiosos se mostraram associadas à iniciação sexual mais tardia para os meninos, mas não para as meninas. Pode ser que esses meninos conheçam o sexo mais tarde em razão dos valores religiosos que aprenderam, mas é igualmente possível que as atividades religiosas funcionem em grande medida ao modo de outras atividades organizadas: como forma de monitorar, ou um modo de envolvê-los em algo que os ajude a sentir-se bem consigo mesmos. Ou então, os pais que estimulam os filhos a se envolver com atividades religiosas podem, de modo geral, supervisioná-los melhor.

Assim, se você inserir seus ensinamentos sobre sexo em um contexto religioso, isso pode, sim, influenciar seu filho. Mas não conte apenas com a religião.

O voto

Sempre tive esta ideia na minha cabeça: esperar até o casamento para fazer sexo. Pensava assim até o nono ano. Agora estou na faculdade e, sim, há tentações por toda a parte. No próximo sábado, terei minha cerimônia do anel "O verdadeiro amor espera". Não vejo a hora! Tem uma porção de amigas fazendo isso também, e alguns carinhas. Isso é especial para mim, porque não sou muito boa em uma série de coisas. Eu não canto. Não sou de esportes, nem sou a mais inteligente. E isso da cerimônia do anel é uma coisa que nem todas as garotas podem fazer.

Asha, no sítio *True Love Waits*, www.lifeway.com/tlw

Uma abordagem para preservar a virgindade que veio da tradição religiosa é o voto público feito por alguns adolescentes de se manterem virgens até o casamento. O voto da virgindade, ao que tudo indica, começou a ser patrocinado em 1993 pelo grupo de abstinência "O Verdadeiro Amor Espera", que resultou da Convenção Batista do Sul. Em 2001, avaliava-se que mais de 2,5 milhões de adolescentes tinham adotado o voto.

O movimento pela virgindade tem mais a oferecer do que meramente um voto. Existem cartões e anéis. Existem páginas na internet para a realização dos votos e produtos que o adolescente pode adquirir (bonés, canecas com o *slogan* "Prefiro estourar de desejo que de herpes"), salas de bate-papo com o tema do voto e acampamentos de férias com a mesma temática. Tem até um musical.

Alguns jovens se tornam mais fervorosos do que outros. Tendo já deixado o ensino médio há alguns anos, Jane rememora os tempos do voto de virgindade: "Fui para uma escola só de meninas. Eles nos obrigavam a fazer o voto de virgindade. Eu fiz porque, bem, o que eu ia fazer, dizer não? Era uma piada".

Tina pensa um pouco melhor dele. "Não era relevante para mim. Eu já tinha feito sexo e não via nada errado nisso, mas eu acho que algumas garotas levam o voto a sério. Acho que as ajudou."

Um estudo sobre o tema descobriu que adolescentes que fizeram o voto começaram a ter relações sexuais mais ou menos 18 meses mais tarde do que aqueles que não fizeram. A diferença persistiu mesmo quando crenças religiosas, *sta-*

tus social e renda familiar, além da estrutura familiar (se um ou dois pais vivem no lar) foram levados em conta. Aos 17 anos, 65% dos que fizeram o voto ainda se mantinham virgens, em comparação com a metade dos que não fizeram.

Grupos de jovens que pactuam em conjunto parecem se beneficiar do apoio mútuo. O voto pareceu menos eficaz quando um percentual superior a 30% dos jovens em um grupo, ou escola, pactuaram. Nesse caso, aparentemente ele deixa de fazer com que os companheiros de voto se sintam como parte de um grupo especial. Podemos observar, ainda, que o voto foi mais eficaz entre os jovens de 15 e 16 anos, e menos efetivo com os de 18.

Isso nos faz retornar ao fato de que, mesmo após o voto, alguns adolescentes fizeram sexo nos anos seguintes. E quando fizeram, revelaram-se menos propensos a usar preservativos do que os que não haviam feito o voto – não surpreende, talvez, já que todos esperavam que se mantivessem virgens. O foco estava em ensinar a esses jovens a não fazer sexo, e não em garantir que estivessem informados sobre métodos anticoncepcionais. Então, se os adolescentes violam o pacto e fazem sexo, estão menos preparados para fazer sexo seguro. Além do mais, sua primeira relação costuma ser por impulso, e assim eles não têm tempo de buscar informações sobre a contracepção.

Da perspectiva da saúde, o eventual abandono da abstinência atrelado ao baixo uso do preservativo dispara um alerta. Um adiamento de 18 meses no início da vida sexual é considerável, mas não é o mesmo que manter a virgindade até o casamento. A mensagem final da pesquisa sobre os programas de abstinência em geral é que as crianças que só aprendem sobre abstinência adiarão seu *debut* sexual por alguns meses ou alguns anos. Muitos acabam fazendo sexo fora do casamento, de modo que, a não ser que você acredite jamais ser apropriado fazer uso de métodos contraceptivos, as evidências também argumentam em favor do sexo seguro.

Aprendendo a se abster na escola
Você se pergunta como a educação sexual que seus filhos recebem na escola afeta a decisão deles quanto a fazer ou abster-se? A resposta depende do tipo de educação sexual que estão recebendo. As escolas nos Estados Unidos provavelmente ensinam um dos dois principais métodos do currículo de educação sexual: educação para a abstinência ou educação sexual abrangente.

O primeiro método ensina que a abstinência até o casamento é a única resposta segura e moral para as questões sexuais levantadas nos anos da adolescência. Se chega a mencionar a contracepção, ensina que é muito inferior à abstinência na proteção contra a gravidez e as DSTs.

Os proponentes da educação voltada exclusivamente para a abstinência defendem que o objetivo da educação sexual é evitar o sexo fora do casamento e reduzir os riscos de gravidez e DSTs. Argumentam que restringir a educação sexual ao incentivo da abstinência é o modo mais eficaz de atingir tal meta. Para eles, ensinar sobre outros aspectos da sexualidade humana, ou outras estratégias de reduzir o risco, seria apenas incentivar os adolescentes a fazer sexo, o que é perigoso – quando não errado – para alguns.

Programas de educação sexual abrangente ensinam o valor da abstinência, mas acrescentam aulas sobre métodos de sexo seguro (inclusive contracepção e substitutos para o intercurso) e outros tópicos relativos à sexualidade, como a tomada de decisão de fazer sexo, a variedade dos tipos de expressão sexual e o aborto.

Os proponentes dessa abordagem observam que, apesar dos apelos dos programas em favor da abstinência, alguns adolescentes farão sexo. Se quisermos reduzir o risco dos adolescentes e proteger sua saúde, portanto precisamos fazer mais do que ensinar a abstinência. Negar conhecimento sobre sexo não impede que os adolescentes façam sexo; impede, isso sim, que o façam de maneira consciente.

Essas afirmações conflitantes são objeto de menos pesquisas do que se poderia esperar. A eficácia dos programas exclusivamente sobre abstinência não foi testada. Os poucos estudos realizados não revelaram se foram bem-sucedidos em seus principais objetivos: adiar a iniciação sexual dos adolescentes e reduzir a frequência entre os que já começaram. Mas, uma vez que a maioria desses estudos apresenta falhas, seria prematuro considerar os programas ineficazes. Novos estudos deverão ser mais elucidativos a respeito deles.

Programas mais abrangentes têm sido mais e mais bem estudados. Contrariamente ao medo de alguns, eles não parecem induzir os jovens a manter relações prematuras, nem mais frequentes, nem com mais parceiros sexuais. Aliás, alguns têm o efeito oposto: adiar a primeira relação, diminuir a frequência do intercurso sexual e reduzir o número de parceiros. Alguns programas também ajudam a aumentar o uso de preservativos e de diferentes métodos anticoncepcionais. Outros ainda têm pouco ou nenhum efeito ou exercem escassa influência sobre o comportamento dos alunos.

Com base nesses dados, em 2001 o governo dos Estados Unidos recomendou que todos os alunos do país recebessem a abordagem mais abrangente sobre educação sexual. A Associação Americana de Medicina e a Academia Americana de Pediatras fizeram o mesmo. E uma importante pesquisa nacional sobre a opinião dos pais sobre educação sexual revelou, em 2000, que a maioria concordava com isso. [No Brasil, embora o tema seja proposto curricularmente pelas diretrizes da educação básica, não há uma proposta intencional de educação sexual, conforme a especialista Araci Asinelli, professora da Universidade Federal do Paraná. Escolas privadas religiosas propõem a abstinência sexual para adolescentes.]

A sobriedade dos fatos

Não podemos conversar sobre abstinência sem pelo menos mencionar álcool e drogas; eles são partícipes frequentes na iniciação sexual dos jovens. Muitos adolescentes tomam a decisão de se iniciar no sexo no meio de uma bebedeira, quando sua cabeça está anuviada. Alguns bebem deliberadamente para reunir a coragem de tomar a iniciativa, ou para que sirva de desculpa no dia seguinte: "Eu estava tão alto que nem sabia o que estava fazendo". Algumas meninas vão no embalo do álcool ou das drogas, patrocinados por um sedutor querendo tirar partido da situação.

Nem todos os jovens usarão substâncias entorpecentes especificamente para fazer sexo. Podem estar experimentando vários comportamentos "adultos" ao mesmo tempo: tomar bebida alcoólica, fumar cigarros, fazer sexo. Por outro lado, sabe-se de casos envolvendo um medicamento cujo componente ativo é o flunitrazepam, também chamado de "droga do estupro", que deixa o usuário tão sem ação que ele não reage a nada.

Uma lição para ensinar aos filhos: querendo ou não querendo fazer sexo, eles não devem beber ou fazer uso de drogas. Caso não sigam esse conselho, é melhor que providenciem um amigo ou amiga para ficar de olho neles, não só para evitar que resvalem para o sexo desprotegido, mas também para impedir que dirijam, por exemplo.

Sexo forçado

A atividade sexual precoce às vezes acontece por coação ou à força.

Em uma pesquisa nacional que incluiu homens e mulheres, 7% dos rapazes de 18 a 22 anos relataram pelo menos um episódio de intercurso sexual não voluntário. A taxa para as mulheres foi de 12%, com quase metade delas relatando que a experiência teria ocorrido antes dos 14 anos.

Pais tendem a se preocupar com a possibilidade de suas filhas serem forçadas, mas, conforme revelam os números acima, isso também acontece com os meninos.

O grau de medo e vergonha que resulta do sexo forçado varia muito. Se sua filha aparentemente subestimar os efeitos, presuma que ela precisa de mais ajuda do que pode pedir. Se ela concordar, providencie aconselhamento médico que possa mitigar os desdobramentos emocionais do trauma sexual. O médico talvez a encaminhe a um terapeuta especializado. Caso o fato seja recente, ela deve passar pelo médico, para que ele verifique a incidência de DST e de danos físicos. O médico poderá também buscar evidências físicas do agressor, a serem usadas em uma futura ação legal. E o trauma incidirá também sobre você; portanto, conversar com um terapeuta será benéfico.

Se estiver pensando na hipótese de uma ação legal, em todos os estados americanos o estupro é crime e têm leis que especificam idade mínima de consentimento para o intercurso sexual, a qual costuma oscilar entre os 12 e os 18 anos. [No Brasil, acontece o mesmo, sendo a idade mínima 14 anos, caso em que a violência é presumida e a ação é pública; acima dessa idade, caberá aos pais processar o sedutor, levando-se em conta a opinião do menor envolvido.]. Essas leis raramente são executadas para atividade sexual consentida.

Sua filha nem sempre será capaz de se proteger de alguém que queira se aproveitar dela, mas não consumir drogas e álcool quando estiver namorando e evitar companheiros que façam uso abusivo dessas substâncias ajuda. Intoxicação e consentimento não andam de mãos dadas.

Os pais importam

Finalmente, achamos que vai gostar de saber que *você* pode influenciar a decisão de um filho sobre começar a fazer sexo ou esperar.

Como você deve se lembrar, o monitoramento é uma das ferramentas mais confiáveis: trata-se de saber onde seu filho está e com quem; conhecer seus amigos e os pais deles; saber quando ele voltará para casa. Ter um adulto disponível para não perder o/a jovem de vista após a escola é um eficaz elemento de monitoramento; para ver se o filho está em casa sozinho, basta um telefonema. Jovens bem monitorados assumem comportamentos menos arriscados e começam a fazer sexo mais tarde do que seus pares menos monitorados.

Tudo isso faz sentido. Se precisar ficar até mais tarde no trabalho um dia e telefonar a seu filho de 16 anos para ver como ele está e se poderia fazer a gentileza de aprontar o jantar, é óbvio que ele terá menos chance de engravidar uma menina naquela tarde. Mas, se ele volta para uma casa vazia dia sim e outro também, sabendo que ninguém vai aparecer até a noite, fique alerta: ele é um jovem com tempo para se Mais ainda se você chega em casa e não pergunta o que ele fez e sequer dá uma olhada nas lições da escola, que ele deveria ter feito.

"Se minha filha está saindo com um garoto", diz Lusita, mãe que é ávida por monitoria, "eu telefono para os pais dele. Quero que eles saibam que eu estou prestando atenção. Dessa forma, talvez eles também fiquem atentos. Quero que o garoto venha buscá-la e entre em casa. Quero conhecer o dono de qualquer carro em que ela entre. Quero que ele saiba que eu existo, que eu me importo, que eu estou sabendo."

Lembre-se do poder da proximidade. Como explicamos no Capítulo 2, adolescentes que se sentem ligados a seus pais e à família, que sabem que são amados e são importantes para eles, têm relações sexuais mais tarde do que adolescentes sem ligação mais forte com seus familiares.

E há a questão do estilo de paternidade e maternidade, no qual você já deve ser especialista. O estilo negociador não foi testado em seus efeitos quanto à estreia sexual dos filhos. Mas filhos desse tipo de pais se arriscam menos e cuidam melhor de sua saúde do que outros jovens; portanto, é provável que tal estilo adie as primeiras experiências sexuais de seu filho.

Agora, eis algo mais difícil (senão impossível) de você mudar. Como acontece com quase tudo em nossa sociedade, sua posição socioeconômica importa. Se sua renda for maior, é provável que seus filhos comecem a fazer sexo mais tarde. O mesmo ocorre se os pais tiverem maior escolaridade. Não que seus filhos verifiquem seu saldo bancário antes de começar sua vida sexual. Mas esses indicadores de classe social sinalizam uma série de características que tornam mais fácil para seus filhos adiar a iniciação sexual.

Mas todas essas influências que aparecem em estudos são apenas médias. Nem todos os filhos de famílias com renda alta adiam o sexo e nem todos os filhos de famílias pobres iniciam cedo a vida sexual. Seu filho não é pré-programado.

Você aprova?

Você tem de ensinar a eles que não façam sexo antes do casamento. Qualquer adolescente pode fazer sexo. Mas então isso não significa nada. O que você tem a oferecer ao seu futuro marido ou futura esposa, se você não se poupou?
Judith-Ann, sobre a filha de 17 e os gêmeos de 12

Minha preocupação é com sua segurança, mais do que saber se ela está transando ou fazendo alguma coisa contra meus valores. Se é o que ela quer, como fazer sexo seguro – é isso que eu quero passar.
Stan, sobre a filha de 15 anos

Ao considerar como você pode influenciar a decisão de seu filho sobre sexo, uma questão crucial é saber se ele estará mais disposto a adiar sua iniciação sexual, caso você diga que é o que você quer. Se você deixar claro que não aprova o sexo no ensino médio, será que ele vai ouvir? A resposta é "talvez".

Quase não há tanta pesquisa sobre o assunto quanto gostaríamos, mas existem alguns achados interessantes. Em uma amostragem grande, pesquisadores descobriram que adolescentes cujos pais não vêm com bons olhos o início da sua vida sexual, esperam mais para tê-la.

Tem-se aí um recorte bem satisfatório e que parece bastante lógico. Mas como dissemos, a pesquisa que versa sobre falar aos filhos sobre sexo, pode ser um tanto desconcertante.

Embora os relatos de adolescentes sobre as atitudes de seus pais estejam correlacionados com quando eles fizeram sexo, o mesmo não se aplica aos de seus pais. O interessante é que as afirmações dos filhos sobre a visão dos pais simplesmente não batem com o que é dito pelos pais, sobretudo porque os jovens tendem a subestimar a oposição real dos pais ao sexo. Assim, na pesquisa, os que disseram que seus pais aprovavam o sexo, mais provavelmente já teriam feito sexo; quando na verdade, seus pais estavam mais propensos a desaprová-lo.

Talvez esse descompasso se deva ao fato de que alguns não receberam perfeitamente a mensagem dos pais e que, se a tivessem entendido direito, seus filhos esperariam para iniciar a vida sexual tanto quanto os outros que captaram a mensagem dos pais. Se esse for o caso, nosso conselho é simples: diga a seus filhos exatamente o que você pensa.

Vamos supor que todos os pais foram igualmente comunicativos e todos os filhos entenderam a mensagem, mas os que decidiram fazer sexo, de algum modo reinterpretaram sua história para justificar suas ações e decidiram que seus pais na verdade não se importavam. Se for este o caso, não sabemos que conselho dar.

O que exatamente pensamos? Que ambos os cenários têm alguma verdade. Já que sua opinião provavelmente contribui de alguma forma, nosso incentivo é para que você a expresse. Repetidas vezes.

O tratamento silencioso

Pergunte a uma garota de 16 anos: "Seus pais já conversaram com você sobre sexo?" e você certamente receberá uma resposta mais ou menos assim: "Nunca", "Coisa nenhuma", "Nem pensar", "Não, eles não conseguiriam. Nem sei se eles sabem o que é sexo...".

Tente a mãe dela: "Você já conversou com sua filha sobre sexo?". A resposta será um pouco diferente: "Ah, claro. Tanto eu como ele...", "O tempo todo, tivemos altas conversas".

As crianças têm amnésia ou os pais têm imaginação hiperativa? Talvez um pouco de ambos. Mas, se fôssemos do tipo de fazer apostas, diríamos que a razão está com os filhos. Conversas sobre sexo com qualquer conteúdo tendem a ser tão significativas para os filhos que eles dificilmente as esqueceriam. Já os pais querem tanto pensar que fizeram seu trabalho ("Você já aprendeu tudo sobre aquele lance de meninos e meninas na escola, não é?") que as observações mais insignificantes soam para eles como conversas completas, profundas e reais.

Existe uma epidemia de falta de comunicação sobre sexo. Como já mencionamos, é absolutamente legítimo tanto para os pais quanto para os adolescentes não escancarar os detalhes de sua vida sexual.

Mas também acreditamos na importância da Lição 4: Ética sexual e segurança sexual para adolescentes. Vamos guiar você, pai ou mãe, por essa lição, mas façamos antes uma pausa para considerar algumas das razões para você não quer tocar no assunto.

Não quero que meu filho cresça cedo demais: Nós entendemos. Aprender sobre sexo é um passo e tanto rumo à fase adulta. Como não sentir que esse aprendizado representa um sinal de que seu filho está caminhando para sua própria vida e, simultaneamente, se afastando da sua? Infelizmente, porém, o tempo passa e ele vai seguir em frente, com ou sem você. Quer você converse com os filhos quer evite o assunto, eles acabarão sabendo sobre sexo. É inevitável. Não seria melhor envolver-se?

Não quero incentivar: Essa preocupação é comum. Sugerimos que, quando discutir sexo com um filho adolescente, deixe bem claro como você se sente a respeito. A repetição ajuda. Para ter certeza de que ele não esteja entendendo mal, peça-lhe que descreva o que entendeu da conversa.

Se essa preocupação vier quando falar de contracepção com seu filho ou sua filha, você terá no Capítulo 9 uma ajuda preciosa.

Não sei quando começar: Comece bem cedo. Como dissemos no Capítulo 2, a lição sobre ética e segurança sexual deve ser iniciada quando ele, ela tiver 12 anos e explorada em mais de uma conversa. Quanto mais seus filhos crescem, maior a probabilidade de eles se iniciarem sexualmente ou de assimilarem conselhos de outras pessoas. O melhor é vaciná-lo de antemão com seu conhecimento e suas capacidades. Quanto mais ele amadurecer, mais difícil será ter uma conversa íntima sobre o tema.

Quanto às ocasiões específicas para tais conversas, deixaremos isso por conta de seu instinto. Conversar enquanto dirige parece uma opção bem popular. O local é reservado, o garoto ou a garota não tem como escapar e vocês não precisam se olhar nos olhos.

Se achar que está adiando muito esse papo, estabeleça um prazo. Carla fez um pacto com as companheiras de *bridge*. "Kit tinha acabado de ler um artigo que falava da necessidade de conversar com os filhos sobre preservativos. Todas tinham filhos adolescentes e nenhuma de nós havia conversado com eles sobre qualquer tipo de método anticoncepcional. Decidimos que cada uma conversaria com os filhos antes do próximo jogo. Determinamos que tínhamos de usar a palavra *pênis*."

Funcionou?

"Foi bem, muito bem. Ficamos contentes por termos falado. Se o filho da Kit convidar minha filha para sair, sem problemas, eu sei que ele vai se proteger!"

Dicas para aquela conversa
Sua vida com seu filho ou sua filha está fadada a apresentar um sem-número de oportunidades de conversar sobre sexo. Seu desafio é não deixá-las escapar.

Aproveitando a ocasião: Eis alguns momentos que você deve aproveitar:

1. A novela destinada ao público adolescente está na telinha. Dois personagens estão conversando sobre fazer sexo (se sua filha assiste aos programas para adolescentes, esse tipo de chance aparecerá... a cada 10 minutos). Quando entrar o intervalo comercial, pergunte à sua filha o que ela acha que os personagens devem fazer.
2. O que seu filho lê servirá à mesma finalidade. Pergunte ao seu filho o que ele acha que Romeu e Julieta estavam fazendo antes que o pássaro começasse a chilrear.
3. Faça uso da família. Quando sua filha fizer uma piada sobre a nova paixão da prima mais velha, pergunte como ela acha que é tal relação. Alguns instintos familiares levam a fingir que os filhos não sabem da gravidez da prima solteira ou do novo namorado do tio gay. Mas é provável que eles tenham ouvido algum comentário seu e esses são ótimos momentos para ensinar alguma coisa.

Exercícios: A não ser que você dirija sua casa como uma profissional, sua filha pode pensar que você está delirando se sugerir que façam exercícios juntas. Use este livro como pretexto se quiser. Embarque no ceticismo da garota caso necessário. Por nós, tudo bem.

1. Entrem na internet juntas para dar uma olhada em sítios que oferecem boas informações sobre sexo, DSTs e métodos anticoncepcionais. Aprendam em equipe.
2. Troque de lugar. Faça seu filho pensar nos assuntos que gostaria de discutir com o filho dele se ele fosse o pai. Você, por sua vez, fala o tema que gostaria de abordar se fosse o filho. Vá um pouco mais longe e reverta os papéis.
3. Sexo, como você deve ter notado, é tema frequente nos noticiários. Que DST apresentou súbito crescimento de um ano para cá? Qual foi a descoberta do novo estudo sobre preservativos? Passe o jornal para seu filho durante o café da manhã e pergunte o que ele acha.

Deixas: Caso esteja se debatendo para lançar a conversa, tente uma das deixas a seguir.

1. "Como está a educação sexual na sua classe? O que vocês estão vendo agora? Seus colegas aparentam estar à vontade?"
2. "No início do ensino médio, a garotada começa a falar em namoros, em sair... Seus colegas de escola já falam nisso?"
3. "Estou lendo este livro para pais e ele diz que devo conversar com você sobre sexo. Você acha que os pais dos seus colegas fazem isso?"

Tenho medo de parecer desajeitado(a): Olhe, você é pai, mãe, não um terapeuta sexual. É claro que a coisa será um pouco esquisita. E provavelmente você não saberá todas as respostas. Mas esperamos que você tenha aprendido: quando se esforça de verdade, seus filhos são compreensivos.

Jinhee já não dá mais importância para o medo de cometer uma gafe. "Eu queria ser uma mãe perfeita que sempre sabe o que dizer, mas isso não vai acontecer. Eu cometo erros e digo coisas que não são bem o que eu quero dizer, ou que devo dizer. Eu me desculpo quando estou errada e tento fazer melhor na próxima vez." Os filhos dela vão muito bem, obrigado.

Talvez ajude saber que, quando questionados reservadamente, os jovens dizem que realmente levam em conta o que os pais pensam sobre sexo. De cada cinco crianças de 10 a 15 anos, quatro acham que suas mães têm uma boa compreensão dos problemas e situações sexuais que eles enfrentam, e cerca de 75% pensam que também seus pais entendem. Das crianças cujos pais conversaram com elas sobre sexo, 87% acharam que os pais ajudaram.

Os pais que fazem o esforço tendem a dizer que, afinal de contas, não foi tão ruim. Certo, a situação pode assustar. É verdade que pode haver embaraço. Pode haver momentos desajeitados e outros de autorrevelação, que farão você se preocupar se seu filho modificará a opinião dele a seu respeito. Mas, pedindo licença a Nietzsche, "o que não mata, fortalece", e até o momento não temos registro de ninguém que tenha morrido por conversar.

Ele simplesmente não fala comigo: A maioria dos adolescentes gosta de privacidade. Mesmo que seu filho se mostre à vontade conversando com você sobre sexo em geral, pode não querer falar sobre sua própria vida sexual. Se esse for o caso, o desafio será dar um jeito de fazer seu filho sentir que não estão invadindo o espaço dele. Comentar o que outras pessoas, amigos dele ou personagens da televisão, fizeram ou devem fazer pode ser um modo mais confortável para ele ouvir o que você tem a dizer. Conversar com seu parceiro, ou com seus amigos, sobre sexualidade em geral, na presença do filho também será de alguma serventia.

Se sua relação carecer de uma afinidade razoável para uma conversa aberta, trabalhe primeiro as questões subjacentes. Se não puder conversar sobre o que fazer para o jantar, você não estará pronto para conversar sobre sexo. É preciso começar com uma base suficientemente sólida.

E enquanto estiver bolando como ter a conversa com sua filha, tente encontrar outras pessoas que possam falar com ela. Pode incentivar uma tia a pôr algumas coisas em dia sobre sexo com sua filha. E você pode fazer o mesmo para sua sobrinha ou sobrinho.

Não sabe o que dizer?

Eis sua resposta. Os próximos quatro itens compõem o eixo básico da Lição 4.

Raciocínio sexual: Nos primeiros anos após a puberdade, você pode ajudar sua filha a lidar com as situações sexuais que enfrentará, mais cedo ou mais tarde, auxiliando-a a recolher subsídios para um dia formar uma opinião. Com seu incentivo, ela pode afinar suas ideias sobre sexo, muito antes de precisar tomar uma decisão rápida em algum canto escuro da casa do namorado.

Converse com sua filha sobre como ela agiria em várias situações sexuais antes que elas ocorram. Quando ela estiver namorando um garoto, até que ponto ela quer ir? Ela quer fazer alguma coisa? O que ela pensa que suas amigas estão fazendo e como se sente a respeito das decisões delas?

Ouça atentamente enquanto ela expressa o que pensa. Incentive-a a dar nomes aos prós e contras de cada escolha, explique as pressões para optar pelo sexo em certas situações e às consequências de dizer "sim" ou "não". O que aconteceria se ela tivesse uma relação com ele? E se não tivesse? Ela pode ter uma resposta pronta para você, porque conversou sobre esses temas com amigas, ou talvez jamais tenha analisado profundamente suas próprias ideias.

Escute-a quando ela lhe disser: "Pode ser que um cara não saia comigo se eu não fizer sexo com ele". Ou: "Jamais serei dessas que se sentem pressionadas por qualquer um para fazer sexo". Ou: "Acho que vou querer dizer sim".

Então, dê seu ponto de vista.

Você pode usar essas conversas também para esclarecer seus próprios pensamentos. Não precisa ter tudo na ponta da língua quando for sentar para conversar. Basta saber que você quer que sua filha espere para fazer sexo quando for mais velha, mesmo sem saber exatamente quando será o tempo certo, desde que reconheça sua insegurança. Um dia você pode dar a impressão de que prefere que espere até o casamento para fazer sexo. No dia seguinte, pode estar sugerindo que sexo na noite do baile de formatura até poderia ser uma boa. Reconhecer que você não tem certeza sobre algumas coisas e pensando juntos para tentar chegar a uma conclusão, vale muito mais para um filho do que tentar se apresentar como infalível, dono absoluto de certezas sobre coisas que não tem.

São decisões difíceis. Seu objetivo não é deixar sua filha pronta para a decisão "certa" logo nas primeiras conversas. Sua meta é, isto sim, fazer com que ela aprenda que o sexo pede a tomada de decisões, levando-a a desenvolver a necessária capacidade de raciocínio para tais decisões. Quando você acha que *sabe* o que é melhor, talvez seja difícil equilibrar seus impulsos de dizer-lhe o que *fazer* na hora que ela tiver que exercitar o raciocínio. Se os riscos forem muito altos no que você considera um ponto de vista equivocado, interrompa e se expresse. Mas, se forem baixos, talvez deva deixar que ela aprenda por experiência própria. E lembre-se: quando chegar a hora de tomar a decisão final, você não estará a seu lado para ajudá-la.

Consentimento sexual: Você se lembra das estatísticas de sexo não voluntário que discutimos em páginas anteriores? Os adolescentes precisam entender que a decisão de fazer sexo deve ser sempre consensual. Como base em pesquisas de opinião sobre consentimento, os meninos, em particular, precisam aprender a aceitar quando uma parceira diz "não"; mas as meninas também precisam aprender isso.

Você pode sofisticar um pouco esta parte da Lição 4, reconhecendo a ambiguidade aqui presente. Algumas pessoas dizem "talvez", ou falam dando a entonação de um "sim", quando na verdade querem dizer "não". Advirta seus filhos sobre a diferença entre o sinal amarelo e o verde. Uma adolescente que sinta ambiguidade envolvendo o sexo pode concordar em ir adiante com um pouco de incentivo, para depois se arrepender e sentir raiva, acusando seu filho de se aproveitar de sua indecisão.

Tente ensinar sua filha a dar uma mensagem clara de seus desejos para um parceiro potencial. A primeira parte desta lição, a que fala sobre conhecer bem as próprias opiniões, será de grande valia para se fazer entender.

Diga a seus filhos que eles podem comunicar limites sem passar desinteresse. Se a pessoa com quem seu filho está saindo sugerir com frequência que passem algum tempo juntos e sozinhos, e ele saiba aonde isso vai dar (mas não quer ir até lá), não precisa ir embora na hora. Pode sugerir um cinema, uma lanchonete, ou algum outro lugar em que não ficarão sozinhos.

Finalmente, prepare sua filha para a possibilidade de que, por mais que ela seja clara, alguns parceiros podem não atendê-la. Convide-a a imaginar como isso pode acontecer e a esboçar um modo de reagir. Ela pode se decidir por um "não" categórico. Pode querer cruzar os braços e recuar. Ou pode concluir que nessas circunstâncias a melhor saída é mesmo se levantar e ir embora.

Segurança sexual: A parte crucial da Lição 4 implica ensinar a seu filho adolescente, antes de ele ter começado a fazer sexo, a importância de usar métodos anticoncepcionais sempre que quiser evitar a gravidez e as DSTs. Recomendamos deixar claro que os preservativos devem ser usados para cada ato de intercurso vaginal e anal, juntamente com um método hormonal (como contraceptivos orais), ou métodos femininos como o diafragma. Sugira preservativos não lubrificados e *dental dams* (lençóis de borracha, ver página 323) para o sexo oral. Sabemos que essa proposta pode ser perda de tempo e que talvez você prefira recomendar o sexo oral como substituto do intercurso vaginal e assumir um risco menor, ainda que presente. No Capítulo 9, descrevemos essas recomendações e o modo de passá-las para seu filho.

***Diversão* versus *medo*:** Presumimos que se você acha que toda intimidade sexual deva ser reservada para o casamento, ou que a exploração sexual deva ser incentivada durante a adolescência como parte natural do processo de desenvolvimento, desejará que seu filho tenha uma vida sexual saudável seja qual for a hora. Nesse caso, ainda que você exponha a necessidade de segurança sexual, lembre para seu filho de que sexo é bom. Não esqueça da parte que associa o sexo a coisas agradáveis.

O enfoque no sexo estritamente como um meio de engravidar, ou de contrair uma doença, ou de exibir fraqueza moral, sem qualquer discussão sobre o que torna a intimidade sexual uma experiência agradável, pode ter um custo alto em adolescentes impressionáveis. Eles podem sentir vergonha de seus desejos, mais ainda de suas ações.

Além do mais, essa versão dos adultos "Não toque nele que ele cai" provavelmente não será um modo muito eficaz de fazer um filho se abster do sexo.

O medo jamais foi o motivador mais eficiente. Por mais que ele seja útil a curto prazo, a tendência é seus benefícios diminuírem. Se pouco antes de seu filho sair para um encontro você mostrar uma foto de um pênis tomado por um cancro sifilítico, ele poderá jurar que ficará longe da namorada, que sequer segurará a mão dela. Um mês depois, porém, aquela foto será página virada, e mesmo visões repetidas daquele pênis doente acabarão perdendo todo impacto.

Sua hora da verdade

Ela me contou que estava conversando com uma de suas amigas sobre sexo e comentou: "Tenho de discutir isso com meus pais". A amiga a olhou espantada, como se ela fosse de outro planeta. Minha filha continuou: "Eu não daria um passo assim tão grande sem conversar com meus pais".

Marisol, sobre a filha de 16 anos, Alyssa

Em algum momento após essa preparação, sua filha pode decidir fazer sexo. Se tudo estiver correndo bem, e se você tiver muita, muita sorte, ela irá contar a você.

Voltemos a Alyssa e Josh, os jovens de 16 anos que estão apaixonados. Após seis meses juntos (e alguns anos depois de se conhecerem), eles começaram a sentir que a confiança que sentiam um pelo outro era tão grande e sua intimidade tão profunda, que o único passo que faltava para satisfazer o desejo de proximidade seria o sexo.

Os pais de Alyssa tinham se preparado bem para esse momento. Tiveram várias oportunidades de dizer o que pensam sobre sexo. Falaram sobre contracepção e perguntaram o que suas amigas estavam fazendo (nenhuma delas fazia sexo ainda). Alyssa sabia um pouco sobre o passado sexual deles. Dave e Marisol, de diversas maneiras, tinham deixado claro que o sexo era algo que podia ser discutido em família.

Aulas de história
Será que sua preocupação é como aconselhar um filho a fazer diferente do que você fez?

Nancy decidiu compartilhar seu passado com a filha. "Eu disse a ela que o sexo tinha sido difícil para mim. Eu transara com um punhado de caras nos anos do ensino médio e na faculdade. Eu me sentia bem na hora, mas depois ficava mal. Até que eu conheci o pai dela. Quando finalmente fizemos sexo, foi incrível", explicou. "Foi difícil contar a ela que havia transado com vários homens. Não combina com a imagem que eu tenho agora. Mas eu quero que ela saiba que eu passei por isso, que eu fiz aquilo tudo, por isso eu sei o que estou dizendo, quando digo que é melhor esperar pelo cara certo."

Compartilhar suas próprias experiências, admitindo seus erros, ou relatando os pontos altos, pode ser bastante eficaz. Pode ajudar a estabelecer um diálogo aberto e diminuir as chances de seus filhos encararem seu conselho como algo desinformado ou preconceituoso.

Skip achou produtivo recorrer ao seu passado para aconselhar a filha. "Bem, vamos aos fatos. Eu lembro como eu era. Minha principal ocupação era arranjar uma garota para transar. A questão agora é: como protegê-la da versão júnior do que eu fui? Eu disse a ela como são os caras e quando ela riu na minha cara, eu disse que um dia fui assim. Isso chamou sua atenção. Eu era tal e qual estou dizendo, sério, não estou brincando. Eles realmente são assim. Então, ela ouviu."

É claro que você não é obrigado a revelar sua própria história para o filho adolescente. Tem direito à privacidade. Se ele fizer perguntas que você não quer responder, tente perguntar-lhe como ele reagiria se a resposta fosse "sim" e se fosse "não".

> Também é importante ser sensível ao fato de que se você decidiu contar ao seu filho seu passado sexual, isso pode ser mais do que ele deseja saber. Como explicamos no Capítulo 2, filhos de todas as idades preferem evitar ter conhecimento da sexualidade dos pais. Você pode se chocar ao descobrir quanto seus filhos têm se protegido dos fatos da sua vida sexual.
>
> "Há alguns anos", diz Rosie, mãe de um garoto de 13 anos, "eu estava no carro com Adam e de repente ele soltou esta: 'Você e o papai fizeram sexo duas vezes'. Eu não sabia do que ele estava falando. Pensei que tivesse escutado atrás da porta. Mas ele queria dizer 'duas vezes' a vida inteira. Quando fizemos ele e a irmã. Parece piada, mas meu filho estava convencido disso. Fiquei abismada."
>
> Esse é o truque. Deixar claro para seu filho que você tem certa intimidade com o assunto é um modo útil, como Skip descobriu, de estabelecer suas credenciais de ensino. E a importante revelação de que o sexo continua após a terceira década de vida, é uma boa pedida. A meta é essa, mas ao mesmo tempo, você tem que respeitar a vontade de seus filhos de não saber demais ou a sua, de não querer exagerar. É o caso simplesmente de encontrar um equilíbrio que funcione para você e para seu filho. Foi o que Rosie tentou.
>
> "Perguntei por que ele pensava que nós não fizemos sexo mais do que duas vezes na vida e porque achava que não continuamos a fazê-lo. Ele não sabia. Ele ainda era novo e estava aprendendo sobre sexo e, ao que tudo indicava, não havia lhe ocorrido que tivéssemos uma vida sexual. Dei uma rápida aula sobre como o sexo é importante no decorrer da vida e deixei de fazer tanto segredo sobre nossas vidas sexuais. Nada de mais, mas agora eu deixo minhas pílulas anticoncepcionais em cima do gabinete do banheiro, em vez de escondidas na gaveta."

Foi por tudo isso que Alyssa foi até seus pais antes de fazer alguma coisa com Josh.

"Ela veio até nós e disse: 'Josh e eu estamos muito próximos e estamos pensando em...' – bem, ela queria que soubéssemos que eles estavam ficando fisicamente íntimos." Dave percebeu o que Alyssa estava buscando. "Ela queria nosso conselho e nossa bênção. Acho que ela acreditava que íamos compreender e aceitar, porque gostamos de Josh. Mas, sabe, minha mulher mostrou a ela uma série de precauções sobre envolvimento sexual."

Como eles reagiram? Alyssa recorda que "Minha mãe ficou extremamente preocupada com minha reputação". Mas Marisol deu a Alyssa um aviso, não uma ordem. "Eu transei pela primeira vez quando tinha 24 anos, quando saí da casa de minha mãe", Marisol explica. "Eu sabia que não me enquadraria em seu conceito de estilo de vida, de modo que optei por não fazer sexo até sair de casa.

Eu não quis que Alyssa ficasse na mesma situação. Eu disse o que pensávamos, mas respeitaríamos suas escolhas. Durante o tempo todo deixamos bem claro que, para nós, ela não estava pronta para o sexo."

Quanto a Dave, nas palavras de Alyssa: "Meu pai estava meio nervoso". Dave, um pai que sem dúvida era liberal sobre sexo em geral, ainda assim estava tenso e a tensão dele acabou contaminando as considerações sobre segurança. "Ele ficou dizendo: não corra riscos..." E Dave, na verdade, fez mais do que falar.

"Eu fui a uma farmácia, comprei preservativos para ela. Falei-lhe sobre os indícios de uma gravidez." E foi além. "Se ela ficasse grávida, teria de fazer um aborto. E se não fizesse, nós a ajudaríamos a ter o bebê da melhor forma possível, a colocaríamos em um apartamento e aí terminaria nosso apoio."

Marisol tentou abrandar a admoestação de Dave.

"Talvez eu pense que é razoável ela fazer um aborto, mas não posso impor isso. Eu disse, se você fizer a opção de ter o bebê e de ficar com ele, vou amar a criança, mas não vou cuidar dela. Não vou criar. Você terá de lidar com as consequências. Ela disse, "Mãe... pare! Não quero ouvir isso tudo. Tá certo, entendi, isso é mais do que eu queria ouvir."

"Fiquei tão estressada!", diz Alyssa. Fiz questão de perguntar a Josh: "Se eu ficasse grávida, você aceitaria que eu fizesse um aborto?". E ele disse que sim.

O palco estava pronto para Alyssa e Josh fazerem sexo seguro, aceito pelos pais, e não obstante, desencorajado. Mas Dave e Marisol não estavam completamente prontos para deixar as coisas nesse pé.

"Eles me deram uma caixa de preservativos, mas vieram com todas aquelas regras, ficava quase impossível para mim ver o Josh. 'Você não pode ir na casa dele à noite, mesmo que seus pais estejam lá. Não pode ficar lá sozinha com ele à tarde.' Para mim isso foi... tipo assim... uma *contradição*."

Dave: "Acho que ela veio até nós em parte porque estava querendo que a segurássemos um pouquinho. E nós fizemos isso".

Alyssa encarou a situação assim: "Eu estava tentado melhorar minha relação com meus pais levando isso até eles. Mas eles me trataram como criança. Daí eu voltei a mentir para eles e dormi na casa de Josh, dizendo que estava na casa de uma amiga. Provavelmente eu não teria dormido com ele naquela ocasião se eles não tivessem feito aquele estardalhaço todo. Foi mais uma forma de me rebelar".

Ora, quem disse que seria fácil?

A regra na medida exata

Será que você deveria seguir o exemplo de Dave e Marisol e estabelecer regras para o comportamento sexual de seu filho?

"Jovens precisam de regras", diz Danton, pai de uma garota de 15 anos. "É reconfortante para eles. Dissemos para nossa filha que só vai poder fazer sexo quando estiver namorando alguém há uns seis meses. Isso tira um pouco da ansiedade. Ela não vai ter de ficar se perguntando quando e não precisará tomar uma decisão antecipada. Nós tomamos essa decisão por ela."

Será que Danton tem como fazer vigorar essa regra? Na verdade, não. Já que a filha de Danton pode fazer sexo sem ele saber, essa regra só vai funcionar se ela a aceitar. Na verdade, um dos maiores erros que alguns pais cometem é pensar que podem controlar a vida sexual de um filho.

Lembra-se do que falamos sobre democracia? No Capítulo 7, dissemos que fingir dispor de um poder que você não tem pode solapar sua autoridade de pai ou mãe. Como explicamos àquela altura, adolescentes que desejam aumentar a autonomia sobre suas vidas particulares vão empacar se não a conseguirem. Foi assim com Alyssa. Mas, também como no caso de Alyssa, isso não significa que os filhos queiram sua orientação ou mesmo suas regras.

Os pais de Alyssa descobriram a mentira um dia depois que ela dormiu com Josh. O que poderiam fazer? Cortaram as asas de Alyssa. "Sabíamos que havia um risco em tentar policiá-la e reprimir isso", diz Dave, "mas quando ela nos deu um chapéu e foi transar com ele, a casa caiu." Alyssa foi proibida de ver Josh fora da escola durante um mês.

"Foi difícil porque, afinal, só tínhamos passado aquela noite juntos. A gente se sentiu tão livre, éramos invencíveis. E então tivemos de dizer: não posso ver você. Mas o castigo me fez pensar a situação de um jeito diferente e acertar os ponteiros com meus pais."

Logo após o término do castigo, Alyssa e Josh fizeram uma viagem com a escola. "Passamos a noite juntos em um quarto de hotel. Foi uma coisa bem livre. Mas eu não gostei muito de ser independente, porque me senti insegura. Minhas amigas estavam tentando abusar da liberdade. Ficar na rua até as três da manhã. Eu disse 'não'. A razão pela qual meus pais impõem um horário é que eu preciso dormir. Mas eu também não gostei daquela 'quarentena' que meus pais me impuseram. Eu queria um meio termo."

Dave tinha razão, Alyssa queria ser brecada. Mas também queria que a deixassem seguir. Foram precisos alguns meses para que a família chegasse a uma conclusão, mas isso acabou acontecendo.

"Cheguei em casa da viagem e disse a meus pais: 'Não quero que nossa relação fique tão baseada em regras. Quero que seja baseada em confiança'. Até que as coisas se ajeitaram. Eu disse a eles: 'Preciso de mais tempo sozinha com Josh'. Eles discutiram o assunto com os pais de Josh e decidiram que tudo bem."

Se existe uma hora para democracia, calor humano e expectativas elevadas, é quando um filho chega e diz que está pensando em fazer sexo.

Ao tratar um filho com respeito, como um ser humano independente que precisa aprender a tomar suas próprias decisões e assumir a responsabilidade por elas, você se sairá bem num momento tenso como esse. Se apresentar suas visões como doutrina, sem explicação dos motivos pelo qual o faz, sem dar a seu filho a oportunidade de expressar as concepções dele, sua perspectiva pode não ser ouvida. Ou, se ouvida, ser rejeitada de antemão.

Por isso, pergunte ao seu filho o que ele acha sobre suas regras. Dê-lhe uma chance de pesar os prós e os contras. Considere modificar tais regras se as ideias dele forem razoáveis. Ou deliberar, em parceria, um conjunto de orientações básicas. Ele, ou ela, reagirá exatamente como você espera? Não necessariamente. Mas se não o fizer, vocês terão alguma coisa para conversar.

"Agora Josh e eu já podemos ficar juntos por algumas horas em casa depois da escola e antes que meus pais cheguem", diz Alyssa. "Não é uma coisa assim, tão aberta. Sabemos a hora que eles devem voltar para casa. Assim funciona." Alyssa e seus pais descobriram que precisavam apenas da quantidade certa de restrição, através do que se revelou um processo interativo extremamente produtivo.

"Sabe", diz Dave a respeito da experiência de Alyssa, "aconteceu um ano ou dois antes do que eu queria, mas gosto mais que ela esteja hoje com um jovem que a respeite, do que espere dois anos para ficar com um canalha. Tínhamos medo de que isso criasse uma mudança qualitativa em nossa relação", complementou, "mas isso não aconteceu. É apenas mais um passo ao longo de um *continuum*. Ela fez com que não doesse... não muito."

Agora, a resposta

Deixamos pendurado nosso amigo que perguntou: "Como posso ensinar para minha filha uma atitude saudável diante do sexo, mas evitar que ela o faça?".

A resposta é: Não tente impedi-la. Limite-se a ensiná-la. A partir do momento em que ela entra em sua vida, tente ensinar sua filha sobre o corpo dela, sobre prazer e responsabilidade, sobre amor, sobre sexo e risco, e sobre tudo o que pessoas como você e ela pensam sobre sexo.

Faça-a pensar por si mesma e a fazer suas próprias escolhas; e quando ela fizer, respeite suas decisões. Talvez elas não sejam as suas. Podem conduzi-la em direção ao sexo, quando você gostaria de mantê-la à distância dele. Ou podem afastá-la de oportunidades sexuais que você pensa que seriam boas para ela. Mas a decisão é dela. Tudo o que você pode fazer é dizer como se sente e, depois de anos tentando ajudá-la a se transformar em uma mulher, perceber que está atingindo seu objetivo.

Mas, como Dave e Marisol descobriram, isso dói.

Capítulo 9

ORIENTANDO PARA O SEXO SEGURO

Estivemos acompanhando você e sua filha, passo a passo, até sua primeira experiência de intercurso sexual, desde que vocês voltaram da maternidade. Mas queremos apertar o *pause* bem aqui. Porque antes que ela faça sexo pela primeira vez, há algo tão importante a dizer que merece um capítulo inteiro.

Você pode pensar que será legal para sua filha fazer sexo, ou pelo contrário, pode estar buscando "cintos de castidade" na internet. De qualquer modo, você não quer que ela contraia uma doença sexualmente transmissível, DST, e não quer que ela fique grávida sem que esteja pronta. Se você acha que há qualquer possibilidade de ela transar antes do casamento, achamos que ela deve ser informada sobre contracepção.

Chegamos à parte técnica da sexualidade. Até esse ponto, ao falar em encontros, amor e sexo, você foi pelo instinto e experiências pessoais. Mas, com sexo seguro, é preciso conhecer dados. Neste capítulo, falaremos sobre como abordar a questão da anticoncepção. Também forneceremos detalhes sobre cada método no Anexo do Capítulo 12, de modo que você terá a informação necessária para dar conselhos bem fundamentados e responder a perguntas.

Não faça, mas, se fizer...

Digamos que você não queira que sua filha faça sexo por enquanto. Mas deverá falar em contracepção? "Se eu falar sobre a pílula, ela pode pensar que estou concordando que comece a transar?"

E quanto a disponibilizar métodos anticoncepcionais? Alguns pais se preocupam com a possibilidade de que, se suas filhas tiverem acesso fácil à contracepção, mais uma barreira contra o sexo virá abaixo. Os pais temem que elas façam mais sexo do que o normal, se não tiverem de fazer algum esforço para se proteger e, dados os índices de falha na anticoncepção, é muito mais provável – e não menos – que sua filha acabe grávida ou com uma infecção.

Mas há os que compartilham a visão de Stella, que comprou uma caixa de preservativos para o filho de 16 anos: "Não acho que os garotos aceitem tanto a ideia da camisinha. Farão sexo quando tiverem chance. Tendo o preservativo à mão, eles o usarão, assim espero. Caso não esteja, não vão deixar de transar por causa disso. Quero ter o máximo de certeza de que ele vai saber se cuidar quando chegar a hora. Os riscos são grandes demais para que o tema seja ignorado".

Até onde podemos dizer, ensinar sobre a contracepção ou torná-la disponível, não incentiva os adolescentes a fazerem sexo. Mas parece torná-los mais propensos a se proteger quando for chegada a hora. Alguns cientistas chegam a acreditar que conhecendo os métodos anticoncepcionais e os riscos que fazer sexo traz, alguns jovens podem ficar desmotivados a ir em frente.

Agora, os dados a amparar esse ponto de vista não são definitivos. Temos nos EUA, por exemplo, evidência derivada de estudos de programas de disponibilização de preservativos no ensino médio. Esses programas, que não só educam os adolescentes sobre o uso do preservativo, mas facilitam o acesso a eles, têm se mostrado capazes de aumentar suas taxas de uso por adolescentes sexualmente ativos; mas em nenhum caso, inclusive em um estudo com 13 mil alunos de Nova York, os programas elevaram as proporções de adolescentes sexualmente ativos. Infelizmente, essa pesquisa não é uma simples e fácil tradução do que acontece entre você e seu filho em casa, e os próprios estudos têm suas limitações.

Há também dados de estudos sobre comunicação entre pais e filhos que revelam que essas conversas não aumentam a quantidade de sexo feito por adolescentes. Em razão de suas limitações, não podemos dizer que esses estudos sejam definitivos, mas podemos afirmar que suas descobertas fazem um sentido lógico, que correspondem à nossa experiência com jovens, e que são aceitas como válidas pela maioria dos pesquisadores.

O que pode fazer diferença na interpretação que um filho faz de um conselho vindo dos pais é o modo com que estes o apresentam. O segredo aqui é falar sobre contracepção de um modo que transmita sua relutância *e* seu endosso à segurança. Isso já pode ser familiar a você – a conversa tipo "não faça-mas-se-fizer-faça-seguro". (Lembra do conselho: "Não beba, mas se beber, não dirija. Ligue pra mim, que eu vou apanhá-lo"?) Você está tentando desenvolver em seu adolescente a capacidade de tomar decisões adultas, e elas são complexas. Portanto, seu conselho também há de ser complexo.

Obviamente, você não está pensando em atirar uma caixa de preservativos para seu filho com um animado "aproveite!". Terá de inserir a contracepção em um contexto mais amplo. Logo mais, abordaremos os métodos a recomendar, mas, quando chegar ao ponto de explicar como usar um preservativo, convide seu filho a falar sobre o que o sexo significa para ele, se é apropriado naquele momento e sobre o lugar que ocupará na atual relação afetiva. Com esta abordagem equilibrada e razoável, temos certeza de que não estará abrindo os portais da promiscuidade.

Tente algo do tipo: "Não acho que esteja pronta para fazer sexo. Para mim, os jovens deveriam esperar pelo menos até o ensino médio (ou até a faculdade, ou até o casamento) e só fazer se estiverem apaixonados. Mas sei que algumas amigas suas estão transando e talvez você tenha decidido transar também. Então, quero ter certeza de que você está informada sobre métodos anticoncepcionais."

Stella comenta: "Minhas amigas acharam que eu o estava incentivando. Pensei nisso. Talvez tenham um pouco de razão. Eu disse a ele que era muito novo, mas vai saber se ele ouviu... Ainda assim, prefiro achar que dar preservativos a ele talvez o estimule a fazer sexo, a enfiar minha cabeça na areia e pensar que ele não vai transar porque não está com o preservativo."

Qual é o melhor método?

Não só achamos que sua filha adolescente vai se beneficiar se você conversar com ela sobre contracepção, como pensamos que ela estará mais propensa a fazer escolhas sábias. É uma decisão complicada e é provável que ela peça conselho a alguém informado. Ela pode aprender com as amigas, com o médico e na mídia. Mas quem se preocupa mais com ela do que você?

A seleção de uma estratégia contraceptiva é crucial. Sua filha precisa escolher métodos que funcionem bem todo (ou quase todo) o tempo. Mas ela também precisa escolher um com a qual se sinta confortável, para que seja uma usuária fiel, e ela deve ser capaz de usá-lo corretamente. Nem mesmo o melhor método anticoncepcional vai funcionar se ficar mofando na prateleira.

Qual a dificuldade em usar esse ou aquele método? A melhor amiga dela tentou? Vai afetar seu prazer? O do parceiro? Quais os efeitos colaterais? Quanto custa? Difícil de conseguir? Exige muito planejamento? Você e sua filha adolescente podem discutir todos estes aspectos enquanto decidem qual método ela vai adotar.

Vamos simplificar para você o processo seletivo desde o começo.

Você quer que seus filhos consigam duas coisas com a contracepção: evitar uma gravidez indesejada (mesmo para um filho do sexo masculino) e evitar contrair uma DST. Somente os preservativos dão conta do segundo objetivo. Tanto a camisinha masculina como a feminina podem reduzir de maneira significativa (não eliminar) a probabilidade de infecção durante o intercurso sexual, e uma vez que parece remota a probabilidade de a camisinha feminina "pegar" a curto prazo (são mais incômodas e caras, mas não isentas de benefícios), faremos as seguintes recomendações.

Seus filhos devem usar preservativo sempre que tiverem o intercurso (seja vaginal, seja anal). E também usar preservativos (não lubrificados) para a felação. Isso, então, será o máximo dos desafios. Não são muitos os jovens (ou adultos) que usam preservativo no sexo oral. Alguns pais prefeririam que os filhos fizessem a felação sem preservativo ter intercurso vaginal com ou sem ele. Mas, se você realmente quer que sua filha adolescente reduza ao máximo o risco de contrair uma DST, diga a ela para fazer o rapaz usar preservativo também na felação.

Para meninos que fazem sexo apenas com outros meninos, a gravidez não é preocupação; então, podemos parar por aqui. O preservativo é suficiente: preservativos para intercurso anal e também para felação. *Dental dams* (ver página 323) podem ser usadas também para o *anilíngua*. Para meninas que fazem sexo com meninas, *dental dams* para o *cunilíngua* e para o *anilíngua*. Note bem: esses recursos devem ser usadas também pelos casais heterossexuais.

Mas, para o resto, preservativo não basta.

Do modo como são habitualmente usados pelas pessoas comuns no mundo real, os preservativos falham com alguma frequência. Portanto, para proporcionar à sua filha adolescente as maiores probabilidades de evitar uma gravidez indesejada, ela terá de combinar o uso do preservativo com algum outro método. A questão será decidir qual.

O ideal e o real

Um dos fatores mais importantes ao escolher um anticoncepcional é determinar quão eficaz ele será. É mais fácil falar do que fazer. Se procurar bem, você vai encontrar quase toda e qualquer opinião que quiser.

E quanto à igreja?

> *Nossa religião compreende boa parte do que eu digo a eles. Somos católicos. É a minha crença. Portanto, quero que eles saibam que não é certo ter um bebê sem estar casado. Devo isso 100% às minhas convicções religiosas. Acredito na pílula. Não acredito que o aborto seja um assunto para o governo. Não descarto a hipótese de uma das garotas engravidar. Sou uma pessoa prática e realista.*
>
> **Valerie, sobre suas filhas**

Questão de fé

Se sua religião proíbe o sexo pré-marital ou a contracepção, você terá um desafio extra quando a vida sexual de seu filho estiver em questão. Muitos dos pais com os quais conversamos estão procurando equacionar, assim como Valerie, o desejo de "praticidade" com o respeito à religião.

"Se digo isso em voz alta, soa hipócrita. Será que alguém concorda com tudo o que a igreja ensina?", perguntou Gina. "Eu amo a igreja. Frequento todos os domingos. Mas serei uma pessoa má porque fiz sexo antes do casamento? Falei à minha filha sobre preservativos, porque ela precisa saber dessas coisas. Veja, eu tenho de conciliar...".

Alguns pais não acreditam em fazer concessão. Martha explica: "Não vejo motivo para falar em controle da natalidade. Simplesmente não é relevante. Meus filhos não vão fazer sexo antes de casar. Eu sei, porque foi assim que os criei. Eles vão à igreja desde pequenos. Você lhes ensina a evitar certas situações e sobre o que acontece se entrarem nelas. Se perguntarem sobre preser-

> vativos, descobriremos o porquê dessa pergunta e explicaremos que preservativos são errados".
>
> É claro que há meios de evitar a gravidez sem métodos anticoncepcionais. Falamos em abstinência no Capítulo 8 e em contracepção no Anexo do Capítulo 11. Há ainda o método da abstinência periódica, embora só o possamos recomendar jovens mais maduras. Suas exigências são grandes demais para a maioria dos adolescentes, que têm relações instáveis e encontros impulsivos. Além disso, não evita doenças.

Lancemos uma luz sobre anticoncepcionais. Existem diferentes tipos de eficácia, depende muito das pessoas que vão utilizá-los.

É comum ver análises sobre o funcionamento de contraceptivos, com respostas muito positivas *se usados perfeitamente*. Detalhando: *uso perfeito* significa que seu filho terá de usá-lo em cada intercurso vaginal e usá-lo corretamente todas as vezes.

Mas quem é perfeito? De vez em quando, sua filha esquece de tomar a pílula. Ou seu filho não tem a camisinha no bolso e diga: "Só desta vez...". Quem pode dizer que nunca deixou o diafragma na gaveta porque não queria estragar o momento? Até mesmo os mais "maníacos" com seus métodos contraceptivos ocasionalmente cometem erros. Exemplo: colocar de modo errado a camisinha e virá-la do avesso para que fique correto!

Por essa razão, é de vital importância conhecer a margem de êxito de um contraceptivo no caso de *uso característico*, que é o que podemos esperar da pessoa média que erra algumas vezes e nem sempre segue as instruções.

Ao adotar um método, você e sua filha adolescente devem primeiro tentar determinar se ela estará mais perto de uma "usuária perfeita" ou de "uma usuária característica". Muitos adolescentes estão mais próximos dos usuários característicos, com frequência recaindo para o uso mais errático do característico. Mas isso não significa que sua filha não possa ser uma usuária perfeita. Existem evidências de que ela se lembraria de tomar a pílula todos os dias sem falta?

– Ela usa fio dental sempre que escova os dentes?
– Usa o cinto de segurança sempre que entra no carro?
– Entrega o dever de casa no prazo?

Se ela não tem demonstrado ser responsável em relação a outros hábitos pessoais, atenção: a prática contraceptiva exige lembrar de fazer determinada coisa todos os dias ou planejá-la com antecedência.

Lendo os percentuais

Mais adiante inserimos uma tabela contendo percentuais de êxito para cada método contraceptivo. Ela deve ser lida assim: cada método é seguido de dois percentuais, um indicando a taxa de gravidez indesejada para um ano de "uso perfeito", o outro para um ano de "uso característico". Essas taxas supõem que, a não ser que o método contraceptivo seja a abstinência, as usuárias da contracepção estejam fazendo o intercurso vaginal 83 vezes por ano, que é, de fato, a média nacional de todas as mulheres casadas adultas. Quer sua filha adolescente tenha mais ou menos sexo do que isso, ela provavelmente será mais fértil e menos experiente com a contracepção do que o adulto médio. Não está claro se esses números estão super ou subestimados para adolescentes semelhantes a ela. Mas foi a melhor informação que pudemos obter, e bastante útil para comparar os modos de funcionamento das diferentes opções.

Gravidez indesejada no primeiro ano de uso de contracepção (%)

Método	Uso característico	Uso perfeito
Nenhum	85%	85%
Abstinência (de intercurso vaginal*)	?	0%
Preservativo masculino (sem espermicida)	15%	2%
Preservativo feminino (sem espermicida)	21%	5%
Pílula anticoncepcional**	8%	0,3%
Depo-Provera (injetável)	3%	0,3%
Lunelle (injetável)	3%	0,05%
Norplant (implante)	0,05%	0,05%
NuvaRing (anel)	8%	0,3%
Evra (adesivo)	8%	0,3%
Espermicida (creme, filme, espuma, gel, supositório)	29%	15%
Diafragma (com creme ou gel espermicida)	16%	6%
Tampão (com creme ou gel espermicida)		
Mulheres que já haviam engravidado	32%	26%
Mulheres que nunca haviam engravidado	16%	9%
Coito interrompido	27%	4%
Abstinência periódica (método rítmico)	25%	
Método da tabelinha		9%
Método das secreções cervicais (ovulação)		3%
Simptotermal***		2%
DIU		
ParaGard (T de cobre)	0,8%	0,6%
Progestasert (T de progesterona)	2%	1,5%
Mirena (LNg IUS)	0,1%	0,1%
Esterilização		
Feminina	0,5%	0,5%
Masculina	0,15%	0,10%

(*) Ou por outra atividade em que o esperma chegue perto da vagina. (**) Inclui pílulas combinadas e pílulas de progestina (minipílulas). (***) Combinação dos métodos de secreções cervicais, tabelinha e temperatura basal
Adaptado de Hatcher et al., *Contraceptive Technology*, 18 ed. rev. (New York: Ardent Media, 2003).
Um excelente e abrangente texto sobre contracepção.

O que as amigas dela estão usando
Em 1997, a maioria dos alunos do ensino médio que haviam tido intercurso sexual nos três meses anteriores haviam usado algum método de contracepção em sua última relação sexual: 57% haviam recorrido ao preservativo; 17%, à pílula; 13%, ao coito interrompido; 4% haviam usado outro método; 15% não recorreram a nenhum método e 2% não tinham certeza se haviam usado anticoncepcional. (Se usaram preservativo aliado a outro método, ambos foram contados; se usaram mais de um método que não o preservativo, o mais eficaz levou o crédito.)

A contracepção é mais elevada entre as adolescentes mais velhas. Elas estão mais propensas a usar a pílula, mas menos propensas a usar os preservativos. O sexo tende a se tornar mais frequente e regular, o que faz da pílula o método mais prático. E, para essas adolescentes, é mais fácil recorrer a um médico para obter a prescrição.

Mas o declínio no uso do preservativo à medida que os adolescentes ficam mais velhos aumenta o risco de contrair DSTs. O uso do preservativo também diminui à medida que a relação continua e é monogâmica. Mesmo assim, a monogamia entre adolescentes tem caráter serial e não são muitos os jovens (ou adultos) que, entre parceiros, fazem um *check-up* periódico para constatar a presença de uma possível DST.

Vejamos o que a tabela diz sobre o uso do diafragma, por exemplo. Com uso perfeito, 6% das mulheres com diafragma como único método contraceptivo engravidariam no curso de um ano. Digamos que haja 100 casais usando diafragma durante um ano, cada casal com intercurso sexual pelo número médio de vezes (83). Isso significa 83 x 100 atos de relação sexual, ou 8.300 atos para todos os casais. Ou seja: um grande número de intercursos sexuais. Desses 8.300 atos, resultariam 6 mulheres grávidas, ou uma gravidez para cada 1.383 intercursos.

Mas isso considerando o uso perfeito. Com o uso característico, 16% dos casais registrarão uma gravidez no curso de um ano. Por quê? Ora, diafragmas saem do lugar, mas a maior porcentagem é porque as pessoas nem sempre o utilizam: a estatística inclui mulheres que dizem que o diafragma é o seu contraceptivo, mas que não o usam o tempo todo.

Portanto, o que você precisa saber é: ela usará um diafragma todas as vezes? Ela o usará corretamente? Estará nos 6% ou nos 16% dos casos?

Finalmente, os princípios do ideal e do real também se aplicam à abstinência. Apesar da eficácia da abstinência (ou, pelo menos, a abstinência de atividades sexuais que envolvam o esperma chegando a um lugar próximo da vagina), sua taxa de uso perfeito é de 0% e sua taxa de uso característico é desconhecida –

mas podemos afirmar com grande certeza que não é boa. Não sabemos com qual frequência adolescentes que escolhem a abstinência acabam fazendo sexo de um jeito ou de outro nem quantas garotas engravidam. Como discutimos no Capítulo 8, quando acontece de adolescentes com intenções de abstinência fazerem sexo, eles dificilmente estarão preparados no quesito contracepção.

Quanto mais, melhor

A nosso ver, sua adolescente que está tendo relações sexuais fará melhor se usar a estratégia do "quanto mais, melhor" para a prevenção de DSTs e gravidez. Os preservativos (sempre!) garantem prevenção contra doenças e contribuem para evitar a gravidez. Mas ela ainda tem à sua escolha qualquer método que fizer mais sentido para ela.

Em complemento ao preservativo, os principais métodos que recomendamos (além da abstinência do intercurso) são métodos hormonais (como os anticoncepcionais orais e a miríade de outros meios de levar os hormônios ao corpo), ou métodos femininos, como o diafragma. Conforme demonstra a tabela, os métodos hormonais são os mais confiáveis, com taxas de gravidez no uso perfeito inferiores a 1% e taxas de uso típico que estão entre as melhores. O DIU também é bastante eficaz, mas não costumamos recomendá-lo para adolescentes (a explicação será dada no Anexo do Capítulo 12). Tampouco recomendamos a esterilização, por razões óbvias.

Sua filha chegará perto do uso perfeito com um contraceptivo que ela achar fácil de usar, portanto faz sentido pensar em qual desses métodos será o mais fácil. A resposta depende em grande parte da jovem e suas preferências. O diafragma não é tão difícil de colocar, embora algumas garotas não gostem da ideia de inseri-lo na vagina. Sua filha precisa se lembrar de sempre levar um com ela. Se ela faz sexo frequentemente, inserir um diafragma pode ser um incômodo ou ela pode passar a fazê-lo tão automaticamente, que não fará diferença. Métodos de barreira provavelmente serão melhores para uma garota que não gosta de tomar contraceptivo hormonal (por medo de efeitos colaterais, por exemplo), que não tem intercurso com frequência ou que não quer usar um anticoncepcional que fique circulando por seu organismo.

Se ela optar pela pílula, não precisará se preocupar em tê-la consigo e também não terá que lidar com ela na hora H. O problema é que algumas garotas têm dificuldade com a regularidade de horário exigida pela pílula. Se ela fizer sexo raramente, o esforço para lembrar de tomar a pílula talvez não valha a pena.

Mas note que as taxas de uso característico para Depo-Provera, Lunelle e Norplant são muito próximas das de uso perfeito. Depois que se toma a injeção ou se faz o implante, não dá para se confundir. Claro, é preciso lembrar de repetir a dose de Depo-Provera ou Lunelle, segundo a programação (a cada três meses ou a cada mês, respectivamente), mas isso não é tão difícil quanto lembrar de tomar a pílula todos os dias. Esses são os métodos que recomendamos para adolescentes que fazem sexo com frequência e têm dificuldade de cumprir os pequenos e cruciais detalhes da prevenção.

O adesivo e o anel são novos e ainda não sabemos como as adolescentes irão recebê-los, mas, uma vez que sua substituição se dá somente uma vez por semana, é possível que sejam boas opções entre uma pílula diária e uma dose mensal. É preciso buscar informações atualizadas sobre os dois métodos.

Como veremos no Anexo do Capítulo 12, o nonoxinol-9, principal espermicida disponível no mercado americano (sob a forma de cremes, filmes, espumas, gel, supositórios e comprimidos), não só não protege contra o HIV como até aumenta os riscos de infecção pelo vírus da Aids e de incidência de outras DSTs, especialmente se usado em grande quantidade. Por essa razão, não o temos como um dos favoritos para usar com preservativos, embora (por contribuir para a prevenção da gravidez) costume ser melhor do que nada. Ainda assim, é melhor usar o nonoxinol-9 concomitantemente com o diafragma ou com o tampão.

Analise cada método no Anexo do Capítulo 12 para decidir quais você deseja recomendar. E também incentive sua filha a conversar com o médico para obter orientações sobre os métodos que serão melhores para ela.

"Mãe, a camisinha estourou": Emergência

Ainda que você tenha conversado sobre contracepção com sua filha, e mesmo que ela e o parceiro tenham planejado com antecedência, não podemos esquecer que acidentes acontecem. Camisinhas se rompem, diafragmas saem do lugar e garotas que juravam esperar até o ano seguinte, de repente se vêm perguntando como foram perder o controle.

Se sua filha se vir em tal situação, deverá recorrer à contracepção de emergência (CE), nome genérico para diversos métodos que evitam a gravidez após o intercurso vaginal, genericamente apelidados de "pílula do dia seguinte" (nem sempre de maneira precisa). A contracepção de emergência não precisa ser tomada na manhã seguinte, mas deveria em até 72 horas após o ato, não é uma pílula e, aliás, nem precisa ter forma de pílula. Os tipos específicos estão descritos no Anexo do Capítulo 12 (ver pág. 318).

A abordagem-padrão que se faz da contracepção de emergência (CE) envolve tomar o mesmo tipo de hormônios que se encontram nas pílulas anticoncepcionais, só que em doses muito maiores. A CE funciona de diversas maneiras. Se sua filha tomar as pílulas antes de ovular, deterá ou adiará a ovulação, fazendo com que o óvulo não seja fertilizado. Se ela já ovulou, as pílulas impedirão que o óvulo ou o esperma cheguem à trompa de Falópio, inibindo a fertilização ou a implantação. Mas, ao que tudo indica, não irão interromper nem prejudicar uma gravidez já iniciada (um óvulo fertilizado que já foi implantado).

As pílulas de CE são adquiridas mediante prescrição médica, mas parte da comunidade médica é adepta de que sejam vendidas livremente na farmácia. Sua filha pode conversar com o médico para obter a prescrição, ou tê-la consigo para o caso de algum dia precisar dela.

Você pode recear que a CE acabe "facilitando as coisas" para sua filha e represente incentivo para que descuide da contracepção regular. No entanto, a garota deve saber que a taxa de êxito da contracepção de emergência é significativamente inferior à da pílula, do diafragma e do preservativo. Portanto, não é recomendada como forma de controle de natalidade regular. Além disso, ela não protege contra as DSTs.

Se sua filha ou a parceira de seu filho vier a precisar da contracepção de emergência, certamente será o caso de chamar para uma conversa. Às vezes, os adolescentes ignoram solenemente os cuidados necessários, talvez em decorrência de bebida ou de um parceiro manipulador. Seja como for, sua filha (ou filho) provavelmente estará fazendo um exame de consciência. Pode ser mais fácil ter essa conversa depois que o susto e os efeitos colaterais tiverem passado.

Uma hipótese em geral esquecida na correria atrás da "pílula do dia seguinte" é sua filha não ter se protegido porque queria engravidar ou não tinha muita certeza, caso em que a possibilidade da gravidez suscitará sentimentos desencontrados. O tempo é precioso (72 horas), mas uma conversa com você, com um terapeuta ou alguém mais poderá ajudá-la a compreender o que quer realmente. Ela precisa estar tranquila com a decisão de recorrer à contracepção de emergência. Se a candidata à CE for a parceira do seu filho, ele pode ter sentimentos semelhantes.

Contracepção para adolescentes

Talvez sua filha queira convidar você para uma conversa íntima acerca de contracepção. Foi o que aconteceu com Charu. Quer dizer, mais ou menos.

"Eu estava passando pelo quarto do Ray – na época com 14 anos – e ouvi: 'Você tira um pouquinho antes de gozar, mas não muito rápido, porque pode esguichar'. Abri a porta e deixei escapar: 'O que é isso? Com a porta aberta e tudo?!' Eu nem sabia quem estava com ele. E, para meu espanto, era meu filho mais novo, Joey, de 12. Então, veio a explicação: 'A gente tava brincando... é a fala de uma peça'."

Charu chegou a dar aulas para o nono ano e conta: "Disse a eles que fizessem uma lista com dez maneiras de uma garota evitar a gravidez e depois falaríamos a respeito. Dei um tempinho e voltei. A lista incluía camisinha e pílula, mas só isso como métodos de verdade. Já estava vendo que ia perder a tarde. O coito interrompido foi abordado de passagem. Fazer sexo depois de se masturbar, para gastar o esperma... esse eu risquei. Não passou pela cabeça deles se abster do intercurso sexual ou fazer outras coisas. Nunca tinham ouvido falar do diafragma. Ray achava que uma garota não poderia engravidar na primeira vez. Com certeza, tivemos de debater essa lógica."

Se você tiver a sorte de ter uma abertura como essa para falar sobre contracepção, não a deixe escapar, pois não precisará trazer o assunto à baila artificialmente. Mas talvez não seja esse o fator intimidante. Veja o que assustou Belle: "Eu estava lendo um artigo sobre um adolescente portador do vírus HIV e fiquei pensando como aquilo era triste. Não parecia ter relação com a minha vida. Aí, li que ele queria ser arquiteto, como Corey na época. Então, me dei conta de que o menino do artigo era apenas um ano mais velho do que meu filho. Quando ele chegou em casa, não perdi tempo. Mandei que ele entrasse no carro e rumei para a farmácia, diretamente para a seção de preservativos."

Belle fez Corey pegar três tipos de preservativos, levaram os envelopes para casa, abriram e experimentaram as camisinhas em um pepino. "Eu disse a ele que poderia testá-lo em si próprio."

Depois disso, Belle ficou com a certeza de ter passado o recado. "Ele pôde ver a minha preocupação sem eu ter feito nenhuma preleção do tipo 'não se arrisque' ou 'escute o que estou dizendo'. Conheço meu filho. Um sermão desse tipo o teria colocado na defensiva na hora. Mas ele entendeu a seriedade do assunto."

Se estiver sempre com a mente aberta para o tema, talvez você não precise fazer esforços especiais para iniciar uma conversa sobre contracepção. Por exemplo: a vida inteira, Tex e sua mulher criaram um leque de oportunidades para ensinar seus filhos. "Eu não entendo onde está o problema", diz Tex. "Basta apresentar a contracepção como parte da vida à medida que eles crescem. Não escondemos as pílulas da minha mulher. Se acontecia de perguntarem alguma coisa, ela respondia. Ela teve de suspender o uso uma época, daí, usávamos camisinha. A caixa ficava perto da cama. Meus filhos cresceram ouvindo a máxima: "Transou, usou método anticoncepcional, a menos que queira um bebê".

Pesando riscos

Não raro ouvimos que adolescentes se consideram invulneráveis e pensam que nada ruim acontece com eles. É uma visão um pouco simplista. Não é costumeiro os jovens pularem de edifícios, mas ideia de que nem sempre eles consideram as consequências de seus atos parece ter um fundo de verdade. Principalmente se as consequências não forem imediatas. Fora isso, os jovens não são muito bons em cálculo de probabilidades, de modo que não conseguem avaliar a diferença entre "provável" e "certo", "raramente" e "nunca".

Mas cada adolescente é um indivíduo. Você sabe como o seu pensa e se ele pesa as decisões que toma. Achamos que é uma boa ideia ajudar seu filho a pensar nas consequências de maneira realista. O alerta "se você transar sem camisinha, pegará Aids" não vai funcionar se os amigos dele não usam preservativo e não contraíram a doença. Lógico, infectados permanecem assintomáticos anos a fio e os amigos dele não sabem se são soropositivos. Caso você diga que a namorada vai engravidar se fizerem sexo e eles já transaram sem que isso tenha acontecido, talvez conclua que ambos são estéreis ou estão protegidos por algum poder sobrenatural.

Logo, a honestidade é de lei. Diga para sua filha que ela não vai engravidar necessariamente, mas pode acontecer. O importante é ela entender que, se fizer sexo habitualmente sem um contraceptivo eficaz, serão grandes as chances de engravidar. Se ela usar preservativo, a chance será muito menor.

De igual modo, os adolescentes precisam ser auxiliados a pensar na cadeia de acontecimentos que é posta em movimento depois de tomada a decisão. Será que aquele momento gostoso sem camisinha vale o impacto de uma gravidez sobre o resto de suas vidas? Ele pensou que transar sem preservativo não é tão ruim, porque é só ela tomar algum remédio ou fazer um aborto para resolver a questão. Mas e se a parceira não quiser abortar? E o que acontecerá se pegarem uma doença, não tiverem sintomas e, assim, não saberem que precisam de tratamento? E se pegarem alguma coisa que um antibiótico não cura?

Mesmo que seus filhos adolescentes estejam consciente dos riscos de uma gravidez ou de DSTs, talvez se rendam à promessa de gratificação imediata ou à vergonha de colocar a camisinha... É por isso que é tão importante eles estarem preparados com antecedência.

Quando conversar

O objetivo é introduzir o tema da contracepção antes que seu filho (ou sua filha) resolva que quer fazer sexo. Você quer que seu filho use a contracepção desde a primeira vez que ele fizer sexo (a não ser que ele tenha desde o início uma mulher ou parceira saudável e, se essa pessoa for do sexo oposto, pronta para ter um filho). Usar a contracepção desde a primeira vez pode encetar um bom padrão para o futuro. É mais fácil começar com bons hábitos do que abandonar os ruins.

Esperar até que seu filho precise da informação pode ser perigoso. Muitos pais, se chegam a conversar com os filhos sobre sexo, fazem-no bem depois que estes estejam sexualmente envolvidos.

A melhor abordagem é escolher um momento na puberdade, este, sim, um marco difícil de não ver.

Antes de ele chegar à puberdade, você pode dizer umas poucas palavras caso a contracepção venha à tona. Responda suas perguntas de maneira clara e simples. Se ele encontrar sua caixa de pílulas no armarinho de remédios, você pode explicar que toma para fazer amor porque acha que não está na hora de ter outro bebê. Se ele quiser saber mais, você pode acrescentar que as pílulas fazem com que você temporariamente pare de liberar um óvulo que poderia ser fertilizado e formar um bebê.

Quando ele chegar na puberdade, você pode falar sobre métodos anticoncepcionais com mais detalhes. Se você acredita no uso da contracepção, apresente-a como parte da rotina sexual sempre que o sexo vier à baila. Se não apoia seu uso, pode explicar que algumas pessoas utilizam métodos contraceptivos para o sexo pré-marital e então diga por que não concorda com isso.

Tão logo se chegue às saídas em grupo, às paqueras via telefone, aos bilhetes perfumados, forneça alguns detalhes específicos sobre opções contraceptivas. Se sua filha for uma ouvinte ávida, é uma boa hora para ajudá-la a tomar a decisão sobre o que desejaria usar. Compartilhe o que você aprendeu, e incentive-a a pesquisar. Ela precisa aprender como os métodos funcionam, o que seu uso envolve e os efeitos colaterais. Ela pode conversar com o médico e com as amigas para ver o que preferem. Se ela tiver um parceiro, eles devem filtrar tudo isso com base em suas preferências e ver qual funciona para eles.

A perfeição vem da prática

Qualquer que seja o tipo de anticoncepcional que sua filha adolescente decida usar, ela deve usá-lo corretamente. Ela precisa praticar antes de ser pega no calor do momento. Se ela jamais inseriu o diafragma, exceto para fazer o teste no consultório médico, ela o fará corretamente enquanto o namorado está tirando a calça? Se seu filho jamais usou um preservativo, saberá como colocá-lo na noite em que perder a virgindade?

Se você quiser que seu filho use a contracepção adequadamente, ensine-lhe como. Por acaso você lhe emprestaria o carro sem antes ensiná-lo a dirigir?

Se você estiver um pouco enferrujado na técnica de colocar o preservativo, ou se não chegou a aprender, incluímos um manual de instruções, adiante.

Você pode comprar uma caixa de preservativos e, juntamente com seu filho ou filha, tentar entender como funciona aquilo. Faça-o juntar dois dedos e rolar o preservativo sobre eles. Ou pegue um pepino e mostre-lhes como fazer. Ele pode soprar a camisinha, feito um balão, para ver como é forte. Se acontecer de o preservativo se romper, aproveite para ensinar que camisinhas não são 100% confiáveis. Se ele insistir: "É claro que eu sei usar camisinha", faça com que ele lhe mostre. Faça-o colocar uma numa banana, com os olhos fechados, como se estivesse em um quarto escuro. Ele pode começar tirando a camisinha do pacote. (Tirar o preservativo da embalagem nem sempre é fácil e ele precisa aprender a fazê-lo sem rasgar a camisinha.) Tenha certeza de que ele o desenrola corretamente. Se ele tentar colocá-lo na banana pelo lado de dentro (do preservativo, é claro!), diga-lhe para jogar fora e começar de novo. Ele deve praticar em seu pênis, quando estiver sozinho. Se ele for esperto, ou estiver com tesão, vai entender a dica para se masturbar usando a camisinha.

Prática. Prática. Prática.

Vince não teve de perguntar para o filho de 16 anos. "Eu estava tirando o lixo e notei uma camisinha. Não pude acreditar. Estava ali, claramente usada." Vince teve sentimentos contraditórios. "Fiquei feliz por ele. Eu não fora tão ousado quando tinha sua idade, a ponto de chegar às vias de fato. Mas ele fazer aquilo dentro de casa me incomodou." Ele encostou o filho na parede e o garoto jurou que jamais fizera sexo. Estava se masturbando com a camisinha para ver como era. "Acho que é o que acontece quando um aluno que sempre tira as melhores notas descobre o sexo."

Após o incidente com o preservativo, começou a haver mais diálogo entre Vince e seu filho. "Uma vez que você se pega discutindo masturbação com seu filho, já não há nada mais a esconder. Então, hoje ele me pede conselhos sobre sexo."

O mesmo vale para diafragmas, tampões e anéis. Se você não sabe como inserir um (e não existem frutas ou legumes apropriados para demonstração), o médico de sua filha pode ensinar a ela e a você. Mas procure ter certeza de que sua filha entendeu o que o médico disse.

Tomar a pílula não requer conhecimento técnico, mas lembrar de tomá-la pode ser mais complicado.

Dê algumas dicas à sua filha, para ela passar a ligar o ato de tomar a pílula a outros atos rotineiros, como escovar os dentes.

Como usar a camisinha
1. Verifique a data de validade. Se o prazo expirou, não use.
2. Certifique-se de que a embalagem não está danificada. Guarde os preservativos em lugar seco e fresco, protegido da luz do sol. Sim, você pode deixar alguns no porta-luvas antes de um encontro, mas, depois, tire de lá os que sobrarem. Pode guardar na carteira por algum tempo, mas saiba que o látex acaba perdendo a flexibilidade. Se tiver dúvida sobre como foi armazenado, jogue fora.
3. Abra o pacote pouco antes de usar o preservativo. Cuidado para não rasgá-lo.
4. Desenrole a camisinha diretamente no pênis ereto. Não a desenrole antes. Não a encha com ar ou água para verificar se tem buracos; isso pode fazê-lo estourar. Algumas gotas de lubrificante dentro do preservativo podem melhorar ou intensificar a sensação. Mas seja econômico. Lubrificação demais faz a camisi-

nha deslizar. Ponha-a antes que o pênis chegue perto da vulva, do ânus ou da boca. Se não for circuncidado, puxe o prepúcio antes de colocar a camisinha.

5. Se a camisinha tiver ponta saliente, tire o ar antes de introduzi-la. Se não tiver essa ponta, esfregue a extremidade da camisinha a fim de criar uma bolsa que possa conter o esperma. Preservativos são fortes e devem aguentar, mesmo que não se crie a tal bolsa. Mas para que correr riscos?
6. Ao desenrolar uma camisinha, a auréola da base deve ficar do lado de fora, como se saísse da pele do pênis. Deve ser desenrolada em direção à base do pênis até o fim ou até onde der. Se desenrolar ao contrário, não tente de novo. Jogue fora e pegue outra, porque ela pode ter entrado em contato com esperma, bactéria ou algum vírus.
7. Use somente lubrificantes à base de água com preservativos de látex, porque lubrificantes à base de óleo romperão o látex. O óleo vai bem com preservativos de poliuretano (plástico).
8. Se o preservativo se romper ou sair durante a relação, mas antes da ejaculação, coloque outro.
9. Ao retirar o pênis após o intercurso, segure a base do preservativo no lugar, para que ele não saia. O preservativo estará menos sujeito a sair se você tirar o pênis ainda ereto.
10. Nunca reutilize o preservativo. Jogue-o fora de modo seguro, em local onde crianças não possam pegá-lo.

Enfrentando a resistência de seu filho

Mesmo adolescentes que sabem o método a ser usado e o modo de usá-lo corretamente costumam deixar os pequenos milagres da ciência moderna mofando na gaveta. Existem infinitas razões pelas quais os adolescentes não adotam a contracepção. Apresentamos algumas delas a seguir. E sugerimos também algumas respostas.

Filho: "Ela transou só com um cara antes de mim."
Sugestão: Pergunte a ele com quantas pessoas aquele primeiro cara transou. E pergunte se ele está querendo se tornar papai.

Filha: "Ele foi o melhor aluno da classe e o orador na formatura, então, eu nem me preocupei."
Sugestão: Lembre-a de que os vibriões de gonococos e os vírus da hepatite e da Aids não fazem esse tipo de distinção.

Filha: "Eu não queria que meus pais soubessem, mas não tinha pretexto para ir ao médico."
Sugestão: Se você discutiu contracepção com sua filha, já deu um passo importante para passar por cima dessa pedra. Diga que vai marcar uma consulta com o médico e se ofereça para ir junto e ficar na sala de espera.

Filho: "Eu não achava que fosse transar naquela noite."
Sugestão: Se seu filho tem sido sexualmente ativo ou está pensando em fazer sexo, diga a ele para se garantir com algum anticoncepcional quando for sair com a namorada. O mesmo vale para sua filha. Alguns adolescentes não querem se preparar, porque estão em conflito com relação a fazer sexo e se preocupam com o que os outros vão pensar se descobrirem que estão levando algum contraceptivo. Se sua filha sentir vergonha de admitir que está com uma camisinha na bolsa, ela pode explicar, a quem quer que seja, que sempre leva uma, independentemente de achar que vai fazer sexo. Assim, ela a terá ali quando precisar, seja na próxima semana ou na próxima década. E pode deixar claro que não se trata de convite ou promessa, mas apenas de salvaguarda. Também pode jogar a culpa em você: "Meu pai, minha mãe não me deixa sair sem levar uma proteção".

Filho: "Não gosto da sensação."
Sugestão: Ele não seria o primeiro a dizer que os preservativos diminuem a sensibilidade, embora alguns considerem isso uma vantagem, porque não ejaculam tão rápido. Faça-o experimentar marcas diferentes. Uma pequena quantidade de lubrificante dentro da camisinha ajuda. Mas, se ainda assim não ficar tão bom, aí temos um impasse. Afora uma relação duradoura e monogâmica (que não é marca registrada da adolescência), não usar preservativo é risco de contrair DSTs. Para os meninos que têm problemas para manter ereção com camisinha, trocar pela camisinha feminina é uma opção. Um diafragma que não se ajusta bem também é desconfortável. Informe sua filha que ele pode ser reinserido. Quanto a contraceptivos hormonais, se a garota se preocupa com efeitos colaterais, deve conversar com o médico sobre dosagens e escolha da marca.

Filho: "Corta o tesão ter de parar para pôr a camisinha ou o diafragma!"
Sugestão: Temos duas soluções para isso. Em primeiro lugar, sim, interfere mesmo, mas da mesma forma que seu filho aprendeu quando você o viu se masturbando no supermercado quando tinha 4 anos, o prazer sexual vem com regras e responsabilidades. A segunda solução é: não encare como interrupção. Erotize. A parceira do seu filho pode botar a camisinha nele ou estimulá-lo sexualmente enquanto ele próprio a veste.

Filha: "Ouvi dizer que dá errado."
Sugestão: Existe um diz-que-diz digno de ficção científica a respeito dos métodos anticoncepcionais. O Norplant "passeia" pelo corpo; o diafragma "desaparece" dentro do útero. Quando sua filha ouvir algo que teria acontecido com "a amiga da amiga", deve manter um ceticismo saudável. Atenção: talvez ela precise de informações factuais para se convencer de que tais rumores não são verdadeiros. Mas pense que essas histórias têm um fundo de verdade. Existe algo de assustador em tomar um remédio ou pôr um objeto dentro do corpo, ainda mais quando não se entende bem como funciona. Tanto mais se o jovem quiser ser discreto e não pretender conversar com o médico ou com a família.

De quem é a responsabilidade?

Vamos nos ater a dois comentários que costumam justificar o desleixo com a necessidade de praticar sexo seguro: "A responsabilidade é dele" e "Além de caro, é difícil de colocar".

Entre os adolescentes, existe a presunção de que o rapaz traz o preservativo e a garota cuida do resto. Vamos mudar um pouco isso. Digamos que, de agora em diante, ambos tomam conta de tudo.

"Uma amiga achou estranho eu dizer para minha filha que ela precisava levar preservativos quando saísse com o namorado. Ela disse: 'O menino cuida disso'. E eu retruquei: 'Ele joga na sorte, isso sim'." Miriam, cuja filha tem 16 anos, também tem noção do que fazer. "Meu papel, como mãe, é garantir que ela saiba cuidar de si. Quem ficará grávida é ela. Portanto, é ela que precisa fazer tudo o que puder para se proteger. Não quero saber de 'donzela em perigo' na minha casa."

A questão é que ambos devem levar o preservativo. (Na verdade, devem levar mais de um, pois preservativos podem arrebentar.) Ou devem combinar que não farão sexo até terem responsabilidade para fazer uso da contracepção e souberem usá-la de maneira consciente.

Infelizmente, as coisas não costumam ser simples assim. Sua filha pode querer usar camisinha, mas achar que o menino vai recusar. Diga a ela que esteja pronta para enfrentar alguma resistência e tentar resolver. Talvez o parceiro não saiba como colocar a camisinha, talvez tenham dito para ele que homens de verdade não usam essas coisas... Ela deve trabalhar essas questões com ele.

É verdade que sua filha não pode obrigar o garoto a usar o preservativo. E é fato que muitas garotas temem ser rejeitadas se disserem "não" ao sexo sem camisinha – não gostariam de precisar terminar o relacionamento por causa disso. As garotas normalmente toleram muita coisa em uma relação; os meninos também, embora nem tanto em relação à contracepção; mas essa atitude envolve assumir um sério risco para a saúde e para o futuro dela. Pelo menos ela pode se proteger da gravidez com a pílula ou outro método contraceptivo controlado pela mulher – não raro de maneira sub-reptícia. Uma garota nessa situação precisa fazer uma autoanálise e ver o que é melhor para ela. Você pode ajudar, tentando conversar com ela sobre suas prioridades em um relacionamento.

Falamos sobre relações de abuso e poder nos Capítulos 8 e 10 e sobre como lidar com um namorado(a) de quem você não gosta no Capítulo 7, mas o primeiro passo está em munir seus filhos de informações para que decidam o que é melhor para eles. Ensine seus filhos e suas filhas a tratar bem os outros e a cuidar bem de si mesmos. E intervenha se sentir que seu filho ou sua filha está sob um sério risco: amor e dependência costumam ser cegos.

Um treinamento
Se sua filha adolescente estiver preocupada com a possibilidade de um parceiro dizer "não" à contracepção, dramatize a cena com ela. Você fará o garoto.

Mande-lhe uma bola de efeito e veja como ela se sai: "O quê? Não confia em mim? Eu estou limpo, não tenho nada". Resposta possível dela: "Pois acho melhor prevenir. Você pode estar limpo, mas não sabe se eu estou. E se você pegar uma coisa de mim e passar para sua próxima namorada? E se você pegou alguma coisa de sua última namorada e passar para mim?"

Quando ele disser: "Sou muito grande para a camisinha", ela dirá: "Então, você acha que é grande demais para mim? Tente fazer a camisinha entrar que logo vamos saber se você tem o tamanho certo." Ou, em um acesso de bondade, ela poderá dizer: "OK, então, compre uma extra-grande."

No caso de seu filho, quando a garota disser: "Não se preocupe, não estou no período fértil e posso fazer um aborto se acontecer alguma coisa" [nos EUA onde o aborto é permitido, alternativa que não é válida para o Brasil], sua respostas poderá ser: "O período fértil não é tão exato... E se você mudar de ideia sobre o aborto? Não quero correr esse tipo de risco." Ou ele pode dizer: "Talvez sirva pra você, mas eu não acho legal esse negócio de fazer aborto. Sei que seria sua escolha, mas eu não gostaria que você fizesse; então, é melhor a gente se precaver ou fazer outra coisa".

Se ela disser: "Nunca transei com nenhum carinha antes", seu filho pode responder: "Nem eu, mas não é o caso de correr nenhum risco. É mais fácil e mais seguro usar sempre a camisinha".

Quando ela disser: "Mas eu te amo", a resposta seria: "Se me amasse, não me pressionaria a fazer algo que me incomoda."

Quando ele disser: "Estou de partida para a guerra amanhã, e posso nunca mais voltar", ela responderá: "Eu não transo com caras que roubam falas de filmes sobre a Segunda Guerra Mundial".

Quem leva?

É claro que dou camisinhas para o meu filho. Não quero que ele engravide ninguém. Não importa se ele usa essas ou se tem as dele. Significa que estou atento ao que ele faz. Ele não tem desculpa para não usar camisinha.
Clint, sobre o filho de 16 anos

A hora é de praticidade. Quem vai cuidar da contracepção? Adolescentes não podem usar se não tiverem nada à mão, e essa questão nem sempre é fácil para um jovem.

Algumas formas de contracepção requerem prescrição médica. Sua filha tem como ir ao médico, sobretudo se estiver com medo ou se sentir constrangida de lhe contar? Poderá ir ao médico de ônibus? Tem médico na escola dela? O melhor é evitar todos os subterfúgios e pensar com ela, e com antecedência, nos meios para ela obter o necessário.

Envolva-se nesse processo na proporção que for confortável para ambas. Você pode marcar hora no médico ou limitar-se a passar o telefone dele. Levá-la até lá ou deixá-la ir de táxi. Pegar a receita na farmácia ou lembrá-la de fazê-lo. O desafio é mostrar seu apoio, dar a privacidade de que ela precisa e, o mais importante, ter certeza de que o necessário está sendo feito.

Camisinhas não requerem receita médica, mas nem por isso são fáceis de conseguir. Pode ser constrangedor para o jovem comprá-las. Mesmo que a funcionária da farmácia esteja com a cabeça longe, seu filho vai jurar que viu o sorrisinho irônico dela quando passou a caixa pelo leitor do código de barras. E você sabe que ele ficará aterrorizado se ela gritar para um atendente: "Fulano, dá uma olhada no preço do preservativo XYZ, 12 unidades, sabor morango".

Algumas farmácias deixam os preservativos atrás do balcão, de modo que seu filho terá de pedir. Isso ajuda a evitar furtos, não incomuns para um produto que cabe no bolso e cuja aquisição deixa as pessoas embaraçadas. A maioria dos atendentes de farmácia leva a sério seu trabalho e os fornecerá de maneira profissional, até dando conselhos sobre seu uso adequado. Mas sua filha pode pegar um farmacêutico que resolva lhe fazer um sermão sobre ela ser jovem demais para fazer sexo.

O que nos leva a uma pergunta importante: deveria ser você a fornecer os preservativos?

Se você está dividido(a) quanto ao que fazer, não está sozinho. De novo, talvez você receie que dar preservativos a um filho adolescente é passar uma imagem permissiva. Talvez você fique aliviado(a) em saber, como abordaremos a seguir, que os programas de disponibilização de preservativos em escolas ou postos de saúde revelaram que eles não incentivam os adolescentes a ter o intercurso.

Depois, há a questão do limite: você se sente à vontade participando dessa parte da vida dele? Nem todo mundo quer se envolver tanto nos detalhes da vida sexual do filho.

Se essas questões estiverem resolvidas, o próximo passo é o de que alguém deverá pagar pelo produto.

Você deve pagar, deixar ele arcar com a conta ou dividir o custo com ele? Se você já paga tudo, esse pode ser um item a mais na lista. Se seu filho tem alguma fonte de ganho que cubra algumas de suas despesas, essa deveria entrar na lista dele. Mesmo que você não aprove ele fazer sexo, talvez queira pagar para garantir que ele estará protegido. Talvez prefira que ele assuma a responsabilidade e ele próprio pague.

Louise é indiferente quanto a comprar preservativos para sua filha: "O que tem de mais? Eu só pergunto se ela precisa e compro. Como faço com seu absorvente íntimo e seu xampu. E se ela for à farmácia, peço para ela trazer isso ou aquilo para mim. Não foi por isso que eu fiquei tão contente quando ela tirou a carta de motorista? Assim ela pode ir de carro até a farmácia".

Louise acrescenta: "Se estou contente de ela estar transando? Não. Se estou contente de ela estar usando camisinha? Com certeza".

Preservativos e ambulatórios na escola

Algumas escolas americanas distribuem preservativos regularmente entre alunos do ensino médio. [No Brasil, há distribuição gratuita, feita pelos postos de saúde.]

Há quem afirme que programas de disponibilização de preservativos criam uma atmosfera sexualmente permissiva na escola. Para essas pessoas, os estudantes pensarão que os professores e diretores endossam o sexo entre adolescentes. Contudo, os poucos estudos existentes sobre esses programas, embora tenham suas limitações, indicam que eles não representam um impulso extra para a vida sexual, mas aumentam o uso de preservativos entre os adolescentes sexualmente ativos. Se servem para alguma coisa, não é para criar uma atmosfera de amor livre, mas para incentivar atitudes mais restritivas e responsáveis com relação ao sexo, provavelmente porque aumentam a conscientização e o debate sobre AIDS, DSTs e gravidez.

Algumas escolas americanas vão até mais longe, oferecendo aos adolescentes atendimentos de saúde no próprio *campus*, ou perto dele, com toda a sorte de cuidados médicos, inclusive dispositivos anticoncepcionais e testes para DSTs e gravidez. Ambulatórios escolares podem facilitar os cuidados para os adolescentes sem as barreiras de custo, acesso e privacidade. O consentimento dos pais é quase sempre requerido para o uso desses serviços de saúde.

A equipe da escola também tem muito a oferecer. Enfermeiras, conselheiros e psicólogos escolares podem ajudar você e seu filho. Além de fichas de vacina e curativos, a enfermeira de aparência doce e com cara de avó traz consigo uma porção de mapas indicando a rota para a clínica de Paternidade Planejada. Os bibliotecários estão aptos a ajudar o adolescente a encontrar livros úteis ou a direcioná-lo para sítios e portais interessantes na internet. Professores de educação física e treinadores costumam ser fontes de consulta, assim como os administradores da escola.

Algumas escolas oferecem ainda importantes atividades extracurriculares. Pode haver um grupo organizado de alunos que ensine sobre HIV e prevenção contra doenças transmitidas por via sexual, com base na ideia de que a educação dada pelos pares exerce um apelo mais irresistível e confiável para os jovens. Estudos mostram que esses programas podem ser eficazes, particularmente para os alunos-educadores. Bom motivo para seu filho se inscrever.

A perspectiva da proteção

Quando se trata de impedir a disseminação de DSTs e evitar a gravidez indesejada, o sexo pode mesmo ser muito mais seguro. Tendo lido até aqui, você já sabe como ajudar seu filho a lidar com essa tarefa. Assim, parece um bom momento para acrescentar mais uma coisa. Fazer parar a disseminação das DSTs, claro, é um objetivo indeclinável, mas isso não significa que o sexo precise ser eliminado. Sua filha pode, e deve, diminuir os riscos de gravidez indesejada ocasionados pelas relações sexuais, mas isso não quer dizer que o sexo não vá ser arriscado de outras maneiras. Afinal, a questão do sexo não diz respeito somente à segurança.

Prestar atenção à proteção sexual é uma abordagem prática de um aspecto que demanda espírito prático – uma arena em que cuidado, planejamento e previsão não são apenas benéficos, mas essenciais. Mas, do ponto de vista da sexualidade como um todo, a perspectiva da proteção iluminará apenas um aspecto do que seu filho adolescente está para descobrir.

Mesmo se protegendo de todos os germes e mantendo o esperma bem longe dos óvulos, a descoberta do sexo por seu filho ou sua filha, seja no primeiro encontro, seja na noite de núpcias, está fadada a ser desordenada, imperfeita e imprevisível. Com alguma sorte, será assim da próxima vez, da outra, e da outra depois dessa última. E com mais sorte ainda, essa será a parte divertida.

Capítulo 10

A INICIAÇÃO SEXUAL

Está acontecendo. Está acontecendo neste exato momento, enquanto você revisa aquele ansiado relatório de vendas do trimestre. Passando os olhos por um parágrafo, é tomada pelo vago pressentimento de que esqueceu o frango no congelador. Passa pela sua cabeça pedir à sua filha para descongelar o frango, mas ela está na aula de tênis. Então, você decide que vai comprar algo no caminho de casa. É mais rápido e prático.

Não, sua filha não está na aula de tênis.

Você sabia que é mais provável que a primeira vez de um adolescente seja durante o verão? Sabia que as meninas são mais sujeitas que os meninos a se apaixonar pelo primeiro parceiro sexual?

Ultimamente, sua filha anda muito interessada por um menino do tênis. Na semana anterior estava lhe contando como ele é legal e como tem falado de filosofia para ela. Pareceu triste por ele estar voltando para a faculdade no final do verão. Enquanto espera a impressão do relatório, você lembra que havia algo diferente no olhar dela quando o descreveu, algo que a faz pensar que eles podem estar fazendo sexo.

Você tinha razão.

Está acontecendo neste exato momento no quarto dele, pela primeira vez.

Você sabia que a primeira vez da maioria das garotas é com um garoto de um a três anos mais velho do que elas? E que os rapazes estão mais propensos a fazer sexo pela primeira vez com uma menina da sua idade ou mais nova?

Você sabia que sua filha estava planejando isso há cerca de um mês?

Você precisava saber? *Queria* saber?

Aí está você, no escritório, terminando algo importante, enquanto sua filha está com o namorado, começando algo importante para ela. Embora você não saiba o que está acontecendo, teve 17 anos para dizer tudo o que queria que ela soubesse e para ouvir cada pensamento que passasse pela cabeça dela. Ela está cursando o último ano do colégio e você já está se habituando ao fato de não saber tudo o que ela faz, como antes.

Você deveria? Poderia?

Como pode saber? É a primeira vez para ambas.

A primeira vez

"Jessie estava com 15 anos, e com um namorado já há um ano", explica Liz. "Eu desconfiava de que eles provavelmente estavam ficando íntimos de alguma forma. Teve um dia em que eu fui apanhá-la na casa dele, bati o olho e naquele instante fiquei sabendo. Eu perguntei: 'Você fez sexo com Chris hoje?' Ela ficou estarrecida. E perguntou: 'Como você sabe?'"

Como ela sabia?

"Não sei dizer. Foi o jeito como olhou para mim. Talvez o modo como evitou o meu olhar. Eu pura e simplesmente sabia."

Como ela se sentiu?

"Fiquei morta de medo!"

Se fosse sua filha perguntando, "como sabia?", duas horas depois de ter feito sexo pela primeira vez, como você se sentiria?

Talvez você não tenha qualquer problema com isso. Talvez ache que é ótimo ela ter tido essa experiência. Ou talvez apoie, em tese, a ideia de adolescentes fazerem sexo, mas há algo, quando é com sua filhinha, que sacode você.

Talvez você se oponha a toda e qualquer ideia de sexo antes do casamento ou da fase adulta e ficaria furiosa se isso acontecesse com sua filha. Ou talvez isso tenha acontecido com você, por isso, sabe como se sentiu.

Quando Candy estava com 16 anos, uma noite chegou em casa às 3 da manhã para encontrar sua mãe soltando fumaça. Quando Candy disse sim, ela fizera sexo, e não, ela não achava que a mãe tinha que se meter nisso, a mãe, possessa de raiva, pegou Candy pelos braços e a suspendeu em um momento de total perplexidade, para então largá-la em cima do sofá. Foi a única coisa que conseguiu fazer.

Alguns pais expulsam os filhos de casa, atordoados porque o filho repudiou de tal maneira seus valores. As perspectivas para esses garotos podem ser desfavoráveis. Alguns pais deixam o lar, não literalmente, mas retiram-se em uma espécie de silêncio ferido. Não conseguem colocar em palavras seus complexos sentimentos.

Marty conseguiu, pelo menos ao falar de sua filha Heather.

"Quando Heather estava saindo com um menino da escola – ela devia ter seus 15, 16 anos – fui informado pela minha esposa de que ela havia feito sexo com ele. Fiquei um pouco aborrecido no início, quis tapar os ouvidos e não ouvir mais nada."

Que sentimento seria esse exatamente?

"Perda da inocência como pai. Foi como se eu tivesse perdido alguma coisa; porque de súbito chegou a sexualidade adulta. Assistir ao desabrochar dela em uma jovem mulher e a consciência que parece vir atrelada a isso, você bloqueia e espera que ela tome decisões inteligentes, tenta protegê-la de escolhas demasiado adultas. E, de uma hora para outra, ela já fez. Se tivesse pensado a respeito, teria visto que era inevitável. Mas, para mim, tudo o que vejo é a perda de inocência."

Para Marty, isso não era tudo.

"Heather estava meio gordinha. Isso limitava suas oportunidades. Uma de minhas preocupações era a de que, estando acima do peso, ela teria menos chances de encontrar um amor e isso incluía o sexo. Quando fiquei sabendo, tive todos esses outros sentimentos, mas também uma pontada de alívio; afinal – e isso pode soar bizarro – pelo menos ela sabia o que era a inclusão sexual. De que ela compartilhara a si mesma. Foram sentimentos bem confusos."

Como foi para ela?

Você tem de imaginar, pois na verdade jamais saberá de fato, como foi para sua filha.

Em uma pesquisa em que se pedia a garotos e garotas para dar nota à sua primeira experiência de intercurso sexual, a maioria dos meninos disse ter sido "prazerosa", "legal", "demais". A maioria das meninas declarou algo como "médio", "frustrante" ou "um desastre". Esses resultados podem ser algo valioso para a garotada saber – principalmente para as meninas – antes de terem feito sexo. Na maioria das pesquisas, os rapazes descrevem sua primeira vez como uma experiência boa. As garotas se mostram desapontadas.

Isso pode ter algo a ver com o fato de que nesse encontro, desajeitado por excelência, acredita-se que os meninos estejam mais aptos do que as garotas a ter um orgasmo. É o caso também de que as garotas frequentemente dizem que decidiram fazer sexo motivadas pelo amor, enquanto os garotos afirmam terem feito por excitação – e a primeira vez acaba sendo mais a satisfação de um desejo de liberação do que amor. Dentre outras razões que os adolescentes dão para o sexo estão sentir-se pronto, perceber que a maioria dos jovens de sua idade já está fazendo, e estar alcoolizado.

É frequente as garotas dizerem que foram pressionadas pelo parceiro; os garotos relatam ter sido pressionados pelos colegas. De modo que, quando termina, as meninas podem sentir que abriram mão de alguma coisa, enquanto os meninos costumam sentir que ganharam algo. Mesmo a linguagem tradicional corrobora esse modo de ver: as garotas perdem a virgindade; os meninos dão sorte, "ganham a mina", na gíria da periferia.

Acontece que as garotas, e seus namorados na ocasião, costumam descrever a primeira experiência como prazerosa, sem sentimento de culpa, quando o sexo aconteceu no contexto de uma relação íntima.

Planejar também ajuda. As garotas que planejaram sua primeira experiência expressam menos arrependimento depois. E quando o casal se prepara com antecedência, está mais propenso a usar a contracepção. Ainda assim, embora os primeiros encontros sexuais o mais das vezes não sejam planejados, a maioria dos adolescentes usa, sim, alguma forma de contracepção. Um estudo de 1995 revelou que 70% dos adolescentes usaram preservativo na primeira relação sexual.

Carlo, 16 anos e apaixonado quando planejou sua primeira relação sexual com a namorada de um ano de relacionamento, diz o seguinte: "Não é fácil a primeira vez. Não tanto quanto as pessoas dizem, que é automaticamente prazeroso. Nas primeiras vezes é complicado".

Complicado física ou emocionalmente?

"Fisicamente."

Ou emocionalmente complicado

Sem dúvida, quando alguns adolescentes fazem sexo pela primeira vez, eles percebem, afinal, o motivo de tanto estardalhaço. Sua filha pode desejar não ter esperado tanto. Mesmo se ela chegar à conclusão de que não é tão louca pelo carinha, pode saber que gosta de sexo – que gosta mesmo de sexo. E com isso, está aberta a Caixa de Pandora. E se ela *for louca* por ele, definitivamente estará escancarada a Caixa de Pandora.

Ou as coisas podem não funcionar tão bem.

"Não é o risco de gravidez ou de contrair uma doença venérea que me dá medo, embora eu saiba que são fatores bastante importantes. O que temo é ela não estar emocionalmente pronta." Nelson está falando de sua filha de 17 anos. "Posso ensiná-la sobre preservativos. Mas não a lidar com suas emoções. Não sei se ela saberá se virar quando achar que está apaixonada por um garoto, apenas porque transaram. Pode ser que ele já esteja partindo para a próxima conquista."

E quanto ao filho de Nelson, que tem 15?

"Ele não me preocupa tanto. Não sei se com isso sou sexista, ou se o mundo que o é, ou se apenas meu filho e minha filha são diferentes. Mas não acho que ele fique emocionalmente vulnerável se transar só por sexo. Acho que será uma coisa mais física. Ele ficará feliz no banco de trás de um fusca ou em qualquer canto em que possa fazer sexo. Mas Katie provavelmente sonha com uma cama coalhada de pétalas de rosa e um menino sussurrando 'eu te amo' em seu ouvido. Eles são muito diferentes."

Talvez Nelson esteja certo acerca de duas coisas – Katie *pode* estar sonhando com pétalas de rosas e seus pensamentos podem estar se formando em torno de uma atitude que, por si só, já empresta sensações especiais à primeira experiência sexual de uma garota. Conforme discutimos acima, as garotas estão mais propensas do que os meninos a contar que se sentem decepcionadas após o primeiro encontro sexual, e elas falam de sexo de maneira mais romântica, mas isso pode ser, ao menos em parte, porque o mundo insiste em afirmar que garotas que fazem sexo são vadias – ou pior – e que, se transam, deve ser por amor e não por prazer. Talvez as primeiras experiências sexuais dos garotos sejam melhores, pois eles podem dar aquela rapidinha em um canto qualquer, como imagina Nelson, porque não terão de carregar toda essa carga romântica.

E pode ser também que as experiências de meninos e meninas sejam muito mais parecidas do que mostra a pesquisa; no entanto, espera-se que meninos digam que foi boa, enquanto as meninas sentem que devem expressar arrependimento.

Seja como for, está bem claro que a primeira vez pode deixar inseguros seu filho, sua filha. Adolescentes que acreditam que não deveriam ter feito, que cresceram com mensagens fortemente negativas sobre sexualidade, provavelmente vão se sentir pior. Essa espécie de culpa consumiu Lawrence, adolescente *gay* de uma família em que ser *gay* não é visto com bons olhos.

"Cheguei em casa e tomei um banho bem demorado. Eu me sentia sujo. Minha mãe havia feito o meu prato favorito para o jantar: bolo de carne. Lembro que jantei diante da TV, me sentindo um criminoso."

Para Lawrence e para a grande maioria dos adolescentes, embora jamais contem aos pais o que aconteceu, o que eles imaginam que seus pais iriam pensar se viessem a saber, tem um papel determinante na forma como reagirão à sua iniciação sexual secreta.

Mas mesmo adolescentes que pensam que seus pais ficariam felizes por eles, têm emoções conflitantes. Pode ter sido uma experiência realmente ruim, com o parceiro errado, na hora errada, no lugar errado ou por ter havido coerção.

E, como Carlo apontou, a primeira experiência sexual de seu filho pode ter sido fisicamente complicada.

Uma garota pode achar a penetração dolorosa (ver nossa discussão sobre o hímen. Para uma fonte abrangente sobre a dor e outros problemas sexuais das mulheres, recomendamos *For Women Only: A Revolutionary Guide to Overcoming Sexual Dysfunction and Reclaiming Your Sex Life* ("Só para mulheres: Um guia revolucionário para vencer a disfunção e recuperar sua vida sexual"; existe tradução para o espanhol, *Solo para mujeres*), da médica Jennifer Berman e sua irmã, Laura Berman, terapeuta sexual. Se doer muito, ela pode ficar com medo de tentar novamente. Um garoto que ainda está aprendendo o funcionamento do intercurso sexual pode perder a ereção, ou atingir o orgasmo muito rapidamente, ou nem chegar a ele. Se a parceira for compreensiva, pode não ser tão ruim; mas se rir dele ou fizer troça, pode se sentir humilhado.

Como era antes

Durante anos, ouvimos que você volta a ser virgem se não fizer sexo por seis meses. Sempre há uma prima de uma amiga de outra amiga, que teve seu hímen de volta. Caso você esteja em dúvida, não, ele não crescerá de volta.

Nossa sociedade confere tanto peso à perda da virgindade que fazer escolhas subsequentes pode parecer irrelevante. Se sua filha achar que tudo está atrelado à condição de ser virgem, o que acontecerá quando perder a virgindade? Ela achará que não tem mais motivos para se abster de sexo no futuro? Sentirá que sua sexualidade já não vale mais ser protegida?

Obviamente, o fato de sua filha não ser mais virgem não significa que ela não possa dizer "não" algumas vezes, fazer outras escolhas, optar por esperar o casamento para os próximos contatos sexuais ou o que quer que sinta ser certo para ela. Mas pode não ser tão óbvio para *ela,* que qualquer pessoa pode se abster de sexo, quer o tenha feito antes ou não.

Nada do que você faça pode apagar a ideia do primeiro intercurso como um rito de passagem, um momento decisivo na vida de sua filha. Mas você pode ajudá-la a perceber que este não é o único acontecimento importante. Ela terá todos os motivos para tomar sua própria decisão sempre que aparecer uma oportunidade para fazer sexo.

O hímen

Apesar de seu tamanho diminuto e da aparente falta de finalidade fisiológica, o hímen tem desempenhado papel bem proeminente na política sexual. O hímen, que remete a Himeneu, o deus grego dos casamentos, resume-se a um pequeno pedaço de tecido que circunda a borda da abertura vaginal. Mas muita gente cria o maior caso em relação a ele.

Da perda da virgindade se diz "romper o hímen", ou alguma expressão irreverente, pois existem muitas na linguagem popular. Na verdade, o pênis normalmente estica o hímen em vez de realmente rompê-lo, ainda que possa provocar um pequeno corte. O hímen pode ter esticado muito antes do intercurso e em algumas garotas o hímen é mais frouxo.

Exceto em circunstâncias muito atípicas, o tampão ou os exames ginecológicos não rompem o hímen. Aliás, mesmo o intercurso nem sempre o rompe.

Se o hímen de sua filha ainda não esticou, sua primeira experiência de intercurso pode ser dolorida à medida que o pênis o estira. Talvez haja sangramento. Não acontece com todas as mulheres, mas é uma possibilidade real. Advirta sua filha a respeito. Se ela estiver planejando o intercurso com antecedência, algumas semanas antes pode usar o dedo para esticar o hímen, inserindo-o e girando-o, para alargar a abertura. (Às vezes o hímen é estreito demais tanto para o dedo esticá-lo como para o pênis atravessá-lo. Nesse caso, o médico ajudará nessa operação.) Ela também deve pedir ao parceiro para entrar lenta e suavemente – mais uma razão para fazer sexo com alguém que conheça bem e em quem confie.

Depois da primeira vez, também pode haver dor motivada por outras causas: por exemplo, a vagina não estar devidamente lubrificada. Os meninos costumam estar tão ávidos que as preliminares não duram mais do que o tempo necessário para dizer "eu vou gozar!" – tempo insuficiente para que a garota se lubrifique. Sua filha pode adquirir lubrificantes na farmácia, ou ensinar ao parceiro as delícias de fazer amor lentamente e com mais sedução. Se a dor persistir, um médico deverá ser consultado.

O que fazem os adolescentes

Como já dissemos, adolescentes estão fazendo sexo. Saber o que outros jovens da mesma idade de seu filho fazem ajudará na perspectiva da vida sexual dele. Aqui vai um resumo.

Mencionamos no Capítulo 8 o recente decréscimo no percentual de jovens que se iniciam sexualmente. Mas, tão logo comecem, parecem fazê-lo com maior frequência.

Em 1999, metade dos alunos do primeiro ano do curso superior relatou ter tido intercurso vaginal. Pouco menos de um em cada dez alunos disseram ter começado antes dos 13 e, quando estavam na primeira série do segundo grau, quase 40% haviam feito sexo. No final do curso, eram quase dois terços. Assim, se seu filho vier a fazer sexo antes de se formar no segundo grau, ele se enquadra entre da maioria. Se fizer durante o ensino fundamental, estará numa pequena, porém significativa minoria.

Alguns adolescentes fazem sexo uma vez e o deixam por algum tempo, pois não é algo tão à disposição como se imagina. E, mesmo quando o sexo *está* prontamente disponível, alguns decidem que, uma vez satisfeita sua curiosidade, vão esperar "a garota certa" ou "o garoto certo". Ou simplesmente preferem esperar até ficarem mais velhos.

Para a maioria dos jovens, porém, a primeira vez é logo seguida por outra e mais outra vez depois dessa. Entre os alunos do ensino médio que tiveram o intercurso, quase três quartos tiveram relações nos últimos três meses. Podem não fazer sexo todas as noites, nem todas as semanas, mas tampouco ele é raro. Digamos que eles tentaram, gostaram e não estão dispostos a abrir mão dele.

E são muitos os que não estão fazendo sexo com um único parceiro. Um terço dos alunos do ensino médio que tiveram relações sexuais se relacionou com quatro ou mais pessoas diferentes. Isso vale para qualquer ano em que se encontram, o que torna evidente a tendência a não parar mais.

O sexo adolescente não se resume ao intercurso sexual. Vai muito além. Por exemplo: um estudo nacional descobriu, em 1995, que cerca de 50% dos homens não casados de 15 a 19 anos haviam sido masturbados por uma mulher; 50% receberam felação de uma mulher; quase 40% haviam feito cunilíngua; pouco mais de 50% tiveram intercurso vaginal; e cerca de um em dez havia tido intercurso anal com uma mulher. No geral, cerca de dois terços se envolveram em pelo menos uma dessas atividades.

A atividade sexual com parceiros do mesmo sexo raramente é explorada em estudos nacionais, mas a pesquisa a que nos referimos, com adolescentes do sexo masculino, foi uma exceção. Revelou que 5,5% haviam tido alguma espécie de atividade sexual com outra pessoa do sexo masculino. O que o estudo não diz é quantos se consideram *gays*, bissexuais ou heterossexuais. A pesquisa que solicitou uma retrospectiva de homens *gays* adultos revelou que muitos não haviam se envolvido em atividades sexuais com outros homens durante o ensino médio, ou porque ainda não tinham "saído do armário" – ou seja, assumido sua homossexualidade (para si ou para os outros) –, ou porque não sabiam como procurar parceiros interessados.

Quanto à ingestão de substâncias, 25% dos alunos do ensino médio recorreu a álcool e a drogas na última vez que haviam tido intercurso sexual, o que dá margem a sérias preocupações sobre se teriam usado corretamente os dispositivos de proteção.

Portadores de deficiência ou de doença crônica

Quando o assunto é sexo, jovens com deficiências e doenças crônicas são, acima de tudo, crianças – têm curiosidade a respeito do sexo, querem explorá-lo e sonham em se apaixonar.

Os poucos estudos sobre o assunto revelaram uma pequena diferença entre as atividades sexuais de adolescentes cronicamente doentes e de outros jovens. Isso é particularmente verdadeiro quando os primeiros têm uma puberdade razoavelmente característica e quando sua doença não os impede de entabular relações sociais regulares com seus pares.

Mas sua experiência em relação à sexualidade de seu filho pode bem ser ofuscada por essa condição. Para alguns pais de jovens deficientes, o sexo é a última coisa a lhes passar pela cabeça. Alguns não percebem os sinais do afloramento da sexualidade no filho. E alguns não querem perceber.

"Eu acho que nunca falei de questões de sexo com ela", diz Spencer sobre a filha, uma jovem de 20 e poucos anos com retardo mental moderado. "Ela parecia tão ingênua. Eu não me preocupava com a possibilidade de ela ficar grávida, até porque nunca ficava sozinha com ninguém. Algo poderia ter acontecido na escola, mas ela nunca se separava dos colegas de classe. Já hoje eu me preocupo. Ela mora sozinha em um apartamento e trabalha em um grande escritório de advocacia, entregando as correspondências. Não achávamos que ela pudesse ser independente, e isso me deixa feliz, mas tenho medo de que alguém possa fazer alguma coisa. Talvez fosse bom, contanto que não fosse uma coisa forçada, mas eu não sei se ela ia querer. Eu não sei o que ela sabe."

O filho de Bob está terminando o ensino médio. Sua perna direita foi amputada acima do joelho quando, na infância, ele caiu de uma janela do terceiro andar. "Falava para ele tudo o que havia dito para o meu filho mais velho. Sempre quis passar a ele a ideia de que poderia fazer o que bem entendesse. Uma vez, perguntei se ele se preocupava com a perna e em como as garotas reagiriam; isso foi antes de saber que ele era *gay*. Ele respondeu que sim. Conversamos como aquilo podia fazer com que algumas garotas se interessassem, apenas por curiosidade, enquanto outras poderiam se afastar, por medo. Foi há alguns anos. Ele está saindo com um garoto nos últimos meses. Não estou muito preocupado com a questão da perna, porque ele também parece não estar."

Mas talvez não seja tão simples para todos os jovens, sobretudo se tiverem uma doença ou deficiência mais grave. Podem ser fisicamente incapazes de explorar seus próprios corpos. Se não tiverem privacidade, não conseguirão fazer muita coisa sexual ou romântica, sozinhos ou não. Podem ficar isolados de outros jovens e perder oportunidades sociais. Podem não ser capazes de ir comprar preservativos. Jovens estéreis podem achar que não precisam se preocupar com contracepção, mas ainda assim estarão sujeitos a DSTs.

Por mais que você queira simplificar a vida de um filho deficiente, tabulando as questões sexuais, tenha em mente que a sexualidade dele um dia chegará, convidada ou não, e ainda bem, porque lhe proporcionará realização e satisfação. Peça conselhos para médicos e professores. Se for um problema para o qual existam grupos de apoio ou salas de bate-papo abertas para os pais, levante ali a questão. Depois, converse com seu filho.

Filhos e filhas deficientes ou doentes precisam das quatro lições deste livro. Devem aprender sobre corpos, sexo, puberdade, contracepção e tudo o mais. Sim, sua filha pode se machucar como qualquer garota, talvez até mais. Mas também pode amar e ser amada, acariciada e desejada.

Como descrevemos no Capítulo 9, a última vez que alunos do ensino médio tiveram intercurso sexual nos três meses passados, 57% usaram preservativo e 17%, a pílula. A década de 90 assistiu ao aumento no uso de camisinhas e ao concomitante decréscimo no uso do contraceptivo oral – sob a perspectiva da saúde, isso é uma bênção. Esses hábitos de contracepção adolescente traduzem-se cada ano em cerca de 3 milhões de casos de DST, cerca de um quarto de todas as novas infecções por HIV e aproximadamente 1 milhão de casos de gravidez – três quartos delas indesejadas e cerca de um terço terminando em aborto terapêutico).

"Ficar"

Katie: Pra mim, ficar é beijar.
Loren: Pra mim, é como se fosse... sei lá. Não sei o que eu penso. Geralmente é uma coisa que você acha que é meio sem sentimento. Eu jamais diria para a Isabella: "Você já ficou com seu namorado?".
Isabela: Eu acho que pra cada um é diferente.

**Katie, Loren e Isabela, amigas,
15 anos, definindo "Ficar"**

Detalhes sobre o que os adolescentes estão fazendo sexualmente estão fadados ao obscurecimento se seu filho lhe disser algo do tipo, sim, claro que ele já ficou com uma ou duas garotas. Você pode se perguntar, mas o que significa isso?

Sua própria incerteza é uma das principais razões do termo "ficar" ser vago. Ele funciona para os adolescentes de hoje do jeito que "dormir com" funcionava para sua geração. Ninguém sabia exatamente o que havia acontecido, mas davam um jeito de dar asas à imaginação.

Quando adolescentes mais novos falam em ficar, é mais provável que estejam falando apenas em dar uns amassos, ao contrário dos adolescentes mais velhos, que podem bem estar se referindo ao intercurso (ou: "Quero que meus amigos pensem que transamos, embora não tenha acontecido"). "Ficar" pode também sugerir sexo oral para adolescentes de todas as idades.

Mas existe um sentido que vem à tona sempre que falamos com os jovens sobre o que eles consideram "ficar". É "casual".

"Não foi nada sério. Só ficamos. Não quer dizer nada", explica Cindy, do segundo ano do curso médio. Vocês querem se envolver mais? "Não, por quê? Não é nada disso."

Quer estejam falando de beijar ou do intercurso sexual, os adolescentes consideram o "ficar" uma espécie de acontecimento sem laços, de uma noite, só que o lance provavelmente aconteceu durante o dia, atrás da quadra de esportes da escola, na sala de estar em casa, quando você não estava, ou em uma festa. Uma espécie de rapidinha júnior, sem compromisso ou obrigação, sem necessidade de mandar rosas ou ligar no dia seguinte.

Na verdade, o sentido de ficar é bem esclarecido por outra famosa expressão vaga, também usada pelos jovens: sair.

Pornografia

Caso um dia você ache embaixo da cama do seu filho uma revista pornográfica bem manuseada em vez da peça de roupa que estava procurando para lavar, vai ter no que pensar. É errado ele ler pornografia aos 17, 14 ou 12 anos? É nocivo? Você deveria desaprovar?

Uma série de entendidos no assunto fará fila para lhe responder essas questões. Alguns dirão que os adolescentes que recorrem à pornografia se tornam casuais ou calejados para o sexo, pois desenvolvem atitudes chauvinistas para com as mulheres ou passam a vê-las como objetos, além de alimentar falsas expectativas quanto à aparência e à maneira de se portar delas. Outros dirão que ver pornografia não tem qualquer efeito negativo sobre jovens de qualquer idade.

Infelizmente, as pesquisas disponíveis não solucionaram esse debate. Assim, você que terá de decidir sobre o acesso de seu filho à pornografia. Eis aqui algumas ideias que podem ser de grande valia.

Primeiro, seu filho não é um caso à parte. A maioria dos adolescentes, antes de terminar o ensino médio, terá visto uma revista ou um vídeo pornográfico (para não falar nos sítios da internet...).

A pornografia parece vir ao encontro de certas necessidades, abrindo uma porta para a satisfação de experiências sexuais no caso de adolescentes extremamente inibidos ou isolados. Embora a pornografia seja condenada sob diferentes alegações, alguns jovens dizem encontrar nela uma ferramenta para a manutenção da abstinência, uma companhia fiel quando é difícil se conter e nem mesmo duchas de água fria conseguem aliviar o "calor". E, ao contrário da coisa real, a excitação da pornografia não traz riscos de DST, gravidez ou dor de cotovelo.

Para o bem ou para o mal, a pornografia irá fornecer educação prática, nua e crua, sobre a mecânica do sexo. Mas revistas pornográficas não devem ser a única fonte de informação sobre a interação entre os sexos. Você deve ajudar a colocar a aula sobre pornografia em contexto, compartilhando sua perspectiva com o adolescente. Diga-lhe que sabe que ele tem acesso a pornografia (não é preciso embaraçá-lo, revelando o que você viu debaixo da cama dele) e comente com ele aquelas representações de homens e mulheres, aproveitando para falar da sexualidade dele. Comente o que você acha distorcido (por exemplo, que a maioria das mulheres não tem peitos daquele tamanho o mesmo é válido para os pênis da maioria dos homens).

Se existe algo indubitavelmente positivo no contato com a pornografia pelo adolescente, seria uma discussão como essa, na qual você envolveria o raciocínio moral do seu filho, fazendo-o contemplar a questão sexual e dizer a ele o que pensa a respeito.

Ressaltamos, porém, que existe pornografia e PORNOGRAFIA. Há mulheres e homens nus em diversas posições; e também mulheres sendo humilhadas e mesmo agredidas por homens. Não sabemos se este segundo tipo de pornografia incentiva algum homem a abusar de mulheres. Mas, mesmo pais que, *a priori*, não têm problemas com pornografia, podem encontrar algumas versões que excedam os limites de sua tolerância.

Alguns pais não querem que seus filhos adquiram pornografia, por não quererem apoiar o que consideram uma indústria de exploração.

Se você realmente quer causar impressão e minimizar o papel da pornografia na educação sexual de seu filho, ponha-o o em contato com outro ponto de vista sobre o prazer sexual. Um bom manual de sexo proporcionará a seu filho algo das trepidantes fantasias que está procurando, além das informações pertinentes do tipo "como fazer", sempre úteis no contexto da sexualidade e dos relacionamentos saudáveis. Ideias sobre posições sexuais serão combinadas com lembretes importantes sobre responsabilidade e contracepção, dados que não serão encontrados na pornografia. O livro *The*

> *Complete Idiot's Guide to Amazing Sex* ["Guia completo do sexo incrível para o idiota"], de Sari Locker, informativo e bem adequado para adolescentes, é um ótimo guia para iniciantes.

Caras mais velhos, garotas mais jovens

> *Eu estava em um cruzeiro com a minha mãe e conheci um cara, Perry, e ele era demais. Ele tinha uns 23 anos. Foi muito legal, porque ele conversava comigo e se interessava pelo que eu dizia, ao contrário do que acontece quando estou com os rapazes da minha idade. São tão imaturos. Perry era um cara sensível. Quis ir mais fundo. Decidi que aquela seria a semana da loucura e dei a entender que estava disponível.*
>
> **Cindy, 16 anos**

Quando adolescentes se envolvem com parceiros muito mais velhos, nem sempre é ruim. Algumas dessas experiências são recordadas como maravilhosamente românticas, e não há como negar que alguns desses casais acabam tendo relações longas e felizes. Mas a ideia nos deixa um tanto desconfortáveis e desconfiamos de que possa exercer em você um efeito parecido.

Aqui estamos falando de garotas mais novas com caras mais velhos, que é o mais comum. Em um estudo americano em nível nacional, de cada quatro garotas de 15 a 19 anos, uma disse que seu parceiro sexual mais recente foi um homem pelo menos quatro anos mais velho. O mesmo se aplica a um em cada 20 garotos.

Parceiros mais velhos podem ser atraentes por ter dinheiro, carro, *status*. As garotas podem achar que gostam de interagir com homens mais maduros do que com meninos de sua idade. E pode ser mais difícil evitar seus avanços. Eles podem saber melhor como seduzir uma garota nova e fazê-la sentir-se especial.

Por que a preocupação? Porque uma garota novinha será menos experiente do que o parceiro, e possivelmente terá menos controle do que teria com alguém da mesma faixa etária. O sexo pode vir mais rápido do que ela pretendia. Sabe-se que, como resultado provável dessa dinâmica, garotas adolescentes com parceiros pelo menos seis anos mais velhos estão mais propensas a engravidar do que meninas que se relacionam com garotos da sua idade.

Quando Josie tinha 15 anos, um rapaz de 22 a convidou para sair. "Foi demais. Ele tinha uma barba cheia, eu o achei muito, muito bonito. Ele tinha carro e me levou a um restaurante bacana. Eu era virgem e, embora tenha agido com maturidade, não sabia o que estava fazendo." Depois, ele a levou para casa. "Estávamos dando um beijo de boa-noite na varanda e eu só conseguia pensar no que ia acontecer se meu pai abrisse a porta. Aquela imagem me fez ver que não devia ficar saindo com aquele cara."

Como ela se sentiria se a filha de 13 anos saísse com um cara mais velho? "Não acharia bom. Mas a situação é totalmente diferente, porque nós conversamos sobre isso, coisa que eu nunca fiz com meus pais. E qualquer garoto ou garota com quem ela sair, eu convido para entrar um pouco." Alguns tópicos para conversar com sua adolescente caidinha de paixão, no Capítulo 7.

Fazer em casa?

Outro dia estávamos conversando sobre o que nossos filhos adolescentes fazem depois da aula, se eles estão "ficando", e uma das mães soltou algo como "não me importo que façam, contanto que não seja na minha casa". Fiquei abismada. Ora, se vão fazer alguma coisa, prefiro que seja dentro de casa.

Shelley, sobre as filhas de 15 e 14 anos

Se vão transar, não vou facilitar a vida de ninguém deixando que façam isso aqui, e, para dizer a verdade, eu nem quero saber.

June, sobre o filho de 17 anos e a namorada

Se você conseguiu estabelecer um diálogo aberto com seu filho sobre a vida sexual dele, logo você poderá enfrentar um tema de certa forma inquietante: "Podemos fazer aqui?" Obviamente, se ele está para fazer sexo, irá fazê-lo em algum lugar e a casa que mora parece um lugar melhor do que um motel qualquer [No Brasil, o Estatuto da Criança e do Adolescente (ECA) proíbe hotéis, motéis e estabelecimentos congêneres de hospedar crianças (até 12 anos) e adolescentes (12 a 18 anos) salvo se autorizados ou acompanhados dos pais ou responsáveis]. Ainda assim, alguns pais não parecem inteiramente preparados para essa possibilidade.

O que você deve fazer?

Bem, o que torna essa questão tão difícil costuma ser o fato de que, mesmo que seu filho tenha sua aceitação (de má vontade, talvez) quanto à vida sexual dele, você pode não estar pronto para endossar o namoro com todo o coração. Convidar os dois para que tenham uma noite íntima em casa, enquanto você fica imaginando o que está acontecendo?! Com isso, talvez você esteja se obrigando a aceitar o amor deles muito mais do que gostaria.

Também pode significar estar mais perto da sexualidade do seu filho do que você gostaria de estar.

E há a questão da irmãzinha dele.

Quando o filho de Inga, Anders, veio do internato para casa nas férias de verão, ele trouxe a namorada. "Na época, ele tinha 18 anos. Já não era mais criança. Ficou tácito que eles dormiriam no mesmo quarto. Foi o que fizeram."

Inga ficou de olho nas reações da filha de 15 anos, Suzanne.

"Um dia, Suzanne me ligou no trabalho e disse: 'Anders e Claudia tomaram banho juntos. Levei um susto!'"

Inga continua: "Veja, Suzanne é uma garota muito direta, assim, quando ela disse que fora um susto, tomamos a frase literalmente. Acho que aquilo que estava acontecendo a excitava. Tanto que pedimos a Anders que maneirasse nas manifestações públicas de afeto. Também disse a ele que, quando estávamos assistindo juntos à televisão, não era apropriado que os dois sumissem por três horas. Pelo menos, eu não faria aquilo com o pai deles".

"Não sou puritana", explica Inga. "Acho que os jovens podem fazer sexo. Mas, quando Suzanne disse que estava muito na cara, entendi que aquilo estava fora de controle."

Se seu filho sexualmente ativo não está fazendo sexo em casa, ele dará um jeito de fazer em outro lugar. Mas onde? Encontrará refúgio em algum lugar semipúblico onde poderia ter problemas? Será mais difícil vestir a camisinha estando no carro da namorada? Terá então uma razão para não usar o preservativo? Parece-nos, embora não tenhamos informações de nenhuma pesquisa sobre o assunto, que será maior a probabilidade do seu filho adolescente usar o preservativo se ele estiver em um ambiente seguro e controlado, um lugar em que tenha pelo menos um mínimo de tempo para arrumar as coisas para a ocasião e numa atmosfera sem subterfúgios.

E veja só: talvez *isso* venha a ser um incentivo para limpar o quarto dele!

Certos pais que vêm o incentivo para que os filhos tragam sua vida sexual para dentro de casa como uma excelente ferramenta de monitoramento, nem esperam que eles peçam.

"Acho que aniquilei qualquer vontade de rebelião ao decretar: 'se vai transar, que seja no seu quarto'", diz Sandy, mãe de uma garota de 16 anos. "Prefiro que façam aqui. Se transarem dentro de casa, eu saberei onde estão. Ele não abusará dela. Se ela disser 'não', será mais difícil forçar alguma coisa. Acho que ela deve ter feito alguma coisa apenas uma ou duas vezes, mas com minha permissão, acabou-se o segredo."

Sandy baseou sua decisão não só em questões de segurança, mas na importância que ela viu em manter a honestidade dentro de casa. "Não queria ela saindo de fininho para fazer coisas pelas minhas costas. É tão fácil isso que você continua fazendo e acaba solapando a relação com os pais."

Se deixar que façam sexo em casa, se verá ajudando-os mais do que esperava.

Tomemos o caso de Alaíde, que tem uma filha de 17, Cécily. Ambas achavam que a primeira experiência sexual de Cécily com o namorado seria mais confortável se acontecesse no quarto dela. Cécily e o namorado marcaram um encontro, ao que Alaíde concordou (ela estaria em casa naquela noite), e o plano foi posto em ação. Na manhã seguinte, um toque suave na porta do quarto de Alaíde.

"Cécily entrou, deitou na minha cama e disse, 'mãe, a camisinha estourou'."

Definitivamente, seus avós não educaram os filhos desse modo.

Como quando era criancinha

Aqui, a questão para você e sua filha adolescente se resume ao seu envolvimento nas idas e vindas de sua vida sexual, que está parecendo mais adulta e merece privacidade, mas que, sejamos honestos, ainda é bem inexperiente.

Talvez você dê palpites quando ela estiver desesperada, período em que provavelmente estará mais receptiva à sua ajuda – e também quando você achar que está duro demais para ficar apenas observando.

Poucas coisas são mais dolorosas do que ver um filho sofrer. "Se eu pudesse, eu a colocava numa bolha e nem a deixaria ter esses namoricos", é o tipo de coisa que já cansamos de ouvir. Sua filha irradia alegria quando começa a sair com ele. É difícil ficar imune à empolgação. Três semanas depois eles terminam, e vê-la arrasada, olhos imóveis postados sobre a torrada com geleia, é de partir o coração. "Não sei o que fazer", preocupa-se um pai. "Não sei como ajudá-la. Nem me importa saber quem fez isso. É sempre ruim."

"O namorado terminou com ela e de repente o Príncipe Encantado vira o Ogro. Impliquei com ele desde o começo", diz Payel sobre o ex de sua filha de 15 anos, e não duvidamos disso. "Procurei ajudá-la a ver o que eu via. Fiz perguntas: 'Ele já namorou antes? Que aconteceu nessas relações? Sobre o que vocês dois conversam?' Não adiantou nada. E agora eu é que tenho de juntar os pedaços."

Bem, há um trabalho preventivo que você pode fazer. Como discutimos no Capítulo 7, não cabe a você escolher quem a filha vai namorar. Mas pode amaciar o terreno, reduzindo as expectativas. Se ela começa sempre achando que ele é O CARA, vai desabar sempre que a coisa não funcionar. É claro, pode ficar entusiasmada, mas oriente sua filha a sair com ele tendo em mente que talvez ele não seja *o* cara. Ela pode ouvir você ou estar tão apaixonada que será preciso esperar até depois da queda.

E quando acontecer, você pode entrar em ação de um modo como só um pai ou uma mãe, que a acompanha desde criancinha, pode ser. Para dar seu apoio, você não precisa falar muito. Um abraço caloroso e um beijo fazem maravilhas. Lembre a ela o quanto ela é fantástica. É impressionante como pode ser útil numa hora dessas uma garotinha ter um papai e uma mamãe que a adoram.

Alguns adolescentes não vão querer voltar para o ninho após uma decepção amorosa. Reagem a um rompimento como um adulto estóico. Também esse adolescente mordido você pode mimar, desde que não espere que ele chore em seu ombro – ou ao menos que não o faça de pronto. Lembra daqueles dias especiais juntos, só vocês dois? Se ele estiver disposto, uma tarde no shopping, uma caminhada, alguns arremessos de basquete ou chutes a gol, poderão ajudar os pais a chegar mais perto desses tipos silenciosos.

Mais perto, mais perto...

Talvez você se envolva mais. Talvez evite falar em todos os detalhes da vida sexual do seu filho, mas consiga ter uma conversa íntima e franca sobre o amor.

"Mantemos nosso foco em relacionamentos", diz Keenan sobre o filho de 17 anos. "Conto para ele histórias do passado. Falo como escolhi sua mãe, ou melhor, como fiz para que ela me escolhesse. Não me incomoda o fato de ele se divertir, mas não há nada mais importante para mim do que ele sossegar e arranjar uma mulher que o faça realmente feliz. Não sei se ele já entende a diferença, mas estamos trabalhando nisso."

Talvez seu filho, como o de Keenan, se abra com você sobre o que está acontecendo entre ele e a namorada. Mas e quanto ao sexo propriamente dito, a parte *sexual* do sexo? Prazer e aquela conversa do tipo "você já tentou desse jeito?". E se sua filha vem até você, assim como a de Grace, e diz: "Mãe, estou tentando, mas o Wes fala que eu não sei fazer direito. Como se faz sexo oral?".

Que tal essa?

Ponto G?

Levei anos para aprender a dar prazer a uma mulher. Por que desperdiçamos tanto tempo? Ninguém ensina essas coisas. Onde estava meu irmão mais velho? Ou meu pai? Por que não ensinamos isso a nossos filhos?
Ed, pai de Bradley, de 10 anos

Você ensinou aos seus filhos as regras do futebol, como chutar uma bola e o que é um gol de placa. Ensinaria a fazer sexo? Onde tocar? Como dar prazer à parceira? E se você não ensinar, quem o fará? Os jovens de nossos dias parecem adquirir seu conhecimento através de uma combinação entre boato e fantasia, pornografia e manuais de sexo, parceiros mais experientes, métodos de tentativa e erro, e um pouco de bravata. Eles aprendem direito? Você aprendeu?

Vejamos como Meryl, mãe de Sunset, de 15 anos, explica seu ponto de vista. "Eu acho que sou atípica. Anos atrás, quando eu era pouco mais velha do que a minha filha é hoje, ensinei minha mãe sobre orgasmos." Sério? Como foi? "Foi inesperado. Minha mãe percebeu, de repente, que não sabia do que eu estava falando. Lembro de olhá-la dentro do olho e de perguntar como ela sentia o sexo. Ela só conseguiu dizer que se sentia próxima de meu pai."

Isso inspirou Meryl a tomar uma atitude. "Disse-lhe como ela deveria chegar ao orgasmo, para que ela soubesse como é. Não tinha ideia do que estava perdendo. E funcionou – na verdade ela ensinou meu pai a lhe proporcionar um orgasmo."

Meryl está determinada a fazer com que sua filha não perca nada. "Decidi que não daria chance para o azar com Sunset, e ensinei a ela sobre seu corpo e sobre como sentir prazer. Procurei ter certeza de que ela sabe que precisa ter prazer, e se o cara não estiver interessado nisso, tchau pra ele."

Ed fez para seu filho Bradley um voto semelhante. "Vou ensinar ao meu filho sobre os aspectos práticos do sexo. Não quero que ele aprenda de amigos que nem sabem o que estão dizendo. Essa é uma parte importante da vida. Quero que ele saiba por mim."

Charles tinha um plano para deixar isso mais fácil para o filho de 14 anos. "Comecei contando a ele uma história minha e sobre como fui tolo, quando estive com uma garota em um baile de formatura, e não sabia como transar. Foi um pouco embaraçoso, eu não sabia como botar lá dentro, só estava me empurrando contra ela, e não estava acontecendo nada. Ela se limitou a dizer 'esqueça'. Então ele falou: 'Bom, então eu não preciso mais me sentir o maior idiota do mundo. O troféu já é seu'. Depois disso, ele não teve medo de me fazer perguntas, e me fez uma porção de perguntas excelentes."

Se os filhos de Meryl, Ed e Charles gostarem de ouvi-los sobre sexo e suas técnicas, sorte deles. Suas conversas podem ser tão específicas quanto quiserem Mas nem todo mundo acha que, quando a vida sexual de um filho se torna uma realidade, abraçar sua vida privada, por mais inapto que seja o modo de fazê-lo, seja uma boa ideia. Os pais de Harry, ao que tudo indica, estão nessa categoria.

"Fiz com que soubessem de tudo", diz Harry, 16 anos. "Eu me sinto muito à vontade com meus pais. Mais com minha mãe do que com meu pai. Ela sempre pergunta se tem alguma coisa que eu precise conversar. Gosto de conversar com ela sobre sexo."

Sobre o que conversam?

"A gente fala em não ser um amante egoísta. É legal, porque ela parece bem aberta a respeito. Contei quando eu estava pensando em fazer sexo pela primeira vez. Ela se disse agradecida por eu contar e que não queria saber mais detalhes. Não conversamos mais sobre o assunto desde que eu comecei."

Harry e sua mãe não são exceções. A situação deles é a razão pela qual no Capítulo 2 incentivamos a ensinar seu filho sobre os prazeres do sexo antes que ele comece a fazê-lo com outros. Porque uma vez que ele realmente embarcar em uma carreira sexual com parceiros, com toda certeza você achará que esses prazeres precisam ser mantidos no âmbito privado, da mesma forma que você pode pensar que é importante manter detalhes de sua vida sexual longe dele.

Mas e quanto à incerteza de Ed e a vida da mãe de Meryl sem orgasmos?

Para esses imbróglios mais atípicos da relação entre pais e filhos, seria providencial uma visita a um dos gurus mais aclamados que conhecemos: Dr. Spock.

Em seu clássico *Baby and Child Care* [em português, *Meu filho, meu tesouro*], o pediatra descreveu um jogo de beisebol entre pai e filho. Dizia que os pais não deviam se concentrar tanto na técnica com a bola. "Sentir-se aprovado por seu pai", escreveu, "ajuda mais do que ser treinado por ele".

Consideremos essa analogia. Para um garoto jogar beisebol muito bem, ele precisará conhecer um mundo de capacidades técnicas. Sua mãe ou seu pai poderiam ensiná-lo, bem como qualquer treinador.

Mas quem melhor do que seus pais para lhe ensinar que é importante ele não se machucar? Que é bom, até emocionante, arriscar uma jogada? Que ele não precisa ter vergonha se for substituído? São lições proporcionadas por uma boa atitude de pai ou mãe, e ensinadas sem qualquer referência a pontos técnicos do jogo.

E se essas lições são ensinadas, não é provável que o menino, se tiver chance de jogar, tome decisões próprias e em última instância entenda como se faz?

A mãe de Meryl teria entendido sobre orgasmos se a própria mãe dela tivesse explicado como chegar a ele. Sem dúvida. Mas existe uma boa probabilidade de que ela o teria descoberto de qualquer maneira se sua mãe lhe tivesse informado que é divertido explorar o próprio corpo, que a satisfação sexual é parte da vida e que as mulheres merecem saber sobre as coisas do sexo tanto quanto os homens.

Se ela tivesse tido um ensinamento básico sobre o valor dessas coisas, ela teria tido seus orgasmos.

Você decide

Tudo isso é para dizer que, se falar com seu adolescente sexualmente ativo sobre técnicas sexuais é demais para você ou mais do que ele queria saber ou ainda se é um assunto que ambos encarem de maneira natural, fique à vontade para seguir seus instintos. Respeite os limites do outro e ensine o que for possível para você. Mas não deixe de passar a mensagem básica de que o corpo de seu filho e seus prazeres são bons.

Eva e o filho descobriram um diálogo que funcionou para eles. "Eu não dei a ele aquela coisa lance a lance. Acho que muito disso você aprende pela descoberta e exploração, e eu não ia querer roubar-lhe isso. O que eu ensinei é que há muito a ser descoberto. E que não só seus genitais são sexuais, mas que partes de seu corpo, que ele nunca associou ao sexo, também podem ser bem sensuais, com a pessoa certa. Disse-lhe para ser ousado, tentar coisas, dar-se oportunidades de estar aberto a experimentar o prazer."

Não importa o que vai ensinar ao seu filho, é claro que ele aprenderá o máximo na prática. Você pode dar a ele ideias específicas sobre o que é bom de sentir, como dar prazer a uma parceira, e até mesmo que técnicas tentar. Você pode lhe dar conselhos mais gerais, como incentivá-lo a explorar o que ele gosta e depois pedir por aquilo, ou informá-lo de que o sexo raramente corre tão nos trilhos como nos filmes. Pode dizer ao seu filho para ser sempre sensível e carinhoso com a parceira, ou perguntar a ela o que quer, e estar atento para o prazer dela tanto quanto para o seu próprio.

Mas tenha em mente que nem todo mundo está buscando esse tipo de sexo. Talvez calor e aconchego não excitem sua filha, quem sabe ela quer mais é encontrar alguém que goste de sexo mais "animal" como ela gosta. No dia que isso acontecer, ela vai se perguntar: "Por que meus pais não me ensinaram isso?".

Mas também, ela poderá sentir a satisfação de ter descoberto, sozinha, algo maravilhoso.

Você conseguiu

Mesmo após concebê-la, carregá-la nove meses dentro de mim, dar à luz e criá-la, mesmo após cuidar dela e falar com ela por quase 20 anos, eu diria que não a conheço. Ela veio equipada com seu próprio Eu*, que é diferente do meu, e de certa forma está completamente fora de meu campo de experiência.*
Jane Smiley, "*Mothers Should*"
New York Times Magazine

Parabéns. Você conseguiu. Conseguiu passar pela fase das fraldas, torcendo para que ela parasse de se esfregar antes que a vovó entrasse no quarto. Conseguiu passar por aquela noite quando ela entrou no quarto de vocês e, como a luz estava apagada, você pôde mandá-la voltar para o quarto dela sem precisar se desvencilhar do seu marido... E conseguiu passar por situações como "Mãe, cadê meu pênis?" e "Como a sementinha do papai foi parar dentro de você?" e "Por que não posso mais tomar banho com ele?".

Você saltou os obstáculos desde o "Por que não posso casar com você?" até o "Por que seus peitos são tão pequenos?" O estirão de crescimento, o tampão, a paixonite, o rompimento do namoro, as camisinhas, as dietas... e você nunca, jamais fez piada alguma sobre o cabelo do namorado dela. Pelo menos, não que ela soubesse. Você tem aconselhado, se preocupado e confortado há muito tempo. Talvez até dado um empurrão, sendo conivente e, em raras ocasiões, intervindo. Mas onde tudo isso levou você?

Até aqui, voltando de carro para casa com um relatório de vendas inacabado e um pacote com hambúrgueres e fritas no banco de trás – uma executiva de meia-idade pronta para jantar em casa com a filha, que chegou uma hora antes depois de fazer sexo seguro com o namorado, tal qual você ensinou, e que já não pode mais ser chamada de criança, pois é adulta.

Vamos avançar alguns anos. Ela se formou na faculdade e se mudou para um apartamento que encontrou sozinha, embora tenha pedido a você para ajudá-la a arrumá-lo. Ela teve um namorado nos últimos dois anos do curso, mas eles terminaram recentemente. Ela meio que explicou, mas você ainda não entende por quê. Ela parece já ter superado. E tem seu primeiro emprego. Ultimamente, parece mais do que nunca ter se tornado a pessoa que estava destinada a ser. Mais explicitamente, mais enfaticamente: ela mesma.

E agora? Onde exatamente você se encaixa na vida dela?

Ora, é claro que ela ainda precisa de muita ajuda.

Acredite ou não, para ela se tornar adulta, é preciso um pouco mais do que desenvolver uma vida romântica e sexual madura. Mas, mesmo no campo sexual, ainda há espaço para você continuar com os lembretes sobre decisões e proteção e consolar quando as coisas não dão certo e dar algum conselho sobre amor quando elas vão bem.

Ainda assim, sua posição está mudando e continuará a mudar. Quando uma filha começa a adentrar a fase adulta, as necessidades que ela tem de você já não são como antes. Você sente que estão cada vez mais parecidas, mas jamais serão iguais. Na verdade, você pode sentir que as diferenças nunca foram tão pronunciadas, pois agora elas já não se baseiam meramente na diferença de idade, mas no fato de que, como adultas, vocês são tipos de pessoas diferentes. Como observou Jane Smiley, ao escrever sobre a filha de 20 anos, ela é "outro ser que não eu". Ela ter chegado a esse estágio em seu desenvolvimento sexual deixou isso bastante claro.

Desde que ela nasceu, a sexualidade de sua filha foi um sinal robusto de vida. Hoje, como ontem, é um sinal de que ela está construindo uma vida que vai durar além da sua, que pode ultrapassar os limites de sua imaginação, porque ela fará a vida dela. Sim, ela chegou até aqui tendo sido um bebê que passava os dias dormindo, comendo e chorando, e que dependia completamente de você. Ela já não é mais sua nesse sentido.

Ah, é. Você ainda tem que ajudá-la a arrumar o apartamento novo. E talvez, enquanto ajuda a pendurar as cortinas, ela lhe fale sobre o rompimento, e você vai lhe dar algumas palavras de consolo. Alguns meses depois, talvez você conheça um novo namorado dela. Quem sabe até ela lhe pergunte o que você acha dele.

E pense nisto: algum dia, talvez em futuro não muito distante, ela pode ter seus próprios filhos. E, quando acontecer, e se acontecer, bem, vocês duas *realmente* terão o que conversar.

PARTE III

RISCOS

Capítulo 11

DOENÇAS SEXUALMENTE TRANSMISSÍVEIS

Você viu que tinha alguma coisa errada quando sua filha entrou. Ela evitou seu olhar, deu uma resposta monossilábica e desapareceu escada acima. Você acha melhor ver o que aconteceu. Bate na porta. Nenhuma resposta.

"Posso entrar?"

"Se quiser..."

Ela folheia uma revista.

"O que está lendo de bom?", você pergunta, pois nunca sabe o que fazer para que ela comece a conversar.

Ela chora.

O namorado contou que está com gonorreia.

Você (a) não sabia que ela estava fazendo sexo com ele; (b) não consegue acreditar que ela não usou camisinha; (c) fica furiosa, mas sem saber exatamente com quem; (d) não lembra o que se faz contra a gonorreia; e (e) tem quatro novas razões para não saber o que dizer.

Senta na cama e abraça sua filha e diz a única coisa que lhe vem à mente.

"Que droga!"

Também nós odiamos DSTs.

Se um dia você já se encontrou nessa posição, o material presente neste capítulo e no Anexo, sobre doenças específicas, pode lhe parecer familiar.

E se nunca passou por isso, continue lendo. Não precisa saber todos os detalhes sobre cada DST e como são tratadas. Mas pode querer se familiarizar com seu modo de disseminação, com o modo de prevenção e com os tipos de sintomas que valem uma ida ao médico.

Você precisa mesmo se preocupar com a possibilidade de um filho contrair uma delas? Ou exagera a conversa sobre DSTs para assustar os filhos, evitando que façam sexo?

A resposta é *sim* – para ambas as perguntas.

Por um lado, porque raras vezes falamos abertamente sobre as DSTs, nossa tendência é não pensar em seus riscos tanto quanto deveríamos. As DSTs apresentam níveis epidêmicos entre adolescentes dos Estados Unidos, mas não são discutidas com frequência. E há o HIV, que já foi causa de histeria, e hoje, com novos tratamentos, é visto com certa complacência entre adolescentes e, por vezes, entre seus pais. Parecemos ir de um extremo a outro, talvez porque só conseguimos sustentar níveis tão altos de tensão por pouco tempo.

Com tudo o que você lê e ouve, é difícil saber o que pensar sobre HIV e outras DSTs. Some-se a isso o fato de que estamos falando sobre a saúde de um filho, e em alguns casos de sua vida, e é incrível que se possa realmente entender isso tudo.

Vamos tentar explicar.

Seu filho pode pegar?

Onde a gente morava antes, certamente eu teria pensado nisso. Nem pensei que tivesse de me preocupar com uma coisa dessas aqui.
Cassandra, mãe de uma garota de 16 anos com herpes

As DSTs são especialmente comuns entre adolescentes. De acordo com estimativas do governo americano, a cada ano, 1 em cada 4 adolescentes sexualmente ativos contrai uma DST, e cerca de 2/3 de todas as DSTs são diagnosticadas entre pessoas com menos de 25 anos.

Eis aqui as estatísticas para apenas duas dentre muitas DSTs. Em 1998, cerca de 200 mil casos de clamidíase foram notificados entre adolescentes dos 15 aos 19 anos nos Estados Unidos, mas, uma vez que muitos desses casos não chegam a ser diagnosticados, e menos ainda notificados, acredita-se que adolescentes em número bem maior contraiam a clamidíase a cada ano. Não se conta com uma profusão de dados de quantas pessoas, nos EUA, se infectam com o papiloma vírus (HPV), mas estima-se que existam 5,5 milhões de novos casos a cada ano (incluindo adultos). O notável é que 75% de pessoas entre 15 e 49 anos provavelmente foram contagiadas em algum momento de suas vidas e 15% delas desenvolvem a doença.

As estatísticas são dramáticas e algumas DSTs podem ser terríveis. Mas, se você é como tantos pais e mães que conhecemos, pode estar se perguntando: o que estatísticas nacionais, dos Estados Unidos, têm a ver com meu filho? Ele precisa se precaver contra alguma doença?

Bem, é verdade que as DSTs afetam mais alguns grupos do que outros. Elas discriminam com base no sexo – ou, mais sucintamente, preferem as mulheres. Em primeiro lugar por questões biológicas, como explicaremos depois, é mais fácil para uma mulher contrair a maioria das DSTs de um homem infectado. É mais difícil os sintomas se manifestarem nas mulheres e isso impossibilita um diagnóstico correto. Por essa razão, demoram a iniciar os tratamentos e têm complicações mais sérias. Há também diferenças regionais na prevalência de certas doenças e também entre vários grupos raciais e étnicos.

Mas o risco de seu filho, sua filha depende muito do tipo de atividade sexual que ele desenvolve e a frequência dos intercursos, se seus parceiros estão infectados e que medidas ele toma para diminuir os riscos.

Modos de transmissão

As DSTs compreendem um grupo muito diverso de organismos, incluindo vírus, bactérias e seres microscópicos. O único traço comum entre eles é o modo de disseminação: o contato sexual.

Veja que, como discutimos no Capítulo 8, o contato sexual não inclui somente o intercurso vaginal, por isso até as virgens podem contrair uma DST. O sexo oral não transmite doenças com tanta facilidade como os intercursos vaginal e anal, mas mesmo assim, é um modo de contrair doenças como clamidíase, gonorreia, herpes e HIV. O beijo pode transmitir algumas, como a herpes, assim como o simples toque pode passar HPV, chato e sarna. Na verdade, é possível pegar algumas dessas doenças sem nenhum contato sexual. A hepatite B e o HIV podem ser transmitidos por agulhas compartilhadas. Mas, quanto aos assentos de banheiro e maçanetas, fique tranquilo no que diz respeito às DSTs (o resfriado comum é outra questão), pois alguma forma de contato íntimo entre duas pessoas é necessária (geralmente por seus fluidos corporais, mas algumas podem passar pelo contato da pele).

Uma DST abre portas para outras. Pessoas que têm uma DST causadora de feridas (como herpes e sífilis) ou irritação (como a tricomoníase) são mais facilmente infectadas por outras DSTs, como o HIV, que precisa encontrar uma via de acesso para o corpo.

Por que adolescentes contraem tantas DSTs?

Por diversas razões. A primeira e mais importante: os adolescentes têm intercurso sexual e nem sempre usam preservativo. E, como suas relações não duram muito, contaminam novos parceiros antes que surjam os primeiros sintomas da doença. Parceiros múltiplos, sequenciais ou simultâneos, criam muito mais oportunidades de contrair uma doença e transmiti-la a outros.

Muitos adolescentes bebem e usam drogas, prejudicando seu discernimento em cenários sociais que conduzem a situações de risco sexual mais elevado.

E são biologicamente mais suscetíveis de contrair DSTs. A superfície interna da cérvice de sua filha adolescente ainda está em maturação. As células não são tão resistentes como serão quando ela chegar à fase adulta, por isso bactérias e vírus podem facilmente infectá-la.

A maioria dos adolescentes com uma DST nunca apresenta sintomas, de modo que eles não procuram tratamento. Quando sintomáticos, preferem ignorar quaisquer sintomas à exceção dos mais insuportáveis, esperando que desapareçam espontaneamente. A maior probabilidade de que tomem os devidos cuidados é se puderem ir a um médico ou uma clínica de confiança. Quanto mais esperarem, maiores serão os estragos causados pela DST, e maior a oportunidade de transmiti-la a outrem.

Qual é exatamente a gravidade?

Cada doença tem implicações amplamente diferentes para a saúde do seu filho. Chatos, por exemplo, incomodam, mas em última instância são triviais. Muitas DSTs, no entanto, são sérias. A clamidíase e a gonorreia podem se transformar em doença inflamatória pélvica (PID, na sigla em inglês), que não só causa dor, como também deixa cicatrizes passíveis de provocar a infertilidade na mulher ou o risco de gravidez ectópica, ou aborto espontâneo. Raramente provocam esterilidade em meninos, mas certamente causam muita dor.

Muitas DSTs (como a sífilis, por exemplo) podem prejudicar um feto e causar anormalidades ou prematuridade.

O clã virótico tem as piores consequências. A herpes, embora menos letal do que outros vírus, provoca bolhas dolorosas que podem voltar no decorrer da vida, mas novos remédios estão ajudando a controlar seus sintomas. Embora a maioria das pessoas se recupere da hepatite B, ela pode ser rapidamente fatal ou causar câncer no fígado anos depois. O HPV costuma ser um problema menor, mas em certo percentual de casos pode levar ao câncer cervical.

E temos o HIV. Entre os homens, ele é responsável por mais mortes do que qualquer outra DST, mas entre as mulheres o câncer cervical (geralmente em decorrência do HPV) causa a maioria das mortes.

Temor do HIV

Qual o tamanho da preocupação que se deve ter com o HIV? É uma pergunta difícil, porque ao considerar o risco do HIV você está multiplicando a ínfima probabilidade de seu filho vir a se infectar pelo enorme impacto de uma infecção.

Não há fórmula mágica para calcular o risco. A maioria dos adolescentes não entrará em contato com o HIV, ainda que faça muito sexo desprotegido; mas acontecerá com alguns, e é difícil saber quem serão eles.

Se seu filho está fazendo sexo com meninos, é provável que ele corra um risco maior. Se sua filha está fazendo sexo com um garoto usuário de drogas injetáveis, também o risco dela será maior. Se você vive em uma comunidade com alto índice de infecção pelo HIV, seus filhos sexualmente ativos estarão correndo risco. Em uma cidade como Nova York, epicentro da epidemia, seu filho terá maiores riscos de infecção do que em uma comunidade menos afetada pelo vírus. Mas isso não significa que jovens em cidades pequenas estejam totalmente livres de riscos.

Precauções contra o HIV são semelhantes a precauções contra a clamidíase, a gonorreia e muitas outras doenças. Portanto, se o temor do HIV inspira jovens (ou outros) a serem mais cuidadosos, os benefícios se acumulam numa redução significativa da disseminação de muitas outras doenças. Do ponto de vista da saúde pública, não importa o que motiva as pessoas a reduzir seu risco, desde que o reduzam.

Mas há também o risco de se concentrar em demasia no HIV. Preocupa-nos o HIV ser a única razão arrolada para medidas de redução de risco sexual. Em um ambiente em que os jovens não vêm seus amigos adoecerem (adolescentes com HIV com frequência são diagnosticados muito tempo depois), eles podem não acreditar na importância dos esforços de redução de riscos. Achamos melhor ensinar a seus filhos os diversos motivos para a redução de risco, inclusive outras DSTs e a gravidez indesejada, em vez de ficar só na dependência do HIV para motivá-los a fazer as escolhas mais saudáveis.

O que você pode fazer?

Na linha de frente da prevenção, discorremos sobre quase tudo o que você pode fazer para reduzir os riscos de seu filho contrair uma DST no Capítulo 2 (monitoramento, proximidade, atitude negociadora e comunicação), no Capítulo 8 (ensinar sobre abstinência e formas menos arriscadas de ganhar intimidade) e no Capítulo 9 (ensinamento sobre preservativos). A única outra estratégia é ter a certeza de que seu filho tomou a série de vacinas contra a hepatite B (recebida pela maioria dos bebês hoje em dia).

Mas existe algo mais que você precisa levar em conta. Você não quer evitar apenas que um filho pegue uma DST; quer também evitar as consequências negativas caso ele seja infectado.

Gene foi pego de surpresa quando Carl, seu filho de 17 anos, quis conversar sobre um assunto, mas parecia nervoso. Carl disse que estava com uma erupção de pele em volta dos genitais, mas que ficaria bom. Gene não entendeu o motivo da preocupação de Carl. "Ele parecia estar levando aquilo muito a sério. Fiquei pensando: 'Por que ele está tão preocupado com uma coceira ali?' Foi então que ele me contou." Carl tinha pensado que era herpes. Ele achou um médico do serviço público na lista telefônica e tomou um ônibus. O médico lhe garantiu que não era herpes, mostrou-lhe uma foto de como era na verdade uma herpes (parecia bem diferente) e prescreveu uma pomada.

"Fiquei sem saber como reagir. Estava orgulhoso dele pela iniciativa de saber aonde ir. Mas eu me senti mal por ele ter passado por aquilo sem a minha ajuda. Fiquei pensando por que ele não veio a mim em primeiro lugar." Gene pediu a Carl que lhe contasse da próxima vez que estivesse preocupado com alguma coisa.

Por que Carl não procurou diretamente o pai? "Não sei. Acho que fiquei sem jeito. Eu sabia que ele não ia ficar bravo, mas ele tem um olhar de desapontamento que é pior."

A principal defesa de seu filho contra algumas das piores consequências de DSTs é ir a um médico tão logo se infecte. O desafio é fazer isso acontecer. Eis aqui algumas sugestões.

Em primeiro lugar, já que contar abertamente aos pais pode ser um obstáculo ao tratamento, tente estabelecer um modo de seu filho ir ao médico sem que você fique sabendo. O truque está em garantir que ele tenha acesso a um médico, enfermeira ou a uma clínica, e que possa ir até lá e pagar sem envolver você.

Em segundo lugar, seu filho será obviamente a primeira pessoa a perceber quaisquer sintomas caso tenha uma DST (se ele tiver a sorte de ter sintomas). Dê-lhe as informações básicas sobre os sintomas das DSTs de modo que ele saiba como reagir. Dor nos genitais, por exemplo, e um eventual corrimento, terão de ser examinados. O mesmo vale para protuberâncias atípicas. De modo semelhante, dor pélvica ou sangramento vaginal anormal – para as garotas, claro – ou (em caso de prática de sexo anal) sintomas anais. Ela pode ser acometida de coceira ou deparar com manchas na calcinha, por causa de um corrimento. Os sintomas comuns de DSTs serão arrolados no quadro a seguir.

Em terceiro lugar, seu filho deve saber que se ele descobrir que uma parceira ou parceiro sexual, atual ou não, tem uma DST, ele deverá ser examinado por um médico, o quanto antes.

Finalmente, como a maioria dos adolescentes com DSTs nunca apresenta qualquer sintoma, estabeleça um padrão de exames de rotina para seu filho.

Razões para ir ao médico: Sintomas de DST

1. Nenhum sintoma, mas fez sexo com alguém que, como veio a descobrir, está infectado.
2. Nenhum sintoma, mas tem estado sexualmente ativo e seu *check-up* anual ou semestral está atrasado.
3. Dor ou coceira nos genitais, ou em volta deles.
4. Queimação ou dor ao urinar, ou ter de urinar mais vezes do que o normal.
5. Corrimento da vagina ou do pênis – pode ser branco ou amarelo, aguado ou denso.
6. Inchaço nos genitais.
7. Erupção nos genitais ou em volta deles – saliências, bolhas, verrugas, inflamações, vermelhidão. Pode ter sintomas semelhantes em torno da boca ou do ânus se tiver feito sexo oral ou anal. Pode apresentar inflamação na garganta sem outros sintomas de resfriado.
8. Sangramento vaginal atípico (inclusive sangramento durante o sexo).
9. Qualquer sangramento do pênis.
10. Dor pélvica.

Fazer exames

Adolescentes sexualmente ativos devem fazer exames regulares para detecção de DSTs pelo menos anualmente, mas, dada a disseminação epidêmica de doenças não raro assintomáticas, como a clamidíase (até 85% dos casos em garotas são assintomáticos), seria melhor a cada seis meses.

Você e seu filho podem discutir exames de rotina com o médico. Ele pode também dizer a você quais exames são cobertos pelo seguro e, se não o forem, quanto custarão. Postos de saúde podem fornecer alguns exames gratuitamente.

Exames ginecológicos são uma boa oportunidade para sua filha fazer testes para várias DSTs. O Papanicolau realizado durante exames ginecológicos pode detectar infecções por HPV. Na verdade, exames programados regularmente podem acusar a maioria das DSTs mais frequentes que sua filha ou seu filho podem contrair, inclusive a clamidíase, a gonorreia e o HIV.

Quando o diagnóstico é positivo

Para muitas infecções, será prescrita alguma medicação. Algumas doenças podem ser curadas com uma dose única, mas outras requerem uma semana ou mais. Mesmo se os sintomas do seu filho desaparecerem antes do fim do remédio, ele deve cumprir o prazo prescrito. É sério. Lembre-o: essas doenças são insidiosas. Os sintomas desaparecem, mas o micro-organismo continua ativo. Se o médico marcar retorno para verificar se ele está curado da DST, seu filho deve seguir essa recomendação.

Enquanto está em tratamento, ele precisará se abster de contato sexual que transmita a infecção. A parceira ou o parceiro também precisa de tratamento, para evitar disseminação ainda maior.

Se a doença não for curável, há coisas que seu filho pode fazer para limitar o impacto, como tomar remédios que a mantenham sob controle. Deve também aprender a evitar a transmissão para outras pessoas. Pode precisar de terapia para lidar com os efeitos de ter uma infecção assustadora, não só o HIV, mas também hepatite crônica ou herpes. Grupos de apoio da internet podem ajudar. Se a infecção for séria, os pais talvez também precisem de terapia de apoio.

Sem querer cair no óbvio, se houver uma chance de ensinar alguma coisa, o momento é esse. Seu filho ou filha precisa de conselhos sobre como evitar as DSTs. Precisa pensar concretamente sobre o motivo por isso ter acontecido e como evitar igual situação no futuro. De repente, sua filha jura que não deixará isso acontecer de novo e alega firme intenção de manter essa decisão. Mas, com o passar do tempo, se for como os outros jovens, ela esquecerá. Refrescar sua memória de vez em quando sobre as DSTs não é má ideia.

É claro, essa é apenas parte da sua reação ao diagnóstico do seu filho, da qual o grosso deve ser o apoio, simples e incondicional.

Proteger os outros

Além de tomar cuidado de si mesmo, seu adolescente, se estiver infectado, deve garantir que informará sobre sua infecção a quaisquer outros parceiros que ele possa ter infectado, e também a quaisquer parceiros que poderiam tê-lo infectado. Eles deverão ser examinados por um médico. Seus parceiros devem ser tratados mesmo que eles não acusem sintomas ou tenham exames laboratoriais positivos. O importante é não correr o risco. O médico vai lhe dizer até que período passado é necessário levar em conta, para notificar parceiros sexuais anteriores.

DST em crianças?
Quando um filho pré-púbere tem uma DST, é necessário considerar a hipótese de abuso sexual. Algumas DSTs, como clamidíase, gonorreia e sífilis, podem ser transmitidas pela mãe no nascimento, mas, se adquiridas após o período neonatal, essas infecções são quase sempre evidências de contato sexual. Outras DSTs que podem aparecer nos pré-púberes, inclusive o HPV, não são necessariamente transmitidas pela via sexual.

Proteger os outros também envolve proteger um feto ou um bebê recém-nascido. Algumas DSTs podem ser transmitidas da mãe para o feto ou para a criança durante o nascimento ou na amamentação.

Para doenças curáveis, como gonorreia e sífilis, tratar sua filha protegerá o futuro bebê. Para doenças que não têm cura, como a Aids, ela pode tomar os medicamentos durante a gravidez e ministrá-los ao bebê após o nascimento, para reduzir as chances de ele adquirir o vírus. Em algumas circunstâncias, os médicos recomendarão uma cesariana para evitar que o bebê contraia a doença. Falaremos sobre cuidados pré-natais no Capítulo 12.

Uma doença é uma doença é uma doença

"Viu só? Jeniffer está com uma infecção por estreptococos na garganta. Eu sempre soube que isso podia acontecer com ela. Ela toma ônibus, vai à mercearia, chega a usar banheiros públicos! Não diga a ninguém que eu lhe contei, mas ouvi dizer que ela bebeu no copo de outra pessoa. Escreveu não leu..."

"Que pena! Um menino tão bonito. E bem simpático também. Todo mundo queria apertar sua mão. Não sabia dizer 'não'. Se você aperta a mão de um garoto numa festa, está apertando a mão de todo mundo que ele cumprimentou antes. E agora está com diarreia. Para a reputação dele, é o fim."

É provável que uma DST cause constrangimento em seu filho. Em você também. Existe um estigma que costuma vir com as DSTs. Talvez seja um resquício da vergonha endêmica da sexualidade. Sua filha sente que recebeu um veredicto da natureza: fazer aquilo *era* sujo. Ela pode pensar que isso reflete falhas em sua capacidade de julgamento ao selecionar um parceiro sexual (como se ela pudesse saber...). Talvez ache que teve o que merecia por violar as regras do sexo seguro. Ou sentir vergonha porque isso indica que ela tem genitália. E tem impulso sexual!

E os pais podem ser forçados a enfrentar esses estigmas.

"Nunca pensei que um dia fosse contar a ela. Nem pensava nisso. Simplesmente aconteceu", diz Emma, mãe de Chrissie, 16 anos. "Chrissie estava rindo de uma colega de classe que estava com herpes. Não havia nenhum indício de simpatia em sua voz. Eu tinha de dizer alguma coisa."

Cerca de uma semana depois, Emma disse a Chrissie que queria lhe contar uma história. "Eu estava nervosa. Era como se eu estivesse dando minha cara para bater e me expondo ao ridículo." Emma pegou herpes quando tinha 20 e poucos anos. Seu marido sabia, mas ela não havia contado a mais ninguém. "Esperei uma semana para ela não perceber que eu tinha ouvido o comentário dela naquele dia. Me abri quando estávamos falando sobre o uso da camisinha. Quis instilar nela um pouco de humanidade. Isso tornou as coisas reais para ela."

E para que você, pai, você, mãe, não sejam pegos de surpresa, saibam que em alguns círculos adolescentes o estigma definitivamente não é um problema quando oriundo de certas infecções. Uma DST pode ser um emblema de honra: prova de que o jovem fez sexo. Uma razão a mais para incluir as DSTs no seu programa de iniciação de seus filhos nos mistérios (e doenças) do sexo.

Anexo

DSTs, SINTOMAS E TRATAMENTOS

Aqui, vamos expor as principais doenças sexualmente transmissíveis (DSTs), seus sintomas, diagnóstico e tratamento. Também discutiremos a prevenção.

Obviamente, a total abstinência de atividade sexual compartilhada é o meio mais eficaz de evitar a transmissão sexual de todas as DSTs. Igualmente, impossível espalhar esse tipo de doença se a pessoa se engajar em atividade sexual com apenas um parceiro quando nenhum dos dois apresenta alguma DST no início do relacionamento. Em quaisquer outras situações, será possível reduzir (mas não eliminar) as chances de a pessoa contrair ou disseminar uma infecção.

Aqui listaremos cada uma dessas doenças.

Preservativos de látex são o meio por excelência para reduzir a transmissão das DSTs durante a atividade sexual. Embora sua eficácia não tenha sido demonstrada de maneira conclusiva para cada uma das DSTs, estudos com pessoas que usam preservativos, bem como estudos laboratoriais, têm mostrado eficiência comprovada contra algumas doenças (especialmente o HIV). Assim, recomendamos seu uso também contra essas doenças. Preservativos de plástico e camisinha feminina são eficazes contra a maioria das DSTs, mas ainda há pesquisas em curso. Camisinhas de pele de animal não são recomendadas para a prevenção de doenças, uma vez que bactérias e vírus conseguem atravessar suas paredes. Para mais detalhes, ver o Anexo do capítulo anterior. Evidentemente, os preservativos só protegem contra a transmissão de DSTs que envolvam o pênis, mas muitas delas são transmitidas por outras vias, como a vagina e a boca.

Métodos de diagnóstico e tratamento estão em contínuo aperfeiçoamento. Portanto, consulte os médicos do seu filho e da sua filha para informações mais abrangentes e atualizadas. Nos Estados Unidos, a página dos Centros de Controle e Prevenção de Doenças (www.cdc.gov) é o endereço certo para obter dados atuais. [No Brasil, boa fonte de informação é o sítio do Ministério da Saúde dedicado ao Programa Nacional de DST e Aids, www.aids.gov.br.]

Candidíase vulvovaginal

A candidíase é provocada por um lêvedo (também chamado fungo). A rigor, não se trata de DST, pois geralmente não é transmitida por intercurso sexual, mas os sintomas são tão similares aos causados por uma DST que o descreveremos aqui.

Sintomas: A candidíase causa corrimento vaginal e coceira, bem como queimação, irritação e dor durante o intercurso vaginal. Algumas mulheres apresentarão corrimento semelhante a um queijo *cottage*, colando-se nas paredes da vagina.

Diagnóstico: O diagnóstico é feito com exames laboratoriais do fluido vaginal ou por exame em microscópio.
Tratamento: O tratamento inclui medicação antifúngica aplicada na vagina. O remédio geralmente é à base de óleo e, sendo assim, não deve ser usado com contraceptivos de látex.
Contatos: Parceiros sexuais não costumam demandar tratamento.
Epidemiologia: Estima-se que três quartos das mulheres contrairão candidíase vulvovaginal em algum momento da vida.

Clamidíase

A clamidíase, provocada por um tipo de bactéria, é a principal causa evitável de infertilidade e gravidez ectópica.

Sintomas: Nem as mulheres nem os homens apresentam sintomas perceptíveis da infecção.

As mulheres desenvolvem corrimento da cérvice (cervicite mucopurulenta), mas este costuma parecer com o fluido vaginal normal. Também é possível ocorrer sangramento vaginal após o intercurso. Como a clamidíase não provoca dor (pelo menos não como consequência direta), a maioria das mulheres infectadas não tem ideia de ter contraído uma DST. Nesse meio tempo, a doença estará atuando de maneira insidiosa no sistema reprodutor e sendo transmitida aos parceiros sexuais.

Os homens não têm sintomas aparentes, de modo que podem transmitir a doença durante bom tempo sem o saber. A infecção por clamídia provoca neles uretrite gonocócica (sigla em inglês, NGU), que resulta em micções frequentes ou dolorosas e em corrimento da uretra, que se assemelha a muco claro ou pus branco. Ela é mais perceptível sob a forma de manchas na roupa íntima. Embora a clamidíase seja a causa mais comum de uretrite gonocócica, outras doenças, inclusive herpes e tricomoníase, provocam sintomas semelhantes. O médico de seu filho ajudará a descobrir qual infecção está causando os sintomas.

É possível que a clamidíase apareça também em outras áreas do corpo, como o reto, onde a infecção causa inflamação (com dor, coceira ou corrimento), mas acontece também de maneira sub-reptícia.
Complicações: Nos homens, provoca estreitamento da uretra, o tubo pelo qual passam a urina e o sêmen. Eles também podem contrair epididimite, uma infecção do órgão em que o esperma é armazenado, próximo a cada testículo no escroto. Os sintomas incluem dor e sensibilidade perto do testículo e, às vezes, febre. Nas mulheres, é causa possível de doença inflamatória pélvica (DIP), que resulta em infertilidade e é descrita mais adiante.

Diagnóstico: A clamidíase é diagnosticada pelo exame de urina. Uma alternativa é usar uma haste com algodão, como um cotonete comprido, que é inserida na abertura da cérvice da mulher ou na uretra do homem. O mesmo método se utiliza para verificação de clamidíase retal.

Uma vez que a clamidíase não costuma apresentar sintomas, os adolescentes com atividade sexual são advertidos para que façam exame anual para clamidíase. (Se seu filho tiver múltiplos parceiros, exames mais frequentes – talvez a cada seis meses – são recomendados.)

Tratamento: Antibióticos são o tratamento-padrão. Muitas pessoas com clamidíase apresentam também gonorreia; portanto, o médico geralmente fará o exame também para essa doença.

Contatos: Parceiros sexuais devem ser informados de que talvez estejam infectados e devem fazer exame, ainda que não apresentem sintomas. Não está claro até quanto tempo se deve remontar, mas muitos médicos recomendam que parceiros de quatro a seis meses antes do início dos sintomas devam ser contatados (ou, se não houver sintomas, de quatro a seis meses antes do tempo do diagnóstico). Não havendo parceiros durante esses meses, entrar em contato com o parceiro mais recente. Até o tratamento estar concluído (para pessoas que recebem somente uma dose de antibiótico, isso significa sete dias depois, já que a ativação demanda tempo), pessoas infectadas ainda são transmissoras da doença. Mulheres grávidas passam clamidíase ao bebê pelo nascimento, com possibilidade de infecção ocular ou de pneumonia.

Como é o caso para a maioria das DSTs, mulheres e homens transmitem a clamidíase sem apresentar sintomas.

Prevenção: Quando usados adequadamente, preservativos de látex reduzem as chances de contrair e transmitir clamidíase.

Epidemiologia: Estimativas oscilam de 3 milhões a 8 milhões de novos casos de clamidíase por ano nos Estados Unidos. É relatada como quatro vezes mais frequente em mulheres do que em homens, e a diferença entre os sexos é ainda maior nos adolescentes.

Escabiose ou sarna

A escabiose, mais conhecida como sarna, é causada por ácaros, espécie de insetos minúsculos que grudam na pele e causam coceira.

Sintomas: É uma afecção cutânea que assume a forma de pequenas saliências vermelhas, por vezes em uma linha surpreendentemente reta e com frequência um arranhão aberto, resultante de intensa coceira. A saliência se localiza em vários lugares do corpo, onde houve contato com pessoa infectada ou onde o ácaro se espalhou. A primeira vez que alguém se infecta com escabiose leva de algumas semanas a um mês para desenvolver os sintomas, mas infecções futuras produzem sintomas em apenas 24 horas. A pessoa infectada transmite a doença antes de aparecer o sintoma. A escabiose também se espalha por contato não sexual e por meio de roupas e lençóis.

Diagnóstico: O diagnóstico é feito examinando-se a aparência da erupção, ou descamando um pouco da área afetada para exame ao microscópio.

Tratamento: O tratamento é feito com loção ou creme que se passa e deixa no corpo de 8 a 24 horas. O procedimento com roupas e lençóis é o mesmo aplicável aos piolhos pubianos. A coceira persiste durante várias semanas. Alguns médicos recomendarão outro tratamento dentro de uma semana, se a coceira continuar, enquanto outros o recomendarão somente em certas circunstâncias.

Contatos: Parceiros sexuais do mês anterior e contatos domésticos travados no mesmo período devem ser submetidos a tratamento.

Gonorreia

A gonorreia é causada por um tipo de bactéria e, assim como a clamidíase, pode provocar problemas sérios.

Sintomas: A maioria dos homens não apresenta sintomas, porém, se eles estiverem para se manifestar, geralmente o farão no período de três a cinco dias a contar da exposição. Sintomas em homens incluem micções mais frequentes do que o normal e dor ao urinar. Podem incluir corrimento da uretra semelhante ao pus (que se costuma chamar "gota"). Nas mulheres, os sintomas são ainda menos identificáveis. Quando ocorrem, geralmente começam na primeira semana após a exposição e podem incluir dor ao urinar, corrimento vaginal, menstruação anormal, dor durante o intercurso vaginal. Elas desenvolvem cervicite mucopurulenta, já descrita na seção clamidíase. Tanto homens como mulheres podem desenvolver gonorreia no ânus (havendo então corrimento, queimação, dor e coceira) ou na garganta (parecendo uma inflamação comum) – ou ser totalmente assintomáticos.

Complicações: Homens podem ter epididimite ou estreitamento uretral, descritos na seção da clamidíase, capazes de provocar infertilidade. Contudo, os homens geralmente apresentam sintomas antes das complicações, razão pela qual costumam buscar tratamento e ser curados antes que algum dano se torne permanente. Já as mulheres não apresentam sintomas tão sérios até que as complicações já tenham provocado danos consideráveis. Cerca de 40% das mulheres com infecções cervicais não tratadas contrairão doença inflamatória pélvica (DIP) – como se verá mais adiante neste Anexo. Através da corrente sanguínea, a gonorreia também se espalha para juntas, fígado, coração e cérebro, mas essas disseminações são raras nos EUA.

Diagnóstico: O médico coleta amostra do corrimento ou da urina ou faz cultura em uma área específica, como a garganta, para então dar o diagnóstico.

Tratamento: O tratamento-padrão é feito por antibióticos. Cepas de bactérias estão começando a se desenvolver e são resistentes a antibióticos regulares, demandando antibióticos altamente potencializados. Quando a gonorreia se espalha pela corrente sanguínea, o tratamento fica mais complicado e geralmente requer hospitalização. Até que o tratamento esteja finalizado, pessoas infectadas devem considerar-se transmissoras da doença. Mais de um quarto das pessoas com gonorreia também têm clamidíase; portanto, os exames e tratamentos propostos pelo médico incluirão a clamidíase.

Contatos: É mais fácil para as mulheres contrair gonorreia de homens do que o inverso. A maioria das que fazem sexo com homens infectados se infectam. Recomenda-se que os parceiros sexuais que a mulher teve durante os dois meses anteriores ao aparecimento dos sintomas ou ao diagnóstico (caso não haja sintomas) sejam submetidos a exame e tratamento. Não havendo parceiros sexuais durante esses meses, o parceiro mais recente deve ser submetido a exame e tratamento.

Doença inflamatória pélvica (DIP)

A doença inflamatória pélvica é uma inflamação muito séria; afeta o útero, as trompas de Falópio, os ovários e áreas relacionadas. É bastante comum em mulheres adolescentes sexualmente ativas. A DIP é geralmente causada por clamidíase, gonorreia, outros tipos de bactérias, ou por diversas bactérias de uma só vez. Como discutimos nos Capítulos de 6 a 11, o tecido da cérvice leva algum tempo para amadurecer, de modo que a cérvice da adolescente, pelo menos no início, protege menos contra clamidíase e gonorreia do que a cérvice madura adulta.

Sintomas: Muitas mulheres apresentam sintomas sutis, que não são graves o suficiente para levá-las a buscar cuidados médicos, dando mais tempo à doença para provocar danos nos órgãos reprodutores. Têm dores e sensibilidade no baixo-ventre, onde estão os órgãos reprodutores. Apresentar febre, resfriados, sangramento vaginal anormal, dor no intercurso vaginal, corrimento vaginal ou cervical (é bem provável que não consigam distinguir um do outro).

Complicações: A DIP acarreta infertilidade, doenças ectópicas ou dor pélvica crônica. Cerca de uma em cada dez mulheres se torna infértil após a primeira incidência da DIP e a taxa aumenta rapidamente em episódios sucessivos. A DIP e as infecções relacionadas à clamidíase são as principais causas do drástico aumento nos casos de gravidez ectópica no fim do século XX.

Diagnóstico: A DIP talvez seja de diagnóstico difícil em razão de outras desordens, como apendicite e gravidez ectópica, terem os mesmos sintomas. É provável que o médico faça um exame ginecológico, podendo também solicitar exames testes laboratoriais.
Tratamento: O tratamento-padrão é feito com antibióticos.
Prevenção: Quando usados adequadamente, os preservativos de látex reduzem as chances de se contrair ou transmitir as infecções causadoras da DIP. Além disso, o tratamento adequado e no tempo certo contra as DSTs evitará a DIP.
Epidemiologia: Estima-se que mais de 1 milhão de mulheres por ano desenvolvam a DIP nos EUA, com a taxa de infecção sendo significativamente mais elevada entre adolescentes.

As grávidas passam a gonorreia para seus bebês durante o parto normal. É por isso que o médico insere um unguento nos olhos do bebê após o nascimento – para matar toda a gonorreia que possa estar lá. Mas o bebê precisará de tratamento adicional caso a mãe esteja infectada.
Prevenção: Quando usados adequadamente, os preservativos de látex reduzem as chances de contrair ou transmitir a gonorreia.
Epidemiologia: Há estimativas de 650 mil novos casos a cada ano nos EUA. Entre adolescentes, as mulheres respondem por cerca de duas vezes mais casos do que os homens.

Hepatite B virótica

Entre os vários tipos de hepatite, a que é transmitida com mais frequência pela via sexual é a hepatite B.

Sintomas e complicações: A maioria das pessoas não apresenta sintomas; quando estes ocorrem, porém, aparecem entre um mês e meio e seis meses após a infecção. Os sinais costumam ser icterícia (amarelamento da pele e dos olhos), urina escura, fadiga, perda de apetite, náusea, vômitos, dores de cabeça, febre, erupções cutâneas, dores nas juntas e sensibilidade no ventre. Esses sintomas geralmente desaparecem de três a seis meses depois.

Algumas pessoas tornam-se portadoras crônicas do vírus e transmitirão a doença a parceiros sexuais e a pessoas com as quais tenham contato íntimo, inclusive seus bebês antes, durantes e após o nascimento. Seu risco será maior para cirrose ou câncer no fígado, que são doenças fatais.
Diagnóstico: Feito por exame de sangue.
Tratamento: Não há tratamento específico para a hepatite B. A maioria das pessoas se recupera sem tratamento, mas algumas medidas podem ser tomadas para tornar o processo de recuperação mais confortável.

Contatos: O médico aconselhará sobre até quando remontar para a informação de parceiros sexuais e outros.

Se seu filho ou sua filha tiver sido exposto (a) sem vacinação prévia, consulte um médico. Globulinas imunes ajudam a evitar o desenvolvimento da doença. Ele/ela deve receber a vacina específica e também essa terapia no período de 14 dias a contar da exposição. Contatos domésticos de natureza não sexual também demandam vacina; se tiverem sido expostos ao sangue da pessoa infectada (porque compartilha a escova de dentes ou o barbeador, por exemplo), devem receber as globulinas imunes também.

Prevenção: Uma série de vacinas está disponível e evita a infecção pelo vírus da hepatite B. Recomenda-se para todas as crianças, mas nem todas a recebem, de modo que essa providência deve ser tomada para adolescentes que não foram vacinados.

Quando usados adequadamente, os preservativos de látex reduzem as chances de contrair ou disseminar a hepatite B por intercurso sexual.

Epidemiologia: Estima-se a ocorrência de 77 mil novos casos a cada ano nos EUA, e imagina-se que cerca de 750 mil pessoas em algum momento se infectaram. Cerca de metade a dois terços de todos os casos de hepatite B são atribuídos a transmissão sexual.

Papilomavírus humano (HPV)

O HPV é um vírus. Existem mais de 100 tipos de HPV, a maioria inofensivos, fora as verrugas que fazem crescer na pele. Entre esses, cerca de 30 são transmitidos pelo contato sexual e também são, em maioria, inofensivos. Alguns provocam verrugas genitais, também chamadas de verrugas venéreas ou de condiloma acuminado [no Brasil, popularmente, "crista de galo"], mas há os que podem causar cânceres de útero ou de outros tipos.

Sintomas e complicações: Verrugas genitais se localizam no pênis, nos lábios vaginais e em torno deles, na uretra, na vagina, na cérvice, em torno do ânus ou dentro dele. Às vezes, também ocorrem na boca ou na garganta. As verrugas aparecem isoladas ou em grupos; podem ser minúsculas ou crescer o suficiente para serem notadas, assumindo a forma de uma pequena couve-flor. O vírus se apresenta também como lesões achatadas e de aspecto mais delicado que o das verrugas características. Estas podem ser dolorosas ou causar coceira. Embora nas mulheres provoquem sintomas, como vaginite ou intercurso doloroso, de modo geral as verrugas não configuram maior problema – a principal razão para tratá-las é questão de aparência, porque são feias.

O motivo de o HPV tanto chamar a atenção é que alguns tipos (que não causam verrugas) produzem câncer cervical e outros cânceres genitais. Cerca de 90% do câncer cervical vêm do HPV, mas menos de 1% do HPV se torna câncer cervical. [No Brasil, 96,5% dos casos de câncer de colo de útero estão diretamente associados ao HPV, sendo a primeira causa de morte por câncer ginecológico. Entre as mulheres infectadas, 10 milhões têm o vírus latente, 1,5 milhão têm lesões sem gravidade, 400 mil apresentam lesões de alto risco e 12 mil desenvolvem câncer, segundo o Ministério da Saúde.]

O colo do útero da adolescente é particularmente suscetível à infecção do HPV pelo fato de seu tecido protetor não estar completamente formado. Há evidências de que quanto mais jovem for a mulher ao se infectar pela primeira vez com o HPV, maior será a probabilidade de a lesão evoluir para uma ferida potencialmente cancerosa (supondo-se que não seja o tipo de HPV cancerígeno). Contudo, as chances de evoluir são muito pequenas.

Mesmo sem tratamento, as verrugas costumam desaparecer depois de três a cinco anos. Acredita-se que a maioria dos adolescentes (cerca de 70%) que faz sexo compartilhado tenha em algum momento se infectado com o HPV, que, por sua vez, desapareceu nos anos seguintes. E muito poucos tiveram câncer como decorrência disso. Embora o câncer cervical seja extremamente raro entre adolescentes, elas podem contrair lesões intraepiteliais escamosas (SIL, na sigla em inglês), detectáveis pelo papanicolau. Alguns tipos de SIL (chamadas "de baixo grau") desaparecem naturalmente, sem tratamento; outro tipo ("de alto grau") também costuma desaparecer, mas evolui para câncer (de novo, raramente em adolescentes).

O câncer de colo de útero é mais frequente em mulheres de meia-idade cuja infecção cervical pelo HPV persistiu por muitos anos. O HPV e sua relação com o câncer são objeto de várias pesquisas em andamento e novas informações estarão disponíveis em alguns anos. Se sua filha contraiu o HPV, recorra ao médico para conhecer as implicações com mais detalhes. A página do CDC, já mencionada, também pode ser consultada para informações recentes.

Diagnóstico: É claro que verrugas visíveis são diagnosticadas, bastando olhar para elas. Mas, mesmo quando não são verrugas visíveis, as SIL [lesões intraepiteliais escamosas] são detectadas pelo papanicolau. Se o papanicolau de sua filha der positivo para SIL, é provável que ela tenha de fazer uma colposcopia, na qual o médico usa um microscópio especial para examinar o colo do útero. Uma substância química chamada ácido acético (semelhante ao nosso vinagre comum) torna as áreas afetadas da cérvice mais visíveis para a biópsia. O papanicolau não detectará as lesões intraepiteliais escamosas de alto grau em todas as mulheres que as tiverem.

Há novos exames para apontar certos tipos de infecção por HPV e exames ainda mais precisos já são anunciados para os próximos anos.

Tratamento: Embora as verrugas quase sempre desapareçam por si sós, há tratamentos disponíveis para removê-las. Estes incluem aplicação de remédios nas verrugas, seu congelamento com nitrogênio líquido, cirurgias a *laser* e outras. A escolha depende de características como tamanho, localização e número de lesões. A remoção das verrugas não elimina o vírus do corpo, que, conforme se acredita, desaparece naturalmente.

As SIL de baixo grau, que em geral não são tratadas, mas apenas constatadas pelo papanicolau regular, certamente devem desaparecer. As de alto grau costumam ser tratadas por remoção, congelamento da lesão ou por outros métodos.

Contato: Não parece ser de crucial importância que os parceiros sexuais sejam examinados, ao contrário do que acontece com a maioria das DSTs – é improvável que os membros de um casal infectem um ao outro, e o parceiro pode muito bem já estar infectado. Mas, em geral, não é má ideia que parceiros com verrugas visíveis as removam e façam exames para outras DSTs.

Cerca de dois terços das pessoas sexualmente expostas ao vírus se infectam. Verrugas aparecem no período de três semanas a vinte meses após a exposição – a média é de dois a três meses. São muitos os que jamais desenvolvem verrugas visíveis e não têm ideia de como se infectaram. Pode levar desde meses até anos para a infecção pelo HPV assumir a forma de lesão escamosa intraepitelial, e anos ou décadas para que o câncer cervical se desenvolva.

Prevenção: Quando usados adequadamente, os preservativos de látex reduzem as chances de transmitir ou pegar o HPV nas áreas cobertas pela camisinha (a maior parte do pênis) ou protegidas por ela (como a vagina ou o reto), mas preservativos não protegem contra o HPV em outras áreas (como a pele em torno dos genitais). A camisinha feminina dá mais proteção, porque cobre área mais extensa, mas até o presente não há muita pesquisa a esse respeito. Embora se saiba mais sobre o papel dos preservativos na redução das outras DSTs do que na disseminação do HPV, o uso da camisinha tem sido associado à redução no câncer de colo de útero.

Epidemiologia: Calcula-se que 5,5 milhões de novos casos de HPV ocorram nos EUA por ano e, segundo estimativas, 20 milhões de pessoas se infectaram em algum momento.

Piolhos pubianos (*pediculosis pubis*)

Os piolhos pubianos [popularmente chamados de "chatos"] são insetos minúsculos, parecidos com os piolhos que às vezes as crianças têm no cabelo. A diferença é que os piolhos pubianos, como diz o nome, se localizam nos pelos pubianos (e às vezes mais longe, como nos cílios e nos pelos das axilas). A disseminação costuma se dar pelo contato sexual, embora também possa acontecer quando se compartilha a roupa de cama.

Sintomas: Coceira intensa.

Diagnóstico: Os piolhos e seus minúsculos ovos (lêndeas) são visíveis nos pelos pubianos. Se seu filho conseguir remover um piolho do pelo, será capaz de vê-lo se mexer. Caso contrário, uma lente de aumento ajudará.

Tratamento: O tratamento é feito com pomada medicinal ou xampu aplicados nas áreas afetadas, que serão lavados apenas depois de ficar no local algum tempo para agir. Também é necessário matar piolhos e lêndeas nas roupas e nos lençóis. O material deve ser lavado em água quente e secado em secadora – ou lavado a seco. Materiais não laváveis devem ser separados, evitando-se o contato com o corpo durante 72 horas. Persistindo os sintomas, outras diretrizes de tratamento serão necessárias.

Contatos: Parceiros sexuais do mês anterior e contatos domésticos travados no mesmo período devem se submeter a tratamento.

Epidemiologia: Estima-se que 3 milhões de pessoas se infectem a cada ano nos EUA.

Sífilis

A sífilis é causada por um micro-organismo chamado espiroqueta. É muito menos comum nos Estados Unidos hoje do que foi no passado.

Sintomas e complicações: Há vários estágios da sífilis. A primária se manifesta como um cancro, uma úlcera indolor no lugar onde a pessoa esteve exposta, que aparece em prazo médio de três semanas – mas poderão ser também três meses após a exposição. O cancro costuma se curar no período de dois meses e não deixa cicatrizes. Sendo indolor, a pessoa infectada pode nem notá-lo e, inadvertidamente, espalhar a doença. Muitas pessoas não chegam a ter o cancro. Se o paciente com sífilis primária não receber tratamento, ele desenvolverá sífilis secundária em um ou dois meses, talvez mais. A sífilis secundária causa erupção nas palmas das mãos e nas solas dos pés, aumento no volume dos nódulos linfáticos (ínguas), perda de cabelo e uma série de outros sintomas. Os pacientes podem ter também *condiloma lata*, que são crescimentos de tecido mais carnudos e umedecidos. A sífilis latente ocorre em qualquer tempo e remete a um período em que a pessoa não tem sintomas, mas ainda tem a infecção.

Até um terço das pessoas com sífilis secundária não tratada chega à sífilis terciária, e isso com uma série de graves consequências, como problemas do coração e vasos sanguíneos, além de nódulos na pele chamados "goma sifilítica". A doença afeta o sistema nervoso central (por exemplo, o cérebro) em qualquer dos três estágios.

Diagnóstico: Exames laboratoriais são feitos com sangue ou material colhido de uma lesão ou nódulo linfático. O exame físico também é útil para o diagnóstico.

Tratamento: Antibióticos.
Contatos: A disseminação sexual da sífilis ocorre apenas quando estão presentes lesões cutâneas, como o cancro, que o mais das vezes se limita ao primeiro ano da infecção. Mas parceiros sexuais de pessoas com sífilis não tratada em qualquer estágio também devem ir ao médico. Se seu filho ou sua filha receber diagnóstico de sífilis, o médico instruirá até quando remontar os parceiros sexuais anteriores para detectar a corrente de transmissão, uma vez que o problema do contágio variará de acordo com o estágio da doença. Mulheres grávidas podem transmitir sífilis para o feto em desenvolvimento, com graves consequências.
Prevenção: Quando usados adequadamente, os preservativos de látex reduzem as chances de contrair ou espalhar a sífilis em áreas cobertas pelo preservativo (o pênis) ou protegidas por ele (vagina ou reto), mas a proteção contra a sífilis não se estende a outras áreas (como a pele em torno dos genitais).
Epidemiologia: Estimam-se 70 mil novos casos por ano nos EUA.

Tricomoníase

A tricomoníase é causada por um microorganismo chamado *Trichomonas vaginalis*, que é um protozoário unicelular.

Sintomas: As mulheres infectadas tendem a apresentar sintomas – geralmente um corrimento amarelo-avermelhado com irritação da vulva e cheiro desagradável –, mas não são todas. Os homens infectados são, em geral, assintomáticos, embora alguns tenham uretrite gonocócica (ver seção sobre clamidíase).
Complicações: A tricomoníase causa problemas durante a gravidez, como parto prematuro.
Diagnóstico: Exames laboratoriais de fluido vaginal ou exame com microscópio.
Tratamento: Antibióticos. O tratamento nem sempre é eficaz na primeira vez e, por isso, se os sintomas não desaparecerem, a pessoa infectada deve voltar ao médico para ver se precisará de tratamento adicional. Mulheres com tricomoníase geralmente apresentam outras DSTs, de modo que o médico deve fazer um exame minucioso para constatar outras possíveis doenças e prescrever o tratamento necessário.
Contatos: Parceiros sexuais atuais devem ser tratados e precisam se abster de sexo até que o tratamento seja concluído e os sintomas tenham desaparecido. O médico de sua filha pode ajudá-la a decidir a rememorar os parceiros anteriores para informá-los sobre a infecção e romper, quanto possível, a cadeia infecciosa.
Prevenção: Quando usados adequadamente, os preservativos de látex reduzem as chances de contrair ou disseminar a tricomoníase.
Epidemiologia: Estimam-se 5 milhões de novos casos por ano nos EUA.

Vaginose bacteriana

Os sintomas da vaginite costumam implicar corrimento vaginal anormal ou coceira e irritação vulvar, às vezes com odor característico. Também ocorre queimação ao urinar. As causas mais comuns do corrimento são vaginose bacteriana, tricomoníase e candidíase. O corrimento cervical de clamidíase ou gonorreia é semelhante ao corrimento da vaginite.

Sintomas: A vaginose bacteriana é a razão mais comum para corrimento ou odor vaginal anormal, mas muitas mulheres com vaginose não apresentam sintomas. Muitos tipos de bactéria, inclusive a *gardnerella vaginalis*, estão em sua origem. Embora seja rara em mulheres que nunca tiveram relação sexual e mais comum em mulheres com múltiplos parceiros sexuais, não está claro se de fato ela é transmitida por atividade sexual ou se algo, durante a atividade sexual, a predisponha a isso. A bactéria que a causa existe normalmente no corpo, depositada na vagina, e não acarreta problemas até que ocorra uma interrupção do equilíbrio. Nesse momento, as bactérias se multiplicam e perturbam os pacíficos reinos microscópicos que vivem no corpo. As bactérias que provocam a vaginose bacteriana também são causa importante da doença inflamatória pélvica (DIP).
Complicações: A vaginose bacteriana na gravidez tem sido associada a parto prematuro e outros problemas.
Diagnóstico: O fluido de dentro da vagina é estudado por meio de exames de laboratório ou pelo microscópio.
Tratamento: Antibióticos, às vezes sob a forma de creme vaginal.
Contatos: Parceiros sexuais não precisam de tratamento.
Prevenção: Preservativos de látex ajudam a evitar a vaginose bacteriana, mas isso não está claro. Consulte o médico de sua filha ou acesse a página do CDC para obter recomendações mais recentes.
Epidemiologia: Casos de vaginose bacteriana não constam de estatísticas oficiais nos EUA.

Vírus da imunodeficiência adquirida (HIV)

É um lentivírus (assim chamado pela seu longo período de incubação), membro da família dos retrovírus, que ataca o sistema imune e instala a síndrome da imunodeficiência adquirida (Aids), podendo levar à morte do portador.

Sintomas e complicações: O HIV é um vírus que não provoca sintomas imediatos (exceção feita à Síndrome Retroviral Aguda, que será descrita mais adiante).

É com o passar do tempo que ele enfraquece o sistema imunológico, conduzindo à Aids e às chamadas "doenças oportunistas", como pneumocistose, toxoplasmose e tuberculose, entre outras, que chegam a levar à morte.

Nas primeiras semanas após a infecção, as pessoas desenvolvem a Síndrome Retroviral Aguda, quadro que envolve febre, fadiga, aumento dos nódulos linfáticos e alguma erupção cutânea. Sinais subsequentes da progressão da doença incluem febre, perda de peso, diarreia, tosse, dispneia e sapinho – uma levedura pastosa branca que aparece dentro da boca, provocado pela proliferação do fungo *Candida albicans*, daí também o nome "candidíase".

A pessoa infectada fica sujeita a várias infecções e doenças, chamadas "oportunistas", porque seu sistema imune não funciona bem. O tempo de progressão da infecção pelo HIV até o desenvolvimento da Aids propriamente dita, em um indivíduo que não está em tratamento, pode ir de alguns meses a até 17 anos ou mais, com metade dos infectados (não tratados) desenvolvendo a Aids em cerca de dez anos.

O HIV prevalente nos Estados Unidos é o chamado HIV-1. Um vírus relacionado, o HIV-2, é mais comum na África Central e age mais devagar do que o HIV-1.

Diagnóstico: O diagnóstico precoce é importante, porque o tratamento irá tornar mais lenta a deterioração do sistema imune e proteger contra várias infecções (a pneumonia por *Pneumocystis carinii*, por exemplo). Além disso, o diagnóstico de HIV afeta o modo como os médicos detectam e tratam outras doenças e também a atenção a ser dada às gestantes.

A maioria das pessoas infectadas pelo HIV terá exame positivo decorridos três meses de infecção, embora testes especiais consigam detectar a infecção com poucos dias da exposição. Usa-se o exame de sangue para a detecção do vírus, mas testes mais recentes são feitos com saliva. Algumas comunidades americanas disponibilizam exames anônimos, significando que seu filho não precisará revelar o nome nem dar outra informação que o identifique. Os médicos que fazem os exames devem dar aconselhamento antes e depois, a fim de discutir todo o leque de implicações resultantes dos diferentes resultados.

[No Brasil, o programa federal de DST/Aids do Ministério da Saúde, considerado exemplo mundial, quebrou patentes de laboratórios multinacionais para permitir a distribuição gratuita de medicamentos à população infectada; ao mesmo tempo, promove campanhas de prevenção e dá apoio a programas municipais e estaduais, que, entre outras iniciativas, realizam exames gratuitos para detecção do vírus e dão orientação médica aos indivíduos soropositivos.]

Tratamento: Existem várias medicações disponíveis para pessoas com HIV. Avanços notáveis em relação a décadas passadas têm feito enorme diferença na qualidade de vida e na sobrevida dos infectados com o vírus. Contudo, não é porque existem esses medicamentos que se pode baixar a guarda em relação ao HIV – ele continua a ser preocupante e ninguém, muito menos seu filho ou sua filha deve abandonar a prevenção. Os remédios não funcionam para todos, têm efeitos colaterais, são caros e podem deixar de fazer efeito depois de algum tempo.

Embora o aconselhamento seja apropriado para todas as pessoas que têm uma DST ou estejam se submetendo a exames para detectá-las, ele é particularmente importante para pessoas soropositivas, que necessitam de ajuda para administrar as implicações do diagnóstico, para lidar com as reações suscitadas em outras pessoas, para tomar os cuidados da saúde apropriados e para evitar a transmissão.

Contatos: O HIV entra na corrente sanguínea via atividade sexual, compartilhamento de agulhas, seringas ou outro equipamento de injeção e durante transfusões de sangue. Também pode passar da mãe para a criança antes ou durante o nascimento e ainda pela amamentação. Entre as atividades sexuais, as relações anais passivas e o intercurso vaginal são particularmente arriscados; contudo, a relação anal e a vaginal ativa também transmitem o vírus ao parceiro. A doença também se dissemina via sexo oral, embora esse caminho seja menos comum. Mesmo quando uma pessoa infectada não apresenta sintomas, ela pode transmitir o vírus. Infecções genitais (como as descritas neste Anexo) aumentam as chances de contrair ou transmitir o vírus da Aids.

Em seguida à exposição ao HIV (por exemplo, quando o preservativo arrebenta durante o intercurso com um parceiro positivo), a chamada "profilaxia pós-exposição" reduz o risco de contrair a infecção e geralmente consiste em um mês sob tratamento com as mesmas medicações tomadas pela pessoa infectada. Para otimizar as chances de êxito nesse tipo de profilaxia, é preciso começar a tomar os medicamentos dentro de 72 horas da exposição.

Prevenção: Quando usados adequadamente, os preservativos de látex reduzem as chances de contrair ou transmitir o HIV.

Epidemiologia: Embora as taxas de diagnóstico de infecção pelo HIV e de Aids tenham se mostrado relativamente baixas entre adolescentes nos EUA, acredita-se que muitos estejam infectados, mas só irão descobrir isso quando estiverem mais velhos. Dado o intervalo característico entre infecção e sintomas, muitos adultos com HIV provavelmente se infectaram quando adolescentes. Estima-se que cerca de 20 mil pessoas se infectam anualmente no país, que tem 500 mil infectados na população. Nas estimativas americanas, 25% das novas infecções pelo HIV ocorrem em indivíduos de 22 anos para baixo. Embora o HIV seja inicialmente diagnosticado muito mais em pessoas do sexo masculino (em devido a seu surgimento na comunidade *gay* masculina), estudos com adolescentes mostram maior equilíbrio entre gêneros, com homens e mulheres se infectando igualmente na adolescência.

[No Brasil, dados do Ministério da Saúde divulgados em 2007 contabilizavam 32 mil novos casos por ano – queda em relação a 2002, quando houve 38 mil – e 620 mil pacientes na população total. Entre jovens, até 2005, foram registrados 112 mil casos de Aids, representando 30% do total confirmado no país desde o início da epidemia, na década de 80. Na faixa entre os jovens de 13 a 19 anos, dados divulgados pelo ministério em fevereiro de 2010, a Aids atinge sobretudo homossexuais e mulheres – estas com 60% dos casos. De 2000 a junho de 2009, foram registrados no país 3.713 casos da doença em meninas contra 2.448 em meninos. Entre os adolescentes, 39,2% dos casos entre os meninos foram resultado de relações homossexuais.]

Vírus *Herpes Simplex* (HSV)

Herpes é uma doença viral causada pelo vírus *herpes simplex*, que se apresenta em dois tipos: HSV-1 e HSV-2. Ela se apresenta sob a forma de vesículas ou bolhas cheias de fluidos, que ardem e doem muito, duram cerca de 20 dias e depois desaparecem, até nova manifestação. As principais formas são as infecções orais, que atacam a face e a boca, e as infecções genitais, mas há também manifestações no reto, no globo ocular e na pele em geral.

Sintomas e complicações: As bolhas de herpes genital o mais das vezes aparecem na cabeça do pênis ou na vagina e são muito dolorosas. A herpes nem sempre é transmitida pela via sexual, embora a herpes genital geralmente o seja. A maioria dos casos genitais são provocados pelo tipo HSV-2, embora o HSV-1, causador frequente da herpes bucal, também possa infectar os genitais. Muitas pessoas não sabem que têm a infecção por ela se manifestar de forma muito atenuada, ou não sabem quando estão com uma crise, porque as vesículas estão na vagina ou no reto e, por isso, não são visíveis.

A doença é transmitida pelo contato direto entre uma ferida no corpo de alguém e a membrana mucosa de outra pessoa (por exemplo, as paredes da vagina), ou a pele rompida (um corte no dedo, por exemplo). As vesículas são particularmente infectantes, afetando cerca de um a dois terços dos parceiros sexuais expostos.

A crise inicial (chamado infecção primária) costuma ser extremamente dolorosa. Em geral, ocorre no período de três a sete dias após a exposição. Pode começar com uma coceira ou maior sensibilidade ao toque e então se desenvolver, assumindo a forma de vesículas dolorosas de até 3 mm de diâmetro (tamanho aproximado das vesículas da catapora). Essas bolhas podem estourar e deixar uma úlcera. Duram até duas semanas (às vezes mais), mas acabam sarando sem deixar cicatriz. Infecções vaginais com herpes podem causar cervicite com corrimento semelhante ao da clamidíase. A pessoa também pode sentir dor ao urinar. É frequente o indivíduo apresentar sintomas semelhantes aos do resfriado, com febre, fadiga, dor de cabeça e nódulos linfáticos inchados e sensíveis (ínguas). As vesículas podem se espalhar por outras partes do corpo.

É comum a incidência de sensações como coceira, formigamento ou queimação antes de uma crise. A recorrência geralmente não dura tanto quanto a erupção inicial.

As úlceras genitais causadas por herpes, bem como as causadas por sífilis e cancroide (ou cancro mole), são graves não só em razão da dor e de outros problemas, mas também porque facilitam a infecção pelo HIV.

Diagnóstico: É feito geralmente pelo exame visual das vesículas, mas há testes laboratoriais das vesículas e também exames de sangue para a detecção.

Tratamento: O vírus permanece no corpo e causa erupções recorrentes durante toda a vida. Medicações orais reduzem a frequência e a duração das crises, mas herpes não tem cura. O tratamento deve ser iniciado tão logo a pessoa sinta que vai haver uma erupção e durar até um dia após o surgimento das vesículas. Se o indivíduo tiver seis ou mais crises por ano, pode se submeter a uma terapia diária que reduz as recorrências de 70% a 80%. Quando isso acontecer, o médico recomendará que seu filho pare com a medicação diária, a fim de ver se ainda há necessidade dela. Acredita-se que, apesar do tratamento, as pessoas infectadas continuam a ser transmissoras do vírus – mais pesquisas vêm sendo feitas para confirmar ou descartar essa hipótese. Será usada medicação intravenosa em casos muito graves, como quando a doença se espalha por órgãos internos.

Contatos: Um dos desafios para a prevenção da herpes é que a pessoa transmite o vírus sem nem saber que está infectada. A transmissão sem sintomas é mais comum para o HSV-2 do que para o HSV-1 e também para pessoas que tiveram herpes genital por menos de um ano.

A herpes também causa problemas sérios no bebê que for infectado ao passar pelo canal do nascimento. Se sua filha já tiver tido herpes e estiver grávida, o médico deverá ser avisado.

Prevenção: Quando usados adequadamente, os preservativos de látex reduzem as chances de contrair ou disseminar o HSV em áreas que estão cobertas (o pênis) ou protegidas (como a vagina ou o reto), mas a camisinha não protege contra o HSV em outras áreas (como a pele em torno dos genitais).

Epidemiologia: Nos EUA, estima-se que a incidência de novos casos variem entre 500 mil e 1 milhão por ano, havendo de 30 milhões e 60 milhões de pessoas infectadas no total.

Capítulo 12

GRÁVIDA

"Mãe, pai... estou grávida." Poucas notícias têm o dom de provocar tamanha gama de reações como essa. Do pavor à raiva, do medo ao alívio e à alegria. Em um mundo perfeito, uma gravidez seria sempre motivo de celebração, mas nosso mundo é imperfeito e nem toda gravidez é desejada. A gravidez adolescente, em particular, é associada ao pesar e arrependimento.

No decorrer das últimas três décadas do século XX, cerca de 1 milhão de mulheres com menos de 20 anos engravidaram a cada ano nos Estados Unidos. Cerca de metade delas deu à luz um bebê vivo, mais de um terço fez aborto, e o restante teve aborto natural ou deu à luz um natimorto. Infelizmente, cerca de 80% das adolescentes grávidas não pretendiam engravidar. [No Brasil, dados do Hospital São Paulo obtidos em estudo em 1996-1998, cerca de 1,1 milhão de adolescentes engravidam por ano e esse número continua crescendo. Outras pesquisas mais recentes apontam que 65% das grávidas têm menos de 20 anos e que são feitos mais de 700 mil partos/ ano de adolescentes, cerca de 30% dos realizados no país.]

No final desse período, registraram-se tendências alentadoras. A década de 1990 assistiu a um declínio no percentual de adolescentes grávidas. Uma boa notícia, que será melhor ainda se a tendência continuar. Mas o problema é que a cada ano, muitas e adolescentes engravidam sem estar prontas e nem interessadas em ser mães.

Algumas se achavam incapazes de engravidar. Outras não recorreram a um método contraceptivo, e há as que não o usaram corretamente. Algumas foram forçadas a fazer sexo. Outras se deixaram levar pelo momento.

Algumas queriam engravidar. Outras não, mas não ficaram desapontadas ao saber que estavam.

Embora a taxa de atividade sexual de adolescentes seja semelhante nos Estados Unidos e em muitos países industrializados, a gravidez adolescente é muito maior nos Estados Unidos do que na maioria desses outros países. Deve haver razões para essa discrepância, mas a falta de educação sobre a sexualidade e métodos anticoncepcionais figura entre as mais importantes.

Neste capítulo, conduziremos você pelas principais ponderações no caso de uma gravidez – de sua filha ou da namorada do seu filho.

A descoberta

Havia algo no modo como ela me olhava. Fui ao banheiro para olhar a embalagem de absorventes que eu comprara um mês antes. Não tinha sido usada. Era sinal de três semanas de atraso na menstruação dela.

Eloyse, sobre a filha de 17 anos

Ela ficará sabendo antes de você. O indício mais evidente de que sua filha está grávida é um atraso na menstruação. Os seios ficam mais macios, e os mamilos, sensíveis. Ela pode sentir cansaço e náuseas e descobrir que precisa urinar com mais frequência. Bem depois, em torno da 16ª até a 20ª semana de gravidez, vai começar a sentir o bebê se mexer.

Talvez ela não lhe conte. Mas você pode notar outros indícios. Ela começa a faltar à escola, sentir-se deprimida, ficar com raiva sem motivo aparente ou fazer coisas que denotarão que algo não vai bem. Mesmo que ela não estivesse grávida, são mudanças que chamariam sua atenção. Em todo caso, não esqueça de acrescentar a gravidez à lista de explicações possíveis.

Ninguém terá certeza até ser feito o teste de gravidez.

Os testes de gravidez medem o hormônio humano gonadotrofina coriônica (HCG), produzido um dia depois que o óvulo fertilizado foi implantado no útero. A quantidade desse hormônio aumenta nos primeiros dois meses de gravidez. O teste real é chamado exame Beta HCG. O médico pode examinar a urina ou o sangue de sua filha. Exames de urina podem detectar uma gravidez a partir do décimo dia após a fertilização, ou cerca de quatro dias antes de quando deveria ser o próximo ciclo menstrual; exames de sangue podem detectar uma gravidez alguns dias antes, mas é provável que ela não vá ao médico tão cedo, de modo que o exame de urina geralmente será o que ela precisa.

Sua filha também pode fazer, em casa, um teste de gravidez de farmácia – sem necessidade de prescrição. Alguns testes podem detectar a gravidez antes até de falhar a menstruação, mas outros testes caseiros demoram um pouco mais. Esses testes são bem precisos, contanto que ela siga as instruções cuidadosamente. Só que, em razão de sua ansiedade, muitas adolescentes fazem o teste de maneira incorreta ou cedo demais, ou algumas garotas, grávidas, erroneamente pensam que não engravidaram. Se sua filha fizer o teste cedo demais e der negativo, ela deve repeti-lo.

Aos 16 anos, Helen teve uma experiência característica do teste de farmácia. "Eu comecei a chorar. Não sei por quê. As instruções eram fáceis, mas eu estava com tanto medo, que fiz alguma coisa errada." Seu irmão quis entrar no banheiro e a ouviu chorar. "Bobby começou a gritar. 'Mãe! Mãe! Helen está chorando no banheiro.' Então bateram na porta e logo minha mãe estava lá dentro, o *kit* de gravidez em cima da pia, e eu, soluçando. Minha mãe entendeu o que estava acontecendo e me deu um abraço forte, e eu chorei no ombro dela."

A mãe de Helen leu cuidadosamente as instruções para a filha. Ela já havia perdido a primeira urina do dia (a que é necessária para a precisão daquele teste, mas não para todos), então a mãe a levou a um laboratório, onde poderia fazer um exame mais sensível. Deu negativo, para alívio de ambas. "Depois que o teste deu negativo, ela conversou comigo sobre o que havia acontecido."

O jogo da espera

Quanto antes sua filha descobrir que está grávida, melhor. Se ela quiser ter o bebê, deve dar início aos pré-natais imediatamente e deixar de lado cigarro, álcool e drogas. Se não quiser ter o bebê, as opções para um aborto [em locais ou condições em que for permitido por lei] serão maiores quanto mais cedo descobrir.

Mas as meninas nem sempre fazem o teste tão cedo quanto deveriam, por muitas razões. Sua filha pode não querer saber se está grávida. Não fazendo o teste, ela pode dizer a si mesma que não está. Ou talvez não perceba que seus sintomas sejam o de uma gravidez; principalmente se seus ciclos costumam ser irregulares, ela pode atribuir a náusea a um vírus.

E mesmo que ela pense na possibilidade, pode não saber o que fazer. Talvez não confie no médico ou tenha medo de que seja muito caro. Pode desconhecer o teste de farmácia. Também pode recear que alguém (você, por exemplo) perceba que ela está grávida caso seja vista na farmácia ou no consultório do médico.

Patty, 15 anos na época, achou que estava grávida, mas teve medo de ir até a farmácia comprar um teste de gravidez porque alguém poderia vê-la. Sua amiga Toussi se ofereceu para ajudar. Elas devem ter visto muitos filmes de detetive.

"Ficamos sentadas do lado de fora da farmácia por uns 15 minutos, para ter certeza de que nenhum conhecido tinha entrado lá. A Toussi tinha levado chapéus e óculos escuros para nós duas. Eu fiquei vigiando da porta. Toussi deu uma olhada em todos os corredores para ter certeza de que não havia ninguém mesmo. Então ela encheu uma cesta com xampu e revistas e escondeu uma embalagem de teste de gravidez no meio de tudo e entrou na fila pra pagar. No caixa, ela fez um comentário sobre esperar que sua mãe estivesse mesmo grávida, porque ela queria muito um irmãozinho." No final, revelou-se que Patty não estava grávida.

"Acho que a coisa assim na surdina até me fez esquecer que eu estava com muito medo da gravidez."

É claro que é possível evitar essa patacoada ao lidar com uma possível gravidez, conversando antes com sua filha, quando ela se tornar sexualmente ativa.

Ellen contou para a filha sobre seu próprio medo da gravidez quando era adolescente. Ela tinha ficado três meses pensando que estivesse grávida, com medo de contar a quem quer que fosse. Até que veio a menstruação. Ela tinha medo que o pai a expulsasse de casa se estivesse esperando um bebê. "Acho que rompi uma barreira. Se eu já tinha contado a ela que também sou humana, não podia haver problema que ela não pudesse me contar. Nós temos uma relação boa, mas eu queria que fosse mais fácil para ela me contar o que fosse, não só sobre gravidez. Imaginei que se eu abrisse logo essa minha história do medo de engravidar, não haveria mais nada que ela tivesse medo de me contar."

Se ela não estiver grávida

Se sua filha não estiver tentando engravidar, um falso alarme é uma deixa excelente para que ela aprenda (ou reaprenda) a evitar que isso aconteça de novo. O mesmo vale para seu filho.

Você pode achar que a experiência de um falso alarme deixa a garota muito mais cuidadosa dali em diante. Isso pode ser verdade para sua filha, mas estudos apontam outros índices. Cerca de seis em dez adolescentes que tiveram o primeiro teste de gravidez negativo, engravidaram de novo um ano e meio ou dois, depois.

> **Gravidez ectópica**
> A gravidez que não é interrompida termina em geral com um bebê saudável e com uma mãe saudável, mas podem ocorrer complicações. A *gravidez ectópica* é uma delas – incomum, mas perigosa. Esse tipo de gravidez não tarda a se mostrar problemática, às vezes, antes mesmo que sua filha vá ao médico ou saiba que está grávida.
>
> A gravidez ectópica ocorre quando o óvulo fertilizado é implantado em algum lugar fora do útero, geralmente em uma das trompas de Falópio. Nas adolescentes, a razão mais frequente é uma cicatrização nas trompas devida a uma doença inflamatória pélvica (PID).
>
> É difícil diagnosticar a gravidez ectópica. Os sintomas mais comuns são menstruações irregulares, sangramento vaginal e dor pélvica. Se sua filha apresentar tais sintomas, precisará de cuidados médicos urgentes. Se não for tratada, a gravidez pode romper a trompa de Falópio, produzindo sérias complicações. Testes de gravidez por urina são passíveis de negatividade, e o médico pode precisar fazer diversos exames de sangue e um ultrassom. No entanto, o tratamento é possível, e a maioria das mulheres tratadas a tempo pode engravidar novamente.

Claro que você deve intervir com delicadeza – até porque sua filha e o parceiro dela estarão assustados. Eles precisam passar em revista as decisões que conduziram àquele momento de pânico e os passos que poderiam ter dado para evitá-lo. Se usaram contraceptivos, estariam utilizando-os corretamente? Precisam mudar seus métodos? Podem ter usado a contracepção de maneira correta e ainda assim se encontrar no reduzido grupo de casais que acabam grávidos. Mas a maioria dos adolescentes (e dos adultos) que engravida sem querer ou estava usando o contraceptivo erradamente ou não estava desprotegida. Sua filha deve aprender a evitar esses sustos, fazendo uso adequado dos métodos ou abstendo-se do intercurso.

Se ela não estava tentando engravidar, é provável que fique aliviada. Mas nem sempre é simples assim. Ainda que ela se sinta completamente despreparada para ser mãe, terá um sentimento de perda. Pode ficar emocionada ao pensar que seu corpo é capaz de criar uma nova vida. Pode ter ficado aflita, mas a atenção que recebeu de você e de outros a fez se sentir importante ou amada. O mesmo vale para seu filho, caso ele estivesse para se tornar pai. Em suma, em vez de comemorar a chegada de uma criança, você se verá confortando sua filha ou seu filho, como se estivessem de luto – o que causa estranheza, mas é compreensível.

Se ela estiver...

Ao descobrir que está grávida, sua filha pode se sentir chocada, exultante, com raiva, petrificada, ou pode vivenciar uma combinação aparentemente contraditória de emoções. Pode reagir ignorando a gravidez e esperando que ela desapareça, ou aprendendo tudo o que puder sobre o assunto e como agir da melhor maneira possível.

Algumas garotas acham que não estão grávidas e decidem que o teste só pode estar errado. Um teste positivo estará quase sempre correto, mas um médico pode confirmá-lo. Tanto quanto adiar um teste de gravidez é arriscado, adiar uma atitude frente a um teste positivo também é. A gravidez não irá desaparecer, salvo em caso de um aborto espontâneo, e esperar por essa possibilidade não costuma ser uma esperança saudável.

Mais cedo ou mais tarde, sua filha terá de saber o que fazer. O que ela decidirá?

E agora?

Meu pai mergulhou no trabalho quando eu estava no ensino médio. Ele ficava de fora de tudo o que acontecia em casa. Quando engravidei, ele pura e simplesmente me evitou. Não sabia o que fazer. Minha mãe, a mesma coisa. Falaram em me mandar embora, para um convento, onde eu pudesse ter o bebê. Mas eu estava entusiasmada! Achava aquilo a melhor coisa do mundo. Estava empolgada. E ainda estou.

Patrícia, 31 anos, três filhos

A decisão sobre como reagir a uma gravidez indesejada é a maior que sua filha algum dia enfrentou. Ela precisará de conselhos e apoio.

Suas escolhas incluem ter e criar o bebê (com ou sem o envolvimento do pai), fazer com que um membro da família (sua ou a do pai) crie o bebê, encaminhá-lo para adoção ou então optar pelo aborto. [No Brasil, o aborto é considerado crime, exceto nos casos em que a gravidez apresente risco para a gestante ou resulte de estupro, conforme incisos do art. 128 do Código Penal.]

Se sua filha sempre soube que cuidaria do bebê caso ficasse grávida, ou se já havia decidido que iria abortar caso a contracepção falhasse, a realidade de estar grávida pode mudar seu modo de ver muitas coisas, e ela pode repensar as ideias que tinha até então.

Ela precisa avaliar o que é melhor para ela e para o bebê. Também deve considerar o impacto que sua decisão exercerá sobre o resto da família e sobre o rapaz e a família dele. Mesmo que decida que o que é melhor para ela é diferente do que é para todos os demais, deve estar consciente das implicações que essa decisão terá para todos.

Algumas questões que ela deve responder, caso decida ter o bebê: Sente-se à vontade com o fato de que as pessoas sabem que está grávida? Prefere viver com um parente fora da cidade quando a gravidez estiver aparente? Como pagará as despesas médicas? Tem hábitos que podem ser prejudiciais ao desenvolvimento do feto, como fumar? Fará os exames pré-natais? Irá criá-lo?

Como você sabe, criar um filho requer amor, paciência, tempo, comprometimento, mais amor, mais paciência, mais tempo e muito trabalho. A garota precisa ter certeza de poder lidar com os aspectos físicos, emocionais e financeiros envolvidos na criação de um filho. Precisa entender que ter um bebê é um trabalho em tempo integral – que bebês precisam de atenção constante, mesmo quando ela estiver cansada. E nesse assunto você, mãe, é diplomada – deixe que ela saiba como é a maternidade. Ela também deve estar ciente do tipo de apoio que terá dos pais e de outros membros da família, que papel o pai da criança e sua família desempenharão, onde ela e o bebê (e possivelmente o pai) viverão, como sustentará a si própria e ao filho, e qual será o impacto sobre suas vidas futuras (dela e do bebê).

Se ela estiver pensando em encaminhá-lo para adoção, será capaz de se separar dele? Como acha que se sentirá no futuro? Como será saber que ele está longe e que não pode vê-lo?

Finalmente, como ela se sente em relação ao aborto? Quer saber os detalhes sobre como é feito, se dói, quais são os riscos, e como se sentirá depois? As reações de sua filha podem ser surpreendentes. Ela pode acreditar no direito de escolha da mulher, mas pensar que o aborto não é uma escolha que deva fazer. Pode ter se oposto de maneira peremptória ao aborto, mas, ante a perspectiva real de uma criança, decidir-se por ele. O conflito entre suas concepções morais e desejos pessoais pode ser grande, o que só virá a aumentar o trauma emocional.

Existem muitos partícipes potenciais nessa decisão. Além dos futuros jovens pais e suas respectivas famílias, outros grupos e amigos podem ter algo a oferecer. O médico de sua filha pode falar sobre o fator saúde, quanto aos aspectos de sua opção. Seu conselheiro religioso pode ajudá-la a pesar a decisão no âmbito dos valores religiosos. Um orientador da escola também pode ser de grande valia.

Algumas clínicas que não realizam abortos podem proporcionar um aconselhamento abrangente a fim de ajudar sua filha a decidir o que é melhor para ela. Contudo, há organizações que podem manifestar franca oposição à opção do aborto, desaconselhando-o, ou não mencioná-lo como alternativa. Se você e sua filha concordarem com a posição dessas instituições, ela encontrará ali ambiente adequado. Mas havendo quaisquer dúvidas, ela pode preferir ir a uma clínica que a apoie na consideração de todas as escolhas possíveis.

Pode ser útil conversar com outras adolescentes que passaram pela mesma situação e tomaram as várias decisões possíveis. Conversar com adultos que enfrentaram esse dilema quando adolescentes também pode ajudar. E há também você.

Seu papel

Fiquei me policiando para manter a calma – era difícil tanto para mim quanto para ela. Decidi esperar que ela viesse até mim. Tentei, mas não durou nem dez minutos. Coloquei uns biscoitos numa bandeja, levei até o quarto, sentei em sua cama e a abracei. Ela sabia que eu sabia. Eu disse apenas "eu te amo", e ficamos ali sentadas.

Eloyse, sobre a filha de 17 anos

A cena acima lhe diz alguma coisa?

Tracey começou achando que tinham se aproveitado de sua filha. "Liguei para a mãe dele, Elizabeth, que eu conhecia de vista há anos. Comecei calma, até que me vi gritando com ela, pelo que o filho dela tinha feito com minha filha. Não pude acreditar que estava fazendo aquilo. E se ela nem soubesse? Depois, soube que a Callie tinha dito a ele que usava diafragma, o que não era verdade. Nem diafragma ela tinha! Eu devia desculpas a Elizabeth. E ela entendeu. Eu estava com muita raiva. Era mais fácil culpar outra pessoa e não a Callie. Mas esse luxo eu não tive."

Você pode ser tomada por toda sorte de sentimentos, e seja o que sua filha venha a decidir, essa gravidez afetará sua vida para sempre. Mas eis aqui a pegadinha. Ela está para tomar a decisão. E mesmo que você tenha uma forte percepção dos valores e das ambições de sua filha, pode não ser capaz de prever o que ela irá fazer em relação à gravidez.

Talvez você saiba exatamente o que acha que ela *deveria* fazer, e também acha que deve dizer o que ela deve fazer – obrigá-la a fazer. Não quer esperar que ela decida, e tampouco quer que ela arrisque o que você considera uma decisão errada. Mas tentar impor uma decisão pode gerar consequências.

Se sua filha é como a maioria das garotas, o melhor será ela pensar bem no assunto para chegar a uma conclusão própria. Ainda que chegue à mesma decisão que você tomaria, o processo de chegar lá pode ajudá-la a aceitar o que quer que aconteça no futuro. A consequência possível, se você ou qualquer outra pessoa ditar a decisão, será a conflagração de anos de ressentimento e arrependimento. Ela pode concordar que sua escolha foi a melhor, mas jamais esquecerá que você lhe tirou a autonomia. Isso não significa que ela não vá precisar do seu conselho e de sua permissão.

Alguns pais que discordam da decisão da filha tentarão impedir o aborto. E isso pode ter sérias consequências negativas para a mãe, para a relação dela com o bebê e para a relação com você.

"Nunca acreditei em aborto. Não sou do tipo de sair em passeata protestando, mas não acho que seja certo abortar", diz Margaret, cuja filha engravidou aos 17 anos. "Mas minha filha disse que ia tirar e eu fiquei sem saber o que fazer. Ela viu que eu estava arrasada. Ela querer tirar foi ainda pior do que ter engravidado."

Margaret procurou o conselho da própria mãe, que lhe disse para ir com a filha fazer o aborto. "Ela disse que eu tinha de estar do lado da minha filha. Eu tinha de aceitar a decisão de April. Minha mãe também sempre foi contra o aborto, mas, nessa situação, ela foi categórica quanto à necessidade de me manter ao lado de April. Ela me disse que eu jamais me perdoaria se abandonasse minha filha na hora em que ela mais precisava de mim. Agora que já passou, só posso dizer uma coisa: não consigo imaginá-la passando por aquilo sozinha."

Não quero ser avó tão cedo

Ou você pode estar abordando a gravidez de sua filha através de outra perspectiva, desesperada para que ela não traga a criança para sua família.

"Para mim, só havia uma opção", explica Lisa sobre a decisão da filha. "Não havia como ela ter um filho sendo tão jovem. Tinha a vida inteira pela frente. Carregar um bebê nove meses e dá-lo para adoção? E eu ia ter de mandá-la para a casa da minha irmã pelo resto do ano letivo? Sei que não é politicamente correto, mas a verdade é que não havia escolha. Esta não é uma comunidade em que adolescentes ficam tendo bebês a toda hora. Eu sabia desde o começo que ela teria de fazer um aborto e que íamos, sim, manter o maior segredo."

Mas a filha de Lisa não concordava. Ela queria saber de todas as opções possíveis e conversar com os outros, inclusive o garoto. "Na faculdade eu tive aulas de psicologia o bastante pra saber que era o caso de ceder" observa Lisa. "Se eu insistisse no aborto, ela ia querer ter o filho como um ato de rebeldia. Deixei bem claro o que eu pensava, mas também disse que a decisão era dela. Ela teve uma conversa com uma terapeuta e também falou com umas amigas, e eu realmente não sei a qual experiência de vida elas recorreram para aconselhar, mas foi assim que ela quis fazer." Cerca de uma semana depois, sua filha se decidiu pelo aborto. "Aquela semana foi um inferno para mim", acrescenta Lisa.

Se você estiver nessa situação, terá ainda menos poder do que os pais que querem evitar que uma filha faça um aborto. Nem pai nem mãe podem impedir uma filha de fazer um aborto, ou obrigá-la a dar o bebê para adoção.

A melhor abordagem, a única razoável em que podemos pensar, é simplesmente expressar suas concepções e as razões para elas, e explicar que tipo de apoio você pode oferecer a cada uma das opções de sua filha. Pode deixar claro, por exemplo, que se ela tiver o bebê, você não ajudará a tomar conta. Se isso for verdade, é uma informação da qual ela precisa para tomar a decisão.

O homem invisível

É fácil esquecer o impacto sobre o pai. Se é seu filho que está com a namorada grávida, a posição dele é delicada. Ele pode ter as mesmas emoções e reações que ela. Pode ficar empolgado, com medo ou confuso. Mas é ela que vai carregar o bebê ou passar pelo aborto. Ele pode estar tão envolvido com o bebê quanto ela, mas não tem autoridade legal sobre o que acontece antes do nascimento. Não pode fazer com que ela recorra ao aborto e nem dissuadi-la de fazê-lo. Tem apenas o poder da persuasão. Mas se ela se decidir pelo bebê, tão logo ele nasça, seu filho, como pai, terá todo tipo de direitos e responsabilidade legais, talvez mais até do que possa suportar.

Com certeza ele exercerá mais influência sobre a decisão da parceira se estiver realmente envolvido e der seu apoio, mostrando-se disponível a ouvir quando ela quiser conversar sobre suas escolhas.

Não é incomum que os pais na gravidez adolescente estejam nos seus 20 e poucos anos. Esses podem tirar o corpo ainda mais rápido quando ficam sabendo que há um bebê a caminho. Mas isso não significa que um homem de 23 anos não ama sua filha e não queira ser o pai da criança. Pode não ser o cenário típico, mas acontece.

Mãe adolescente

Eu tive uma boa educação. Era de uma família de classe média alta. Eu era bastante segura. Sólida. Acho que foi por isso que deu certo.

**Donna, 42, mãe de dois filhos,
que teve o primeiro aos 16**

Agora, examinemos com mais detalhes cada uma das opções de sua filha, começando pela decisão de ter o bebê.

Como é de suspeitar, ter um bebê sendo ainda uma adolescente reduz as perspectivas tanto para a mãe como para a criança. Sua filha estará menos propensa a terminar o colégio ou a faculdade. Pode vir a acalentar novos sonhos e objetivos, muitos dos quais giram em torno de seu papel como mãe, enquanto os antigos planos podem já não ser viáveis ou importantes para ela. Os filhos de mães adolescentes tendem a ter menor rendimento na escola e, se forem meninas, elas próprias podem engravidar precocemente, ainda que, se a mãe adolescente continuar a viver com os pais, as coisas sejam melhores para o bebê.

Dito isso, também parece que o impacto sobre a mãe pode ser menor do que popularmente se acredita. Basta comparar garotas adolescentes que têm bebês com as que não os têm para ver que o desempenho das primeiras certamente será pior em educação, renda e vida familiar. Mas a questão é: como teria sido sua vida sem o bebê? Parece que, em média, sua vida não teria sido muito diferente.

Eis aqui um tópico difícil. Adolescentes com bebês são diferentes daquelas que não os têm, de modo que é difícil encontrar um grupo de garotas sem bebês que em certos aspectos se assemelhem às garotas com eles. Podemos compará-las pelo histórico familiar, pelo nível econômico da família, por etnia e religião, mas não podemos fazê-lo por caráter, senso de responsabilidade ou personalidade. Talvez a garota que queira ser advogada esteja menos propensa a fazer sexo ou mais propensa a usar preservativo e fazer um aborto, porque ela sabe que um bebê a desviaria de seus planos.

Aos 40 anos, Donna tem uma loja de roupas femininas, um marido professor e duas filhas, uma de 24 e outra de 22. "Eu meio que considero uma ofensa quando as pessoas vão logo concluindo que quando uma mulher jovem tem um filho isso é automaticamente uma coisa ruim. Acho muito legal aos 40 anos, ter em casa duas mulheres jovens que também são minhas filhas."

De que modo a afetou ter duas filhas antes de se formar no colégio?

"Achei ótimo. Não fui impedida de fazer nada do que eu quis fazer. E as minhas filhas são jovens maravilhosas. Jamais me arrependi de ter ficado grávida ou de ter tido filhos."

Se você visse Donna dizendo isso, duas coisas ficariam claras. Uma, que ela é uma mulher cheia de energia e jogo de cintura. A segunda, que ela fala sério. Podemos apostar que foi essa energia e essa autoconfiança que a fizeram vencer o desafio inimaginável a muitas adolescentes de 17 anos de classe média alta.

"Jenny nasceu em outubro do meu primeiro ano no ensino médio. Em setembro do ano seguinte, voltei para a escola. Tive sorte de a escola ter um programa de ensino alternativo noturno. Eu ia duas noites por semana. E, no último ano do colégio, eu tive Nanny. Ela estava em meus braços e Jenny ao meu lado quando me formei. Comecei a faculdade em setembro do ano seguinte. Quando elas eram bebês, eu trabalhava entregando jornais à noite. Eu parava o carro e dava de mamar quando era necessário. Levei oito anos para me formar, em vez de quatro, mas daí fui fazer meu mestrado em administração."

Tudo isso para dizer que o impacto individual pode ser muito diferente do resultado que aparece em estudos. Algumas garotas continuariam a acalentar ambições pessoais e metas de carreira não fosse a maternidade. Inversamente, se sua filha decidir ter um filho, não significa que ela não possa perseguir seus sonhos. Uma mulher pode, sim, vencer os obstáculos. Ela não será a primeira mãe adolescente a voltar aos estudos e se formar no segundo grau, fazer uma faculdade, ter um excelente emprego e sustentar seu filho.

Quando o assunto é a saúde e o desenvolvimento do recém-nascido, de novo os estudos são limitados, os resultados obtidos são obscuros e não raro conflitantes. Todo o resto sendo igual, parece que ter uma mãe adolescente exerce um impacto negativo pequeno sobre a saúde do bebê, sobretudo se ela fizer os exames pré-natais. O problema não é biologia. O que realmente importa são os rendimentos, a educação e as circunstâncias da mãe. Mães adolescentes não costumam ter uma renda muito boa. Tendem a não concluir os estudos e não raro falham nos cuidados pré-natais. Nenhuma dessas coisas é um bom presságio para o bebê.

Criar um filho será mais fácil se sua filha tiver incentivo. Mães adolescentes cujos pais estão envolvidos e dão seu apoio estarão mais propensas a voltar à escola. É claro que nem todas as mães adolescentes, e talvez nem mesmo a maioria, têm o mesmo entusiasmo de Donna. Mas mesmo que sua filha não seja tão resistente quanto ela, pode ter sempre em mente a avaliação que ela faz de sua vida de adolescente: "Se você recebe apoio – e eu tive muito –, e as pessoas têm uma atitude positiva em relação a você, as coisas podem funcionar maravilhosamente bem."

Adoção

Não são muitas as adolescentes que optam pela adoção, mas essa é uma opção a se levar em conta, para garotas que não aceitam a ideia do aborto e não se sentem capazes de criar uma criança. Existem muitos possíveis pais, ansiosos para adotar e proporcionar um lar amoroso para uma criança.

Nos Estados Unidos, a adoção é regida pelas leis de cada estado, de modo que falaremos aqui de maneira genérica. Existem vários tipos de adoção. [No Brasil, os procedimentos são realizados pelo Judiciário, com as varas da infância e da juventude da Comarca ou equivalentes definindo a habilitação dos candidatos e inscrevendo-os no Cadastro Nacional de Adoção. As inscrições ficarão disponíveis a todos os juízes e deverão ser atendidas por ordem cronológica.]

Na *adoção fechada,* os nomes dos pais biológicos e adotivos são mantidos em segredo. Mais tarde, se os pais biológicos desenvolverem condições médicas relevantes para a saúde da criança, podem compartilhar a informação com a agência de adoção. Quando a criança tiver 18 anos, se for da vontade dela e dos pais biológicos, as partes podem se reunir e conhecer seus respectivos nomes.

> **Exames pré-natais**
> Se sua filha decidir ter o bebê, quer ela fique com ele ou o encaminhe para a adoção, ela deve fazer exames pré-natais imediatamente. Isso é importante para ela e para a saúde do bebê. Muitas complicações na gravidez adolescente podem ser evitadas com exames pré-natais feitos na hora certa.
>
> Ela fará exames para anemia, pressão alta, DSTs e outras infecções e condições que possam prejudicar a saúde dela e a do bebê. Aprenderá que não deve fumar, beber ou fazer uso de drogas durante a gravidez, pois isso pode ser prejudicial à saúde do bebê. Um dos melhores meios para ela dar provas de que se importa realmente com o bebê é se abster de certas substâncias nocivas a ele. Deverá verificar se quaisquer remédios que está tomando podem causar danos à saúde dele.
>
> Bons cuidados no período pré-natal também incluirão aconselhamento sobre outras coisas que sua filha deve fazer, como tomar vitaminas que contêm folato para reduzir as chances de o bebê nascer com alguma complicação (pode-se tomá-lo antes mesmo da gravidez).

Na *adoção aberta*, pais biológicos e adotivos se conhecem por nome ou pessoalmente. Não é raro os pais biológicos escolherem os pais adotivos entre os candidatos potenciais. Às vezes, os pais biológicos podem desempenhar um papel ativo na vida da criança, por meio de cartas ou visitas ocasionais. Contudo, os pais adotivos detêm os direitos parentais.

As adoções costumam ser arranjadas por meio de agência pública ou particular, que analisa pais adotivos potenciais. Algumas agências podem cobrir as despesas pré-natais de sua filha (alguns pais adotivos também podem fazê-lo), além de proporcionar a ela um lugar para morar durante a gravidez. Adoções também chegam a ser combinadas privadamente por meio de um advogado. Pagar para adotar um bebê é ilegal. Uma adoção particular pode não dispor de tantos serviços de apoio, mas o médico de sua filha ou seu conselheiro religioso pode fazer uma indicação. Tais serviços podem ser bastante úteis nas implicações da decisão e no preparo para o encaminhamento da criança.

Ambos os pais biológicos devem consentir na adoção, a não ser que um deles não seja localizado ou seja declarado incapaz. Se o pai não for casado com a mãe, ele pode precisar estabelecer a paternidade para exercer seus direitos. Um pai não pode dar o consentimento final para a transferência da criança para a adoção até o bebê nascer. A duração dos procedimentos para que a adoção possa ser efetivada varia de estado para estado. Não importando o que foi acordado antes do nascimento do bebê, os pais biológicos têm o direito de mudar de ideia depois. Se um dos pais quer dar a criança e o outro não, um juiz decidirá.

A adoção deve ser aprovada por um juiz, geralmente após o bebê ter ficado com a família adotiva por um período. Algumas vezes, existe um período de "graça" após a adoção ser finalizada, quando os pais biológicos podem entrar com uma petição para ter o bebê de volta. Mas depois, e indefinidamente, a adoção deve ser considerada uma transferência permanente de direitos parentais.

Pais de criação

Sua filha pode encaminhar o bebê para pais de criação aprovados por uma agência. Espera-se que um dos pais biológicos, ou ambos, recebam a criança de volta em um período razoável, talvez após a conclusão do segundo grau. O estado costuma dar cobertura médica e prover fundos para despesas. Também detém responsabilidade legal temporária sobre a criança, embora os pais biológicos possam estar aptos a tomar decisões médicas ou educacionais importantes. A criação pode ser desempenhada por um parente ou amigo da família, mas alguns estados limitam os fundos no caso de ser feita por parentes. Não havendo famílias de criação em número suficiente, as crianças são encaminhadas a uma instituição.

Geralmente, ambos os pais biológicos precisam aprovar a transferência da criação, muito embora um juiz possa interditar o pai. Se os pais biológicos não visitarem o filho regularmente e não tiverem planos para seu futuro, a agência pode suprimir seus direitos e encaminhar a criança para adoção definitiva.

Outra solução possível é aquela em que um membro da família toma conta da criança informalmente até que a mãe dela tenha terminado a escola ou esteja empregada e pronta para assumir a responsabilidade. Se a pessoa que está tomando conta mora com a criança e a mãe, a transferência de volta para a garota pode ser uma transição mais fácil para a criança. Dependendo da relação entre a pessoa que toma conta da criança e a mãe da mesma, um contrato legal pode ser útil. Independentemente disso, ambos os pais costumam deter o direito de pegar a criança de volta em uma situação informal, a não ser que percam os direitos por ausência de envolvimento.

Aborto

Opção que pode incitar conflito, frustração e ambivalência, o aborto é a segunda solução mais frequente para a gravidez na adolescência. [Como já foi dito, no Brasil, o aborto só é permitido quando a gravidez representa risco de morte para a gestante, e não há outra medida a ser tomada, ou se foi resultado de estupro.]

Se sua filha estiver pensando em abortar, pode precisar de um tempo para tomar uma decisão com a qual se sinta confortável, mas sem ruminá-la por muito tempo, pois os abortos médicos não costumam ser feitos após a nona semana. A partir daí, os riscos aumentam e os custos também.

Nos Estados Unidos, o aborto é legalizado e é procedimento cirúrgico dos mais comuns. Embora as adolescentes tenham menos complicações do que as mulheres adultas com o mesmo tempo de gravidez, na prática, as adolescentes abortam mais tarde, razão pela qual há mais complicações nessa faixa etária. Isso acontece por diferentes razões: as adolescentes demoram mais para saber que estão grávidas e para buscar os cuidados necessários. Em alguns estados, a garota não poderá fazer o aborto sem notificação ou permissão dos pais. Se ela tiver medo de contar aos pais, pode haver atraso significativo para a cirurgia. O custo também pode provocar atraso, o que, por sua vez, onera ainda mais o processo. Uma cirurgia de aborto sem complicações no primeiro trimestre da gravidez provavelmente custará algumas centenas de dólares, mas o preço sobe à medida que a gravidez avança.

Métodos abortivos
Existem dois tipos de aborto: o cirúrgico e o clínico. O leque de opções para o tipo de aborto diminui com o avanço da gestação.

Métodos de aborto cirúrgico

Dilatação e curetagem: Há anos, a dilatação e a curetagem (D&C, também chamada curetagem por sucção ou raspagem) tem sido a forma mais comum nos Estados Unidos, respondendo por 95% dos abortos realizados.

Normalmente, é preciso haver dilatação do colo do útero, que pode ser efetuada segundo diversos métodos. Uma laminária (talo de algas marinhas) ou dilatadores semelhantes, que absorvem água, pode ser posta na abertura cervical para expandi-la pouco a pouco. Geralmente, funciona no prazo de seis horas (embora possa levar mais) e causa pouca ou nenhuma dor. Dilatadores osmóticos são bem semelhantes, exceto pelo fato de serem químicos, isto é, fabricados sinteticamente. Podem custar mais e ter efeito mais rápido. Também um dilatador mecânico pode ser usado para expandir a cérvice, isoladamente ou em conjunto com laminária ou dilatador osmótico.

Obtida a dilatação, um tubo fino, conectado a um sugador ou a uma seringa, atravessa a cérvice para extrair os produtos da concepção (o feto e a placenta) do útero. Pode haver anestesia local. O procedimento leva cerca de 10 minutos. Podem ocorrer cólicas (semelhantes às menstruais, ou até mais fortes) durante ou após o aborto. O médico costuma prescrever antibióticos para evitar infecção.

Dilatação e expulsão: Também conhecido como D&E, é o procedimento mais usado no segundo trimestre de gravidez, especialmente da 13ª à 16ª semana de gestação. É semelhante ao D&C, só que exige dilatação maior da cérvice para garantir que produtos maiores da concepção possam ser removidos. Fórceps costumam ser usados para a remoção completa. O procedimento leva de 10 minutos a 20 minutos.

Na maioria das vezes, basta a anestesia para o procedimento, embora a anestesia geral possa ser recomendada pelo médico ou solicitada pela gestante.

Métodos de aborto clínico

Diversos métodos abortivos clínicos se tornaram disponíveis nos Estados Unidos nos últimos anos e espera-se que, com o passar do tempo, sejam usados cada vez mais no lugar de métodos cirúrgicos. Abortos clínicos geralmente são realizados da 7ª até a 9ª semana após o último período menstrual. Frequentemente, são semelhantes ao aborto espontâneo, com muitas cólicas, náuseas e vômitos. Também podem provocar dores no ventre e diarreia. É comum sangramento vaginal copioso nas primeiras horas e sangramento irregular depois, com saída de coágulos sanguíneos ou tecidos por um mês ou mais. Se o aborto clínico for incompleto, um aborto cirúrgico pode ser feito para completar o processo.

Abortos clínicos são quase sempre seguros, embora não devam ser feitos em pacientes com anemia grave ou certas condições. DIUs devem ser removidos primeiro.

Metotrexato: O metotrexato é uma toxina celular injetada para interromper a gravidez. É usado junto com o misoprostol [versão sintética da protaglandina E1 (PGE1) para prevenção de úlcera estomacal], que faz o útero se contrair e esvaziar. Esse método demanda três visitas ao médico: a primeira para que o metotrexato seja ministrado; sete dias depois, para o misoprostol (em comprimido ou supositório); e duas semanas depois para a confirmação de que o aborto foi completado. A taxa de êxito do metotrexato é de cerca de 90% no início da gravidez. O aborto geralmente se completa em oito dias.

Mifepristone: Também conhecido como RU-486, o mifepristone bloqueia o hormônio progesterona, necessário para o revestimento do útero. Quando o revestimento desaparece, a gravidez termina. Tem êxito de 95% na interrupção da gravidez. O mifepristone vem em comprimido, sendo ministrado por via oral. É dado em uma sequência de três visitas (inclui uso de misoprostol), assim como no caso do metotrexato. O aborto costuma estar completo em oito dias.

Depois do aborto

A maioria das mulheres não tem problemas emocionais de longo prazo relacionados ao aborto. Tais problemas ocorrem com mais frequência quando a mulher aborta uma gravidez desejada por motivos de saúde ou por problemas sérios em sua vida, quando há um conflito quanto a realizar o aborto ou quando ela já tem problemas emocionais. A título de comparação, as mulheres tendem a ter menos problemas emocionais após o aborto do que após o nascimento da criança (obviamente, não é razão para se fazer um aborto).

A curto prazo, as mulheres podem manifestar uma série de reações. Se sua filha é como a maioria das garotas, é provável que ela sinta alívio. Também pode se sentir triste e deprimida, e ser assolada por persistentes sentimentos de culpa – de ter engravidado, em primeiro lugar. Pode lamentar a perda da gravidez. Faça com que ela saiba que você está lá para lhe dar todo apoio e auxílio. Uma terapia pode ser benéfica.

Quanto aos efeitos físicos, os abortos acarretam menos complicações do que os partos e muitos procedimentos cirúrgicos. Complicações podem ocorrer, e é importante que sua filha converse com o médico para tomar uma decisão baseada em informações. Após ter feito um aborto, a garota deve passar por exames clínicos para verificar se há sinais de infecção, como febre, arrepios, corrimentos com mau cheiro, cólicas, dores na barriga ou lombares e sangramento persistente ou copioso.

Mulheres que fazem abortos no primeiro trimestre de gravidez não terão problemas em uma gravidez futura ou dificuldades para engravidar novamente. Quanto ao impacto de abortos mais tardios, pouco se conhece, mas é provável que mulheres submetidas a abortos tardios sem complicações também não tenham problemas em uma gravidez futura.

Sua filha pode engravidar novamente dez dias após fazer um aborto. Portanto, precisará usar a contracepção para evitar uma nova gravidez indesejada. Seu ciclo menstrual deve retornar em seis semanas.

Depois que sua filha fizer o aborto, você, pai ou mãe, talvez também lamente uma perda – a perda do bebê, perda da inocência da sua filha ou perda de sua autoridade na questão, principalmente se você não concordou com a decisão que foi tomada. Se tiver que proteger a privacidade de sua filha, terá certas limitações. Se não tem como conversar sobre a situação com um parente ou amigo, pode cogitar um terapeuta ou conselheiro religioso. Não subestime o potencial impacto sobre seus sentimentos. Quer você tenha concordado com a decisão ou a tenha considerado um repúdio ao seu código moral, tal experiência há de ter seu ônus.

Meta comum

Embora haja grande variedade de opiniões sobre o aborto, é provável que haja consenso em uma meta: a de que o anúncio "Mãe, pai, estou grávida..." deveria sempre ser uma boa notícia. Gostaríamos de evitar que sua filha tenha uma gravidez indesejada ou que seu filho se torne pai sem querer. Mas é claro que não podemos. Sabemos, porém, como reduzir as chances de ela precisar enfrentar essa situação. E você também já sabe o que fazer caso uma gravidez não desejada ocorra em sua família. O bom é que, se acontecer, sua filha, seu filho precisará ter uma pessoa compreensiva e comprometida ao seu lado. Alguém como você.

Anexo

MÉTODOS CONTRACEPTIVOS

Vamos passar em revista os vários tipos de contracepção, bem como informações atualizadas sobre seus benefícios e efeitos colaterais. A tabela com as taxas de prevenção à gravidez inerentes a cada tipo de contracepção está no Capítulo 9.

Considerando que pesquisas mais detalhadas e profundas são realizadas constantemente, disponibilizando mais e melhores informações sobre contraceptivos e novos métodos de controle da natalidade, é sempre bom consultar o médico de sua filha para se atualizar e obter conselhos adequados às condições e necessidades de saúde da jovem. Informações mais recentes também são encontradas na página Centers for Disease Control and Prevention (CDC) em www.cdc.gov [No Brasil, existem informações em diversos sítios; um deles é o www.anticoncepcao.org.br.]

Abstinência

A abstinência não é bem uma forma de contracepção, mas, quando praticada de maneira adequada e consistente, será eficaz. É barata, não requer prescrição nem consulta médica, e está sempre à disposição. Discutimos a abstinência no Capítulo 8, mas revisitaremos aqui alguns pontos-chaves relacionados à contracepção.

Se o único motivo da abstinência para sua filha ou seu filho é evitar a gravidez, basta não ter intercurso vaginal. Na verdade, pode se dar a "gravidez virginal", quando o esperma cai perto da abertura vaginal e dali chega à vagina. É raro, mas acontece, de modo que o parceiro do sexo masculino deve manter alguma distância da vulva ao ejacular.

A abstinência com o intuito de evitar DSTs envolve uma lista bem mais longa de atividades vetadas. Como veremos no Anexo do próximo capítulo, chatos, verrugas ou escabiose genital podem ser transmitidos pelo simples fato de um corpo nu tocar o outro, enquanto o HIV requer a troca de fluidos corporais por meio de intercurso vaginal ou anal.

A abstinência por motivos religiosos ou concepções pessoais vai variar, dependendo da religião ou do código moral do filho ou da filha. Em geral, a abstinência por motivos religiosos excluirá todas as formas de intercurso e, possivelmente, qualquer atividade sexual que envolva ejaculação.

Em razão das múltiplas definições possíveis de abstinência e como tratamos no Capítulo 8, o melhor é esclarecer que definição você estará usando nas conversas com seus filhos. Sem isso, mesmo que tentem seguir seus conselhos, eles acabarão se envolvendo em atividades "a evitar" ou evitando aquelas que você considera razoáveis.

Uma abordagem da abstinência focaliza a ausência de penetração, com variações em torno da masturbação mútua. Muitos agentes de saúde pública promovem essa prática como um modo de ter intimidade e satisfação sexual sem alguns dos riscos para a saúde. (O *slogan* do sexo sem penetração nos Estados Unidos é: "Em cima de mim, não dentro de mim". Nada sutil, reconhecemos, mas vai direto ao ponto.)

Estabelecer uma regra para se abster de toda intimidade sexual pode não funcionar para alguns adolescentes. Se cometerem algum deslize ou se envolverem em qualquer prática relacionada a sexo, acharão que falharam, tendendo a "chutar o pau da barraca" e ir até o fim, ou seja, até o intercurso propriamente dito. Assim, uma abordagem ponderada – na qual o objetivo é enveredar por algumas, mas não todas as formas de intimidade – pode ser mais exequível. Para outros, que adotam a regra do "tudo ou nada', esse tipo de abordagem não funcionará.

Vantagens: A abstinência não depende de lembrar que é preciso levar alguma coisa – como uma camisinha, por exemplo, a não ser a própria força de vontade e a capacidade de dizer "não". Independe de tomar a pílula todos dias ou de tomar uma injeção regularmente.

A abstinência é o modo mais eficaz de evitar tanto a gravidez como as DSTs, dependendo do objetivo da pessoa que se estiver abstendo.

Desvantagens: Ao ensinar aos adolescentes apenas sobre abstinência, mas não sobre a contracepção, eles podem não saber como reduzir as chances de uma gravidez indesejada ou de contrair uma DST, caso não consigam manter a abstinência.

Camisinha masculina

Os preservativos evitam a gravidez, impedindo a entrada do esperma na vagina, e também a transmissão de muitas DSTs. De fato, a camisinha masculina e a feminina são os únicos tipos de contracepção que diminuem substancialmente os riscos de transmissão de doenças sexuais.

A maioria das camisinhas é feita de látex. Embora sua eficácia não tenha sido demonstrada de maneira inequívoca para cada DST, estudos com usuários de preservativos, bem como estudos de laboratório, mostraram que elas garantem proteção considerável contra algumas doenças (especialmente o HIV). Cientistas inferem desses estudos que a camisinha também protege contra outras doenças e, por isso, recomendam seu uso contra elas também. Ocorre que a camisinha *não garante proteção total* contra qualquer tipo de DST (entre outras coisas, ela pode estourar). Ela reduz o risco de pegar ou disseminar DSTs, mas não o elimina. Além disso, é claro, só protege contra a transmissão de DST que envolva o pênis. Muitas DSTs podem ser transmitidas por outras vias, como a vagina, a boca ou de pele para pele.

Com lubrificação, as camisinhas de látex ficam menos propensas a romper e mais confortáveis para o intercurso vaginal e anal. (Camisinhas não lubrificadas são mais adequadas para sexo oral, a felação). Convém usar apenas lubrificantes à base de água com as camisinhas de látex, pois este material se enfraquece ao contato com óleo. Portanto, evitar lubrificantes à base de óleo, como vaselina, óleo para bebês, óleo de cozinha ou azeite, manteiga de cacau e loções umectantes em geral. Se uma garota estiver tratando uma infecção vaginal por germes, a medicação que ela insere na vagina provavelmente será à base de óleo, por isso, ela não deve usar preservativos de látex até o término do tratamento. Poderá, isso sim, recorrer a camisinhas de poliuretano, porque o óleo não as danifica. Existem muitos lubrificantes íntimos eficazes à base de água, como o gel K-Y Warming, da Johnson & Johnson, e produtos próprios para uso com camisinhas de látex. Uma dica: experimente usar clara de ovo.

Alguns homens, incomodados com a redução de sensibilidade que pode ocorrer com os preservativos de látex, preferem os de pele de cordeiro (preservativos de membrana natural), feitos com o intestino do carneiro (para aficionados em anatomia, esclarecemos que são feitos da parte do intestino chamada ceco, sendo cada preservativo proveniente de um único animal). Embora o esperma não consiga passar pelos preservativos de membrana natural, pequenos vírus conseguem. Assim, essas camisinhas são úteis para evitar a gravidez, mas não para impedir a disseminação de HIV, herpes e hepatite B. O uso desses preservativos só se justifica em casais de relação monogâmica de longo prazo, que não precisam se preocupar com DSTs, razão pela qual não são recomendados para adolescentes. Quanto à diminuição da sensibilidade, algumas gotas de lubrificante dentro do preservativo de látex tornam o uso mais prazeroso.

Outro tipo de camisinha é a de poliuretano, a chamada "camisinha de plástico". É mais fina e mais forte que a de látex e, como já dissemos, pode ser usada com lubrificantes à base de óleo. Pesquisas têm sido feitas para determinar a eficácia dos preservativos de plástico na proteção contra DSTs, existindo já muitos indicadores de que elas realmente protegem.

Alguns preservativos vêm com espermicida. Não há evidência de que o espermicida na camisinha seja útil para evitar a gravidez, por não haver quantidade suficiente no preservativo. Se a camisinha arrebentar ou sair do lugar, o esperma pode nem entrar em contato com o espermicida. Já um espermicida vaginal é bem mais eficaz como contraceptivo. Contudo, um espermicida muito popular [e combatido por autoridades médicas dos EUA e da OMS desde os anos 1980], chamado nonoxinol-9, não protege contra o HIV nem contra outras DSTs, pelo contrário, aumenta as chances de infecção. Mais adiante abordaremos os espermicidas mais detalhadamente.

Vantagens: Além da versão feminina, as camisinhas masculinas são os únicos contraceptivos que comprovadamente evitam a transmissão de DSTs, o que as torna indispensáveis para o adolescente sexualmente ativo. Ademais, são fáceis de levar e não requerem prescrição médica.

Desvantagens: Em primeiro lugar, ao contrário de algumas formas de contraceptivos, é preciso recorrer às camisinhas a cada intercurso sexual. Muitos adolescentes que consideram a camisinha seu meio de contracepção favorito, não a usam em todas as relações. Além disso, alguns garotos a colocam depois que já começaram o intercurso, supondo só haver necessidade de fazê-lo durante a ejaculação. Não só a garota pode engravidar na pré-ejaculação, como ambos podem contrair DSTs antes que ele coloque a camisinha.

Em segundo lugar, a camisinha pode arrebentar. Isso ocorre em menos de 2% das vezes, e, até onde sabemos, a maioria dos rompimentos não se deve a defeitos de fabricação. Temos informação de que o controle de qualidade na produção de camisinhas é bastante rigoroso. Quando a camisinha se rompe ou sai do lugar, trata-se, na maioria das vezes, de uso incorreto. Felizmente, muitos desses acidentes ocorrem antes de o intercurso começar – mas nem todos.

O que fazer quando a camisinha arrebentar? Se o garoto ainda não ejaculou, a primeira providência é retirar o pênis (lembre-se: pode haver pré-ejaculação no preservativo, podendo infectar a parceira ou parceiro) e remover a camisinha imediatamente. Ele não deve continuar o intercurso sexual sem vestir outro preservativo. Se já ejaculou, ele e a parceira devem lavar o pênis e a vagina, o ânus ou a boca com sabonete e água, para reduzir a possibilidade de contrair uma DST. A mulher pode considerar a contracepção de emergência, sobre a qual trataremos ainda neste anexo. Uma mulher e um homem que tiverem sido expostos ao HIV nessa situação devem entrar imediatamente em contato com um médico, a fim de tomar a medicação que possa evitar a infecção.

Finalmente, embora seja um caso raro, há pessoas alérgicas ao látex. Elas devem usar preservativos de plástico, ou, caso a DST não seja uma preocupação, os de pele de cordeiro. Uma alergia pode causar irritação, coceira, erupção da pele e, em casos extremos, dificuldade de respirar e choque – algo semelhante ao que acontece com alergias a remédios e alimentos. Se seu filho apresentar algum desses sintomas, talvez ele seja alérgico ao látex. Consulte um médico. Uma pequena coceira em torno dos genitais também pode ser decorrência do lubrificante. Convém tentar outro lubrificante.

Camisinha feminina

A camisinha feminina foi desenvolvida para proporcionar às mulheres maior controle sobre a contracepção e a prevenção das DSTs. Consiste em uma bolsa de poliuretano – espécie de meia plástica transparente – com um anel fino nas duas extremidades. Pode ser inserida oito horas antes do intercurso. A garota deve usar o anel na extremidade oposta à da abertura e prendê-lo de modo que a cérvice fique coberta – algo semelhante ao modo como ela inseriria o diafragma. O anel da abertura fica fora da vagina, contra os lábios. O lado de dentro é lubrificado, e lubrificante extra é fornecido para usar no lado de fora do preservativo.

As recomendações atuais indicam uso da camisinha uma vez, mas há expectativas de que estudos futuros venham a revelar a segurança da reutilização (após a lavagem do preservativo). Diferentemente do látex das camisinhas masculinas, o poliuretano não é danificado por lubrificantes à base de óleo.

Preservativos masculinos e femininos não devem ser usados em conjunto, pois podem grudar um no outro e sair.

Até o presente momento, as camisinhas femininas não têm lugar de destaque no leque de opções contraceptivas. Tiveram aprovação da Federal Drug Administration (FDA) apenas em 1993 – são relativamente novas, portanto, e são mais fáceis de encontrar em *sex shops* do que em farmácias nos EUA.

Vantagens: Estudos iniciais não contemplaram a capacidade da camisinha feminina de evitar a disseminação de DSTs, mas acredita-se que são mais eficazes do que os preservativos masculinos, com menor risco de vazamento por furos e rasgos. Além disso, o poliuretano que fica contra os lábios vaginais pode ser uma barreira adicional ao contato entre a base do pênis e os lábios.

Algumas mulheres gostam da camisinha feminina porque adquirem um controle que não têm quando o preservativo é masculino. As mulheres podem inseri-la corretamente e certificar-se de que não está danificada. Algumas também gostam do modo como ela adere e, ao contrário de outros métodos que têm sob seu controle, é eficiente tanto para prevenir a gravidez como para evitar DSTs. Se um garoto não se sentir confortável usando a camisinha ou perder a ereção, o melhor é que a parceira use a camisinha feminina.

Desvantagens: Muitas mulheres têm problemas com a camisinha feminina no início, e podem levar meses para adquirir a prática de usá-la adequadamente. Sua filha deve testá-la antes de usar para fazer sexo. Também precisa ter certeza de usar quantidade suficiente de lubrificante, ou a camisinha pode sair do lugar.

Algumas mulheres reclamam que a camisinha feminina faz barulho durante o sexo. O som é como o do ar saindo de um balão, provavelmente porque o ar é expelido durante a atividade sexual. O ruído inesperado pode cortar a excitação.

Há também as que não gostam da aparência da camisinha feminina, com o anel para fora da vagina, e o anel interno pode lhes ser desconfortável.

Os *dental dams* ou lençóis de borracha

Os quadrados de látex (o mesmo material das camisinhas) podem ser usados para praticar cunilíngua e anilíngua, de modo a criar uma barreira entre a língua e a vagina ou o ânus. Não são estritamente anticoncepcionais, porque não são usados para evitar a gravidez, mas os incluímos aqui por serem recomendados para a prevenção de DSTs. [No Brasil, conhecidos como "lençóis de borracha", são encontrados em lojas de produtos dentais, pois são muito usados pelos dentistas em procedimentos cirúrgicos.] Uma camisinha ou uma luva de enfermagem cortada longitudinalmente e aberta como um quadrado ou uma embalagem plástica pode ser usada como substituto. [No Brasil, usa-se também papel celofane para fazer os quadrados protetores.]

Vantagens: Acredita-se que protegem contra a transmissão de DSTs durante o cunilíngua.
Desvantagens: Podem diminuir a sensibilidade de ambas as partes.
Como ainda não foram devidamente estudados, alguns médicos se preocupam com o fato de a saliva e outros fluidos poderem escorrer pelas bordas dos quadrados menores.

Pílulas anticoncepcionais

A maioria dos contraceptivos orais contém dois hormônios – estrogênio e progestina –, que suprimem a ovulação (evitam a liberação do óvulo), engrossam a mucosa cervical para evitar que o esperma a atravesse e bloqueiam a implantação de um óvulo fertilizado no útero. São os chamados *anticoncepcionais combinados*. Outro tipo de anticoncepcional que as adolescentes usam com frequência contém somente progestina. É a chamada "minipílula". Abordaremos aqui sobretudo a primeira, dizendo algo também sobre a segunda. Todos os anticoncepcionais orais são informalmente denominados "a pílula".

Os anticoncepcionais geralmente vêm em embalagem que inclui as pílulas que sua filha tomará para um ciclo menstrual completo de 28 dias. Cada pílula é numerada em sequência para indicar o dia do ciclo em que deve ser tomada. É preciso ingerir os hormônios – isto é, tomar as pílulas com os hormônios – somente em 21 dias para cada ciclo. Por essa razão, as pílulas vêm em dois tipos de cartela: para 21 dias, caso em que sua filha para de tomar uma semana antes de começar uma cartela nova, e 28 dias, com sete pílulas extras, que não contêm hormônios. Essas outras pílulas são chamadas "pílulas-lembretes". Com a cartela de 28 dias, sua filha continua a tomar a pílula todos os dias do ciclo; assim, não precisa se lembrar de iniciar um novo ciclo.

Os anticoncepcionais precisam ser tomados todos os dias. Isso pode ser um desafio para as adolescentes, assim como para mulheres de qualquer idade. É provável que sua filha ache mais fácil assimilar a pílula à rotina diária – poderia tomá-la ao escovar os dentes.

Se ela perder o período menstrual, mas não tiver deixado de tomar a pílula, é improvável que esteja grávida. Se perder dois períodos de uma vez, deve fazer o teste de gravidez.

Sua filha deve ter uma conversa franca com o médico sobre os prós e contras dos anticoncepcionais e sua capacidade de usá-los corretamente. A maioria das garotas não experimenta os efeitos colaterais que detalhamos abaixo, mas as que os conhecem com antecedência, não só tomam decisões mais embasadas, como se revelam mais propensas a aderir aos anticoncepcionais tão logo comecem a tomá-los – é mais fácil lidar com efeitos colaterais se estiverem preparadas para fazê-lo.

Vantagens: Se já faz um tempo que você não lida com a pílula, é bom saber que hoje ela tem muito menos efeitos colaterais do que antigamente.

A pílula é um método contraceptivo inteiramente sob o controle de sua filha, caso ela prefira não contar ao parceiro ou achar que não é o caso de fazê-lo.

Há alguns benefícios adicionais para a saúde, como a redução nas chances de câncer endometrial, de câncer ovariano, tumor de mama benigno, cistos ovarianos, fibroides, gravidez ectópica, anemia. Pode reduzir o sangramento menstrual, as cólicas menstruais e o *Mittelschmerz* (dor ao ovular). Além disso, o benefício extra mais popular para as adolescentes: reduz a acne. Os médicos prescrevem a pílula como tratamento para condições particulares, independentemente de prevenção à gravidez. Muitas garotas ficam felizes ao ouvir que a pílula não diminuirá sua capacidade de engravidar no futuro.

Uma garota cujos períodos são irregulares ficará com a menstruação regulada enquanto estiver tomando a pílula, mas os períodos voltam a ser irregulares se ela parar. A pílula também permite que as garotas evitem menstruar em ocasiões especiais, como a formatura no colégio ou as férias, estendendo o número de dias em que tomam pílulas hormonais "ativas" ou pulando totalmente a semana sem a pílula.
Desvantagens: A pílula não protege contra as DSTs, de modo que os adolescentes precisarão usar camisinha para essa finalidade.

A pílula está entre os medicamentos mais pesquisados existentes e é bastante segura para a maioria das usuárias. Contudo, tem efeitos colaterais potenciais e sua filha deve saber quais são.

Os efeitos colaterais incluem dores de cabeça, perda de períodos menstruais, manchas, sangramento, seios inchados e sensíveis, cloasma (escurecimento da pele em partes da face) e diminuição do desejo sexual. Algumas garotas sentirão náusea, que não costuma persistir após os primeiros ciclos. A pílula pode piorar a depressão. Sua filha já deve ter ouvido falar que "a pílula engorda". Embora algumas garotas realmente engordem com a pílula, outras emagrecem, e não está muito claro quanto do peso é afetado por ela.

A pílula pode aumentar o risco de uma trombose venosa profunda (coágulo sanguíneo) e outras doenças do coração ou do sistema circulatório, mas isso só em mulheres com mais de 50 e algum fator de risco. Os efeitos combinados do fumo e do uso da pílula anticoncepcional muitas vezes potencializam os riscos. Embora mulheres que já chegaram aos 35 ou 40 não devam tomar pílula se forem fumantes, as adolescentes que fumam podem aderir a ela.

É possível um pequeno risco aumentado de câncer cervical e de fígado, mas pesquisadores ainda tentam entender a relação. Apesar das preocupações iniciais, as últimas pesquisas mostram que não há aumento no risco de câncer de mama. Mulheres que tomam pílula são mais propensas a desenvolver um tumor benigno no fígado, chamado adenoma hepático, mas esse é um tumor raro até mesmo entre as usuárias mais intensas da pílula.

Alguns sintomas que apontam para a necessidade de uma consulta são fortes dores na barriga, no peito ou nas pernas; intensas dores de cabeça; dificuldade para respirar; visão borrada ou limitada; dificuldade para falar e depressão. Outros sintomas também podem e devem ser razão para uma ida ao médico.

Diferentes formulações são mais propensas a causar um ou outro dos efeitos colaterais. Alguns efeitos colaterais variarão segundo os hábitos de saúde e o histórico clínico. Garotas com determinados problemas de saúde não devem tomar a pílula, em especial, as que têm histórico de problemas de coagulação, pressão sanguínea muito alta e alguns tipos de doenças hepáticas e cardíacas ou câncer. Outros problemas de saúde não impedem uma garota de usar a pílula, mas sinalizam que deve fazer exames clínicos com mais frequência. A pílula pode interagir com outras medicações (inclusive alguns antibióticos padrão), de modo que se sua filha consultar outro médico, não o que prescreveu o anticoncepcional, ela deve mencioná-lo.

Contracepção de emergência: Pílula do dia seguinte
Abordamos de modo geral a contracepção de emergência (ou pílula do dia seguinte) no Capítulo 9, mas aqui vão alguns detalhes sobre métodos específicos.

O "*Kit* Contraceptivo de Emergência Preventiva" (Preven) inclui quatro pílulas de estrogênio-progestina. Sua filha tomará duas no período de 72 horas após o intercurso e outras duas 12 horas depois. Se estiver no período fértil do ciclo menstrual (que dura cerca de seis dias), o risco de gravidez diminui em cerca de 75%, de 8 em 100 para de 2 em 100.

Cerca de metade das mulheres que usam essas pílulas tem náuseas e uma em cinco, em média, tem vômitos (sintomas que não devem durar mais de um dia ou algo assim). Se sua filha vomitar na hora seguinte após a ingestão das pílulas, deve repetir a dose. Um remédio antináusea ou antivômito pode ser ministrado uma hora antes da primeira dose. Efeitos colaterais menos comuns incluem fadiga, dores de cabeça e sangramento irregular.

O *kit* tem ainda um teste de farmácia para gravidez para que a garota possa ter a certeza de que não está grávida de alguma relação sexual anterior (embora a pílula não vá prejudicar a gravidez existente). Seu próximo período menstrual começará alguns dias depois ou antes do esperado. Se não vier três semanas depois de ela tomar a pílula, aí, sim, é o caso de fazer o teste de gravidez.

O "Plano B" é outro tipo de contracepção emergencial. Ele inclui pílulas de progestina sem estrogênio, e sua filha tomará uma pílula no início (dentro de 72 horas) e outra 12 horas depois. O Plano B é mais eficaz do que o Preven, reduzindo as chances de gravidez durante o período fértil em 89% – de 8 em 100 para 1 em 100. Também causa menos náusea e vômitos.

Pílulas contraceptivas normais podem ser usadas como contracepção de emergência se tomadas em doses elevadas. Muitas têm sido aprovadas pela Food and Drug Administration (FDA) para tal fim. Tal como ocorre com o Preven e o Plano B, a primeira dose deve ser tomada em 72 horas, e a segunda, 12 horas depois. Em geral, a dose é de quatro a cinco pílulas por tomada. O médico de sua filha é quem deverá aconselhá-la sobre essa opção. Outros medicamentos podem afetar a dose para a contracepção de emergência (CE), de modo que ela deve comunicar ao médico se estiver fazendo uso de algum remédio.

Uma opção final é o DIU de cobre. Se inserido até cinco dias após o intercurso (e possivelmente depois disso), ao que parece, ele age como contracepção de emergência, evitando a implantação e, com isso, reduzindo as chances de gravidez em mais de 99%. Mencionamos o DIU para sua informação, mas não se costuma recomendá-lo para adolescentes (ver a seção sobre DIUs adiante neste anexo).

Pílulas esquecidas e reforço

A garota só deve optar pelos contraceptivos orais se ela realmente sentir que pode arcar com a responsabilidade de tomar pílulas regularmente. Contudo, até a pessoa mais conscienciosa pode falhar, e há coisas que interferem na rotina diária. O médico de sua filha deve dizer a ela o que fazer se esquecer da pílula, mas um conselho geral é o seguinte.

Se deixar de tomar a "pílula-lembrete" (uma das pílulas que não contêm hormônio), não há motivo para preocupação. Ela deve apenas descartar a que não tomou e continuar a cartela. As pílulas-lembretes na verdade atuam apenas como "marcadores de lugar" para contar os sete dias em que os hormônios não se fazem necessários.

Se perder a pílula hormonal ou tomá-la 12 horas mais tarde – ou em período posterior – deve recorrer a um método de reforço para os sete dias seguintes.

Se o atraso for inferior a 24 horas, ela deve tomar aquela pílula e a seguinte no tempo em que teria tomado se não tivesse saído da programação.

Se o atraso for de exatas 24 horas, deve tomar ambas, tanto a pílula que deixou de tomar como a da vez. Se for superior a 24 horas, o que significa que ela estará atrasada também para uma segunda pílula, ela deve tomar uma das que perdeu naquele momento e a seguinte no tempo regular, e jogar fora quaisquer pílulas adicionais que deixou de tomar.

Se ela deixar de tomar uma pílula durante a terceira semana (dias 15º ao 21º), deve terminar o restante das pílulas hormonais como de costume, e então pular a quarta semana de pílula (em outras palavras, não deve usar as pílulas-lembretes não hormonais). Em vez disso, deve começar uma cartela nova tão logo termine a terceira semana de pílulas hormonais.

Quando ela tomar os contraceptivos orais pela primeira vez, a não ser que comece no primeiro dia de seu sangramento menstrual, também precisará usar um método de reforço durante os sete dias porque os anticoncepcionais não evitarão a gravidez de modo líquido e certo.

E ela precisará usar um método de reforço ao parar completamente de tomar os contraceptivos orais. A gravidez acontece muitas vezes porque a garota esquece de usar outra forma de contracepção quando interrompe o uso da pílula.

A minipílula

A pílula feita somente de progestina é conhecida como minipílula. A maioria das adolescentes que deseja tomar anticoncepcionais usará as pílulas combinadas, porque são mais eficazes. Contudo, algumas garotas não podem tomar pílulas combinadas em razão de efeitos colaterais, como náusea, sensibilidade dos seios, fortes dores de cabeça e pressão sanguínea alta.

Muitos dos benefícios, bem como dos riscos, são os mesmos descritos para a pílula combinada, o que não surpreende, dado que ambas contêm progestina. Essas pílulas reduzem o fluxo sanguíneo menstrual (às vezes a zero), provocam cólicas e dores menstruais, *Mittelschmerz* e dor associada à endometriose. Diminuem o risco de câncer endometrial e ovariano. Não contêm estrogênio e, portanto, não têm os efeitos colaterais sérios, ainda que raros, dos coágulos sanguíneos.

Por outro lado, podem causar depressão ou sensibilidade nos seios. A eficácia será reduzida se a garota estiver tomando outros remédios ao mesmo tempo.

As pílulas-lembretes são da mesma cor que as hormonais; assim, a mocinha toma uma pílula por dia sem ter de prestar atenção ao tipo que está tomando.

É muito importante tomar a minipílula todos os dias à mesma hora. Pode ser poucas horas mais tarde. Mas, se esquecer, ela deve fazê-lo assim que se lembrar e depois tomar a próxima pílula na hora regular. Se o atraso for superior a três horas, deve recorrer à contracepção de reforço nas 48 horas seguintes. Se perder duas ou mais pílulas consecutivas, deve reiniciar imediatamente e tomar duas pílulas por dia durante dois dias. Uma vez que a minipílula não costuma "perdoar" atrasos relativamente pequenos, somente as adolescentes mais organizadas e conscienciosas devem usá-la.

Injetáveis, implante, adesivo, anel

A pílula não é o único contraceptivo à base de hormônios. Há diversos outros, mais dignos de nota porque não precisam ser tomados diariamente. Dois são injetados (Depo-Provera e Lunelle); um é implantado (Norplant); um é inserido na vagina (NuvaRing); e o último é um adesivo, Ortho Evra. Eles estão entre os métodos mais eficazes de contracepção que sua filha deve considerar e, já que nada precisa ser feito no dia em que a adolescente tiver a relação sexual, eles são praticamente uma garantia de prevenção à gravidez. Contudo, nenhum deles protege contra DSTs, de modo que devem ser usados junto com preservativos.

Depo-Provera

O Depo-Provera [Medroxyprogesterona] é aplicado de forma injetável a cada 12 semanas. Contém somente progestina e funciona inibindo a ovulação e, provavelmente, afetando outras funções reprodutivas.

É improvável que sua filha engravide se ela atrasar em alguns dias a repetição da injeção, mas, é claro, é melhor não arriscar. Se ela decidir que quer ter um filho, deve parar de tomar as injeções cerca de um ano antes do tempo em que gostaria de engravidar e, nesse ínterim, passar para alguma outra forma de contracepção. Algumas garotas não ovularão até nove ou dez meses após a injeção, enquanto outras ficarão grávidas muito mais cedo.

Vantagens: O Depo-Provera é fácil de usar e altamente eficaz na prevenção à gravidez. Pode reduzir cólicas menstruais, dor menstrual, *Mittelschmerz* e dor da endometriose. Também faz decrescer o risco de câncer endometrial, câncer ovariano e doença inflamatória pélvica (DIP).

Desvantagens: Umas das queixas mais frequentes das mulheres sobre o Depo-Provera é que ele causa períodos irregulares. Sua filha pode parar de menstruar, ou ter períodos frequentes. Uma vez que o produto tem um efeito contínuo por pelo menos três meses, os efeitos colaterais não são tão leves como os da pílula (que ela pode cortar a qualquer momento). Com o Depo-Provera, ela terá de aguentar esses efeitos e ainda depressão, mudanças de humor e sensibilidade nos seios, que ele pode causar. Ele também acarreta ganho de peso, provavelmente por aumento de apetite, embora muitas vezes o ganho de peso não relacionado ao medicamento lhe seja atribuído.

Mulheres que usam o Depo-Provera por muito tempo costumam apresentar diminuição na densidade óssea. Isso ainda está em pesquisa, mas convém sua filha consultar um médico sobre as últimas informações antes de se decidir

Lunelle

A Lunelle [suspensão injetável de estradiol-medroxyprogesterona] é injetada todos os meses, sendo igual aos anticoncepcionais combinados, porque contém estrogênio e progestina (diferentemente do Depo-Provera, que tem somente progestina). Ela evita a gravidez da mesma forma que os anticoncepcionais combinados. A primeira injeção costuma ser dada cinco dias após o início do período.

Vantagens: Para uma garota que provavelmente não se lembrará de tomar a pílula todos os dias, a Lunelle será de uso mais fácil e de eficácia mais elevada para evitar a gravidez. Benefícios adicionais são similares aos dos anticoncepcionais combinados.

Desvantagens: As garotas também podem esquecer da injeção mensal... Efeitos colaterais potenciais incluem dores de cabeça, dores nos seios, acne, infecção no local da injeção e outros efeitos que ocorrem no caso dos anticoncepcionais combinados.

Norplant

O Norplant [produzido sob os auspícios do Population Council, ONG americana criada pela família Rockfeller, a partir de 1983] não é mais produzido pelo seu fabricante original e foi descontinuado nos EUA e na Europa. Contudo, ainda é tomado por muitas mulheres, sobretudo do Terceiro Mundo, pois outro fabricante assumiu a produção. Por isso, incluímos aqui sua descrição.

O Norplant original consiste em seis cápsulas pequenas, em forma de haste, implantadas sob a pele. As cápsulas contêm uma droga chamada levonorgestrel (um tipo de progestina), que inibe a ovulação e a fertilização. Uma administração de Norplant costuma fazer efeito durante três a cinco anos.

As cápsulas são inseridas sob a pele por meio de uma pequena incisão acima da parte interna do cotovelo (é usada anestesia local). Eventualmente, pode ser detectada uma protuberância sutil. Após cinco anos (ou antes, se a garota quiser parar de usá-las), as cápsulas são removidas. Os efeitos são imediatamente reversíveis, de modo que ela deverá precisar outra forma de contracepção caso não queira engravidar.

[A segunda versão do anticoncepcional, também patrocinada pelo Population Council, ganhou o nome de Norplant-2 ou Jadelle e tem duas cápsulas em vez de seis.]

Vantagens: As garotas gostam do Norplant porque é conveniente e duradouro, não sendo preciso se lembrar de nada (exceto de usar preservativos para evitar DSTs). Ele é particularmente interessante para quem deseja um contraceptivo hormonal, mas esquece de tomar a pílula regularmente ou de ir ao médico para injeções periódicas. Muitos benefícios e efeitos colaterais são semelhantes aos da minipílula e do Depo-Provera, que também contêm apenas progestina, e não estrogênio.
Desvantagens: Se sua filha desenvolver algum dos efeitos colaterais que descrevemos anteriormente e quiser pôr um ponto final neles, será preciso remover o Norplant.

Algumas garotas têm medo de usar o Norplant. A inserção de pequenas hastes que liberam "química" parece muito mais nefasta do que uma pílula ou injeção, ainda que as substâncias químicas nesse caso atuem da mesma forma. Também desgostar da sensação de não ter o controle, uma vez que o Norplant trabalha contínua e autonomamente em seu corpo por um longo período. Ele pode ser removido, mas a ideia de que ele ficará ali por cinco anos dá ensejo a fantasias sobre consequências altamente exageradas. Já ouvimos rumores sobre perda de cabelo, ganho de peso de até 10 quilos, câncer, alcoolismo, depressão e esterilidade.

Acrescente-se a esses receios alguns "poréns" sobre a eficácia de lotes específicos de Norplant, episódio ocorrido há poucos anos, em 2000. Embora haja sido descartado qualquer problema envolvendo esses lotes, algumas garotas podem ter dúvidas quanto ao uso do Norplant.

Há adolescentes que o acham por demais visível. Preocupam-se porque as pessoas verão as hastes sob sua pele, o que é uma possibilidade, e poderão concluir que elas são "promíscuas". Conforme citado em um estudo entre usuárias do Norplant: "Um carinha certa vez me disse: 'Ei, gatinha, você aí, que está com um Norplant, quer transar?'". Alguns medicamentos reduzem a eficácia do Norplant.

Anel vaginal

O anel vaginal NuvaRing é um anel plástico, em formato de rosca, diâmetro de 5,6 cm, aprovado na Europa e nos Estados Unidos em 2001. Ele se encaixa na vagina em torno da cérvice ou perto dela e libera o tipo de hormônios encontrados em anticoncepcionais combinados, estrogênio e progestina [etonogestrel-etinil-estradiol]. Ele fica no lugar durante três semanas, sendo então removido pela garota por volta da quarta semana, quando ocorre a menstruação. Após a quarta semana, ela insere um novo anel para o ciclo seguinte.

A própria garota insere o anel. Ele é flexível e, desse modo, pode ser dobrado para a inserção. A localização exata na vagina não é muito importante para seu funcionamento. Se ela o remover antes ou se ele sair (o que é incomum), e ela não o reinserir em três horas, precisará usar outro contraceptivo até que o anel tenha sido recolocado por sete dias, de modo que os níveis hormonais em seu corpo estejam de novo suficientemente elevados para promover a contracepção.

Vantagens: Como o anel libera fluxo constante de hormônios, a dose diária não é tão elevada quanto a dos anticoncepcionais orais; por isso, espera-se que os efeitos colaterais sejam menos frequentes. Proporciona mais flexibilidade do que alguns contraceptivos hormonais, pois, uma vez que uma garota obtém o anel, ela pode inseri-lo em si própria e parar de usá-lo se sofrer efeitos colaterais ou decidir que não precisa dele.

Desvantagens: Efeitos colaterais são incomuns, mas existem e incluem corrimento vaginal, infecção e irritação. Há também a possibilidade de ocorrerem problemas semelhantes aos provocados por outros anticoncepcionais combinados. Mais informações sobre efeitos colaterais se tornarão disponíveis à medida que o anel estiver no mercado após algum tempo. Algumas garotas podem não gostar de inserir o anel na vagina.

Adesivos anticoncepcionais

O adesivo hormonal transdérmico [Ortho Evra nos EUA; Evra no Brasil] foi lançado em 2002 e contém o mesmo par de hormônios usado em anticoncepcionais combinados. A garota usa um adesivo por uma semana, durante três semanas consecutivas, e fica a quarta semana sem usá-lo, durante a qual ela menstrua.

Trata-se de um quadrado de 4,4 cm [contendo norelgestromina-etinil-estradiol] a ser aplicado em diferentes locais à sua escolha – na parte inferior da barriga, nas nádegas, nos braços, nos ombros ou nas costas –, mas não sobre os seios. O adesivo geralmente se mantém na pele durante uma semana, resistindo ao banho e à natação. Se desgrudar, outro deverá ser posto no lugar. Mesmo assim, a garota deve trocar o adesivo ao fim de uma semana, sempre no mesmo dia da semana.

Estudos iniciais demonstraram taxas de gravidez semelhantes às que tiveram incidência com outros contraceptivos, embora mulheres com 90 quilos ou mais tenham demonstrado maior suscetibilidade a engravidar do que outras mulheres.

Vantagens: O adesivo previne a gravidez como outros anticoncepcionais hormonais. Seus efeitos podem ser detidos mais rapidamente do que os dos dispositivos injetáveis e implantáveis. Os hormônios são absorvidos mesmo que a garota seja acometida de vômitos ou diarreia, o que nem sempre ocorre com os anticoncepcionais orais.

Desvantagens: Sua filha pode não gostar de o adesivo ser visível quando ela se despir. Efeitos colaterais incluem sensibilidade nos seios, dores de cabeça, reações cutâneas onde o adesivo estiver posicionado, náusea e vômitos, menstruações dolorosas e dores na barriga. O adesivo, como os anticoncepcionais combinados, pode provocar trombose venosa profunda (coágulo sanguíneo) e outras doenças cardíacas ou no sistema circulatório, como derrame ou infarto. Contudo, essas complicações são raras entre adolescentes. O fumo aumenta as possibilidades de complicações do gênero. Mais informações sobre efeitos colaterais deverão ser obtidas após algum tempo de comercialização do adesivo.

Espermicida

Espermicidas contêm agentes que, como o nome sugere, matam o esperma. Eles são apresentados na forma de cremes, filmes, espuma, gel, supositório e tabletes. O nonoxinol-9 [também conhecido como N-9] é mais comum espermicida disponível nos Estados Unidos, mas existem outros em outras partes do mundo e em alguns estados americanos.

Em gel ou espuma, o N-9 impede que o esperma chegue à cérvice. Além disso, nas formas gel, espuma e creme, funciona também como lubrificante sexual. Métodos de barreira femininos – como o diafragma, que é colocado no colo do útero e impede a passagem dos espermatozóides, evitando a fecundação – podem ser associados a espermicidas para aumentar a eficiência.

A garota insere o espermicida na vagina com a mão, fazendo uso de um aplicador, ou colocando-o no diafragma ou num tampão. Seja como for, o espermicida precisa entrar em contato com a cérvice (colo do útero). Supositórios e o filme contraceptivo vaginal devem ser inseridos de 10 a 15 minutos antes do intercurso, dependendo do produto, para ter tempo de dissolver. A não ser que ela use diafragma ou tampão cervical, o espermicida deve ser posto na vagina menos de uma hora antes do intercurso. Se passar mais tempo, deverá adicionar espermicida, e também espermicida extra a cada intercurso adicional.

O espermicida deve ser mantido até seis horas após o intercurso. Isso inclui a ducha, que eliminará o espermicida antes de ele ter realizado seu trabalho. Produtos que contêm espermicida para serem usadas na ducha não são eficazes, pois, na maioria das vezes, o esperma já terá nadado pela cérvice. Na verdade, muitos médicos são contra a ducha, porque seu uso rotineiro tem sido associado a um risco ampliado de doença inflamatória pélvica (DIP) e de gravidez ectópica.

O nonoxinol-9 costumava ser recomendado para prevenção do HIV e algumas outras DSTs, mas isso já não acontece. Pesquisas mais recentes sobre HIV, gonorreia e clamidíase revelaram que o N-9 não reduz sua disseminação. Pior ainda, existem evidências de que ele possa irritar a vagina ou o ânus e facilitar a infecção pelo HIV ou por outra DST, quando houver exposição. A irritação pode ser um problema a mais para pessoas que usam o nonoxinol-9 com muita frequência (mais do que duas vezes por dia). Sabe-se menos ainda sobre o efeito de outros espermicidas sobre o HIV e as DSTs.

Considerando que as pesquisas sobre espermicidas estão em pleno curso, sua filha, se estiver pensando em usar um, deve conversar com um médico ou buscar informações mais recentes na página do CDC [Centers for Disease Control and Prevention, www.cdc.gov/]. No momento, porém, o melhor seria fiar-se em um método contraceptivo que não requeira espermicida (que, nos Estados Unidos, quase sempre contém o nonoxinol-9, embora esse quadro possa vir a mudar). Isso significa escolher outro método hormonal que não o diafragma ou o tampão cervical. Pode-se dizer que estes quase não evitam a gravidez, a não ser que sejam usados com espermicida. Usar preservativo com um método hormonal confere proteção contra a gravidez e contra a transmissão de DSTs, sem o aumento do risco potencial de infecção que vem com o nonoxinol-9.

Vantagens: Os espermicidas estão entre os contraceptivos que a garota usa sem a participação do parceiro e até mesmo sem que ele saiba. Adolescentes não precisam de prescrição para adquiri-los.

Desvantagens: Destinam-se a evitar a gravidez, contudo, seu índice de falha é elevado o bastante para que sejam usados sempre em conjunto com outros métodos, como preservativos, diafragmas e tampões cervicais. Não são úteis para prevenir a infecção por HIV ou outras DSTs, como já dissemos, e podem aumentar as chances de infecção. Algumas pessoas talvez os achem sujos, talvez sejam alérgicas a espermicidas ou tenham irritação vaginal ou peniana quando em contato com ele. Há também os que não aprovam o gosto, caso venham a fazer sexo oral depois da aplicação do espermicida.

Diafragma

O diafragma é feito de borracha e se parece a um disco com a beirada curvada para dentro, algo como um *frisbee* pequeno. O lado côncavo do diafragma retém um espermicida, e a garota insere o diafragma com o espermicida contra a cérvice. Ela deve também espalhar espermicida em torno das bordas do diafragma, que é mantido no lugar pela mola localizada na borda, pelo osso púbico e pelos músculos vaginais. Uma vez colocado, a usuária não deve senti-lo. O próprio diafragma bloqueia a entrada do esperma na cérvice, e o espermicida mata o esperma.

Os diafragmas vêm em vários estilos, com diferentes formas e mecanismos de mola, e em vários tamanhos. Se sua filha se decidir pelo diafragma, o médico tomará suas medidas para definir tamanho e estilo adequados. Ocasionalmente, a cérvice e o útero da garota têm uma forma ou posição particular, que dificulta a inserção do diafragma.

A moça deve inserir o diafragma na vagina até seis horas antes do intercurso e deixá-lo lá nas seis horas subsequentes – pelo menos. Significa inseri-lo antes de ir ao cinema com o namorado. Se ele permanecer dentro por um período maior do que seis horas, será preciso adicionar mais espermicida com um aplicador, sem remover o diafragma. Não existem problemas em ter mais de um intercurso vaginal antes de remover o diafragma, mas é necessário inserir mais espermicida antes de cada ato sexual. Não é recomendável deixá-lo mais do que 24 horas ou usá-lo durante a menstruação, em razão do risco da Síndrome de Choque Tóxico (ver Capítulo 6 para os sintomas). O médico esclarecerá sobre riscos e como reduzi-los.

Diafragmas e tampões cervicais têm muito em comum, de modo que trataremos dos tampões antes de expor as vantagens e desvantagens comuns a ambos.

Tampão cervical

O tampão cervical parece um grande dedal de borracha que recebe o espermicida. Ele se adapta à base da cérvice e é mantido no lugar por sucção. Semelhante ao diafragma, atua como barreira, enquanto o espermicida mata o esperma.

Sua filha deve ficar com ele por pelo menos oito horas após o intercurso. É possível mantê-lo por até 48 horas a cada vez, sem adicionar mais espermicida, mas não ela deve evitar usá-lo por mais tempo, dada a possibilidade de Síndrome de Choque Tóxico.

O médico cuidará da adaptação dela ao tampão. Convém que ela use um método adicional ao colocar o tampão pela primeira vez, até ficar claro que o dispositivo se ajustou adequadamente. O tampão cervical não é muito popular entre as adolescentes nos Estados Unidos em razão da dificuldade de inseri-lo. Também é menos eficaz em garotas que já deram à luz, devido a mudanças anatômicas na cérvice.

Vantagens: Barreiras, como o diafragma e o tampão cervical, são métodos que sua filha controla sem necessidade de envolvimento do parceiro. Diferentemente da maioria dos métodos controlados pela mulher, as barreiras têm as vantagens de não provocar efeitos colaterais sérios e de não afetar os padrões hormonais (já tratamos dos métodos hormonais).

As adolescentes que esperam ter relações sexuais só de vez em quando ou não desejarem tomar contraceptivos orais terão nas barreiras uma boa opção. O diafragma e o tampão cervical são normalmente bastante seguros.

Desvantagens: Diafragmas e tampões cervicais aumentam o risco de infecções no trato urinário, vaginose bacteriana [também conhecida como vaginite não específica] e candidíase vaginal, possivelmente em razão do espermicida. As reações alérgicas que discutimos em relação aos preservativos de látex ocorrem também com diafragmas e tampões cervical, feitos de látex. Do mesmo modo, assim como se devem evitar os lubrificantes à base de óleo, que desgastam os preservativos de látex, convém recorrer aos espermicidas à base de água.

A Síndrome do Choque Tóxico é uma complicação rara – ocorre em cerca de duas vezes em 1 milhão de usos de diafragmas e tampões.

Acontece de o diafragma desencaixar da cérvice durante o intercurso. Se sua filha e o parceiro dela se derem conta do que aconteceu, devem recorrer à contracepção de emergência. Se além outro do diafragma, estiverem usando camisinha para proteção contra DSTs, não precisarão se preocupar.

O nonoxinol-9, principal espermicida disponível nos Estados Unidos, não protege contra o HIV ou outras DSTs, e aumenta seu risco de transmissão (como foi exposto anteriormente).

Os diafragmas e outros métodos de barreira femininos são menos populares entre adolescentes do que entre mulheres adultas – em parte porque algumas adolescentes se sentem pouco à vontade ante a ideia de inseri-los na vagina.

Coito interrompido

O nome, proveniente do latim *coitus interruptus*, já diz tudo. O rapaz interrompe o intercurso, retirando o pênis da vagina, antes de ejacular. A mesma abordagem se aplica ao intercurso anal ou oral para a prevenção de DSTs.

Essa é uma técnica contraceptiva em que a garota precisa ter total confiança no parceiro, e ele precisa ter certeza de que é digno dessa confiança, pois precisa assumir plena responsabilidade pela retirada do pênis quando estiver prestes a ejacular. Não há muito que a garota possa fazer na situação.

Ainda que o garoto sempre retire antes de ejacular, ela engravidará se a pré-ejaculação dele contiver algum esperma de uma ejaculação prévia. De igual modo, a retirada do pênis não evita a transmissão de DSTs.

Fique claro que o uso bem-sucedido da técnica da retirada requer enorme força de vontade e autocontrole. Garotos adolescentes, sem experiência para saber quando estão prestes a ejacular, e mesmo rapazes mais responsáveis podem ter problemas para retirar o pênis, sobretudo porque é sabido que o pensamento dos garotos (e o delas também) se embaralha à medida que o orgasmo se aproxima. Assim, o risco da gravidez indesejada desaparece do pensamento deles com a antecipação do prazer iminente. Por isso, não recomendamos aos adolescentes se fiarem no coito interrompido.

Abstinência periódica

A abstinência periódica (também chamada "método rítmico" ou "método da consciência da fertilidade") depende de o casal refrear o intercurso vaginal enquanto a garota estiver ovulando. O óvulo sobrevive de 12 até 24 horas após a ovulação (que ocorre aproximadamente 14 dias antes da menstruação), e o esperma sobrevive na vagina e no útero por até cinco dias, de modo que o objetivo é evitar o intercurso por seis dias – os cinco que antecedem a ovulação e o dia seguinte a ela.

A maioria das técnicas para determinar o início e o fim do período fértil envolve observação das mudanças físicas no corpo determinadas pelos mesmos hormônios que controlam o ciclo ovulatório. Há uma imprecisão envolvendo esses hormônios e as mudanças por eles provocadas, portanto o melhor é acrescentar alguns dias ao começo e ao fim do período fértil, quando se optar por esse método – isso desembocará em um período de 10 a 14 dias para cada ciclo menstrual, quando uma garota deve ela própria se considerar mais propensa a engravidar. Os principais métodos para avaliar o período fértil são:

Método da temperatura basal do corpo: Este diz respeito à temperatura do corpo "em repouso", mensurável com maior precisão pela manhã, logo após o despertar. A temperatura é geralmente mais baixa durante a primeira parte do ciclo menstrual, aumentando durante a ovulação. A maioria das mulheres não nota essa mudança – geralmente de 0,5 °C a 1,0 °C. Assim, ao usar esse método, as garotas devem presumir que são férteis logo após os primeiros mênstruos, até que sua temperatura tenha permanecido elevada por pelo menos três dias. É necessário aprender a tomar a temperatura de maneira adequada e saber qual índice de elevação procurar, para o uso confiável desse método. O padrão de temperatura pode ser alterado por doença, estresse, viagem ou falta de sono, razão pela qual nem sempre é um indicador confiável.

Método da tabelinha: Na década de 1930, um calendário foi desenvolvido para estimar o período fértil, usando a duração dos ciclos menstruais antecedentes. A tabela leva em conta que existem variações de um ciclo para outro, de modo que ele designa um período fértil mais longo do que o período fértil real da garota. Ela precisa rastrear seus ciclos (do primeiro dia de sangramento ao dia anterior ao primeiro dia do próximo sangramento), para saber o período mais curto e o mais longo dos últimos 6 a 12 meses. Ela precisará dessa informação para estimar o início e o fim de seu período potencial de fertilidade. A tabelinha pode ser obtida com médicos, clínicas de planejamento familiar ou instituições religiosas.

Posição cervical e método do toque: No início do período fértil, a cérvice se move mais para cima, e a abertura cervical se amplia e fica mais macia. Depois da ovulação, a cérvice se move mais para baixo, e a abertura se fecha e fica mais dura. A garota pode aprender a sentir essas mudanças com os dedos.

Método das secreções cervicais (do muco cervical ou da ovulação). As secreções cervicais aparecem no início do período fértil, sendo primeiro grudentas, espessas e leitosas e depois claras, mais elásticas e escorregadias. É com esta consistência última que elas ajudam o esperma a alcançar o óvulo. À medida que o período fértil vai chegando ao fim, as secreções secam e bloqueiam a abertura da cérvice, de modo que o esperma não poderá nadar rumo ao útero.

As secreções permanecem escassas ou ausentes quando a garota não está em seu período fértil. Porém, medicações, espermicidas, lubrificantes, duchas, infecções vaginais, sêmen na vagina e a lubrificação normal da excitação sexual, tudo isso dificultará a percepção de mudanças nas secreções cervicais. Quando a garota está aprendendo a analisar as secreções, será útil ter o *feedback* de um médico, de um membro da família ou de alguém mais experiente, para determinar se está interpretando as secreções corretamente.

Esses métodos costumam ser usados em combinação – uma das mais usadas sendo o método das secreções cervicais junto com o método da temperatura basal do corpo (combinação chamada de "Método sintotermal"), às vezes com a posição cervical e o método do toque, ou a tabelinha, como reforço.

Confuso, não? Embora não requeira pílulas ou pequenos *discos* de látex, esse método é o mais complexo. Estima-se que leve de quatro a seis horas para aprender as habilidades necessárias, que provavelmente serão mais bem compreendidas e assimiladas em mais de uma sessão. Com bom treino, concentração e comprometimento, esse método funciona. Porém, em razão de sua complexidade, da força de vontade exigida e da irregularidade dos ciclos menstruais das mulheres jovens, não os recomendamos para adolescentes.

Dispositivos intrauterinos (DIU)

O dispositivo intrauterino (DIU) é um pequeno objeto em forma de T, inserido no útero. Os DIUs não têm sido recomendados para adolescentes com muita frequência, em parte porque tendem a se ajustar mal no útero de uma mulher que ainda não teve nenhuma gravidez e também implicam risco maior de doença inflamatória pélvica (DIP), especialmente nos primeiros meses após a inserção. Contudo, pelo menos um estudo sobre DIUs de cobre não detectou risco crescente de infertilidade, muitas vezes causado pela DIP. Há médicos recomendando o DIU como escolha razoável para certas adolescentes, especialmente as que já deram à luz.

O DIU é um dos métodos mais eficazes de contracepção. Parece funcionar evitando a fertilização ou a implantação. O DIU de cobre T 380 (ParaGard) pode permanecer no útero por até dez anos. O DIU Progestasert contém progesterona e é de substituição anual. O DIU Mirena contém o hormônio levonorgestrel e permanece eficaz de cinco a sete anos. Todos os meses a mulher deve verificar um cordão fino que pende para fora do DIU para ter a certeza de que ele ainda está no lugar. As informações mais recentes sobre efeitos colaterais serão obtidas com o médico.

Esterilização

Nem nos seus piores dias acreditamos que você vá considerar essa possibilidade para o adolescente ou a adolescente que você tem em casa.

Apêndice

COMPORTAMENTO SEXUAL DO BRASILEIRO

Em junho de 2009, o Ministério da Saúde deu a público a "Pesquisa de Conhecimentos, Atitudes e Práticas da População Brasileira de 15 a 64 anos" (PCAP 2008), o maior estudo já realizado sobre o comportamento sexual do brasileiro. O levantamento, feito pelo Ibope entre setembro e novembro de 2008 nas cinco regiões do país, baseou-se em entrevistas de 8 mil homens e mulheres entre 15 e 64 anos. A análise das informações foi realizada pela equipe técnica do Departamento de DST e Aids do Ministério da Saúde, com apoio do Centro de Informação Científica e Tecnológica (LIS/CICT) da Fundação Oswaldo Cruz.

Na entrevista coletiva para divulgação da pesquisa, as autoridades do Ministério da Saúde registraram a crescente importância da internet como espaço de encontros amorosos e como veículo para disseminar a necessidade absoluta do uso de preservativo nos relacionamentos. Sobretudo para prevenir a infecção com o vírus HIV, pois a cada ano há 33 mil novos casos no Brasil. Pior: um estudo recente mostra que, a cada dois casos diagnosticados que iniciaram tratamento, existem cinco outros que ainda não foram diagnosticados.

As diferenças de comportamento detectadas na pesquisa são notáveis entre homens e mulheres. Entre eles, 13,2% tiveram mais de cinco parceiros casuais no ano anterior à pesquisa; entre elas, esse índice é três vezes menor (4,1%). Enquanto 10% deles tiveram pelo menos um parceiro do mesmo sexo na vida, só 5,2% delas já fizeram sexo com outras mulheres. A vida sexual deles também começa mais cedo – 36,9% tiveram relações sexuais antes dos 15 anos; no caso delas, esse índice cai para menos da metade, 17%. A pesquisa traz ainda recortes por escolaridade e região. Nesses dois casos, não há diferenças estatísticas relevantes.

De acordo com as autoridades da saúde, as informações apuradas pela pesquisa serão fundamentais para o ministério rever suas políticas e estratégias no enfrentamento da infecção por HIV e pelas doenças sexualmente transmissíveis no país.

A Editora de Cultura considerou importante divulgar os resultados desta pesquisa, assim como acrescentar dados sobre o Brasil ao longo do texto, de modo a situar leitores e leitoras na nossa realidade e colaborar para a visão crítica que decorre da comparação de diferentes situações relativas ao tema.

Indicadores de comportamento sexual da população sexualmente ativa entre 15 e 64 anos, por sexo (em%)

Indicador	Homens	Mulheres	Total
Relações sexuais nos últimos 12 meses	81	73,7	77,3
Relações sexuais antes dos 15 anos	36,9	17	26,8
Mais de 10 parceiros na vida	40,1	10,9	25,3
Mais de 5 parceiros casuais no último ano	13,2	4,1	8,8
Relação sexual com pessoa do mesmo sexo, na vida	10	5,2	7,6
Pelo menos um parceiro fixo nos últimos 12 meses	84,2	89	86,5
Pelo menos um parceiro casual nos últimos 12 meses	36,8	18,5	27,9
Pelo menos um parceiro que conheceu pela internet nos últimos 12 meses	10,3	4,1	7,3

Fonte: PCAP 2008.

Sexo protegido

A pesquisa constatou que quase metade da população (45,7%) faz uso consistente do preservativo com parceiros casuais. As principais diferenças estão entre homens e mulheres e por faixa etária. Homens usam mais preservativos que as mulheres em todas as situações. Os jovens fazem mais sexo protegido do que os mais velhos. A análise dos dados com recorte de região e de escolaridade não mostra diferenças significativas.

Uso do preservativo na população sexualmente ativa entre 15 e 64 anos, por sexo (em%)

Uso do preservativo	Homens	Mulheres	Total
Na primeira relação sexual (15 a 24 anos)	63,8	57,6	60,9
Na última relação sexual dos últimos 12 meses	40,2	29,7	35,1
Na última relação sexual com parceiros casuais nos últimos 12 meses	65,1	45,5	58,8
Em todas as relações sexuais, nos últimos 12 meses, com parceiros fixos	21,5	17,3	19,4
Em todas as relações sexuais, nos últimos 12 meses, com parceiros casuais	51,0	34,6	45,7

Fonte: PCAP 2008.

Uso do preservativo na população sexualmente ativa entre 15 e 64 anos, por faixa etária, em 2008 (em%)

Uso de preservativo	15-24	25-49	50-64	15-64 (Total)
Na primeira relação sexual (15 a 24 anos)	60,9	-	-	60,9
Na última relação sexual dos últimos 12 meses	55,0	30,2	16,4	35,1
Na última relação sexual com parceiros casuais nos últimos 12 meses	67,8	54,4	37,9	58,8
Em todas as relações sexuais, nos últimos 12 meses, com qualquer parceiro	32,6	17,2	10,5	20,6
Em todas as relações sexuais, nos últimos 12 meses, com parceiros fixos	30,7	16,6	10,0	19,4
Em todas as relações sexuais, nos últimos 12 meses, com parceiros casuais	49,6	44,6	32,0	45,7

Fonte: PCAP 2008.

Informação e conhecimento

Mais de 95% da população sabe que o uso do preservativo é a melhor maneira de evitar a infecção pelo HIV. Além disso, 90% dos brasileiros afirmaram saber que a Aids ainda não tem cura. Não há diferenças relevantes sobre o conhecimento entre as regiões nem entre os sexos.

Percentual (%) de indivíduos com idade entre 15 e 64 anos, com conhecimento correto sobre as formas de transmissão do HIV, por escolaridade. Brasil, 2008

Formas de transmissão	Primário Incompleto	Primário Completo e Fund. Incompleto	Fundamental Completo	Total
Sabe que uma pessoa com aparência saudável pode estar infectada pelo HIV	81,2	91,6	96,6	92,0
Acha que ter parceiro fiel e não infectado reduz o risco de transmissão do HIV	78,6	81,5	80,2	80,5
Sabe que o uso de preservativo é a melhor maneira de evitar a infecção pelo HIV	95,2	96,9	96,9	96,6
Sabe que pode ser infectado ao compartilhar seringa	85,1	88,6	96,0	91,2
Sabe que pode ser infectado nas relações sexuais sem preservativo	92,2	95,9	96,8	95,7
Sabe que não que existe cura para a Aids	90,6	93,1	95,3	93,6

Fonte: PCAP 2008.

Mais expostos

A comparação dos resultados da PCAP 2008 com os de igual pesquisa realizada em 2004 acenderam o alerta para o Ministério da Saúde. O brasileiro tem feito mais sexo casual. Em 2004, 4% das pessoas haviam tido mais de cinco parceiros casuais no ano anterior. Em 2008, esse índice foi mais que o dobro, passando para 9,3%. Ao lado disso, o conhecimento sobre os riscos de se infectar com o HIV e sobre as formas de prevenção continuam altos. Mesmo assim, a pesquisa identificou tendência de queda no uso do preservativo. Passou de 51,6% em todas as parcerias eventuais em 2004 para 46,5% em 2008.

Indicadores de comportamento sexual da população sexualmente ativa, em 2004 e 2008 (em %)

Indicador	2004	2008
Relações sexuais nos últimos 12 meses	81,4	79,0
Relações sexuais antes dos 15 anos	25,2	27,7
Mais de 10 parceiros na vida	19,3	25,9
Mais de 5 parceiros casuais no último ano	4,0	9,3

Fonte: PCAP 2004; PCAP 2008.

Percentual (%) de indivíduos com idade entre 15 e 54 anos sexualmente ativos, segundo o uso de preservativo, em 2004 e 2008

Indicador	2004	2008
Na primeira relação sexual (15 a 24 anos)	53,2	60,9
Na última relação sexual dos últimos 12 meses	38,4	36,8
Na última relação sexual com parceiros casuais nos últimos 12 meses	67	59,9
Em todas as relações sexuais, nos últimos 12 meses, com qualquer parceiro	25,3	21,5
Em todas as relações sexuais, nos últimos 12 meses, com parceiros fixos	24,9	20,3
Em todas as relações sexuais, nos últimos 12 meses, com parceiros casuais	51,5	46,5

Fonte: PCAP 2004; PCAP 2008.

Parcerias fixas e casuais

Pela primeira vez, a PCAP analisou a ocorrência de relações casuais concomitantes com relações fixas. De acordo com a pesquisa, 16% dos brasileiros "traem" – dos 43,9 milhões que viviam com companheiros/companheiras, 7,1 milhões tiveram parceiros/parceiras eventuais no mesmo período.

A pesquisa analisou ainda o uso do preservativo nas parcerias fora da relação estável, que é baixo: 63% não adotaram preservativo ao fazer sexo com parceiro eventual. Entre os homens, o índice é de 57% e entre as mulheres, de 75%.

Parcerias casuais de quem vive com companheiro no último ano

Sexualmente ativos no ano (%)	Homens	Mulheres	Total
Vivem com companheiro	63%	68%	66%
Têm parceiro casual e vivem com companheiro	21%	11%	16%
Não usaram preservativo em nenhuma das relações casuais	57%	75%	63%
Não usaram preservativo na última relação casual	49%	68%	56%

Sexualmente ativos no ano (número)	Homens	Mulheres	Total
Vivem com companheiro	21.888.461	21.985.459	43.873.920
Têm parceiro casual e vivem com companheiro	4.673.452	2.404.832	7.078.284
Não usaram preservativo em nenhuma das relações casuais	2.652.805	1.798.108	4.450.913
Não usaram preservativo na última relação casual	2.291.572	1.632.638	3.924.210

Fonte: PCAP 2008.

O que promove o uso do preservativo

O Departamento de DST e Aids do Ministério da Saúde, responsável pelo estudo, criou um modelo estatístico para analisar as informações da pesquisa e identificou os principais fatores que impactam a adoção do preservativo. Gênero, acesso gratuito à camisinha e quantidade de parcerias casuais são as características mais importantes:

- homens têm 40% mais chance de usar camisinha que mulheres;
- quanto mais jovem, maior a probabilidade de usar preservativo (a cada ano, diminui 1% a chance de uso do preservativo pelo indivíduo);
- quem teve mais de cinco parceiros casuais nos últimos 12 meses tem quase duas vezes mais chance de usar do que os que não tiveram;
- quem já pegou preservativo de graça tem duas vezes mais chance de usar do que os que nunca pegaram.

A divisão por sexo mostra que alguns fatores têm impacto distinto sobre homens e mulheres. Entre eles, os "solteiros" têm quase quatro vezes mais chance de usar a camisinha do que os homens com relações estáveis; os que já pegaram preservativo de graça têm 80% mais chance de usá-los do que os que nunca pegaram. Entre as mulheres, as "solteiras" têm mais que o dobro de chance de usar do que as "casadas"; as que já pegaram preservativo de graça têm mais que o dobro de chance de fazer sexo seguro do que as que nunca pegaram.

Fonte: Ministério da Saúde / Portal da Saúde www.saude.gov.br

Agradecimentos

NAS PRIMEIRAS LINHAS de agradecimento às pessoas que fizeram deste livro uma realidade, e não apenas mais uma "ideia brilhante" de dois médicos estudiosos do comportamento humano, estão sem dúvida os pais e os filhos que aceitaram narrar detalhes íntimos de sua vida em família e, mais ainda, nos permitiram escrever sobre eles. Este livro está repleto de seus pensamentos, preocupações, conhecimentos e humor.

Gostaríamos de agradecer a cada um deles nominalmente, mas, como lhes prometemos anonimato, vamos fazer assim: a todos os que compartilharam suas histórias de vida, seja em entrevistas profundas, sempre mais longas do que o previsto, seja em conversas casuais, nossa profunda gratidão. O papel de vocês foi fundamental para a criação deste livro.

Não foram só pais e filhos que ajudaram nesta realização. Muitos *experts* e mestres neste ramo do conhecimento responderam generosamente às nossas perguntas, leram os capítulos em preparação ou compartilharam informações conosco. Somos particularmente gratos a Martin Anderson, Michael Broder, Willard Cates Jr., Heather Cecil, Deborah Cohen, Pinchas Cohen, Rebecca Collins, Allison Diamant, Patricia Dittus, Marc Elliott, Karen Fond, J. Dennis Fortenberry, John Fricker, Leslie Kantor, Mark Litwin, Michael Lu, Muriel McClendon, Jeffrey Merrick, Kim Miller, Robert Morris, Anna-Barbara Moscicki, Howard Reinstein, Ted Russell, Narayan Sastry, Wendelin Slusser, Loraine Stern, Susan Tortolero, Joseph Triebwasser, James Trussel, Susan C. Vaughan, Claudia Wang, Heide Woo e Gail Zellman.

Este livro não existiria sem o trabalho árduo e a compreensão de alguns profissionais do ramo editorial. Um muito obrigado especial ao nosso agente, Eric Simonoff, que tomava conta de dois filhos de carne e osso enquanto nos recebia para analisar o manuscrito. Somos gratos também à nossa primeira editora, Betsy Rapaport, por abraçar esta obra com tanto entusiasmo; à nossa segunda editora, Kristin Kiser, por adotá-lo calorosamente e eliminar os obstáculos à sua produção; e à nossa editora-assistente, Claudia Gabel, por sua ajuda essencial em oportunidades e de maneiras incontáveis. Nossa gratidão a Tina Constable e Jason Gordon, por sua perícia em fazer o texto correr. E somos muitos gratos a você, Christopher Keyser, por ter nos dado o título do livro.

J. R. & M.A.S.

MEUS PACIENTES de psicoterapia aprofundaram minha compreensão de muitos temas agora impressos nestas páginas. Em razão da privacidade intrínseca ao nosso trabalho, não são as histórias deles que aparecem aqui, mas todo o conhecimento que eles me proporcionaram. Agradeço a todos.

Os diretores, professores, alunos e pais das escolas em que venho trabalhando nos últimos anos têm sido uma fonte extraordinária de aprendizado e inspiração. Até aqui, procurei dar-lhes retorno por meio de palestras. Agora, o retorno vai em forma de livro. Agradeço pela sua confiança, perspicácia e exemplo à diretoria de algumas escolas, em particular Brearley, Chapin, Collegiate, Ethical Culture Fieldston, Nightingale-Bamford, Packer Collegiate Institute, Shady Hill e Trinity School. Minha gratidão se estende à Associação das Escolas Independentes de Maryland e à do Estado de Nova York.

Meus professores em Harvard – na Faculdade de Medicina e no Departamento de Antropologia Social –, no Hospital McLean e no Centro de Treinamento e Pesquisa em Psicanálise da Universidade Colúmbia influenciaram profundamente meu entendimento dos temas aqui abordados. Meus sinceros agradecimentos a todos eles, em particular a Stephen Jay Gould, Jerome Kagan, Richard Lewontin e Edward O. Wilson; Allan Brandt, Byron Good e Arthur Kleinman; Bruce Cohen, Stephanie Engel, Shervert Frazier, John Gunderson, Len Glass, Leston Havens, Phillip Isenberg, Arthur Klein, Trude Kleinschmidt, Jonathan Kolb, Alex Sabo, Richard Schwartz e Joan Wheelis; Richard C. Friedman; Karen Gilmore, Jonathan House, Nate Kravis e Ellen Rees.

Durante a elaboração deste livro, mantive diálogos de enorme poder elucidativo com três professores, aos quais sou especialmente grato: Betsy Auchincloss, Susan Coates e Humphrey Morris.

Robert A. Glick preparou-me para este trabalho e contribuiu de diversas maneiras, algumas que ainda sequer compreendi de todo, mas pelas quais serei eternamente grato.

Agradeço aos amigos por me incentivarem em todo o percurso, por me aturarem em inúmeros jantares regados a conversas embaraçosas, sempre se esforçando por mostrar interesse. Sou grato aos que fizeram mais do que deviam sem nunca se queixar. Os que sempre me presentearam com ideias, apoio e calor humano foram Keith Bunim, Rachel Cohen, Doug Hamilton, Tom Hulce, Betsy Klein, Beth Schachter e Erick Shorr. Fui agraciado também com a generosidade inesgotável de Chris Keyser, Susan Sprung, Madeline e Benjamin Sprung-Keyser e, é claro, Puddleby, em cuja deliciosa companhia boa parte deste trabalho foi escrita.

Sou grato à minha irmã, Martine Sacks, que me ajudou a deslindar alguns segredos da feminilidade e da maternidade, e à minha sobrinha Lita Sacks, por ser uma pessoa tão maravilhosa.

A meus pais, que, como sempre e em quaisquer de meus projetos, me apoiaram com desprendimento em todo o processo e, entre outros atributos essenciais, são os melhores vizinhos que um sujeito pode ter.

E, por fim, eu teria de ser um escritor muito melhor do que sou para poder expressar em palavras minha gratidão por tudo o que Peter ParNelly fez por mim.

J.R.

NO CORRER DOS ANOS, pacientes e respectivas famílias têm dado sentido ao meu trabalho, além de me ensinarem e me manterem conectado com os desafios enfrentados pelos pais. Faço questão de reconhecer que o crédito deles é muito grande.

Agradeço a meus colegas, residentes e alunos da Universidade da Califórnia, *campus* de Los Angeles (UCLA), e em particular do Centro UCLA/RAND para a Saúde do Adolescente, onde fui desafiado a pensar de forma inovadora sobre muitos tópicos deste livro.

Agradeço igualmente a todos os colaboradores com os quais realizo pesquisas sobre desenvolvimento sexual e sobre comunicação entre pais e filhos. De modo muito especial, eles ajudaram a dar forma às minhas ideias sobre temas tão complexos. Ganhei muito com os conhecimentos, as percepções e o apoio de Rosalie Corona, Karen Eastman e David Kanouse.

Este livro ressalta a importância dos pais na criação de filhos saudáveis. Mas há outro grupo – o dos professores – que também desempenha papel crucial, tanto complementando a ação de pais ativos na educação dos filhos quanto substituindo o trabalho daqueles que se mostram incapazes de atender às necessidades de seus filhos. Os professores têm sido importantíssimos ao longo da minha vida. Assim, gostaria de lembrar aqui, entre os muitos mestres e mentores que tiveram enorme influência em minha formação, Cooper, Fagan, Marks, Morrell, Moskowitz, Kandell, Larry Moses, Finney, Grimes, Merrick, Davison, Downs, Padre LaPointe, Lay, Neal, Schloeder, Gerald Burns, Phoebe Ellsworth, Jeffrey Merrick, Mary Poovey, Rachel Wizner, John (Jeb) Boswell, Judson Randolph, Penny Chaloner, Suzanne Churchill, David Blumenthal, Mark Schlesinger, Tom Schelling, Edith Stokey, Mike Stoto, Grace Caputo, Alan Ezekowitz, Lewis First, Gary Fleisher, Holcombe Grier, Maribeth Hourihan, Fred Lovejoy, Ken McIntosh, David Nathan, Bob Bell, Sandy Berry, Tora Bikson, Lester Breslow, Bob Brook, Naihua Duan, Phyllis Ellickson, Jonathan Fielding, Neal Halfon, David Kanouse, Arleen Leibowitz, Rob MacCoun, Ed McCabe, Linda McCabe, Elizabeth McGlynn, Sally Morton, Al Pennisi, Linda Rosenstock, Mary Jane Rotheram-Borus e Martin Shapiro.

Uma consistente rede de amigos deu-me apoio e força em todos os momentos desta jornada. Todos estavam sempre atentos aos avanços do trabalho e me mantinham atualizado sobre as últimas façanhas de seus filhos. Agradeço a eles a ajuda e o entusiasmo.

Meu parceiro, Jeffrey Webb, manteve-se em paciente vigília enquanto eu trabalhava no livro durante meu tempo livro: noites, fins de semana e férias. Seus conselhos sensatos, críticas sábias, encorajamento constante e capacidade de me fazer sorrir tornaram esta obra possível. Ele também compartilhou comigo sua fantástica família, que me aceitou como um deles. Seu incrível talento para educar crianças revelou-me a absoluta eficácia das atitudes corretas tomadas por pais e mães.

Finalmente, agradeço a meus pais, avós e irmãos, que foram os primeiros a me mostrar a profunda importância da família. Em especial, faço constar meu reconhecimento à minha avó, que sempre vibra e fica feliz quando sou entrevistado pela imprensa ou apareço em programas de televisão sobre adolescentes, uso da camisinha, *teens* e sexo oral – mesmo confessando que "não sabia que as pessoas fazem esse tipo de coisa".

M.A.S.

Sobre os autores

JUSTIN RICHARDSON é assistente clínico e professor de psiquiatria nas universidades Colúmbia e Cornell. Bacharel em Biologia, fez mestrado em Antropologia Social e em Medicina na Universidade de Harvard. Seu treinamento em psiquiatria se desenvolveu no Hospital McLean e na Escola de Medicina de Harvard. Atuou em renomadas instituições, como Associação Médica Americana, Associação Psicanalítica Americana e Grupo para o Avanço da Psiquiatria. Foi, por muitos anos, conselheiro para o desenvolvimento sexual de crianças em diversas escolas independentes no leste dos EUA. Esse trabalho pedagógico rendeu-lhe um perfil no *The New York Times*, em 1977. O Dr. Richardson é editor contribuinte da *Harvard Review of Psychiatry* há quase dez anos e atua como psicanalista em sua clínica em Manhattan.

MARK A. SCHUSTER é professor-associado de Pediatria e Saúde Pública na Universidade da Califórnia, *campus* de Los Angeles (UCLA), e co-diretor do Centro de Pesquisa de Saúde de Mães, Crianças e Adolescentes (RAND). Formou-se médico em Harvard e tem mestrado em Políticas Públicas na Kennedy School of Government, na mesma universidade, e doutorado na RAND Graduate School. Foi residente em pediatria no Harvard's Boston Children's Hospital e bolsista no Robert Wood Johnson Clinical Scholars Program, da UCLA. Como diretor-fundador do Centro para a Promoção da Saúde do Adolescente (UCLA/RAND), pesquisa o papel dos pais na saúde dos filhos e coordenou, entre outros, um estudo pioneiro sobre a prática sexual de adolescentes virgens. Trabalha em projetos que ensinam pais a falar sobre sexualidade com seus filhos. Além de autor de artigos acadêmicos sobre saúde de crianças e adolescentes, o Dr. Schuster é editor do livro *Child Rearing in America: Challenges Facing Parents with Young Children* ("Criar filhos nos EUA: Desafios para pais de filhos pequenos"). Trabalha como pediatra no Mattel Children's Hospital (UCLA).

Direção editorial
MIRIAN PAGLIA COSTA

Coordenação de produção
HELENA MARIA ALVES

Preparação de texto & revisão de provas
PAGLIACOSTA
RITA DE SOUSA
LEONARDO GONÇALVES

Ilustração
IVO MINKOVICIUS

Capa, projeto gráfico & editoração eletrônica
YVES RIBEIRO FILHO

CTP, impressão & acabamento
ASSAHI

Impresso no Brasil
Printed in Brazil

Formato 17 x 24 cm
Mancha 12,3 x 18,8 cm
Tipologia Times (11/14) e Calibri
Papel do miolo Chambril 70 gr/m²
Papel da capa Cartão Royal 250 gr/m²
Páginas 352